Projet OCDE/G20 sur l'érosion de la base d'imposition et le transfert de bénéfices

Les défis fiscaux soulevés par la numérisation – Rapport sur le blueprint du Pilier Un

CADRE INCLUSIF SUR LE BEPS

OCDE
DES POLITIQUES MEILLEURES POUR UNE VIE MEILLEURE

Ce document, ainsi que les données et cartes qu'il peut comprendre, sont sans préjudice du statut de tout territoire, de la souveraineté s'exerçant sur ce dernier, du tracé des frontières et limites internationales, et du nom de tout territoire, ville ou région.

Merci de citer cet ouvrage comme suit :
OCDE (2020), *Les défis fiscaux soulevés par la numérisation – Rapport sur le blueprint du Pilier Un : Cadre inclusif sur le BEPS*, Projet OCDE/G20 sur l'érosion de la base d'imposition et le transfert de bénéfices, Éditions OCDE, Paris, *https://doi.org/10.1787/3585df0b-fr*.

ISBN 978-92-64-76864-2 (imprimé)
ISBN 978-92-64-32028-4 (pdf)

Projet OCDE/G20 sur l'érosion de la base d'imposition et le transfert de bénéfices
ISSN 2313-2620 (imprimé)
ISSN 2313-2639 (en ligne)

Crédits photo : Cover © ninog – Fotolia.com.

Les corrigenda des publications sont disponibles sur : *www.oecd.org/about/publishing/corrigenda.htm*.

Avant-propos

L'intégration des économies et des marchés nationaux a connu une accélération marquée ces dernières années, mettant à l'épreuve le cadre fiscal international conçu voilà plus d'un siècle. Les règles en place ont laissé apparaître des fragilités qui sont autant d'opportunités pour des pratiques d'érosion de la base d'imposition et de transfert de bénéfices (BEPS), appelant une action résolue de la part des dirigeants pour restaurer la confiance dans le système et faire en sorte que les bénéfices soient imposés là où les activités économiques sont réalisées et là où la valeur est créée.

À la suite de la parution du rapport intitulé Lutter contre l'érosion de la base d'imposition et le transfert de bénéfices en février 2013, les pays de l'OCDE et du G20 ont adopté en septembre 2013 un Plan d'action en 15 points visant à combattre ces pratiques. Les 15 actions à mener s'articulent autour de trois principaux piliers : harmoniser les règles nationales qui influent sur les activités transnationales, renforcer les exigences de substance dans les standards internationaux existants, et améliorer la transparence ainsi que la sécurité juridique.

Après deux ans de travail, des mesures en réponse aux 15 actions ont été présentées aux dirigeants des pays du G20 à Antalya en novembre 2015. Tous ces rapports, y compris ceux publiés à titre provisoire en 2014, ont été réunis au sein d'un ensemble complet de mesures, qui représente le premier remaniement d'importance des règles fiscales internationales depuis près d'un siècle. La mise en œuvre des nouvelles mesures devrait conduire les entreprises à déclarer leurs bénéfices là où les activités économiques qui les génèrent sont réalisées et là où la valeur est créée. Les stratégies de planification fiscale qui s'appuient sur des règles périmées ou sur des dispositifs nationaux mal coordonnés seront caduques.

La mise en œuvre est désormais au centre des travaux. L'application des mesures prévues passe par des modifications de la législation et des pratiques nationales ainsi que des conventions fiscales. La négociation d'un instrument multilatéral visant à faciliter la mise en œuvre des mesures liées aux conventions a abouti en 2016, et plus de 90 pays sont couverts par cet instrument multilatéral. Son entrée en vigueur le 1er juillet 2018 ouvrira la voie à une mise en œuvre rapide des mesures liées aux conventions. Les pays de l'OCDE et du G20 ont également décidé de poursuivre leur coopération en vue de garantir une application cohérente et coordonnée des recommandations issues du projet BEPS et de rendre le projet plus inclusif. La mondialisation exige de trouver des solutions de portée mondiale et de nouer un dialogue mondial qui va au-delà des pays de l'OCDE et du G20.

Une meilleure compréhension de la manière dont les recommandations issues du projet BEPS sont mises en pratique pourrait limiter les malentendus et les différends entre États. Une attention accrue portée à la mise en œuvre des actions et à l'administration de l'impôt pourrait être bénéfique tant pour les États que pour les entreprises. Enfin, des solutions sont proposées pour améliorer les données et les analyses, ce qui permettra d'évaluer et de quantifier régulièrement l'impact des mécanismes d'érosion de la base d'imposition et transfert de bénéfices et les effets des mesures issues du projet BEPS appliquées pour lutter contre ces pratiques.

De ce fait, l'OCDE a établi le Cadre inclusif sur le BEPS de l'OCDE et du G20 (Cadre inclusif), rassemblant sur un pied d'égalité tous les pays et juridictions intéressés et engagés dans le Comité des affaires fiscales et ses organes subsidiaires. Le Cadre inclusif, qui compte déjà plus de 135 membres, contrôle la mise en œuvre des standards minimums à travers des examens par les pairs, et finalise actuellement l'élaboration de normes pour résoudre les problèmes liés au BEPS. En plus des membres du projet BEPS, d'autres organisations internationales et organismes fiscaux régionaux sont engagés dans les travaux du Cadre inclusif, et les entreprises et la société civile sont également consultées sur différentes problématiques.

Ce rapport a été approuvé par le Cadre inclusif le Cadre inclusif le 8-9 octobre 2020 et préparé pour publication par le Secrétariat de l'OCDE.

Table des matières

Suivez les publications de l'OCDE sur :

http://twitter.com/OECD_Pubs

http://www.facebook.com/OECDPublications

http://www.linkedin.com/groups/OECD-Publications-4645871

http://www.youtube.com/oecdilibrary

http://www.oecd.org/oecddirect/

Déclaration préliminaire du Cadre inclusif relative aux rapports sur les *blueprints* des Piliers Un et Deux

La transformation numérique stimule l'innovation, génère des gains de productivité et améliore les services tout en favorisant une croissance plus inclusive et plus durable ainsi qu'une amélioration du bien-être. Cela étant, la portée et la rapidité de ces changements soulèvent des défis dans de nombreux domaines de l'action publique, dont la fiscalité. Aussi, la réforme du système fiscal international visant à relever les défis fiscaux que pose la transformation numérique de l'économie, rétablir la stabilité du cadre fiscal international et empêcher l'adoption de nouvelles mesures fiscales unilatérales non coordonnées représente depuis plusieurs années une priorité pour la communauté internationale, qui s'est engagée à parvenir à une solution fondée sur un consensus d'ici la fin de l'année 2020.

Le contexte actuel de pandémie de COVID-19 rend la nécessité d'une solution encore plus impérieuse qu'elle ne l'était au début du projet. Les gouvernements ont réagi en augmentant leurs dépenses de santé et en apportant une aide financière sans précédent aux entreprises et aux ménages, afin de les protéger face au choc économique induit par cette crise. Toutefois, le temps viendra où les gouvernements devront s'attacher à remettre leurs finances sur une trajectoire saine et durable.

Une solution fondée sur un consensus, articulée autour de deux piliers (le Pilier Un axé sur le lien et la répartition des bénéfices, et le Pilier Deux basé sur un impôt minimum mondial destiné à répondre aux problématiques de l'érosion de la base d'imposition et du transfert de bénéfices (BEPS) non résolues), peut non seulement jouer un rôle important pour assurer l'équité et la justice de nos systèmes fiscaux tout en renforçant l'architecture fiscale internationale face à l'émergence de nouveaux modèles d'affaires et à la transformation de modèles plus anciens ; elle peut aussi contribuer à remettre les finances publiques sur une trajectoire durable. La pandémie de COVID-19 ne fait qu'accroître la pression qui s'exerce sur les pouvoirs publics pour qu'ils fassent en sorte que les grandes entreprises rentables exerçant une activité internationale paient leur juste part d'impôt dans la juridiction où elles réalisent des bénéfices, conformément à de nouvelles règles fiscales internationales. Dans le même temps, une solution reposant sur un consensus pourrait procurer aux entreprises la sécurité juridique en matière fiscale indispensable pour accompagner la reprise économique.

Dans ce contexte, et malgré leurs divergences et la pandémie de COVID-19 qui a eu des répercussions sur leurs travaux, les membres du Cadre inclusif (CI) ont accompli des progrès substantiels vers l'élaboration d'un consensus. Le CI publie aujourd'hui les *Blueprints* de rapports sur le Pilier Un et sur le Pilier Deux, qui reflètent une convergence de vues sur un certain nombre de caractéristiques essentielles de politique fiscale, les grands principes et les principaux paramètres des deux Piliers, recensent les aspects politiques et techniques sur lesquels des différences de vue doivent toujours être surmontées et évoquent les prochaines étapes.

Nous approuvons le Rapport sur le *Blueprint* du Pilier Un en vue de sa diffusion publique. Il a pour objet de mettre sur pied un cadre fiscal durable en phase avec la transformation numérique actuelle de l'économie, avec le potentiel de parvenir à une attribution plus équitable et plus efficace des droits d'imposition. Le *Blueprint* rend compte des travaux techniques approfondis qui ont été accomplis. Bien qu'aucun accord n'ait été obtenu, ce *Blueprint* n'en constitue pas moins un socle solide pour un futur accord qui consacrerait le concept d'imposition nette des bénéfices, éviterait la double imposition et serait aussi simple et facile à appliquer que possible. Le *Blueprint* offre une base solide pour un futur accord et reflète que :

- à l'heure où le numérique progresse sans cesse, les entreprises entrant dans le champ d'application sont en mesure de réaliser des bénéfices grâce à une participation significative/active et soutenue à la vie économique d'une juridiction, au-delà de la simple conclusion de ventes, avec ou sans présence physique locale, une réalité qui serait prise en compte dans la conception des règles de lien, étant entendu que les coûts de conformité doivent être minimisés ; – la solution poursuivrait la logique de politique fiscale décrite ci-dessus, et attribuerait aux juridictions du marché/des utilisateurs une fraction des bénéfices résiduels des entreprises entrant dans le champ d'application (le « Montant A ») ;
- la solution serait ciblée et comporterait des seuils, de manière à réduire les coûts de conformité pour les contribuables et à faciliter la gestion des nouvelles règles par les administrations fiscales;
- le Montant A serait calculé en partant des états financiers consolidés, contiendrait un nombre limité d'ajustements entre les données comptables et fiscales et veillerait à ce que les pertes soient dûment prises en compte ;
- pour le calcul de la base d'imposition, le recours à la segmentation serait nécessaire afin que le nouveau droit d'imposition soit correctement ciblé dans certains cas, mais en admettant des régimes de protection ou des exemptions de vaste portée afin de réduire la complexité et d'alléger la charge pour les administrations fiscales comme pour les contribuables ;
- la solution prévoirait des moyens efficaces d'éliminer la double imposition dans un contexte multilatéral ;
- les travaux relatifs au Montant B progresseront (un rendement fixe pour certaines activités de distribution et de commercialisation de référence destiné à se rapprocher des résultats obtenus par application du principe de pleine concurrence), en reconnaissant les avantages significatifs qui peuvent en découler pour les administrations fiscales aux capacités limitées ainsi que les difficultés qu'ils peuvent entraîner ;
- la solution élaborée au titre du Pilier Un comporterait un nouveau processus multilatéral de nature à garantir la sécurité juridique en matière fiscale concernant le Montant A, au regard de l'importance de suivre des procédures administratives simplifiées et coordonnées pour l'application du Montant A ;
- une nouvelle convention multilatérale serait élaborée en vue de mettre en œuvre la solution, étant entendu qu'elle représenterait le moyen le plus efficace et le plus pertinent pour appliquer le Pilier Un.

Nous allons maintenant concentrer nos efforts pour résoudre les questions politiques et techniques en suspens, y compris la définition du champ d'application, le chiffrage, le choix entre une application obligatoire et un régime de protection, les caractéristiques des nouvelles procédures de sécurité juridique en matière fiscale concernant le Montant A, ainsi que le champ d'application et la forme que prendrait un nouveau régime renforcé en matière de sécurité juridique pour traiter des problématiques non liées au Montant A.

Nous approuvons également le rapport sur le *Blueprint* du Pilier Deux en vue de sa diffusion publique. Il offre une base solide pour parvenir à une solution systémique qui répondrait aux problématiques qui subsistent à ce jour en matière d'érosion de la base d'imposition et de transfert de bénéfices (BEPS), et expose des règles permettant à une juridiction de « récupérer l'impôt sur les bénéfices » lorsque d'autres juridictions n'ont pas exercé leur droit initial d'imposition ou lorsque le paiement serait sans cela soumis à de faibles taux effectifs d'imposition. Ces règles garantiraient que toutes les grandes entreprises exerçant des activités à l'échelle internationale paient au moins un impôt minimum. Nous reconnaissons que les juridictions sont libres de déterminer leur propre système fiscal – elles auraient ainsi le choix de mettre en place un impôt sur les bénéfices des sociétés et d'en définir les taux -, tout en prenant en compte le droit d'autres juridictions d'appliquer les règles adoptées à l'échelle internationale au titre du Pilier Deux lorsque les bénéfices sont taxés à un taux inférieur à un taux minimum convenu. Bien qu'aucun accord n'ait été atteint, ce *Blueprint* offre une base solide pour un futur accord sur les aspects suivants :

- la règle d'inclusion du revenu (RIR), la règle relative aux paiements insuffisamment imposés (RPII), la règle d'assujettissement à l'impôt (RAI), l'ordre d'application des règles, le calcul du taux effectif d'imposition et l'attribution de l'impôt supplémentaire pour la RIR et la RPII, y compris la base d'imposition, la définition des impôts couverts, les mécanismes de neutralisation des différences temporelles et l'exclusion d'une portion du revenu fondée sur la substance;
- la RIR et la RPII en tant qu'approche commune, y compris l'acceptation du droit de tous les membres du CI de les appliquer dans le cadre d'un régime approuvé fondé sur le Pilier Deux. Il serait néanmoins reconnu et admis que certains membres pourraient ne pas être en mesure d'appliquer ces règles. Toutefois, tous ceux qui les appliqueraient le feraient dans le respect du Pilier Deux vis-à-vis de toutes les autres juridictions (y compris des groupes qui ont leur siège social sur leurs territoires) qui adhéreront à ce consensus. En outre, au regard de l'importance qu'un grand nombre de membres du CI, notamment des pays en développement, accordent à une RAI, nous reconnaissons qu'une RAI ferait partie intégrante d'une solution faisant consensus sur le Pilier Deux ;
- les conditions auxquelles le régime relatif aux revenus mondiaux générés par des actifs incorporels faiblement imposés (Global Intangible Low Taxed Income Regime (GILTI)) adopté par les États-Unis serait considéré comme étant une règle d'inclusion du revenu conforme au Pilier Deux telle qu'exposée dans le Rapport sur le *Blueprint* du Pilier Deux ;
- l'élaboration d'un modèle de législation, d'une documentation et d'instructions standards, la mise au point d'un processus d'examen multilatéral le cas échéant et le recours éventuel à une convention multilatérale qui pourrait couvrir les principaux aspects du Pilier Deux.

Nous accueillons les contributions des parties prenantes à ce processus concernant les deux piliers, et notamment au sujet des règles d'administration et de simplification, qui concourront à éclairer le développement de la solution fondée sur un consensus.

Prochaines étapes

Nous convenons de traiter rapidement les questions en suspens de manière à mener ce processus à bonne fin d'ici mi-2021 et de résoudre les questions techniques, d'élaborer un modèle de législation, des instructions ainsi que les règles et procédures internationales nécessaires pour permettre aux juridictions de mettre en place une solution fondée sur un consensus.

1 Résumé

1.1. Introduction

1. La transformation numérique stimule l'innovation, génère des gains de productivité et améliore les services tout en favorisant une croissance plus inclusive et plus durable ainsi qu'une amélioration du bien-être. Cela étant, la portée et la rapidité de ces changements soulèvent des défis dans de nombreux domaines de l'action publique, dont la fiscalité. Aussi, la réforme du système fiscal international visant à relever les défis fiscaux que pose la transformation numérique de l'économie représente depuis plusieurs années une priorité pour la communauté internationale, qui s'est engagée à parvenir à une solution fondée sur un consensus d'ici la fin de l'année 2020.

2. Ces défis fiscaux constituaient l'un des axes principaux du Projet OCDE/G20 sur l'érosion de la base d'imposition et le transfert de bénéfices (BEPS), qui a donné lieu à l'élaboration du Rapport sur l'Action 1 du Projet BEPS (Rapport sur l'Action 1) publié en 2015[1]. Les auteurs du Rapport sur l'Action 1 reconnaissaient que la transformation numérique embrasse l'économie toute entière et qu'en conséquence, il serait difficile, sinon impossible, de délimiter le champ de l'économie numérique. En mars 2018, le Cadre inclusif a publié, en collaboration avec le Groupe de réflexion sur l'économie numérique (GREN), *Les défis fiscaux soulevés par la numérisation de l'économie – rapport intérimaire 2018* (le Rapport intérimaire)[2], qui reconnaissait la nécessité d'élaborer une solution mondiale..

3. Depuis lors, les 137 membres du Cadre inclusif ont travaillé sur une solution mondiale basée sur une approche à deux piliers[3]. Le Pilier Un est axé sur de nouvelles règles relatives au lien et à la répartition des bénéfices qui visent à garantir qu'à l'heure où le numérique progresse sans cesse, la répartition des droits d'imposition des bénéfices commerciaux ne soit plus uniquement dictée par le critère de présence physique. La mondialisation et la transformation numérique remettent en question les caractéristiques fondamentales du système international d'imposition des bénéfices, telles que la notion traditionnelle d'établissement stable et le principe de pleine concurrence, et mettent en exergue la nécessité de renforcer la sécurité juridique en matière fiscale grâce à une coopération fiscale multilatérale plus poussée. Ces transformations se déroulent alors que le public s'intéresse de plus en plus à l'imposition des entreprises mondialisées à forte composante numérique, ce qui renforce la pression sur les décideurs politiques et la nécessité de s'emparer de ce sujet.

4. Les membres du Cadre inclusif sont convenus que les nouvelles règles éventuelles devaient être basées sur des montants nets, éviter la double imposition et être aussi simples que possible. Ils ont souligné l'importance de la sécurité juridique en matière fiscale, ainsi que la nécessité de disposer de mécanismes améliorés pour la prévention et le règlement des différends. Les membres sont conscients de la nécessité d'assurer une égalité de traitement entre toutes les juridictions, indépendamment de leur taille ou de leur stade de développement. Conscients également des coûts liés à la charge administrative et au respect des obligations fiscales, les membres ont décidé de rendre toute règle aussi simple que le permet le contexte de la politique fiscale, y compris en envisageant de possibles mesures de simplification.

5. À la suite d'une proposition formulée par le Secrétariat[4], le Cadre inclusif a approuvé un document définissant les contours de l'architecture d'une approche unifiée en janvier 2020, en tant que base de

négociation d'une solution au titre du Pilier Un (les « Contours de l'architecture »)[5]. Depuis janvier, et malgré l'épidémie de COVID-19, tous les membres ont œuvré au développement technique de toutes les composantes du Pilier Un. Ce rapport représente le blueprint du Pilier Un (le « *Blueprint* »). Il décrit en détail les principales caractéristiques des composantes du Pilier Un et identifie dans quels domaines une décision politique est nécessaire. Il montre qu'il reste d'importants progrès à accomplir avant de parvenir à un accord mondial, et formule des propositions visant à aplanir les divergences qui persistent. Il reconnaît que des travaux techniques supplémentaires devront être menés pour finaliser certains aspects du Pilier Un, par exemple en vue de réduire la complexité, de faciliter la gestion et de ménager les capacités des économies développées comme en développement.

1.2. *Blueprint* du Pilier Un

6. Le Pilier Un cherche à adapter le système fiscal international aux nouveaux modèles d'affaires en modifiant les règles relatives au lien et à la répartition des bénéfices applicables aux bénéfices commerciaux. Dans ce contexte, son objectif est d'étendre les droits d'imposition des juridictions du marché (qui, dans certains modèles d'affaires, correspondent aux juridictions où sont situés les utilisateurs)[6] lorsqu'une entreprise participe de façon active et soutenue à l'économie de cette juridiction via l'exercice d'activités sur son territoire ou à distance mais ciblant cette même juridiction[7]. En outre, le Pilier Un entend renforcer sensiblement la sécurité juridique en matière fiscale par l'introduction de mécanismes novateurs de prévention et de règlement des différends. Le Pilier Un a pour but de concilier les différents objectifs des membres du Cadre inclusif et d'aboutir à la suppression des mesures unilatérales concernées.

7. Conformément aux Contours de l'architecture, les éléments fondamentaux du Pilier Un se rattachent à trois composantes : un nouveau droit d'imposition pour les juridictions du marché, portant sur une fraction du bénéfice résiduel calculé au niveau du groupe d'EMN (ou d'un segment) (Montant A) ; un rendement fixe pour certaines activités de distribution et de commercialisation de référence exercées physiquement dans une juridiction du marché, conformément au principe de pleine concurrence (Montant B) ; et des processus visant à améliorer la sécurité juridique en matière fiscale par le biais de mécanismes efficaces de prévention et de règlement des différends. Onze composantes ont été jugées essentielles à la construction du Pilier Un, et constituent l'assise de ce *Blueprint*.

Graphique 1.1. Composantes du Pilier Un

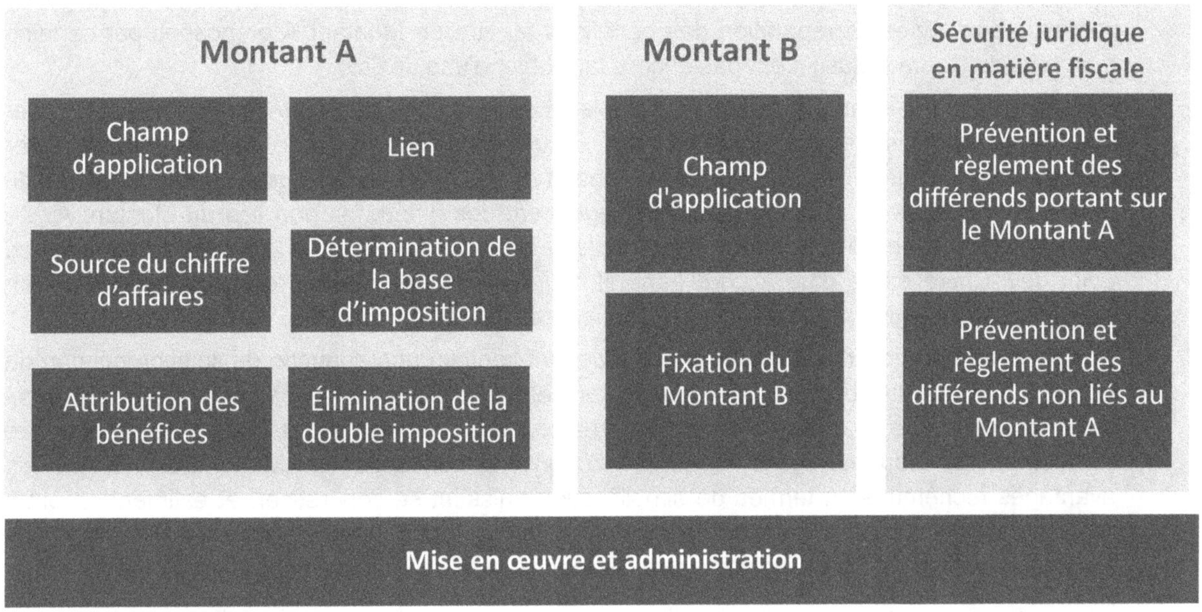

8. Bien que les travaux techniques relatifs aux composantes du Pilier Un soient très avancés, les membres du Cadre inclusif reconnaissent qu'il existe un certain nombre de questions en suspens portant sur des caractéristiques fondamentales de la solution qui ne pourront être résolues que par décision politique. Pour parachever le projet, des décisions politiques devront être prises sur un certain nombre de points, et notamment :

- **Champ d'application** : avec l'adoption des Contours de l'architecture en janvier 2020, le Cadre inclusif a tenté de rapprocher les positions des membres qui souhaitent cibler le Pilier Un sur un groupe plus restreint de modèles d'affaires « numériques » et ceux qui insistent pour que la solution englobe un éventail plus large d'activités. Aussi, deux catégories d'activités à inclure dans le champ d'application du nouveau droit d'imposition créé par le Pilier Un ont été identifiées : les services numériques automatisés (ADS) et les activités en relation étroite avec des consommateurs (CFB). Comme indiqué ci-après, des travaux techniques considérables ont été accomplis pour définir ces catégories, mais aucun accord politique n'a été obtenu à ce jour sur leur utilisation, et la question du champ d'application n'est toujours pas résolue. Pour pouvoir aboutir à une solution en 2020 conformément au mandat du G20, certains membres plaident en faveur d'une application progressive, en commençant par les ADS, et en enchaînant avec les CFB ultérieurement. Un membre a suggéré d'appliquer le nouveau droit d'imposition dans le cadre d'un « régime de protection », ce qui permettrait à un groupe d'EMN de choisir d'être assujetti au Pilier Un à l'échelle mondiale[8]. Le champ d'application du Montant A reste à définir.
- **Montant des bénéfices à réattribuer** (« **Fixation du Montant A**) : l'accord sur la fraction du bénéfice résiduel à réattribuer en vertu du nouveau droit d'imposition, qui dépend de la détermination de différents seuils et pourcentages aux fins du champ d'application, du lien et de la répartition des bénéfices (la formule)[9], est conditionné à un accord sur le champ d'application. Toutefois, de nombreux travaux ont été accomplis sur l'impact de différents seuils et pourcentages de bénéfices à attribuer, de sorte qu'une décision politique pourrait être prise rapidement dans le cadre d'un accord politique global. De même, certains membres du Cadre inclusif estiment qu'au-delà du bénéfice résiduel, une fraction des bénéfices standards devrait aussi être attribuée aux juridictions de marché en cas d'activités de commercialisation et de distribution exercées à distance grâce aux progrès du numérique. D'autres membres ont proposé d'établir des « mécanismes de différentiation » afin d'accroître le montant du bénéfice résiduel réattribué aux

juridictions du marché pour certaines activités commerciales (ADS par exemple), ou une réattribution modulable en fonction de la rentabilité de l'activité (indexation sur le bénéfice). Ces variantes aux règles de répartition des bénéfices au titre du Montant A proposées par certains membres du Cadre inclusif n'ont pas encore fait l'objet d'une décision.

- **Sécurité juridique en matière fiscale** : tous les membres conviennent de la nécessité de trouver une solution innovante pour garantir une sécurité juridique précoce et prévenir et régler efficacement les différends concernant le Montant A, mais les avis divergent quant à la portée du mécanisme obligatoire et contraignant de règlement des différends non liés au Montant A. Ce *Blueprint* formule des propositions visant à aplanir ces divergences de vue. Toute décision sur ce point devra faire partie d'un accord général couvrant les deux autres questions politiques en suspens sur la fraction du bénéfice à réattribuer et le champ d'application du Pilier Un.
- **Portée et application du Montant B** : ce *Blueprint* contient une ébauche de solution qui part du principe que les distributeurs couverts doivent être identifiés sur la base d'un éventail étroit d'activités de référence, mais certains membres souhaitent étudier la possibilité d'élargir la portée du Montant B. D'autres jugent nécessaire d'affiner la conception du Montant B afin que les avantages recherchés en termes de simplification puissent se concrétiser, et estiment en outre qu'un déploiement initial dans le cadre d'un programme pilote permettrait d'évaluer ces avantages en pratique. Aussi, le Cadre inclusif devra décider de la marche à suivre.

9. Abstraction faite de ces questions politiques en suspens, le *Blueprint* du Pilier Un est décrit ci-dessous.

1.2.1. Le nouveau droit d'imposition (Montant A)

10. Le nouveau droit d'imposition (Montant A) viendrait se superposer aux règles existantes en matière de lien et de répartition des bénéfices. Il s'appliquerait de façon large et ne serait pas limité à un petit nombre d'EMN appartenant à un secteur d'activité en particulier. Toutefois, compte tenu de ses caractéristiques novatrices, les membres du Cadre inclusif sont conscients de la nécessité de faire en sorte que le nombre d'EMN visées reste gérable, et sont convenus de réfléchir à des seuils et à d'autres mécanismes permettant de cibler l'approche, tout en minimisant les coûts de conformité et en tenant compte des contraintes de capacité des administrations fiscales. Les principales caractéristiques de conception du nouveau droit d'imposition seraient les suivantes :

- Un **seuil de chiffre d'affaires** basé sur le chiffre d'affaires annuel consolidé du groupe, associé à une **exclusion fondée sur un seuil minimum de chiffre d'affaires couvert d'origine étrangère**. Ces seuils visent à minimiser les coûts de conformité et à faciliter la gestion des nouvelles règles par les administrations fiscales. Pour éviter que les administrations fiscales soient submergées de travail du fait du déploiement du nouveau droit d'imposition, une option actuellement envisagée est de déployer ces seuils par étapes. Des seuils élevés pourraient être fixés au départ, qui seraient progressivement abaissés au fil des ans, ou appliqués sur une période plus longue, puis diminués uniquement à l'issue d'un examen postérieur à la mise en œuvre. Une approche par étapes pourrait rendre les règles plus faciles à gérer pour les administrations fiscales et les entreprises, en leur permettant d'acquérir une expérience pratique avant d'élargir le champ d'application à un nombre plus élevé d'EMN. D'autres approches poursuivant les mêmes objectifs pourraient aussi être envisagées, y compris l'option d'un seuil fondé sur un chiffre d'affaires couvert. Aucune décision n'a pour l'heure été prise concernant le nombre de seuils de chiffre d'affaires, le montant de ces seuils ou l'utilisation d'une approche par étapes.
- **Règles de délimitation du champ d'application**, couvrant le secteur ADS et plus largement les CFB. Il s'agit d'entreprises en mesure de nouer des interactions significatives et durables avec des clients et des utilisateurs situés dans une juridiction du marché.

- L'application d'une **nouvelle règle du lien** pour identifier les juridictions du marché fondées à percevoir le Montant A. La règle du lien concilie l'intérêt des petites juridictions, et notamment des économies en développement, à bénéficier du nouveau droit d'imposition, et la nécessité de maintenir des coûts de conformité faibles et proportionnés, tout en évitant les effets secondaires indésirables dans d'autres domaines fiscaux et non fiscaux.
- Les règles du lien s'appuient sur des **règles de la source** détaillées qui reflètent les spécificités des entreprises de services numériques et en relation étroite avec les consommateurs, et tiennent compte à la fois du besoin de précision et de la capacité des EMN couvertes à respecter les règles et des coûts qu'elles supportent à ce titre. Cela pourrait passer par des règles de diligence soumises à une hiérarchie clairement définie, qui devraient revêtir une importance particulière s'agissant des distributeurs non liés.
- Une approche gérable pour **réattribuer le bénéfice résiduel.** Les juridictions de marché éligibles recevront une fraction de (X %) du bénéfice résiduel (bénéfice supérieur à un niveau convenu de rentabilité de (Y %)) calculée par application d'une formule. Pour trouver une juste mesure entre simplicité et précision, le calcul du montant approprié du bénéfice s'appuiera le plus possible sur les états financiers consolidés publiés. Les ajustements entre les données comptables et fiscales (similaires à ceux requis pour le Pilier Deux) et la segmentation seront limités au minimum. En pratique, la plupart des EMN calculeront leur bénéfice correspondant au Montant A (la base d'imposition) à partir de leurs états financiers consolidés (comprenant des groupes exerçant des activités non couvertes), mais seule la fraction de ce bénéfice, déterminée par application d'une formule, correspondant au chiffre d'affaires couvert sera en définitive attribuée aux juridictions de marché. Pour garantir la précision et des règles du jeu équitables entre différentes EMN (branche d'activité couverte présentant une rentabilité sensiblement différente par rapport à d'autres branches d'activité, par exemple), il faudra peut-être déterminer la mesure appropriée du bénéfice en procédant par segment, mais uniquement dans un petit nombre de cas dans lesquels l'EMN aura probablement déjà établi des états financiers segmentés aux fins des rapports financiers. D'autres simplifications seront prévues pour les EMN qui calculent une base d'imposition segmentée, comme l'attribution de coûts indirects via une clé de répartition basée sur le chiffre d'affaires. On s'attend à ce que les groupes tenus de segmenter leur base d'imposition au titre du Montant A soient peu nombreux.
- Un **régime de report en avant des pertes** visant à garantir qu'il n'y aura pas de répartition du Montant A lorsque l'entreprise concernée n'est pas rentable dans la durée. Pour faire en sorte que le Montant A s'applique uniquement au bénéfice économique, on envisagera d'autoriser les EMN couvertes à inclure des pertes subies avant l'adoption du Montant A dans ce régime de report des pertes. Ce régime fera appel à un mécanisme de compensation afin d'imputer des pertes passées à des bénéfices futurs. Les pertes au titre du Montant A seront conservées et reportées dans un compte unique au niveau du groupe (ou du segment le cas échéant) et ne seront pas attribuées aux différentes juridictions de marché.
- En plus du mécanisme proposé d'élimination de la double imposition, diverses options sont envisagées pour ajuster l'attribution du Montant A aux juridictions de marché lorsqu'une EMN se défait déjà de bénéfices résiduels en vertu des règles existantes de répartition des bénéfices fondées sur le principe de pleine concurrence (problèmes dits de « double comptage »), y compris un **régime de protection pour les bénéfices issus d'activités de commercialisation et de distribution**. Avec cette dernière approche, les impôts dus dans la juridiction de marché en vertu des droits d'imposition existants et du Montant A seraient appréhendés globalement, et le chiffrage du Montant A taxable dans une juridiction de marché serait ajusté, en le plafonnant lorsque le bénéfice résiduel de l'EMN est déjà attribué à cette juridiction en vertu des règles de répartition des bénéfices existantes. Avec le régime de protection, les groupes qui attribuent déjà à une juridiction de marché des bénéfices supérieurs au rendement du régime de protection seraient dans certains cas exonérés du paiement du Montant A, ou appliqueraient le mécanisme

d'élimination de la double imposition et pourraient ainsi continuer d'attribuer les bénéfices selon les règles actuelles. Parmi les autres approches envisagées pour traiter les problèmes de double comptage figure, outre le mécanisme d'élimination de la double imposition, l'exception en faveur des entreprises nationales.

- Le **mécanisme d'élimination de la double imposition** aura deux composantes : (i) identification des entités payeuses ; et (ii) méthodes permettant d'éliminer la double imposition. Pour identifier l'entité ou les entités qui supporteront l'impôt dû au titre du Montant A, les « entités payeuses », un processus comportant quatre étapes est envisagé. Premièrement, les activités exercées par les entités seraient soumises à un test qualitatif pour déterminer celles qui perçoivent un bénéfice résiduel, au moyen d'une liste positive et négative d'indices (appliqués sur la base de la documentation existante des prix de transfert). Un test de rentabilité serait alors effectué pour s'assurer que ces entités ont la capacité de payer le Montant A. L'impôt dû au titre du Montant A dans une juridiction de marché serait attribué prioritairement aux entités payeuses qui sont liées à cette juridiction. Néanmoins, lorsque les entités payeuses liées à un marché ne réalisent pas de bénéfices suffisants pour payer l'intégralité de cet impôt, l'impôt résiduel éventuel serait réparti entre d'autres entités payeuses (non liées à ce marché) au prorata ou en fonction d'autres mécanismes « d'appui » actuellement à l'étude. On réfléchira également à l'opportunité de simplifier ce processus en éliminant le premier test (fondé sur les activités) et/ou le troisième (priorité donnée aux entités liées à un marché) en faveur d'une approche de nature plus quantitative et reposant sur une formule. Après avoir identifié l'entité ou les entités qui supporteraient l'impôt au titre du Montant A, une juridiction de résidence utiliserait alors la méthode d'exemption ou la méthode d'imputation pour supprimer la double imposition.
- Lorsqu'une EMN est soumise au nouveau droit d'imposition, un **processus administratif simplifié** sera élaboré afin de réduire la complexité, d'alléger les contraintes et d'abaisser le coût de déclaration et de paiement, tant pour les administrations fiscales que pour les contribuables.
- Le **nouveau droit d'imposition au titre du Montant A** serait appliqué en modifiant la législation nationale, ou au moyen d'instruments internationaux de droit public. Le droit national et la convention multilatérale seraient complétés par des orientations et d'autres instruments si nécessaire.

1.2.2. Rémunération fixe au titre d'activités de distribution et de commercialisation de référence déterminées (Montant B)

11. La finalité du Montant B est double : En premier lieu, simplifier l'administration des règles sur les prix de transfert, ce qui sera bénéfique pour les administrations fiscales, et réduire les coûts de conformité, ce qui avantagera les contribuables. En second lieu, le Montant B vise à améliorer la sécurité juridique en matière fiscale et à réduire le nombre de différends entre les administrations fiscales et les contribuables. C'est pourquoi un certain nombre de membres du Cadre inclusif et d'EMN voient dans le Montant B une réalisation majeure du Pilier Un, partant de l'hypothèse que ses avantages théoriques peuvent se concrétiser.

12. Le Montant B vise à standardiser la rémunération des distributeurs liés qui exercent des « activités de commercialisation et de distribution de référence déterminées » dans la juridiction de marché. La définition des activités de commercialisation et de distribution de référence englobe les distributeurs qui (i) achètent des produits à des parties liées en vue de les revendre à des parties non liées ; et (ii) dont le profil fonctionnel est celui de distributeurs standards.

13. En outre, les activités couvertes sont avant tout définies selon une 'liste positive' de types de fonctions exercées, d'actifs détenus et de risques assumés dans des conditions de pleine concurrence par des distributeurs standards (étroitement définis, et assimilables à des distributeurs à faibles risques). Une 'liste négative' de fonctions types qui ne doivent pas être exercées, d'actifs qui ne doivent pas être détenus

et de risques qui ne doivent pas être assumés dans des conditions de pleine concurrence par des distributeurs standards est également utilisée pour mesurer qualitativement les facteurs supplémentaires qui conduiraient à exclure un distributeur du champ d'application du Montant B. Certains indicateurs quantitatifs sont ensuite appliqués pour confirmer l'identification des activités couvertes.

14. Le Montant B vise à se rapprocher des résultats déterminés conformément au principe de pleine concurrence, et serait donc basé sur une analyse d'entreprises comparables selon la méthode transactionnelle de la marge nette (MTMN), et pourra varier en fonction du secteur d'activité ou de la région, à condition que cette variation soit étayée par l'analyse comparative pertinente[10]. Aussi, le Montant B pourrait se décliner en plusieurs fourchettes de rémunérations fixes appropriées. Chaque rémunération fixe versée en contrepartie d'activités de commercialisation et de distribution de référence au titre du Montant B vise à obtenir un résultat qui se rapprocherait du résultat de pleine concurrence.

15. Si certains membres du CI estiment que le Montant B pourrait procurer certains avantages en termes de sécurité juridique et de simplification du principe de pleine concurrence, les avis divergent sur la gamme des activités de référence à inclure dans son champ. Ce *Blueprint* suppose que les distributeurs couverts doivent être identifiés sur la base d'un éventail étroit d'activités de référence, une position partagée par une catégorie de membres du Cadre inclusif. Toutefois, une autre catégorie de membres, réunissant notamment des pays en développement, juge que la règle n'atteindra son objectif politique qu'à condition d'avoir un champ d'application de vaste portée, et souhaite étudier la possibilité d'élargir le champ du Montant B. D'autres encore estiment intéressant d'envisager un déploiement initial dans le cadre d'un programme pilote, qui permettrait de tester les avantages en termes de simplification. Des travaux techniques supplémentaires seront engagés pour finaliser la définition précise des régions, secteurs, activités couvertes et indicateurs.

1.2.3. Amélioration des processus de sécurité juridique en matière fiscale

16. La sécurité juridique en matière fiscale est une composante essentielle du Pilier Un et s'inscrit au cœur de ce *Blueprint* qui prévoit des mécanismes innovants de prévention et de règlement des différends.

Prévention des différends

17. Le nouveau droit d'imposition sera déterminé par application d'une formule à une base d'imposition redéfinie, correspondant à une fraction du bénéfice résiduel généré par les activités couvertes de grandes EMN. Le *Blueprint* intègre un mécanisme visant à garantir que toutes les juridictions concernées s'accordent sur l'application du nouveau droit d'imposition à un groupe d'EMN donné. Un système de comités serait mis en place pour les administrations fiscales, en coopération avec les EMN concernées, afin de définir : (i) la base d'imposition, notamment en cas de segmentation par branche d'activité ; (ii) le résultat de la mise en œuvre de la formule, et (iii) toute autre caractéristique du nouveau droit d'imposition, y compris les entités payeuses et l'élimination de la double imposition. Il est également admis que l'impact du processus multilatéral sur les ressources est sensiblement moindre qu'en cas de mesures unilatérales non coordonnées.

18. Comme l'explique la section 1.2.2, le Montant B vise à accroître la sécurité juridique en matière fiscale en réduisant les différends entre administrations fiscales et contribuables, notamment dans les juridictions où le traitement des différends sur les prix de transfert se heurte à des contraintes. Il le fait en standardisant la rémunération des distributeurs liés qui exercent des 'activités de commercialisation et de distribution de référence déterminées'.

Règlement des différends

19. Outre les mécanismes novateurs de prévention des différends, ce *Blueprint* comporte des mécanismes novateurs de règlement des différends. Les membres du Cadre inclusif sont convenus qu'en

cas de différend portant sur le Montant A non couvert par le processus de prévention des différends liés au Montant A, des mécanismes obligatoires et contraignants appropriés de règlement des différends seront mis sur pied[11]. Les membres du Cadre inclusif sont également convenus d'explorer des mécanismes obligatoires et contraignants pour le règlement rapide de différends non liés à l'application du nouveau droit d'imposition. Ces mécanismes devront respecter la souveraineté des juridictions, en prenant en compte la situation de certaines économies en développement qui n'instruisent pas ou peu de cas soumis à la procédure amiable. Comme mentionné précédemment, il n'y a pas encore d'accord sur la portée du mécanisme obligatoire et contraignant de règlement des différends non liés au Montant A.

1.2.4. Cartographie du processus

20. Pour illustrer l'application pratique du *Blueprint*, le graphique ci-dessous donne un aperçu des différents éléments du processus (en mettant l'accent sur le Montant A). L'Annexe A décrit plus en détail les différentes étapes mentionnées dans ce graphique.

Graphique 1.2. Aperçu de la cartographie du processus pour le Montant A

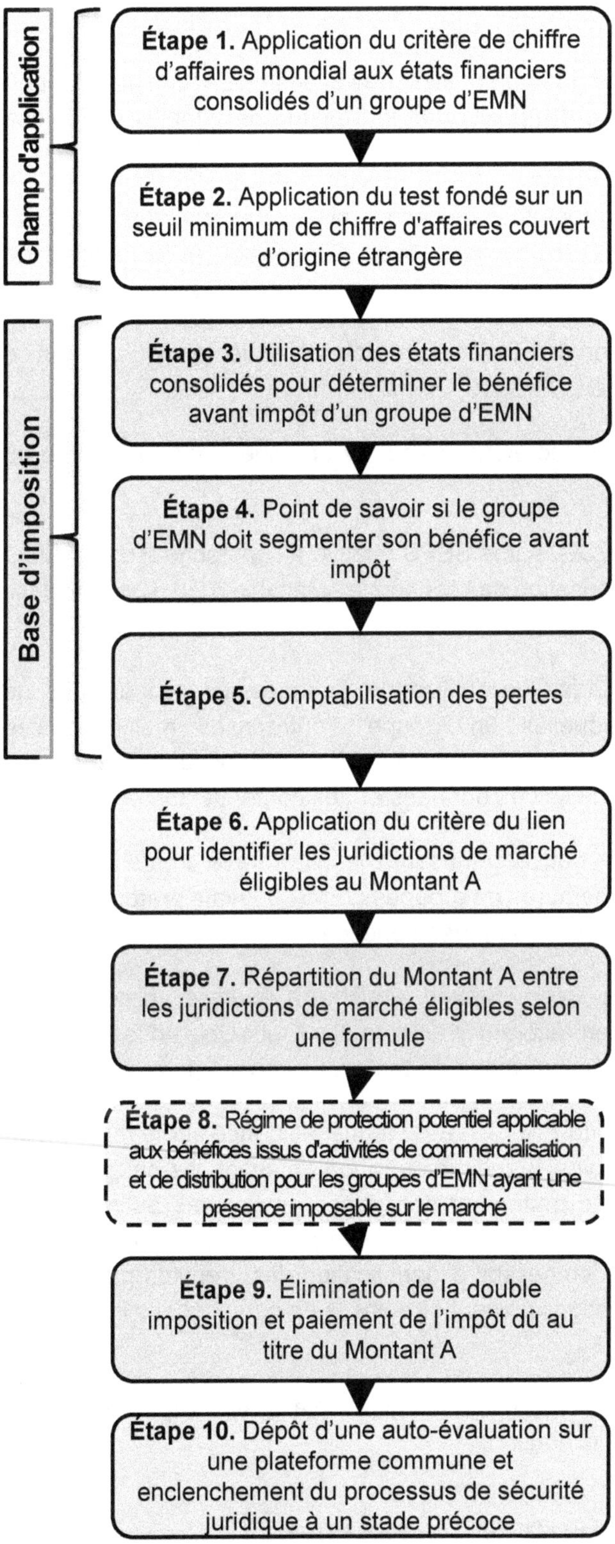

1. Critère de chiffre d'affaires mondial
Seuls les groupes d'EMN dont le chiffre d'affaires est supérieur à [X] EUR pourraient entrer dans le champ d'application du Montant A.

2. Application du test fondé sur un seuil minimum de chiffre d'affaires couvert d'origine étrangère
Ne sont redevables du Montant A que les groupes d'EMN dont le chiffre d'affaires total de source étrangère généré par les activités couvertes dépasse [X] EUR.

3. Utilisation des états financiers consolidés pour déterminer le bénéfice avant impôt
Identification des GAAP consolidés éligibles et application d'ajustements fiscaux pour calculer le bénéfice avant impôt standardisé du groupe d'EMN.

4. Segmentation du bénéfice avant impôt
Les groupes d'EMN ne seront tenus de segmenter leur bénéfice avant impôt que s'ils ne peuvent pas prétendre à l'exemption/au régime de protection et présentent les marqueurs de segmentation.

5. Comptabilisation des pertes
Si un groupe/segment affiche une perte, celle-ci est comptabilisée et reportée en avant de manière à être imputée sur les bénéfices futurs. Les pertes reportées peuvent être imputées sur les bénéfices dégagés par un groupe/segment.

6. Critère du lien avec chaque juridiction du marché
Le critère du lien (seuil de chiffre d'affaires dans une juridiction du marché et autres facteurs pour les activités « CFB ») est appliqué pour déterminer les juridictions du marché éligibles au Montant A.

7. Calcul et répartition du Montant A selon une formule
Le chiffrage du Montant A taxable est le résultat de l'application à la base d'imposition d'un segment/groupe calculée lors de l'étape 5 d'une formule comportant trois étapes (à savoir un seuil de rentabilité, un pourcentage de bénéfice à réattribuer et une clé de répartition).

8. Régime de protection potentiel applicables aux bénéfices issus d'activités de commercialisation et de distribution
Pour les groupes d'EMN qui disposent d'une présence imposable dans une juridiction du marché éligible, une option envisagée consiste à ajuster le chiffrage du Montant A calculé à l'étape 7 afin d'éviter d'attribuer deux fois le bénéfice résiduel à cette juridiction.

9-10. Identification des juridictions accordant les allégements, paiement de l'impôt dû au titre du Montant A et processus de sécurité juridique à un stade précoce
Si un impôt est dû au titre du Montant A, identification des juridictions dont relève le groupe d'EMN et qui doivent accorder des allégements pour compenser les doubles impositions, ainsi que des entités qui sont imposables au titre du Montant A dans le cadre d'une procédure administrative simplifiée couplée au processus de sécurité juridique à un stade précoce.

Notes

[1] OCDE (2015), Relever les défis fiscaux soulevés par la numérisation de l'économie, Action 1 – Rapport final 2015, Projet OCDE/G20 sur l'érosion de la base d'imposition et le transfert de bénéfices, Éditions OCDE, Paris.

[2] OCDE (2018), Les défis fiscaux soulevés par la numérisation de l'économie – rapport intérimaire 2018, Cadre inclusif sur le BEPS, Projet OCDE/G20 sur l'érosion de la base d'imposition et le transfert de bénéfices, Éditions OCDE, Paris.

[3] Relever les défis fiscaux soulevés par la numérisation de l'économie – Note politique, telle qu'approuvée par le Cadre inclusif sur le BEPS le 23 janvier 2019, OCDE 2019.

[4] Document de consultation publique, Proposition du Secrétariat d'une « Approche unifiée » au titre du Pilier Un, 9 octobre 2019 – 12 novembre 2019.

[5] OCDE (2020), Déclaration du Cadre inclusif OCDE/G20 sur le BEPS relative à l'approche à deux piliers visant à relever les défis fiscaux soulevés par la numérisation de l'économie – Janvier 2020, Cadre inclusif OCDE/G20 sur le BEPS, OCDE, Paris.

[6] Aux fins de ce document, par juridictions du marché/de l'utilisateur (ci-après les « juridictions du marché »), on entend les juridictions dans lesquelles un groupe d'entreprises multinationales commercialise ses produits ou services, ou, dans le cas d'entreprises à forte composante numérique, fournit ses services aux utilisateurs ou sollicite et recueille des données et des contenus auprès d'eux.

[7] En retour, et afin d'éliminer la double imposition, ce nouveau mécanisme minorera le droit d'imposition des juridictions dans lesquelles résident des entités membres de groupes d'EMN pouvant prétendre à des bénéfices résiduels en vertu des règles existantes de répartition des bénéfices.

[8] Le 3 décembre 2019, le Secrétaire américain au Trésor Steven Mnuchin a adressé un courrier au Secrétaire général de l'OCDE Ángel Gurría qui, tout en réitérant le soutien des États-Unis en faveur d'une solution multilatérale, proposait que le Pilier Un soit mis en œuvre en tant que « régime de protection ».

[9] Il convient d'observer que d'autres caractéristiques du Pilier Un auront une incidence sur le montant du bénéfice à réattribuer, notamment la question de savoir si le régime de report en avant des pertes au titre du Montant A s'étend aux « manques à gagner », le traitement des pertes antérieures au régime, la problématique du double comptage (et l'inclusion éventuelle d'un régime de protection pour les activités de commercialisation et de distribution), ainsi que le processus d'identification des « entités payeuses » (afin d'éliminer la double imposition). Toutes ces questions doivent être prises en compte dans la réflexion sur le chiffrage du Montant A.

[10] Les secteurs d'activité concernés pourraient inclure : biens de consommation à rotation rapide, véhicules à moteur, TIC, produits pharmaceutiques et grande distribution.

[11] Ce mécanisme de règlement des différends devra faire l'objet d'un consensus.

2 Champ d'application

2.1. Présentation

21. Le nouveau droit d'imposition établi au titre du Montant A ne s'applique qu'aux groupes d'entreprises multinationales rentrant dans le champ d'application du Montant A, sur la base de deux éléments : un critère d'activité et un critère de seuil.

2.1.1. Activités couvertes

22. La définition du champ d'application répond à la nécessité de repenser les règles d'imposition face à l'évolution de l'économie. Les règles fiscales internationales attribuent généralement un droit d'imposition sur les bénéfices en référence à des critères de présence physique dans une juridiction. Mais en raison de la mondialisation et de la numérisation de l'économie, certaines entreprises peuvent participer de façon active et soutenue à la vie économique d'une juridiction de marché, qu'elles retirent ou non un bénéfice d'activités physiques au niveau local, au-delà de la simple conclusion de ventes, afin d'améliorer sensiblement la valeur de leurs produits, d'augmenter leurs ventes et, par conséquent, leurs bénéfices. Cette participation est fonction de la nature de ce qui est fourni, de la manière dont les fournitures sont effectuées et de la nature de l'interaction ou de la participation actives avec les juridictions du marché. Cela signifie que les droits d'imposition et les bénéfices imposables ne peuvent plus être attribués uniquement en référence à des critères de présence physique.

23. En ce sens, les Contours de l'architecture ont proposé de baser le champ d'application du Montant A sur un critère d'activité. La définition des activités couvertes traduit les types d'activité pour lesquels cette question fiscale est la plus cruciale : les services numériques automatisés (ADS) et les entreprises en relation étroite avec des consommateurs (CFB). Pour chacune d'entre elles, les définitions sont suffisamment larges pour accepter de nouveaux modèles d'affaires (et garantir ainsi des règles du jeu équitables dans le temps). Des travaux techniques considérables ont été consacrés à la définition des activités couvertes par les activités ADS et CFB. Toutefois, comme l'indique le résumé, le champ d'application est l'une des principales questions en suspens et la lecture de cette section doit en tenir compte.

2.1.2. Services numériques automatisés

24. L'approche employée pour définir les ADS admet que certaines EMN peuvent tirer des revenus de la fourniture de services ADS (y compris de la monétisation de données) sur une base normalisée et automatisée à une clientèle ou une base d'utilisateurs importante à l'échelle mondiale et sont en mesure de les fournir à distance à des clients sur des marchés en n'ayant guère recours, voire en n'ayant aucunement recours, à des infrastructures locales. Ils exploitent généralement de puissants effets de réseaux de consommateurs ou d'utilisateurs et génèrent une valeur non négligeable à partir de leurs interactions avec les utilisateurs et les clients. Ils bénéficient souvent des données et des contenus fournis par les utilisateurs, ainsi que d'un suivi intensif de l'activité des utilisateurs et de l'exploitation des données correspondantes. Dans certains modèles, les clients peuvent interagir de façon quasi ininterrompue avec les équipements et les services du fournisseur. Le champ d'application des ADS ne se limite pas à la

question de savoir si les services sont fournis aux consommateurs, mais va au-delà, étant donné que les possibilités pour les entreprises d'ADS de participer de manière significative et soutenue au marché ne dépendent pas du type de client.

25. La définition des ADS comprend une liste positive des activités ADS ; une liste négative des activités exclues et une définition générale. L'établissement d'une liste positive et d'une liste négative procure aux EMN et aux administrations fiscales une sécurité juridique relative aux modèles d'affaires existants, ainsi qu'une flexibilité pour l'avenir, car il est possible d'actualiser les listes périodiquement à mesure que les modèles d'affaires évoluent. La définition générale garantit la mise en place d'une règle afin de répondre à l'évolution rapide des modèles d'affaires qui, autrement, ne seraient pas intégrés dans l'une ou l'autre liste. En pratique, les entreprises et les administrations fiscales appliqueront les règles en suivant le processus ci-après. Premièrement, elles détermineront si une activité figure sur la liste positive (c'est-à-dire si elle est une activité incluse) ; si c'est le cas, il s'agit d'une entreprise d'ADS. Deuxièmement, si l'activité n'est pas répertoriée dans la liste positive, elles devront vérifier si elle figure sur la liste négative (c'est-à-dire si elle est une activité exclue) ; si c'est le cas, l'entreprise en question n'est pas une entreprise d'ADS. Ce n'est que si l'activité ne figure sur aucune des deux listes qu'il convient d'examiner si elle remplit les conditions de la définition générale. Enfin, toutes les questions relatives au champ d'application sont abordées par le processus de sécurité juridique à un stade précoce examiné au chapitre 9 (y compris lorsqu'une EMN cesse d'être incluse dans le champ d'application).

26. La définition générale des ADS (qui informe également les listes positive et négative) comporte deux éléments :

- automatisés, signifiant qu'après la mise en place du système, le service fourni à un utilisateur donné nécessite une implication humaine minimale de la part du fournisseur de services ; et
- numériques, signifiant que le service est fourni via l'Internet ou un réseau électronique.

27. Le terme « automatisé » traduit le fait que la possibilité d'utiliser le service dépend en grande partie des équipements et systèmes en place, qui permettent à l'utilisateur d'obtenir le service automatiquement, par opposition à une livraison qui exigerait une interaction sur mesure avec le fournisseur pour la prestation du service. Pour déterminer si un service nécessite une implication humaine minimale, ce critère n'examine que le fournisseur du service, et ne tient pas compte de l'intervention humaine de l'utilisateur (par exemple, si l'utilisateur peut entrer certains paramètres dans un système automatisé pour obtenir un résultat personnalisé). La définition met l'accent sur la fourniture du service et exclut donc les interventions humaines relatives à la création ou à l'entretien du système, comme la mise en place, la maintenance et la mise à niveau de l'environnement nécessaire à la fourniture du service, la correction des erreurs du système ou la réalisation d'autres ajustements génériques non spécifiques sans rapport avec des demandes individuelles. En principe, ces entreprises sont en mesure de passer à une échelle supérieure et de fournir le même type de service à de nouveaux utilisateurs sur une base automatisée, avec une implication humaine minimale et des coûts marginaux minimaux ou nuls.

28. L'autre partie de la définition, le terme « numérique », établit une distinction avec les autres méthodes de fourniture de services, comme l'exécution physique d'un service sur place.

29. La liste positive comprend les services de publicité en ligne ; la vente ou toute autre aliénation de données d'utilisateurs ; les moteurs de recherche en ligne ; les plateformes de réseaux sociaux ; les plateformes d'intermédiation en ligne ; les services de contenu numérique ; les jeux en ligne ; les services d'enseignement en ligne normalisés ; et les services d'informatique en nuage (cloud computing).

30. La liste négative des activités ADS comprend les services professionnels personnalisés ; les services d'enseignement en ligne personnalisés ; la vente en ligne de biens et de services autres que les ADS ; les revenus de la vente d'un bien physique quelle que soit la connectivité au réseau (« Internet des objets ») ; et les services d'accès à Internet ou à un autre réseau électronique.

2.1.3. Entreprises en relation étroite avec des consommateurs

31. La prise en compte d'un large groupe de CFB dans le champ d'application du Montant A traduit le fait que la capacité à participer de manière active et soutenue à la vie économique d'une juridiction de marché ne se limite pas aux entreprises qui fournissent des ADS. Bien que cet ensemble d'entreprises comprenne des entreprises traditionnelles dont l'activité a été perturbée à un moindre degré par la numérisation, les CFB peuvent nouer des liens significatifs avec les clients, au-delà de leur présence physique, et par conséquent améliorer sensiblement la valeur de leurs produits et augmenter leurs ventes. Cette participation significative et soutenue peut exister et être créatrice de valeur pour les groupes d'EMN en relation étroite avec des consommateurs en raison de la numérisation croissante de l'économie ; en effet, la technologie facilite une stratégie de commercialisation et de marque mieux ciblée ainsi que la collecte et l'exploitation des données personnelles concernant leurs clients - et rend tout cela possible à distance et avec une efficacité accrue. Les relations avec les clients, les interactions avec les utilisateurs et les consommateurs et l'accroissement des actifs incorporels destinés aux consommateurs, sont créateurs de valeur pour ces entreprises. Les règles d'imposition actuelles leur permettent cependant de percevoir des bénéfices résiduels en lien avec ces actifs incorporels, à distance, sans qu'une part proportionnée de ces derniers soit attribuée à la juridiction du marché.

32. L'intégration des CFB dans le champ d'application du Montant A traduit ce principe, mais tient compte également du fait que, dans certains cas, l'intégration des ADS et des CFB permet de garantir que différents modèles d'affaires, parfois combinés, soient traités de manière cohérente. Ainsi, certaines plateformes d'intermédiation en ligne sont à la fois une place de marché pour la vente de produits de tiers à des consommateurs (couverts au titre des ADS) et pour leur propre stock des mêmes produits (couverts au titre des CFB) ; de la musique, des films et certains logiciels peuvent être fournis en ligne (couverts au titre des ADS), mais aussi être distribués sur un support physique (couverts au titre des CFB) ; les entreprises de divertissement peuvent mettre directement leur contenu en ligne (couvert au titre des ADS), mais aussi concéder une licence de ces contenus à d'autres utilisateurs (couverts au titre des CFB). La définition des ADS s'applique aux activités qui relèvent à la fois des ADS et des CFB.

33. Les CFB désignent les entreprises qui tirent des revenus de la vente de biens et de services couramment vendus à des consommateurs, y compris indirectement en passant par des intermédiaires et par le biais de franchises et licences. Cette définition peut être encore décomposée en plusieurs éléments décrits ci-après :

- Le terme « consommateur » désigne un particulier (acheteur direct ou non) qui acquiert un bien ou un service pour son usage personnel, et non à des fins commerciales ou professionnelles.
- « Un bien ou un service » est « couramment vendu » à des consommateurs si, par nature, le bien ou le service est destiné principalement à être vendu aux consommateurs. Cela suppose que le bien ou le service soit mis à disposition sous une forme permettant sa consommation personnelle (notamment en portions, sous une forme suffisamment finie ou utilisable ou dans des points d'achat accessibles à un particulier, par opposition aux produits en vrac ou aux matières premières accessibles aux grossistes et aux autres entreprises uniquement). Être destiné principalement à être vendu à des consommateurs signifie que l'EMN a développé des biens ou des services destinés à être fournis à des consommateurs de manière régulière, habituelle et répétée (directement ou indirectement), par exemple en se livrant à des études de marché, en les commercialisant et en assurant leur promotion auprès des consommateurs, en utilisant des données sur les consommateurs/utilisateurs ou en fournissant le retour d'expérience des consommateurs ou des services de soutien (quel que soit le lieu d'exercice de ces activités). En revanche, une transaction inhabituelle ou rare avec un consommateur n'a pas d'incidence sur la qualification du bien ou du service.
- L'expression « vendu à » inclut la vente, la location à bail, la concession de licence, la location ou la fourniture, de manière directe ou indirecte (notamment par l'intermédiaire d'un courtier, agent,

intermédiaire ou représentant). Cela signifie que le produit ou le service peut être un bien ou un service destiné aux consommateurs même si la partie contractante n'est pas le consommateur final (comme une vente via un distributeur tiers ou lorsqu'un franchiseur a créé un produit alors que la vente est conclue par le franchisé). Sont également concernées les situations dans lesquelles la nature du produit est telle qu'il doit être concédé sous licence pour être exploité et non vendu (par exemple, droits sur la musique), s'il est autre qu'un produit couramment concédé sous licence à des consommateurs.

- Une CFB est (i) une EMN qui est propriétaire du produit de consommation ou service et titulaire des droits sur l'actif incorporel lié (franchiseurs et concédants inclus), c'est-à-dire une EMN qui est « en étroite relation » avec le consommateur ; et (ii) une EMN qui est le « détaillant » ou toute autre contrepartie contractuelle du consommateur (si elle est distincte du « propriétaire »), car elle est en relation directe avec le consommateur (y compris les franchisés et preneurs de licences qui commercialisent directement le bien de consommation).

34. Des orientations ont été élaborées pour préciser dans quelle mesure cette définition peut s'appliquer au secteur pharmaceutique ; indiquer comment appliquer ce concept pour intégrer certains intermédiaires, franchisés et preneurs de licences dans le champ d'application ; donner des orientations sur certains produits qui pourraient être qualifiés comme étant destinés à la fois aux consommateurs et aux entreprises (« à double usage ») ; et délimiter les situations dans lesquelles un composant peut être couvert. Ces orientations sont exposées dans ce chapitre au paragraphe « Critères des activités ».

2.1.4. Exclusions du champ d'application

35. Après avoir défini les activités couvertes et la logique qui sous-tend cette approche, ce chapitre présente certaines entreprises qui ne sont pas censées relever du champ d'application du Montant A. Les exclusions du champ d'application et les précisions à ce propos apportent une sécurité juridique aux secteurs qui ne sont pas confrontés aux défis de l'économie numérique. Les secteurs exclus du champ d'application du Montant A comprennent certaines ressources naturelles ; certains services financiers ; la construction, la vente et la location d'immeubles résidentiels : et les activités de transport aérien et maritime international

Seuils

36. Le critère de seuil constitue le second élément de la définition du champ d'application. Une EMN ne peut relever du champ d'application du Montant A que si elle satisfait au critère de l'activité décrit ci-dessus et à deux critères : le chiffre d'affaires consolidé du groupe d'EMN est supérieur à un certain seuil ; et le chiffre d'affaires couvert enregistré en dehors de son marché national est supérieur à un certain seuil. Il est ainsi garanti que le Montant A cible les plus grands groupes d'EMN qui génèrent des bénéfices résiduels à répartir au titre du Montant A et que la charge administrative ou de conformité est proportionnée aux avantages fiscaux escomptés. Cela maintiendra également le nombre d'EMN visées à un niveau gérable par les administrations fiscales (y compris le processus de sécurité juridique en matière fiscale à un stade précoce).

37. En ce qui concerne l'évaluation de l'impact économique[1], la fixation d'un seuil inférieur [750 millions d'euros] entraînerait une charge administrative importante, mais sans en retirer des avantages équivalents en termes de réaffectation aux juridictions de marché. Par ailleurs, même en adoptant ce seuil, le nombre d'EMN couvertes serait élevé et il convient de veiller, en particulier durant les premières années, à l'efficacité optimale du nouveau régime relatif au Montant A, y compris dans le cadre du processus de sécurité juridique à un stade précoce. De ce fait, les seuils pourraient être appliqués de manière progressive ou pendant une période transitoire au cours de laquelle les deux seuils seraient fixés à un niveau supérieur et seraient progressivement abaissés au fil du temps.

2.2. Critères des activités

38. Les critères des activités proposés dans les Contours de l'architecture alignent le champ d'application du Montant A sur son objectif fiscal. Ils visent à appréhender les EMN qui peuvent participer d'une manière durable et significative à la vie économique d'une juridiction de marché, sans nécessairement avoir une présence imposable significative sur ce marché (qui est le critère retenu par les règles du lien existantes). Les EMN relevant des grandes catégories ADS et CFB en font partie. Les définitions de chacune de ces catégories sont examinées successivement ci-après et suivies d'un examen des secteurs exclus du champ d'application du Montant A.

2.2.1. Services numériques automatisés

39. La définition des ADS proposée comprend une définition générale ; une liste positive de services qui relèvent en tout état de cause du champ d'application des entreprises ADS et une liste négative de services qui sont exclus des activités ADS.

40. La définition générale, complétée par ces listes pouvant être mises à jour, procure une sécurité juridique associée et une flexibilité. L'avantage de l'utilisation d'une définition générale assortie de listes pouvant être mises à jour est la possibilité de s'adapter à l'évolution rapide des technologies, qui voit apparaître de nouveaux types d'ADS, qui ne sont pas cités autrement par la liste positive ou la liste négative, et de permettre aux nouvelles règles relatives au Montant A de garder leur validité pendant un certain temps. Comme il ne serait pas possible pour le législateur de maintenir constamment à jour des listes positive et négative reflétant l'intégralité de ces évolutions, la définition générale met en place une règle permettant de statuer sur l'inclusion ou non dans le champ d'application de modèles d'affaires qui ne sont pas explicitement cités dans la liste positive ou la liste négative, en attendant qu'un nouveau modèle d'affaires ou une évolution d'un certain modèle d'affaires intègre l'une ou l'autre liste. L'application de la définition générale sera soutenue par un processus de sécurité juridique à un stade précoce afin de faire en sorte que les EMN et les administrations fiscales obtiennent une sécurité et une cohérence dans l'application du champ d'application.

41. L'utilisation des listes positive et négative présente l'avantage de procurer une certitude et une précision quant aux modèles d'affaires actuellement connus et d'éviter aux entreprises concernées de devoir appliquer le test général. Comme ces listes sont destinées à être ensuite mises à jour à mesure que les juridictions acquièrent de l'expérience avec les règles (y compris des informations issues du processus de sécurité juridique à un stade précoce) et que les nouveaux modèles d'affaires évoluent, ces listes continueront également à procurer de la sécurité au fil du temps.

42. Dans la pratique, les entreprises et les administrations pourront généralement appliquer les règles en suivant le processus ci-après. Premièrement, déterminer si une activité figure sur la liste positive (c'est-à-dire, si elle est une activité incluse) ; si c'est le cas, l'entreprise en question est une entreprise ADS. Deuxièmement, si l'activité ne figure pas sur la liste positive, déterminer si elle est présente sur la liste négative (c'est-à-dire si elle est une activité exclue) ; si c'est le cas, l'entreprise en question n'est pas une entreprise ADS. Ce n'est que si l'activité ne figure sur aucune des deux listes qu'il convient d'examiner si, selon les principes premiers, elle remplit les conditions de la définition générale. Il convient de noter que si une EMN n'entre pas dans le champ de la définition d'un ADS selon cette approche, elle peut toutefois en faire partie à titre d'entreprise en relation étroite avec des consommateurs. L'application juridique des listes positive et négative et de la définition générale (comme dans une convention multilatérale) reste à l'étude, comme, plus largement, le processus de mise en œuvre des modifications des listes.

43. Même si la définition générale ne s'appliquera qu'aux cas résiduels d'activités qui ne figurent pas dans l'une ou l'autre des listes, et servira donc de filet de sécurité à ces listes, le principe en lui-même a servi à l'élaboration de ces listes. C'est pourquoi ce chapitre présente tout d'abord la définition générale puis le contenu des listes positive et négative, un examen des ADS relevant de deux catégories/groupés

et enfin les définitions des ADS. Dans chaque cas, la règle est énoncée dans le premier encadré et suivie du commentaire correspondant dans le second encadré.

Encadré 2.1. ADS – Définition générale

Un ADS[2] est une activité dont :

- Le service figure sur la liste positive ; ou
- Le service est
  - automatisé (c'est-à-dire qu'après la mise en place du système, le service fourni à un utilisateur donné nécessite une implication humaine minimale de la part du fournisseur de service) ; et
  - numérique (c'est-à-dire qu'il est fourni via l'Internet ou un réseau électronique) ; et
  - ne figure pas sur la liste négative.

Encadré 2.2. ADS- Commentaire

La définition d'un ADS s'articule autour d'une définition générale, combinée avec une liste positive et une liste négative. Une activité qui figure sur la liste positive est une entreprise ADS. Une activité qui figure sur la liste négative n'est pas une entreprise ADS[3].

La première condition, à savoir l'automatisation ou non du service, traduit le fait que la possibilité d'utiliser le service dépend en grande partie des équipements et systèmes en place, qui permettent à l'utilisateur d'obtenir le service automatiquement, par opposition à une livraison qui exigerait une interaction sur mesure avec le fournisseur.

Pour déterminer si un service nécessite une implication humaine minimale, ce critère n'examine que le fournisseur du service, et ne tient pas compte d'une intervention humaine de l'utilisateur (par exemple, lorsque l'utilisateur peut entrer certains paramètres dans un système automatisé pour obtenir un résultat personnalisé). Par ailleurs, la définition met l'accent sur la fourniture du service et exclut donc les interventions humaines nécessaires à la création ou à l'entretien du système, comme la mise en place, la maintenance et la mise à jour de l'environnement du système nécessaire à la fourniture du service, la correction des erreurs du système ou la réalisation d'autres ajustements génériques non-spécifiques sans rapport avec des demandes d'utilisateurs individuels. Enfin, le seuil d'implication humaine minimale ne serait pas franchi lorsque la fourniture de services à des nouveaux utilisateurs ne nécessite qu'une participation humaine très limitée aux demandes spécifiques des utilisateurs/une contribution au moment de la prestation de service ou lorsque, dans certains cas impliquant des problèmes particuliers, plus complexes, les programmes d'exécution du système orientent le client vers un membre du personnel.

Le terme « automatisé » renvoie, de manière générale, à la capacité d'étendre et de fournir le même type de service à de nouveaux utilisateurs avec une implication humaine minimale. Cette caractéristique vise à déterminer les activités ADS qui profitent d'économies d'échelle significatives plutôt qu'à laisser penser qu'aucune intervention humaine n'est requise pour l'activité. Pour un grand nombre d'entreprises ADS, le développement d'un système qui fournit le service proposé peut nécessiter, au départ, une implication humaine importante et l'apport de capital (par exemple, pour élaborer les algorithmes nécessaires pour fournir le service automatisé, notamment pour des fonctions comme l'adaptation de l'offre aux préférences de l'utilisateur). Elle établit une distinction entre les entreprises ADS en examinant si le coût marginal de l'implication humaine supplémentaire nécessaire pour fournir les mêmes services à d'autres utilisateurs est nul ou presque nul. En d'autres termes, une fois que le service proposé par une entreprise ADS a été développé (comme un catalogue musical ou une plateforme de réseaux sociaux), l'entreprise peut alors fournir ce service à un utilisateur unique ou à un millier d'utilisateurs, sur une base automatisée en utilisant les mêmes processus d'entreprise de base et réaliser ainsi des économies d'échelle sans avoir une présence massive dans la juridiction de marché, alors qu'un grand nombre d'entreprises ne relevant pas des ADS supporteraient des coûts unitaires importants liés à la fourniture de services à de nouveaux clients.

En ce qui concerne la seconde condition de la définition générale (c'est-à-dire le caractère numérique du service), un ADS est, par nature, fourni via l'Internet ou un réseau électronique. Il se distingue ainsi des autres méthodes de fourniture de services, comme l'exécution physique d'un service sur place. Ainsi, le site web d'une plateforme d'intermédiation en ligne qui fournit un service consistant à mettre en relation des utilisateurs et des offres hôtelières et à permettre aux utilisateurs de réserver un hôtel en ligne tire ses revenus de la fourniture de ce service d'intermédiation en ligne. Il relève du champ d'application des ADS. Cette situation est différente de celle d'un hôtel en lui-même qui tire ses revenus de la fourniture d'un hébergement physique, qui n'est pas fourni par Internet. Même si cet hôtel peut disposer d'un service de réservation en ligne via son site web, il ne tire pas ses revenus de la fourniture de ce service à proprement parler, mais de celle de l'hébergement (et la réservation en ligne n'est d'aucune utilité sans l'activité principale consistant à fournir de l'hébergement). Il est exclu du champ d'application des ADS (mais pas de celui des CFB). Cette condition n'établit pas de distinction entre les différentes méthodes de transmission par réseau électronique ou par l'Internet. Le fait que le fournisseur de services soit propriétaire ou locataire de l'équipement de transmission ou bien le contrôle d'une autre manière n'entre pas non plus en ligne de compte.

La troisième condition est que le service ne figure pas sur la liste négative déjà évoquée. Il est ainsi garanti que la liste négative prévaut sur la définition générale.

Liste positive

44. Comme indiqué ci-dessus, la méthode employée pour définir un ADS part du postulat que si une activité figure sur la liste positive, il s'agit d'un ADS (sans avoir à appliquer également la définition générale). La liste positive contient actuellement neuf catégories de services.

- Services de publicité en ligne ;
- Vente ou toute autre aliénation de données d'utilisateurs ;
- Moteurs de recherche en ligne ;
- Plateformes de réseaux sociaux ;
- Plateformes d'intermédiation en ligne ;
- Services de contenus numériques ;
- Jeux en ligne ;
- Services d'enseignement en ligne normalisés ; et
- Services d'informatique en nuage (cloud computing).

45. Les catégories ne s'excluent pas mutuellement et peuvent se chevaucher (un service de contenus numériques peut être ainsi financé, en tout ou en partie, par de la publicité en ligne). Une entreprise ADS peut donc être composée de plusieurs ADS - dont seuls certains produisent directement des revenus. Autre exemple de modèle d'affaires relevant de deux catégories, un service de publicité en ligne peut gagner davantage en ciblant ses publicités grâce aux données sur les centres d'intérêt des utilisateurs qui ont été recueillies en leur donnant un « libre » accès au moteur de recherche ou à la plateforme de réseaux

sociaux. Comme indiqué dans le chapitre sur la détermination de la source du chiffre d'affaires, les ADS seront classés, à cet égard, selon la nature de la source du chiffre d'affaires enregistré pour le service. Les définitions de chaque catégorie, accompagnées d'un commentaire donnant des indications supplémentaires, sont présentées successivement ci-après.

Encadré 2.3. Services de publicité en ligne – Définition

Ils désignent les services en ligne visant à publier des annonces sur une interface numérique[4], notamment les services d'achat, de stockage et de distribution de messages publicitaires, mais aussi de vérification publicitaire et de mesure des performances. Ils comprennent les systèmes utilisés parallèlement pour attirer des destinataires potentiels des publicités et recueillir des contributions de contenus et des données les concernant, y compris en donnant accès à une interface numérique, comme les moteurs de recherche, plateformes de réseaux sociaux ou services de contenus numériques.

Encadré 2.4. Services de publicité en ligne – Commentaire

Cette catégorie est rédigée en termes larges et de manière à englober les services automatisés en ligne de l'ensemble de la chaîne de valeur de la publicité en ligne. Elle comprend les services de publicité directe, notamment lorsque les plateformes de réseaux sociaux, les moteurs de recherche en ligne, les plateformes d'intermédiation en ligne et les fournisseurs de contenus numériques vendent directement l'inventaire publicitaire à publier sur les interfaces numériques qu'ils exploitent. Elle est également étendue aux systèmes et processus automatisés pour l'achat et la vente d'inventaires publicitaires (comme les plateformes côté demande (DSP), les plateformes côté offre (SSP), les plateformes automatisées de vente et d'achat d'espaces publicitaires, les services de vérification publicitaire, etc.). Compte tenu de la définition large de l'expression « interface numérique », elle englobe également la publicité en ligne diffusée sur un appareil relié à Internet (« Internet des objets ») à condition qu'il existe un flux de revenus publicitaires identifiable.

Encadré 2.5. Vente ou toute autre aliénation de données d'utilisateurs - Définition

Cette expression désigne la vente[5], la concession sous licence ou toute autre aliénation à un tiers non lié de données d'utilisateurs générées par les utilisateurs d'une interface numérique.[6]

Encadré 2.6. Vente ou toute autre aliénation de données d'utilisateurs - Commentaire

Cette catégorie est rédigée de manière à englober les modèles d'affaires qui monétisent les données d'utilisateurs générées à partir d'une interface numérique par la vente, la concession de licence ou toute autre aliénation à des tierces parties non liées.

Elle s'applique aux données générées par les utilisateurs sur une interface numérique. La définition d'une interface numérique se veut large et doit couvrir les interfaces connectées à l'Internet et intégrées dans un bien physique (c'est-à-dire l'Internet des objets), que la vente de ce bien lui-même relève ou non du champ d'application du Montant A.

Les « données d'utilisateurs » comprennent des informations comme les habitudes, les dépenses, la localisation, l'environnement, les services utilisés, les loisirs ou les centres d'intérêt personnel d'un utilisateur, y compris les données anonymisées et consolidées (notamment les informations de géolocalisation et les niveaux de trafic des utilisateurs).

Il a été examiné de plus près dans quelle mesure les données d'utilisateurs pourraient comprendre la fourniture de données comme les données industrielles, scientifiques, statistiques ou d'autres données sans lien avec des personnes physiques (par exemple, les entreprises qui recueillent et diffusent des informations sur les investissements et les marchés financiers ou la recherche scientifique). Les définitions des ADS ne s'excluant pas mutuellement, ces entreprises peuvent être déjà couvertes au titre des services de contenu numérique, lorsqu'elles fournissent ces données de manière automatisée, par exemple, sous la forme d'une base de données ou d'une bibliothèque en ligne.

Une EMN elle-même peut recueillir les données à la source sous la forme de données brutes (p. ex. le fabricant/le vendeur d'un système de chauffage domestique rassemble des données sur la consommation d'énergie ou un réseau social collecte des données sur ses utilisateurs) ou les acquérir auprès d'une autre entreprise. La source des données ne sera pas pertinente aux fins de déterminer le champ d'application dès lors qu'elle est générée par un utilisateur via une interface numérique.

Dans la mesure où les données sont fournies dans le cadre d'un service personnalisé, comme un service de commercialisation professionnel, les indications à fournir, qui sont indiquées ci-après pour les ADS relevant de deux catégories et pour les services groupés, s'appliqueront.

Encadré 2.7. Moteurs de recherche en ligne - Définition

Ils désignent le fait de mettre à la disposition des utilisateurs une interface numérique afin de leur permettre de rechercher sur Internet des informations ou des sites web hébergés sur des interfaces numériques.

Encadré 2.8. Moteurs de recherche en ligne - Commentaire

Un grand nombre de moteurs de recherche en ligne sont monétisés par des services de publicité en ligne et/ou des services qui transmettent des données sur les utilisateurs. Ces services étant financés par la publicité en ligne ou la vente de données, le chiffre d'affaires généré sera pris en compte dans les catégories correspondantes (y compris aux fins de déterminer la source du chiffre d'affaires).

Cette catégorie sera étendue aux situations dans lesquelles un moteur de recherche en ligne facture l'accès aux utilisateurs, notamment dans le cadre d'un système d'abonnement ou lorsqu'il propose des technologies de recherche en ligne à intégrer dans le site web hôte d'un tiers (p. ex., une « zone de recherche »).

Cette catégorie exclurait les services comme les bases de données en ligne ou les fonctions de recherche « internes » des sites qui ne sont pas monétisées, lorsque les résultats des recherches sont limités aux données hébergées sur cette même interface numérique (ou des interfaces numériques liées). En revanche, si une base de données en ligne ou une fonction de recherche interne d'un site web implique la monétisation des services et figure sur la liste positive ou remplit les conditions de la définition générale d'un ADS, elle relèvera du champ d'application des ADS.

Encadré 2.9. Plateformes de réseaux sociaux - Définition

Elles désignent la mise à disposition d'une plateforme sur une interface numérique afin de faciliter les interactions entre utilisateurs ou entre les utilisateurs et le contenu créé par eux.

Encadré 2.10. Plateformes de réseaux sociaux - Commentaire

Cette catégorie devrait englober diverses activités qui s'appuient sur une base d'utilisateurs actifs et impliqués pour créer de la valeur, comme les réseaux sociaux et professionnels, les plateformes de micro-blogging, les plateformes de partage de vidéos ou d'images, les sites de rencontres en ligne, les plateformes de partage d'évaluations d'utilisateurs ainsi que les plateformes de messagerie et d'appels en ligne, dont certaines pourraient se chevaucher avec les plateformes d'intermédiation.

Cette catégorie serait étendue aux situations dans lesquelles une plateforme de réseau social facture l'accès aux utilisateurs, notamment par le biais d'un système d'abonnement. Ces services étant financés par la publicité en ligne, la vente de données ou des systèmes d'abonnement (selon le même modèle d'affaires que les services de contenu numérique), ces revenus seraient pris en compte dans les catégories correspondantes (y compris aux fins de déterminer la source du chiffre d'affaires).

Cette catégorie n'est pas étendue aux situations dans lesquelles les interactions de l'utilisateur sont purement accessoires par rapport à l'objet principal de l'interface numérique, notamment lorsqu'une entreprise vend son propre stock en ligne, lorsque le site web permet aux utilisateurs de publier des commentaires ou avis ou à un utilisateur de participer à un dialogue en ligne avec un représentant commercial.

Encadré 2.11. Plateformes d'intermédiation en ligne - Définition

Elles désignent la mise à disposition d'une plateforme sur une interface numérique afin de permettre aux utilisateurs de vendre, louer, promouvoir, publier ou offrir de toute autre manière des biens ou services à d'autres utilisateurs. Elle n'inclut pas la vente en ligne de biens et de services provenant du propre stock de la plateforme.

Encadré 2.12. Plateformes d'intermédiation en ligne - Commentaire

Cette catégorie s'appliquerait lorsque le service permet des interactions entre des utilisateurs tiers, quels que soient la nature de l'interaction, les caractéristiques des utilisateurs concernés, le fait qu'une opération sous-jacente soit elle-même couverte ou l'importance des activités du prestataire de services dans la facilitation de l'interaction.

Elle serait étendue aux situations dans lesquelles la plateforme d'intermédiation en ligne facture aux utilisateurs des services d'intermédiation en ligne, notamment par le biais de commissions ou de frais d'inscription et d'abonnement. Ce service d'intermédiation étant financé par la publicité en ligne ou la vente de données, le chiffre d'affaires généré sera pris en compte dans les catégories correspondantes (y compris aux fins de déterminer sa source).

La définition devrait inclure les services d'intermédiation et exclurait la vente en ligne de biens et services faisant partie du propre stock de la plateforme (qui peuvent toutefois relever des CFB). Le résultat serait le même en appliquant la définition posant comme condition la présence de plusieurs utilisateurs (le terme « utilisateur » est employé au pluriel) et en la combinant avec la définition du terme « utilisateur » qui exclut expressément le fournisseur du service ou une entité quelconque du même groupe. Il est également confirmé que la vente de biens et services en ligne autres que les ADS (p. ex. vente directe aux consommateurs du stock propre d'une EMN sur son propre site web) est également exclue du champ d'application de la liste négative.

Dans certaines circonstances exceptionnelles, il peut arriver qu'une EMN vende ses propres biens et services tout en assurant principalement un service d'intermédiation et en étant à l'abri du risque de stock. Il convient alors d'examiner de plus près les situations dans lesquelles une plateforme d'intermédiation en ligne de type place de marché en ligne fonctionne selon un modèle de revente, sans encourir les risques commerciaux habituellement liés à la fourniture du produit sous-jacent (notamment lorsque l'entreprise n'est propriétaire qu'à titre momentané et est à l'abri du risque lié au stock, est totalement exonérée du risque inhérent à la responsabilité du fait du produit et du risque de crédit). Ainsi, après qu'un utilisateur a réservé un service de location de voiture par l'intermédiaire d'une plateforme en ligne, le fournisseur de services de la plateforme peut acheter le service de location de voiture à proprement parler, après avoir reçu la commande du client, avant de le revendre immédiatement au client. Toutefois, le fournisseur de services de la plateforme n'encourt aucun des risques commerciaux habituellement liés à la fourniture du service de location de voitures sous-jacent (notamment le risque de stock) et, sur le fond, son service demeure, par conséquent, un service d'intermédiation.

Encadré 2.13. Services de contenu numérique - Définition

Ils désignent la fourniture automatisée de contenu par des moyens numériques, comme la diffusion de flux en ligne, la consultation ou le téléchargement, ponctuels, pour une durée limitée ou de manière permanente de contenu numérique (musique, livres, vidéos, textes, jeux, applications, programmes informatiques, logiciels, journaux en ligne, bibliothèques et bases de données en ligne),

Encadré 2.14. Services de contenu numérique - Commentaire

Cette catégorie est conçue de manière à englober les différentes formes que peut revêtir le contenu numérique lorsque l'utilisateur en fait l'acquisition. Elle comprend, par exemple, la musique, les livres, les vidéos, les textes, les jeux, les applications, les programmes informatiques, les logiciels, les journaux en ligne, les bibliothèques en ligne et les bases de données en ligne (comme les bases de données statistiques ou universitaires accessibles sur la base d'un abonnement).

Elle n'inclut pas la simple mise à disposition d'une interface numérique destinée aux utilisateurs. Du point de vue de l'utilisateur, l'objectif d'une transaction de service numérique est l'acquisition d'un contenu numérique, qu'il s'agisse d'un accès ponctuel, pour une durée limitée ou à titre permanent.

Cette catégorie englobe la transmission en flux, la consultation ou le téléchargement de contenu numérique. En effet, la diffusion en direct et le téléchargement consistent en un même processus de transmission de données, soit sous la forme d'un flux continu (équivalant, dans les faits, à un téléchargement temporaire), soit sous la forme d'un fichier enregistré sur l'appareil de l'utilisateur et disponible pour une utilisation ultérieure. Un certain nombre de services de flux de contenus numériques permettent à la fois la transmission en flux et le téléchargement, mais, du point de vue du fournisseur d'ADS, le processus est essentiellement le même. Par conséquent, aux fins du champ d'application du montant A, la transmission en flux de contenu numérique devrait inclure l'accès et le téléchargement, dans la catégorie élargie des « services de contenu numérique ». Sinon, n'inclure dans le champ d'application que les seules transmissions en flux qui sont effectivement consultées temporairement en tant que telles, et non téléchargées, par les utilisateurs produirait des résultats faussés et créerait une lourde charge administrative.

Les Contours désignent la vente de logiciels comme une CFB. Toutefois, la vente de logiciels remplit également les critères de la définition générale d'un ADS lorsque le logiciel fourni est automatisé, que seule une implication humaine minimale est nécessaire pour le mettre à la disposition des utilisateurs et qu'il est fourni sur l'Internet. À ce titre, un logiciel accessible ou téléchargé sur Internet serait donc qualifié d'ADS relevant de la catégorie des « services de contenu numérique » (ou bien pourrait relever de celle des services d'informatique en nuage (« logiciel-service »)).

Il existe deux exceptions à cette règle. Premièrement, si le logiciel est acquis sous la forme d'un bien corporel (p. ex., un produit emballé sur CD, dont l'accès ne nécessite pas de connexion à Internet), il ne s'agit pas d'un ADS (bien qu'il puisse être inclus en tant que CFB parallèlement à d'autres objets physiques hors ligne, comme la musique, les films, les livres ou les jeux informatiques achetés sur un support physique). Afin de ne pas engendrer de distorsions, lorsque le support matériel n'a pas d'autre finalité que de fournir à l'utilisateur les informations nécessaires pour accéder au contenu numérique via Internet ou un réseau électronique (comme un code d'accès imprimé pour télécharger le matériel), il demeure un ADS.

Deuxièmement, compte tenu de la réflexion qui précède et de l'élément « automatisé » de la définition, un logiciel hautement personnalisé qui a été conçu pour les besoins d'une entreprise en particulier (et dont le prix peut être adapté en fonction du progiciel choisi et des diverses fonctions intégrées) ne serait pas couvert à titre d'ADS même si le produit final est disponible en ligne. En effet, il nécessiterait une implication humaine significative, s'apparentant davantage à des services professionnels, et ne correspondrait pas à la même idée de limitation des coûts unitaires supplémentaires pour mettre le logiciel à la disposition d'autres utilisateurs. En l'espèce, il s'agit d'une personnalisation effectuée à la demande précise d'un client selon des exigences particulières. Lorsqu'un logiciel a été conçu avec des options ou fonctions particulières, qu'un client peut sélectionner ou personnaliser sans aucune implication humaine significative de la part du fournisseur de services lors de l'achat en ligne, il entre dans le champ d'application des ADS. Ainsi, le degré de personnalisation et le niveau d'implication humaine devraient être les principaux facteurs pour déterminer si un logiciel relève de la catégorie des ADS ou d'une autre catégorie. Si la fourniture du logiciel est combinée, et comprend des modules normalisés et des modules personnalisés, il convient d'appliquer les orientations requises, ainsi qu'expliquées ci-après dans les ADS relevant de deux catégories et les services combinés.

Encadré 2.15. Jeux en ligne – Définition

Ils désignent la mise à disposition d'une interface numérique aux fins de permettre aux utilisateurs d'interagir entre eux dans le même environnement de jeu.

Encadré 2.16. Jeux en ligne – Commentaire

Cette catégorie s'appliquerait indépendamment du fait que l'accès au jeu soit payant ou gratuit. Elle englobe tous les jeux multijoueurs disponibles sur Internet, comme les jeux en ligne massivement multijoueurs (MMOG) ou les autres jeux qui offrent des fonctionnalités multijoueurs, quel que soit le support ou la plateforme utilisé pour accéder au jeu.

La possibilité d'achats intégrés ou tout autre achat en ligne pendant le jeu relèverait également de cette catégorie.

En règle générale, cette catégorie ne comprendrait pas les jeux à joueur unique (qui, s'ils sont diffusés en continu, consultés ou téléchargés sur Internet, relèveraient des services de contenu numérique) ou l'achat d'un jeu vendu sur un support matériel (comme les logiciels décrits ci-dessus qui entrent dans le champ d'application des CFB).

Encadré 2.17. Services d'enseignement en ligne normalisés - Définition

Ils désignent la mise à disposition de programmes de formation en ligne pour des utilisateurs, qui ne nécessitent pas :

(i) la présence réelle d'un enseignant ; ou

(ii) l'adaptation significative du programme, des matériels d'enseignement ou des commentaires fournis en fonction d'un utilisateur précis ou d'un groupe restreint d'utilisateurs.

Encadré 2.18. Services d'enseignement en ligne normalisés - Commentaire

Cette catégorie comprendrait des produits éducatifs préemballés et non personnalisés, comme une série de conférences préenregistrées, et dont le contenu n'est pas personnalisé en fonction de chaque utilisateur (par exemple, des cours en ligne ouverts et massifs). Même si ces services permettent parfois d'échanger sur le contenu du cours dans le cadre de forums de discussion intégrés à la plateforme, les interactions avec les formateurs sont limitées, voire inexistantes. Par ailleurs, les services d'enseignement en ligne normalisés se caractérisent par le fait que les travaux effectués par l'utilisateur ne sont généralement pas notés par les formateurs, mais de manière automatique ou par les autres utilisateurs. Les services d'enseignement en ligne hors ADS peuvent relever de la catégorie des activités en relation étroite avec des consommateurs.

Cette catégorie exclurait les produits de formation en ligne personnalisés destinés à un étudiant ou un groupe restreint d'étudiants, qui peuvent comporter certains éléments auxiliaires automatisés (notamment, une conférence préenregistrée proposée dans le cadre d'un programme de formation personnalisé ; des devoirs notés automatiquement pour accompagner une conférence diffusée en direct). Ces services ne répondraient pas non plus aux définitions générales des ADS et, à ce titre, figurent dans la catégorie des services d'enseignement en ligne personnalisés de la liste négative.

Encadré 2.19. Service d'informatique en nuage – Définition

Ils désignent l'accès en réseau à des ressources informatiques standardisées à la demande, y compris l'infrastructure, les plateformes et les logiciels en tant que service (tels que les services informatiques, les services de stockage, de base de données, de migration, de mise en réseau et de fourniture de contenu, l'hébergement web et les applications et logiciels destinés aux utilisateurs finaux).

Encadré 2.20. Services d'informatique en nuage – Commentaire

L'accès en réseau à des ressources informatiques standardisées à la demande comprend tous les types de services d'informatique en nuage normalisés, notamment les services informatiques, les services de stockage, de base de données, de migration, de mise en réseau et de fourniture de contenu, l'hébergement web, ainsi que les applications et logiciels destinés aux utilisateurs finaux.

- Les services d'informatique comprennent des serveurs en nuage, la capacité d'utiliser et de gérer des applications web via l'informatique à distance, d'exécuter des programmes sur des ordinateurs distants et de réaliser des opérations informatiques groupées à l'échelle requise ;

- Les services de stockage engobent le stockage dans le nuage et le transport des données ;
- Les services de bases de données comprennent l'entreposage de données, la gestion de bases de données et les systèmes d'antémémoire ;
- Les services de migration incluent la migration des bases de données et le transport de données ;
- Les services de mise en réseau et de fourniture de contenus englobent l'accès à un nuage privé virtuel (nuage isolé contrôlé par le client) et l'utilisation d'un réseau mondial d'acheminement de contenus (grâce auquel des produits comme les contenus vidéos peuvent être fournis très rapidement aux utilisateurs) ;
- Les services d'hébergement web comprennent l'hébergement de sites et de pages web ; et
- Les applications destinées aux utilisateurs finaux et les services logiciels comprennent les systèmes permettant aux utilisateurs de consulter ou d'utiliser des logiciels et applications.

Les services d'informatique en nuage[7] sont généralement fournis de manière standardisée et fortement automatisée. Les services d'informatique en nuage standardisés peuvent être « assemblés » ou configurés conjointement à l'intention d'un client particulier (par le fournisseur de services ou par le client en mode de libre-service). Une entreprise peut ainsi opter pour une combinaison de services associant le stockage des données, la sécurité des données et l'hébergement web auprès d'un fournisseur d'informatique en nuage. Chacun de ces services d'informatique en nuage est standardisé, quelle que soit la combinaison spécifique de services choisie par le client. En d'autres termes, même si les activités d'un client peuvent être différentes (p. ex., offre de différentes musiques sur sa plateforme ou hébergement d'un site web différent), du point de vue d'une entreprise d'informatique en nuage, le fait de fournir un stockage de données ou d'héberger un site web en nuage revient, pour l'essentiel, au même.

Certains services d'informatique en nuage nécessitent cependant, dans une grande mesure, une implication humaine pour adapter le service aux besoins d'un client donné. Un hôpital peut ainsi engager un fournisseur de services d'informatique en nuage pour développer un système informatique en nuage sur mesure afin de gérer ses opérations complexes (p. ex., un logiciel de suivi des dossiers médicaux et de soins des patients, des solutions de sécurité informatique pour respecter les exigences légales de respect de la vie privée des patients, etc.). Ces services s'apparentent davantage à des services d'ingénierie et de conseil, c'est-à-dire des services professionnels, qui figurent sur la liste négative.

Pour faire en sorte que la catégorie des services d'informatique en nuage de la liste positive n'englobe que les services conformes aux principes des ADS, la définition proposée fait référence aux services d'informatique en nuage « standardisés ». De cette manière, une solution en nuage personnalisée, qui nécessite, dans des proportions importantes, une implication humaine du personnel du fournisseur (ingénieurs ou consultants) pour élaborer une nouvelle solution informatique (et non configurer des solutions existantes), n'en ferait pas partie. Dans la mesure où l'implication humaine ne concerne que la configuration de produits d'informatique en nuage normalisés, l'intégration de ces produits dans l'architecture informatique en place d'un client ou le support client annexe, l'implication humaine sera considérée comme auxiliaire du service d'informatique en nuage, qui serait englobé dans cette catégorie.

Lorsqu'un fournisseur de services d'informatique en nuage fournit un service groupé comprenant à la fois des services standardisés et personnalisés (y compris lorsque les services personnalisés s'appuient sur des modules normalisés), il convient d'appliquer les orientations élaborées au titre de la catégorie ci-après « ADS relevant de deux catégories et services groupés ».

Liste négative

46. Si une activité ne figure pas sur la liste positive, l'étape suivante consiste à déterminer si elle figure sur la liste négative. Si c'est le cas, il ne s'agit pas d'un ADS. La liste négative proposée contient actuellement les cinq catégories de services suivantes :

- Services professionnels personnalisés ;
- Services d'enseignement en ligne personnalisés
- Vente en ligne de biens et services autres que des ADS ;
- Revenus de la vente d'un bien physique, indépendamment de la connectivité au réseau (« Internet des objets ») ; et
- Services de fourniture d'accès à Internet ou à un autre réseau électronique.

47. Cette section présente les définitions des services qui figureraient sur la liste négative et les complète par un commentaire.

Encadré 2.21. Services professionnels personnalisés - Définition

Ils désignent les services professionnels personnalisés, fournis par un professionnel indépendant ou par une entreprise, tels que les services juridiques, comptables ainsi que les services d'architecte, d'ingénierie et médicaux.

Encadré 2.22. Services professionnels personnalisés - Commentaire

Cette catégorie confirme que les services professionnels personnalisés ne rentrent pas dans la définition générale des ADS. Même si ces services peuvent être fournis en ligne (envoi par courrier électronique d'un conseil juridique, de plans d'architecte au format PDF ou de ou calculs d'un comptable dans un tableur), ils nécessitent une adaptation à chaque client et une personnalisation dans l'exercice du jugement professionnel et les interactions. Ces services ne sont pas automatisés et nécessitent une implication humaine plus que minime de la part d'un professionnel indépendant ou une entreprise. Ils ne seraient pas non plus modulables à différentes échelles sans un surcroît d'interventions humaines.

Lorsqu'un service professionnel dépend fortement d'un ADS, notamment si un cabinet d'avocats utilise un logiciel d'intelligence artificielle (IA) pour ses processus de diligence raisonnable ou, dans le cas d'un cabinet d'architectes, pour établir ses plans, les revenus tirés de la fourniture du service professionnel en lui-même seront exclus du champ d'application des ADS. En effet, une implication humaine du professionnel est nécessaire pour utiliser l'IA et exercer un jugement professionnel pour fournir le service final au client. Les paiements effectués par un tel cabinet en faveur d'un fournisseur d'IA tiers seront toutefois généralement classés dans les ADS (comme les services d'informatique en nuage ou de contenu numérique).

En revanche, si un utilisateur accède directement à un service automatisé en ligne, qui peut être équivalent à un service professionnel (par exemple, si un utilisateur utilise en libre-service des conseils juridiques sur une plateforme dédiée), ce service serait considéré comme un ADS s'il rentre dans une catégorie de la liste positive ou satisfait aux critères de la définition générale.

Encadré 2.23. Services d'enseignement en ligne personnalisés - Définition

Ils désignent les services d'enseignement enregistrés ou en direct, accessibles en ligne lorsque l'enseignant adapte le service (notamment par des commentaires et une aide individualisés, non automatisés) aux besoins de l'étudiant ou d'un groupe restreint d'étudiants et que l'Internet ou un réseau électronique est utilisé comme simple moyen de communication entre l'enseignant et l'étudiant.

Encadré 2.24. Services d'enseignement en ligne personnalisés - Commentaire

Cette catégorie confirme que les services d'enseignement personnalisés en ligne ne rentreraient pas dans la définition générale des ADS lorsque l'Internet ou le réseau électronique est utilisé comme simple moyen de communication entre l'enseignant et l'étudiant.

Elle inclut les programmes de formation en ligne personnalisés destinés à un étudiant ou un groupe restreint d'étudiants, y compris lorsque certains éléments auxiliaires du produit sont automatisés (notamment, une conférence préenregistrée proposée dans le cadre d'un programme de formation personnalisé ; des devoirs notés automatiquement accompagnant une conférence personnalisée diffusée en direct).

Un service d'enseignement en ligne standardisé comprenant une interaction auxiliaire avec un enseignant figure toutefois sur la liste positive.

Encadré 2.25. Vente en ligne de biens et services autres que des ADS – Définition

Elle désigne la vente d'un bien ou d'un service via une interface numérique lorsque :

- l'interface numérique est exploitée par le fournisseur de bien ou du service ;
- la transaction consiste, sur le fond, à fournir un bien ou un service ; et
- le bien ou le service ne relève pas de la catégorie des ADS à un autre titre.

Encadré 2.26. Vente en ligne de biens et services autres que des ADS – Commentaire

Cette catégorie s'appliquerait aux vendeurs qui utilisent une plateforme numérique pour vendre leurs propres biens et services non numériques à des clients. Bien que la transaction puisse être effectuée via l'Internet, ces activités correspondent à la vente de biens et de services non numériques, et ne peuvent être en soi assimilées à un service numérique. Ainsi, si l'on applique le principe général ci-dessus, la fourniture du bien ou du service visé (p. ex. la chambre d'hôtel) n'est pas du type automatisé, mais nécessite un surcroît d'interventions humaines pour que le bien ou service soit mis à la disposition d'utilisateurs supplémentaires. C'est pourquoi, dans un souci de clarté, la vente des biens et services propres d'une EMN dont la commande ou la réservation et le traitement sont effectués par voie électronique devrait être incluse dans la liste négative.

Voir également ci-dessus les services d'intermédiation en ligne sur la liste positive.

Encadré 2.27. Revenus de la vente de biens physiques, indépendamment de la connectivité au réseau (« Internet des objets ») – Définition

Cette catégorie serait incluse, indépendamment de la connectivité au réseau d'un bien physique, sous réserve qu'aucun flux de revenus ADS identifiable ne soit rattaché à ce bien physique (au moment de l'achat ou à une date ultérieure).

Encadré 2.28. Revenus de la vente de biens physiques, quelle que soit la connectivité au réseau (« Internet des objets ») – Commentaire

Il est de plus en plus souvent possible de connecter des biens physiques à Internet ou de les regrouper avec d'autres services en ligne. Les trois grandes catégories suivantes ressortent de l'analyse de ce service :

Premièrement, en plus de leur vente, il est possible de retirer une valeur monétaire supplémentaire de ces biens physiques auprès d'un client par le biais de différents flux de revenus (initialement, lors de l'achat ou à une date ultérieure), qui sont intégrés dans les catégories d'ADS figurant sur la liste positive. Parmi les exemples courants :

- La vente ou toute autre aliénation de données d'utilisateurs ; la monétisation de données recueillies via un objet connecté fait partie des ADS lorsqu'elle répond à la définition ci-dessus. À titre d'exemple, si un constructeur automobile conçoit une voiture connectée à Internet qui recueille des données de localisation et s'il vend des données sur les habitudes, la localisation de l'utilisateur, etc. à des tiers à des fins de commercialisation, l'activité est conforme à la définition ci-dessus. En effet, la définition d'une interface numérique se veut suffisamment large pour englober la monétisation des informations recueillies via un système d'Internet des objets.
- Services de publicité en ligne. Revenus de la publicité en ligne liés à des annonces publicitaires présentes sur un objet connecté, relevant des services publicitaires en ligne (p. ex. les publicités d'un supermarché affichées sur l'interface connectée à Internet d'un réfrigérateur). En effet, la définition d'une publicité en ligne renvoie à la publication d'une annonce en ligne sur une interface numérique, la définition étant suffisamment large pour inclure les objets connectés à Internet.
- Autres ADS. L'utilisateur d'un objet connecté peut payer différents types d'ADS en lien avec l'objet connecté ou accessibles via ce dernier (p. ex. un abonnement à une application de suivi à utiliser avec un bracelet personnel ; la diffusion de flux de musique via un assistant virtuel ; l'achat en ligne de la mise à niveau d'un logiciel pour activer ou améliorer un produit). Ils seraient pris en compte dans la catégorie d'ADS correspondante (par exemple, services de contenu numérique) qui s'applique quel que soit le type de bien physique permettant la connexion réseau utilisée pour fournir cet ADS.

Dans la mesure où ces flux de revenu peuvent être distingués du prix de vente du bien physique, ils seraient intégrés à la catégorie des ADS. En pratique, certaines situations dans lesquelles cela est susceptible de se produire sont mentionnées dans le commentaire accompagnant les définitions des ADS de la liste positive ci-dessus. Un examen plus approfondi est nécessaire pour traiter les cas où un flux de revenus distinct est possible même s'il n'est pas explicitement identifié comme tel. Par exemple, si le bien est vendu dans deux versions qui se distinguent principalement par le fait que l'une d'elles comprend un abonnement à un service numérique alors que l'autre n'en a pas, la différence de prix peut être considérée comme le revenu tiré du service numérique.

Deuxièmement, certains types de machines et produits industriels contiennent une composante numérique. Il peut s'agir, par exemple, du contrôle des performances d'un moteur et d'un service d'assistance technique à distance. Une implication humaine importante est généralement nécessaire pour assurer la fonction principale consistant à utiliser ces informations pour effectuer l'entretien et les réparations de la machine. Elle est liée au fonctionnement de la machine et non au fournisseur de services qui monétise les données de manière automatisée auprès d'un tiers. Autrement dit, même en vérifiant séparément si la fonction d'accès à Internet de la machine rentre dans le cadre des ADS relevant de deux catégories et des services groupés, elle ne répondrait pas à la définition générale des

ADS ni à une catégorie de la liste positive, et serait donc totalement exclue. Pour obtenir une sécurité juridique, ils seront ajoutés à la liste négative et réexaminés ultérieurement si des modifications sont nécessaires.

Troisièmement, certains produits de consommation appartenant à « l'Internet des objets », qui mettent en réseau des dispositifs, appareils et autres objets quotidiens équipés de puces et capteurs électroniques capables de recueillir et de transmettre des données via Internet, permettent l'utilisation de fonctions supplémentaires du produit. Par exemple, les appareils de surveillance de la condition physique peuvent donner accès à une plateforme en ligne qui analyse les données, permet l'interaction avec d'autres utilisateurs et renseigne sur les programmes d'entraînement. Il est probable qu'un grand nombre de biens de consommation actuels contiennent un logiciel et qu'il soit possible à l'avenir de les connecter à Internet. Faire entrer tous ces articles dans le champ d'application des ADS serait excessif eu égard à la définition générale des ADS ci-dessus. En effet, la vente d'un bien physique n'est pas un ADS, car il ne s'agit pas d'un service et il n'est pas non plus fourni sur Internet ou via réseau électronique. L'une des solutions possibles consisterait à considérer que lorsque le bien physique renferme un ADS, une partie de son prix de vente pourrait alors être imputable à cet ADS. Enfin, traiter une partie des biens de l'Internet des objets comme constituant des ADS serait difficile en pratique et serait basé sur des faits relatifs à chaque produit actuel ou à venir – et propre à engendrer des litiges – , car cela imposerait d'essayer de séparer la valeur de la composante numérique du service en tant qu'ADS, par opposition à la valeur créée par les autres parties du bien ou service. Dans tous les cas, la vente de l'objet serait déjà comprise dans le champ d'application des CFB, dans la mesure où il s'agit par ailleurs d'un produit en relation étroite avec les consommateurs.

Sur la base des trois catégories ci-dessus, le champ d'application des ADS inclurait les revenus provenant de l'Internet des objets dans la mesure où ils sont identifiables séparément au titre d'un autre ADS de la liste positive (la première catégorie ci-dessus), et exclurait les revenus issus de la vente physique de biens tels que les biens industriels ou de consommation. Cette question pourrait être réexaminée ultérieurement à mesure que l'Internet des objets évolue.

Encadré 2.29. Services de fourniture d'accès à Internet ou à un réseau électronique – Définition

Ils s'appliquent à la fourniture d'accès (connexion, abonnement, installation) à Internet ou à un réseau électronique, quel que soit le moyen utilisé.

Encadré 2.30. Services de fourniture d'accès à Internet ou à un réseau électronique – Commentaire

Cette catégorie entend préciser que les services d'accès à Internet ou à un réseau électronique ne rentreraient pas dans le champ des ADS. Cette approche est conforme à la stratégie fiscale relative au Montant A, car la fourniture de ces services nécessite généralement un certain degré d'infrastructure locale et elle est soumise aux réglementations locales en matière de télécommunications. Cette catégorie englobe la fourniture d'accès (connexion, abonnement, installation) à Internet ou à un réseau électronique, quel que soit le moyen employé, notamment la transmission filaire, par câble, fibre optique, satellite ou par d'autres moyens, mais pourra être réexaminée si nécessaire en fonction des progrès technologiques.

Les offres forfaitaires de services internet (ISP) dans lesquelles l'accès à l'Internet est auxiliaire et secondaire (c'est-à-dire forfaits allant au-delà du simple accès à l'Internet et comprenant d'autres éléments (comme des pages à contenu donnant accès aux actualités, à des informations météorologiques ou touristiques ; espaces de jeu ; hébergement de sites ; accès à des débats en ligne, etc.) ne seraient pas inclus dans cette catégorie. Dans de telles situations, les règles applicables aux ADS relevant d'une catégorie mixte et aux services groupés s'appliqueraient.

ADS relevant d'une catégorie mixte/services groupées

48. Lorsqu'une EMN exerce plusieurs activités, clairement identifiables comme des services distincts et autonomes eu égard aux flux de revenus, les définitions s'appliquent séparément à chaque activité. Cette catégorie inclut les situations où une EMN fournit plusieurs types d'ADS (par exemple, une plateforme d'intermédiation en ligne exploite simultanément un service d'intermédiation et fait de la publicité en ligne).

49. Il arrive toutefois que certaines EMN se livrent à des activités qui ne sont pas clairement dissociables et correspondent à une « catégorie mixte » ou à des « services groupés ». Deux situations peuvent donner lieu à des ADS relevant d'une catégorie mixte ou de services groupés : (i) une composante du service répond à la définition d'un ADS, mais s'accompagne d'un service hors ADS ; (ii) un bien physique est accompagné d'un service qui peut correspondre ou non à la définition des ADS. Ainsi, dans le premier cas, une EMN de services informatiques en nuage peut proposer une offre reposant sur des modules normalisés, mais permettant à un client de sélectionner des éléments fortement personnalisés qui nécessiterait une implication humaine importante. Dans le deuxième cas, il peut s'agir d'un appareil physique connecté à Internet, qui est examiné en détail ci-dessus dans la liste négative.

50. Dans certaines situations, peut-être encore plus nombreuses à l'avenir, les éléments appartenant aux ADS et hors ADS peuvent être fortement intégrés et, de ce fait, considérés comme un seul et même service. Lorsque l'ADS représente une part importante du service global et que les composantes hors ADS retirent des avantages importants de leur lien avec les composantes ADS, l'ensemble du service peut être considéré comme un ADS. En revanche, lorsque les composantes ADS sont purement auxiliaires ou assurent une fonction d'assistance technique pour le reste du service (par exemple, une fonction de dialogue en ligne automatisé pour examiner la demande d'un utilisateur comme point d'accès au service) et lorsque le reste du service nécessite une implication humaine pour fournir le service décrit ci-dessus, le service global ne sera pas considéré comme un ADS, compte tenu de la contribution relativement importante de l'ADS dans l'offre groupée.

51. Les travaux sur cette question se poursuivent. Le point de départ envisagé consiste à déterminer s'il existe des fournitures multiples qui sont identifiables et substantielles en tant que telles (en évaluant, par exemple, si ces fournitures génèrent un flux de revenus distinct ou si leur prix est établi ou facturé séparément au client, en gardant à l'esprit qu'il est impératif d'éviter les possibilités de planification fiscale comme le fractionnement arbitraire des factures), auquel cas chaque fourniture individuelle serait évaluée par rapport aux définitions. Si les fournitures ne sont pas identifiables séparément ni substantielles en tant que telles, une évaluation de la fourniture globale pourrait être effectuée. Des orientations supplémentaires seront élaborées afin de déterminer le seuil d'importance relative au-dessus duquel la composante ADS peut être considérée comme une « partie substantielle » ou comme faisant pleinement partie intégrante d'un service global, ou bien lorsque des éléments sont auxiliaires. En outre, on étudie s'il existe des moyens pour procurer une sécurité juridique lorsqu'une part substantielle de la fourniture figure sur la liste positive ou négative. Les orientations tiendront compte de la nécessité de disposer de règles simples, faciles à gérer et appliquer, qui offrent une certitude et une cohérence ainsi que des documents à fournir pour justifier l'application d'une orientation dans une situation précise.

Autres définitions des ADS

Encadré 2.31. Autres définitions

Aux fins des ADS, les définitions suivantes s'appliquent :

Une « interface numérique » désigne un programme ou un autre système permettant l'accès des utilisateurs à des logiciels, contenus ou autres informations accessibles en ligne, comme les sites internet et applications mobiles, quel que soit le type de support physique permettant cet accès. La définition d'une interface numérique se veut large et doit couvrir les interfaces connectées à l'Internet et intégrées dans un bien physique (c'est-à-dire l'Internet des objets), que la vente de ce bien lui-même relève ou non du nouveau droit d'imposition au titre du Montant A.

« En ligne » désigne l'Internet ou un réseau électronique,

« Utilisateur » désigne un individu ou une entreprise ayant accès au service, mais n'inclut pas

i. le fournisseur, ou un membre du même groupe d'EMN que le fournisseur, de ce service ; ou

ii. un employé d'une personne visée au paragraphe (i) agissant dans le cadre de l'activité professionnelle de cette personne.

2.2.2. Entreprises en relation étroite avec des consommateurs

Définition des entreprises en relation étroite avec les consommateurs.

52. Les CFB seraient des entreprises tirant des revenus de la vente de types de biens et de services couramment vendus à des consommateurs, à savoir des particuliers achetant des articles pour leur usage personnel, et non à des fins commerciales ou professionnelles.

53. La définition des CFB proposée décompose les éléments de l'expression « couramment vendus à des consommateurs » et précise les types d'EMN « en relation étroite avec des consommateurs ».

Encadré 2.32. Entreprises en relation étroite avec des consommateurs - Définition générale

Une entreprise en relation étroite avec des consommateurs fournit, directement ou indirectement, des types de biens et de services couramment vendus à des consommateurs et/ou concède des licences ou exploite autrement des biens incorporels en lien avec la fourniture de ces biens et services.

Le terme « consommateur » désigne un individu (acheteur direct ou non) qui acquiert un bien ou un service pour son usage personnel, et non à des fins commerciales ou professionnelles.

Un bien ou un service est d'un « type couramment vendu » à des consommateurs si, par nature, le bien ou le service est destiné principalement à être vendu à des consommateurs. Cela suppose que le bien ou le service soit mis à disposition sous une forme permettant sa consommation personnelle (notamment en portions, sous une forme suffisamment finie ou utilisable ou dans des points d'achat accessibles à un particulier, par opposition aux produits en vrac ou aux matières premières accessibles aux grossistes et aux autres entreprises uniquement). Être destiné principalement à être vendu à des consommateurs signifie que l'EMN a développé les biens et les services pour qu'ils soient fournis aux consommateurs de manière régulière, répétée ou habituelle (directement ou indirectement), notamment en réalisant des études de marché, en commercialisant et en assurant la promotion des produits auprès des consommateurs, en utilisant les données sur les consommateurs / utilisateurs ou en fournissant des services d'assistance ou de retour d'expérience des consommateurs (quel que soit le lieu d'exercice de ces activités). En revanche, une transaction inhabituelle ou rare avec un consommateur n'a pas d'incidence sur la qualification du bien ou du service.

L'expression « vendus à » inclut la vente, la location à bail, la concession de licence, la location ou la fourniture, directe ou indirecte (notamment par l'intermédiaire d'un courtier, agent, intermédiaire ou représentant). Cela signifie que le produit ou le service peut être un bien ou un service destiné aux consommateurs même si la partie contractante à la vente n'est pas le consommateur final (comme une vente via un distributeur tiers ou lorsqu'un franchiseur a créé un produit alors que la vente est conclue par le franchisé). En d'autres termes, une EMN relève de cette catégorie en fonction de la nature du produit/service et le rôle d'un tiers dans le canal de distribution ne change rien ; cela ne signifie pas pour autant que ce tiers est lui-même une entreprise en relation étroite avec des consommateurs, ainsi qu'il est expliqué ci-après. Sont également concernées les situations dans lesquelles la nature du produit est telle qu'il doit être concédé sous licence, et non vendu, pour être exploité (par exemple, droits sur la musique), s'il est par ailleurs d'un type couramment concédé sous licence à des consommateurs.

Un service couvert au titre de SNA, dont la définition est plus précise, est exclu de la définition des entreprises en relation étroite avec des consommateurs Cela évite tout recoupement et tient compte du fait qu'une seule catégorie est nécessaire, car elle a des conséquences sur d'autres aspects du Montant A comme le critère du lien approprié.

Une EMN serait considérée comme une « entreprise en relation étroite avec des consommateurs » si elle est propriétaire du produit/service destiné aux consommateurs et détentrice des droits sur le bien incorporel lié (franchiseurs et concédants inclus). C'est bien l'EMN qui est « en relation étroite » avec le consommateur. Dans ce contexte, le terme « propriétaire » ne renvoie pas à une partie qui détient, à un moment ou un autre, un titre légal sur un bien de consommation, car il peut y avoir plusieurs propriétaires légaux dans la chaîne d'approvisionnement. Pour être « propriétaire », le produit et les marques qui y sont liées doivent appartenir à l'EMN.

En outre, le « détaillant » ou une autre contrepartie contractuelle du consommateur (si elle est différente du « propriétaire ») serait également couvert, car il est en relation directe avec le consommateur. En d'autres termes, il s'agit sans doute de l'exemple le plus flagrant d'une entreprise « en relation étroite avec des consommateurs ». Le bénéfice du détaillant sera différent de celui pris en compte pour le « propriétaire » ; il n'y a donc pas de recoupement dû à l'intégration de deux EMN différentes dans la chaîne de valeur. Cette catégorie peut également comprendre des franchisés et des preneurs de licence qui vendent le produit de consommation directement, ainsi qu'il est expliqué ci-après.

Les autres EMN tiers, comme les fabricants, les grossistes et les distributeurs, qui ne sont pas en relation avec le client - contractuellement ou de toute autre manière - sont exclus du champ d'application. Bien que les intermédiaires de ce type puissent, en tout état de cause, être exclus des seuils de chiffre d'affaires et de rentabilité, ils le sont déjà, car ils n'ont pas de participation active et soutenue à l'économie d'une juridiction du marché (au-delà de la simple conclusion de ventes) sans nécessairement investir localement dans des infrastructures et des activités.

Une EMN qui répond à la définition peut cependant être exclue du champ d'application (en tout ou en partie) comme l'indiquent les exclusions spécifiques décrites ci-après. Ces exclusions sont établies à partir de facteurs fiscaux, notamment lorsque, pour des raisons spécifiques liées à un secteur, les bénéfices résiduels sont déjà enregistrés sur le marché.

54. Les critères de vérification doivent être appliqués par l'EMN. Les critères de vérification doivent être appliqués à l'égard du marché visé. Ainsi, lorsqu'une EMN écoule ses ventes sur un marché qui se distingue par ses goûts, préférences, exigences réglementaires ou culturelles alors que le produit ou le

service n'est pas disponible sur de nombreux autres marchés, il peut encore s'agir d'une entreprise en relation étroite avec les consommateurs.

55. Pour les cas à la marge, le mécanisme de sécurité juridique en matière fiscale à un stade précoce sera disponible pour fournir des éclaircissements et assurer un traitement cohérent dans l'ensemble du Cadre inclusif.

56. Les sections suivantes traitent de l'application de la définition aux secteurs et modèles d'affaires particuliers suivants : produits pharmaceutiques, franchise, concession de licence, produits et services à double usage et produits intermédiaires et composants à double usage.

Produits pharmaceutiques

57. Globalement, l'industrie pharmaceutique vend des médicaments et des appareils médicaux[8]. Les appareils médicaux qui sont des produits couramment vendus à des consommateurs entreraient dans le champ d'application. La suite de la présente section porte sur les produits pharmaceutiques (c'est-à-dire, les médicaments).

58. Dans certains pays, les régimes d'assurance publique et d'assurance obligatoire jouent un rôle important dans les achats de produits pharmaceutiques, en particulier pour les médicaments délivrés à l'hôpital et ceux délivrés uniquement sur ordonnance. Ils couvrent par exemple en moyenne 58 % des dépenses de médicaments vendus au détail dans les pays de l'OCDE[9], même si la situation varie d'un pays à l'autre.

59. Il importe de noter que les pouvoirs publics peuvent réglementer le prix de vente des médicaments. Il est admis que les pouvoirs publics et les compagnies d'assurance peuvent avoir une influence sur le prix des médicaments qui n'est pas exclusivement fonction de la demande des consommateurs (par exemple, lorsque l'État acquiert directement les médicaments ou en réglemente le prix). Toutefois, cela ne change rien au fait que ces produits sont vendus à des consommateurs et utilisés par eux (directement ou indirectement) et qu'ils génèrent (dans certaines circonstances, notamment lorsque le médicament est toujours protégé par un brevet) des bénéfices importants pour les EMN de l'industrie pharmaceutique. En conséquence, même si la réglementation peut jouer sur le montant de ces bénéfices, elle ne justifie pas en soi que les produits pharmaceutiques soient hors du champ d'application.

60. L'analyse ci-dessous porte sur deux approches possibles pour examiner dans quelle mesure les produits pharmaceutiques rentreraient dans le champ d'application du montant A au titre des CFB :

- Le champ d'application couvre tous les médicaments vendus ou administrés à des consommateurs ; ou
- le champ d'application est fondé sur le critère du mode de délivrance des médicaments : sur ordonnance ou en vente libre.

61. Ces deux options sont examinées tour à tour.

Option 1 – Le champ d'application couvre tous les médicaments

62. Cette approche part de l'idée que tous les produits pharmaceutiques sont in fine consommés ou utilisés par des particuliers consommateurs. Adopter cette approche ferait entrer dans le champ d'application tous les médicaments utilisés par des patients/consommateurs, qu'ils soient prescrits et acquis individuellement par le consommateur ou qu'ils soient acquis dans le cadre de la fourniture d'un traitement médical plus large. Elle s'appliquerait également que les produits soient achetés par les consommateurs eux-mêmes ou pour leur compte par les pouvoirs publics, les hôpitaux ou les compagnies d'assurance, que le consommateur ait ou non payé le médicament et à quel prix (dans certaines juridictions, par exemple, les consommateurs ne paient pas du tout les médicaments, qu'ils soient en vente libre ou délivrés sur ordonnance).

63. Cette approche examinerait le lien plus indirect avec le consommateur qui, bien qu'il ne se traduise pas, dans la plupart des juridictions, par une action directe auprès du consommateur (comme la commercialisation), revêt la forme (parfois, de manière marquée) d'actions de commercialisation visant les professionnels de la santé, les assureurs et les autorités chargées des achats de médicaments qui agissent pour le compte du consommateur lors de la prescription, l'achat ou le financement du médicament. Ces activités et initiatives de commercialisation orientées sur le respect de la réglementation d'un marché (qui peuvent être très importantes compte tenu des problèmes de sécurité des consommateurs en lien avec les produits pharmaceutiques) pourraient être considérées comme la preuve d'une participation soutenue sur le marché, représentant des dépenses importantes pour le fabricant de produits pharmaceutiques et une contribution significative à la rentabilité.

64. Cette approche serait également conforme à une démarche plus générale qui consiste à ne pas limiter la notion de CFB aux cas de vente contractuelle directe au consommateur, mais à l'élargir à la manière dont l'EMN commercialise ses produits sur le marché et noue des liens avec les consommateurs, y compris indirectement (comme dans le cas de la franchise et de la licence, et par le biais de ventes via des tiers) - en d'autres termes, en tenant compte de la nature du produit, et non de la chaîne d'approvisionnement spécifique.

65. Les produits pharmaceutiques sont destinés à un usage personnel par des particuliers. Les produits pharmaceutiques sont accessibles aux consommateurs pour leur consommation personnelle (c'est-à-dire présentés dans un emballage accompagné d'instructions d'emploi, par opposition à un composé chimique en vrac), mais avec le concours d'un professionnel de santé pour des raisons de sécurité. En outre, l'EMN a développé des biens ou des services devant être fournis de manière régulière, récurrente ou habituelle aux consommateurs, notamment par le biais de recherches sur les besoins des consommateurs et par la mise à disposition d'un soutien aux consommateurs. Enfin, on pourrait faire valoir que les produits pharmaceutiques sont vendus aux consommateurs, indirectement dans le cadre de la fourniture plus globale d'un service médical en soulignant que cela pourrait avoir des conséquences plus importantes sur le champ d'application des CFB.

66. Cette approche peut être simple à gérer, car il ne serait pas nécessaire de séparer les produits en fonction de leur canal d'acheminement.

67. Elle présenterait également l'avantage d'une application cohérente entre les juridictions. Pour diverses raisons, les juridictions font des choix différents lorsqu'il s'agit de décider de délivrer un médicament en vente libre ou uniquement sur prescription. Il arrive que des médicaments en vente libre dans une juridiction soient totalement interdits dans d'autres juridictions. Il n'existe pas de définition générale, à l'échelle mondiale, des médicaments en vente libre ou délivrés uniquement sur ordonnance (et il serait pratiquement impossible d'établir au départ ce type de liste et de l'actualiser au fil du temps). L'adoption d'une approche inclusive consistant à faire entrer tous les médicaments dans le champ d'application impliquerait que tous les pays fassent le même choix, indépendamment de la désignation réglementaire locale. Chaque juridiction aurait ainsi la possibilité de bénéficier de la répartition du Montant A, quelle que soit l'approche réglementaire adoptée.

68. En outre, les membres du Cadre inclusif qui recommandent que les médicaments délivrés sur prescription entrent dans le champ de la définition des CFB sont d'avis que les entreprises qui fabriquent et distribuent ces produits enregistrent généralement des marges bénéficiaires beaucoup plus élevées que sur les médicaments en vente libre, en raison de la valeur des actifs incorporels légalement protégés généralement associés aux médicaments délivrés sur ordonnance. Ils estiment que des marges bénéficiaires aussi élevées et des actifs incorporels mobiles ont contribué à une érosion significative de la base d'imposition et au transfert de bénéfices hors des juridictions de marché et vers des juridictions dont le taux d'imposition est faible. Les partisans de l'inclusion des médicaments délivrés sur prescription dans la définition des CFB considèrent également qu'il serait déraisonnable d'exclure les produits qui ont fait

l'objet d'une planification fiscale internationale agressive tout en n'incluant que les médicaments en vente libre, qui présentent moins de risques d'érosion de la base d'imposition et de transfert de bénéfices.

Option 2 – Le champ d'application couvre les médicaments en vente libre.

69. La deuxième approche envisagée consiste à exclure du champ d'application les médicaments délivrés sur ordonnance et à y inclure les médicaments en vente libre, pour les raisons exposées ci-après.

70. Les médicaments en vente libre présentent des caractéristiques communes avec d'autres biens de consommation, notamment :

- ils peuvent être obtenus à la demande du client, qui n'a pas besoin d'ordonnance pour se les faire délivrer ;
- la publicité pour ces produits est autorisée dans de nombreux pays, et les sociétés pharmaceutiques déploient des efforts importants pour nouer des relations durables avec les clients, y compris par une stratégie ciblée de commercialisation et de marque ; et
- l'acquisition du médicament n'est généralement pas une composante d'une prestation de soins médicaux.

71. Cette approche exclurait les médicaments sur ordonnance au motif que, contrairement aux médicaments en vente libre, ils présentent des caractéristiques spécifiques qui ne correspondent pas vraiment à la notion de CFB. En particulier :

- Ils sont prescrits par des médecins ou d'autres professionnels de santé sur la base de leur évaluation des besoins des patients et sont délivrés dans le cadre d'un service de soins de santé ;
- Le choix de recourir à tel médicament sur ordonnance est fait par un médecin, qui peut prescrire un produit autre que celui connu du patient parce qu'il offre un gain médical, ou bien parce que celui connu du patient n'est pas couvert par son assurance ;
- Dans de nombreux pays (en dehors des États-Unis et de la Nouvelle-Zélande), la publicité pour les médicaments sur ordonnance auprès des consommateurs n'est pas autorisée – même si la commercialisation est largement dirigée vers les médecins qui, à leur tour, peuvent influer sur l'offre présentée aux patients ; et
- le patient n'acquitte normalement qu'une petite partie du coût du médicament, l'État ou les compagnies d'assurance prenant en charge le solde.

72. Ces facteurs pourraient amener à considérer que la relation de consommation entre la multinationale produisant le médicament sur ordonnance et le consommateur est plus indirecte que pour d'autres entreprises en relation étroite avec des consommateurs et qu'à ce titre, les médicaments sur ordonnance devraient être exclus du champ d'application. Si l'on applique la définition des CFB ci-dessus, les médicaments en vente libre sont « d'un type couramment vendu à des consommateurs » du fait qu'ils sont destinés à des particuliers pour leur usage personnel, qu'ils sont présentés sous des formes permettant leur consommation personnelle (en portions individuelles, sous leur forme finale et dans des points d'achat accessibles aux particuliers), lorsque l'EMN a développé des biens ou services devant être fournis de manière régulière, récurrente ou habituelle aux consommateurs (y compris par une stratégie de commercialisation et de promotion) et lorsque les produits sont vendus directement aux consommateurs.

73. En outre, certains membres du Cadre inclusif favorables à l'Option 2 considèrent que d'une manière générale, les consommateurs achètent ou emploient les produits pharmaceutiques principalement en raison de leurs caractéristiques intrinsèques.

74. L'application de cette approche sera cependant examinée de plus près, notamment sur la base des discussions ultérieures avec les parties prenantes. Les juridictions n'ayant pas toutes les mêmes définitions des médicaments en vente libre et des médicaments délivrés sur prescription, il pourrait être difficile pour une EMN d'appliquer la règle du champ d'application, et le Montant A attribué à un marché

serait moins élevé pour les membres qui ont réglementation des médicaments sur ordonnance plus stricte. En outre, dans un même pays, certains médicaments sont délivrés à la fois en vente libre et sur ordonnance, notamment lorsque le dosage est plus élevé ou lorsqu'un médicament précis est prescrit en association avec d'autres médicaments. Il peut en résulter des difficultés administratives pour déterminer si un médicament spécifique est couvert dans une situation donnée et cela pourrait entraîner des coûts administratifs importants pour les autorités fiscales et des coûts liés au respect des règles pour les contribuables afin de se conformer à la deuxième approche. Les membres favorables à cette approche estiment cependant qu'il serait possible d'alléger la charge de conformité, notamment en respectant le classement d'un médicament donné dans les produits délivrés sur ordonnance ou dans ceux en vente libre selon l'approche adoptée par la plupart des membres du Cadre inclusif ou lorsque les médicaments sur ordonnance constituent une part substantielle des revenus.

Franchise

75. Le champ d'application du montant A couvrirait non seulement les entreprises qui vendent des biens et des services directement à des consommateurs, mais aussi celles qui vendent des produits de consommation indirectement en passant par des revendeurs ou des intermédiaires. En ce sens, le fait d'être « en relation étroite » avec des consommateurs est plus large que le simple fait d'être « en relation contractuelle » avec eux et, par conséquent, les biens ou services peuvent entrer dans le champ d'application indépendamment du canal de distribution ou de l'intermédiaire.

76. C'est la raison pour laquelle les franchises et les accords de licence relatifs à des biens de consommation et services sont inclus dans le champ d'application. Cela signifie que le concept de base d'une CFB s'applique, même lorsque le revenu provient de la franchise ou de la licence et non de la vente directe aux consommateurs.

77. Cette préoccupation s'exprime dans la définition des CFB précitée qui inclut une entreprise qui concède des licences ou exploite autrement des actifs incorporels en lien avec la fourniture de biens et services, qui sont par ailleurs d'un type couramment vendu aux consommateurs. La franchise supposant de retirer un gain des biens incorporels mis à la disposition du franchisé (comme le décrivent les modèles de franchises ci-après), cette formulation est censée englober les accords de franchise. Cela ne signifie pas que, pour que le service soit inclus dans le champ d'application, il faut que le consommateur acquière directement des droits de licence ou de franchise. Ainsi, lorsqu'une chaîne de restauration internationale exploite un modèle de franchise, le franchisé du restaurant local serait considéré comme une entreprise en relation étroite avec des consommateurs. L'EMN qui est responsable de la franchise et de la perception des redevances y afférentes serait également considérée comme une CFB, même si son modèle de recettes diffère de celui du restaurant local (ou, si l'EMN est également propriétaire du restaurant local, ces recettes entreraient aussi dans le champ d'application de même que les autres redevances de franchise perçues).

78. Pour information, il existe deux grands modèles de franchise : la franchise exclusive et la franchise de distribution de produits. La franchise de distribution peut être encore divisée en trois sous-catégories : la franchise entre le fabricant le détaillant, entre le grossiste et le détaillant et entre le fabricant et le grossiste. Ces catégories ne s'excluent pas mutuellement et certains accords de franchise peuvent relever de plusieurs catégories. La répartition dans des catégories est toutefois utile pour comprendre la diversité des accords couverts. L'analyse ci-après décrit successivement les différentes formes que peut revêtir une franchise. La question du champ d'application ne porte pas sur la forme juridique des accords commerciaux, mais sur la question de savoir si l'EMN fournit des biens ou des services couramment vendus aux consommateurs, ou si elle concède des licences ou exploite de toute autre manière des biens incorporels en lien avec ces biens ou services. Si les droits constitutifs de l'accord de franchise sont rattachés à un produit ou service sous-jacent d'un type communément vendu à des consommateurs aux termes de la définition d'une CFB ci-dessus, alors le franchiseur et le franchisé seront chacun une CFB (à

condition qu'ils soient par ailleurs soumis au Montant A, y compris en ce qui concerne le critère de chiffre d'affaires brut (voir ci-après) et les seuils de rentabilité (voir chapitre 6).

Modèle de franchise exclusive

79. Dans un modèle de franchise exclusive, le franchiseur fournit le modèle commercial « clé en main », tandis que le franchisé est responsable de l'exploitation courante en respectant les consignes opérationnelles du franchiseur. Ce modèle est généralement utilisé dans le secteur de la restauration rapide ou traditionnelle.

80. Le modèle de franchise exclusive se caractérise notamment par l'étendue du contrôle exercé par le franchiseur sur le franchisé eu égard à la manière dont ce dernier exploite son entreprise. En outre, le franchisé a généralement un accès permanent aux actifs incorporels détenus par le franchiseur (savoir-faire, marques, etc.) et il peut recevoir des conseils et une assistance du franchiseur. Le niveau de contrôle exercé par le franchiseur sur le franchisé associé au droit pour le franchisé d'avoir accès aux actifs incorporels, à l'assistance et aux conseils du franchiseur sert finalement de cadre à la relation entre le franchiseur et le consommateur. En dépit de l'absence d'accord juridique direct entre le consommateur et le franchiseur, il existe bien un lien significatif entre eux. S'agissant des CFB, le modèle de franchise exclusive se distingue donc des autres types d'accords interentreprises dans lesquels le fournisseur n'a aucun lien avec le consommateur final.

81. Dans ce modèle, la rémunération du franchiseur peut inclure les commissions pour services techniques (formation), les contributions à la publicité, les droits d'entrée, les droits de renouvellement, les « droits de franchise » (notamment les redevances) qui sont versés périodiquement et correspondent à un pourcentage du montant total des ventes générées par le franchisé[10].

82. Si l'on applique la définition générale ci-dessus, lorsque les droits de franchise sont liés à un bien ou à un service couramment vendu aux consommateurs (par exemple des hamburgers), le franchiseur rentre dans le champ d'application en tant que propriétaire de la marque qui est monétisée (via l'actif incorporel mis à la disposition du franchisé), et le franchisé rentre dans le champ d'application en qualité de vendeur d'un produit de consommation.

Franchise de distribution de produits

83. La franchise de distribution de produits comprend généralement trois sous-catégories :

- La franchise entre le fabricant et le détaillant dans laquelle un franchisé vend les produits du franchiseur directement aux consommateurs. À titre d'exemple, la franchise entre le fabricant et le détaillant est souvent utilisée pour vendre des voitures neuves. Selon l'accord juridique, le franchisé peut être autorisé à vendre des produits concurrents. Dans ces accords, le franchisé vend et exploite les produits en son nom propre même si les marques du franchiseur sont généralement affichées. Le franchisé vend les produits en utilisant ses propres méthodes et systèmes commerciaux, mais le franchiseur peut exiger que le magasin ou la salle d'exposition du franchisé soit aménagé en respectant des consignes spécifiques. Une formation spéciale à un système commercial n'est pas exigée, mais le franchisé doit connaître la gamme de produits, ses caractéristiques et les services complémentaires proposés ; une formation en la matière, parfois rémunérée, est assurée par le franchiseur. Le franchiseur peut facturer un droit d'entrée en franchise et peut également percevoir des redevances périodiques (généralement un pourcentage des ventes) et des contributions à la publicité. Pour sa part, le franchisé achète le stock au franchiseur et peut être dans l'obligation de passer un quota minimum de commandes. Le franchiseur peut recommander des prix de vente au détail au franchisé.
- La franchise entre un grossiste et un détaillant, dans laquelle le détaillant, en qualité de franchisé, achète au grossiste (franchiseur) les produits à revendre aux consommateurs. Selon l'accord

juridique, le franchisé peut être autorisé à vendre des produits concurrents ou complémentaires. La franchise entre un grossiste et un détaillant est un modèle souvent utilisé pour la vente de carburant automobile, mais elle est également courante lorsqu'une coopérative de détaillants franchisés constitue une société de gros auprès de laquelle ils ont l'obligation contractuelle de s'approvisionner (magasins de matériels et de pièces automobiles, par exemple). Le franchiseur peut facturer un droit d'entrée en franchise (dans un modèle de coopérative, il peut s'agir de la souscription de parts sociales ou de cotisations) et peut également percevoir des redevances périodiques (généralement un pourcentage des ventes) et des contributions à la publicité. Pour sa part, le franchisé achète le stock au franchiseur et peut être dans l'obligation de passer un quota minimum de commandes. Le franchiseur peut recommander des prix de vente au détail au franchisé.

- La franchise entre le fabricant et le grossiste dans laquelle le franchiseur fabrique un produit intermédiaire que le franchisé assemble en un produit fini et distribue aux clients[11]. À titre d'exemple, de nombreux fabricants de boissons non alcoolisées utilisent la franchise entre le fabricant et le grossiste dans laquelle un embouteilleur franchisé mélange, emballe et distribue une boisson. Il est demandé au franchisé d'assembler le produit fini en respectant les consignes du franchiseur et généralement d'acquérir le matériel du franchiseur afin de faciliter l'assemblage. Selon l'accord juridique, le franchisé peut conclure un contrat d'exclusivité avec le franchiseur. Le franchiseur gère la stratégie globale de la marque et, généralement, les relations avec d'importants clients dans le monde. Dans certains cas, le franchisé peut verser au franchiseur un droit de franchise, mais dans d'autres, le prix payé par le franchisé en échange du produit intermédiaire peut être déterminé en fonction d'un certain nombre de facteurs, notamment, mais pas exclusivement, le chiffre d'affaires et les tarifs du franchisé. Dans ce dernier type d'accord, les prix unitaires payés par plusieurs franchisés en échange du produit manufacturé peuvent être différents et la rémunération du franchiseur variera en fonction du chiffre d'affaires du franchisé.

84. Comme dans une franchise exclusive, dans chacune des sous-catégories de la franchise de distribution de produits, le franchiseur exerce un degré de contrôle relativement élevé sur le franchisé eu égard à la manière dont ce dernier traite le produit du franchiseur. De plus, le franchisé a généralement un accès permanent à certains actifs incorporels appartenant au franchiseur (savoir-faire, marques, etc.) et peut recevoir des conseils et une assistance du franchiseur (rémunérée ou de toute autre manière), en échange desquels le franchiseur perçoit une rémunération. Comme la franchise exclusive, la franchise de distribution de produits sert finalement de cadre à la relation entre le franchiseur et le consommateur. De la même manière, sous réserve que les droits de franchise soient rattachés à un bien ou à un service couramment vendu à des consommateurs (automobiles et boissons, par exemple), le franchiseur rentre dans le champ d'application en qualité de propriétaire de la marque qui est monétisée (via l'actif incorporel mis à la disposition du franchisé). Le franchisé peut également en faire partie s'il vend directement aux consommateurs des biens ou des services d'un type couramment vendu à des consommateurs.

85. Des travaux supplémentaires sont en cours pour déterminer plus globalement comment appliquer le Montant A à la franchise, notamment le critère du lien, les recettes qui entreraient dans le champ d'application, l'interaction avec les retenues à la source, etc.[12].

Concession de licence

86. Si, dans certains cas, la concession de licence présente certains points communs avec la franchise, elle couvre généralement un éventail beaucoup plus large d'accords commerciaux. D'une part, certains actifs incorporels peuvent être d'un type couramment vendu aux consommateurs (comme la musique) et doivent être, par nature, concédés sous licence et non « vendus » au sens strict. La définition générale précitée en tient compte, mentionne, dans le cadre de la signification du terme « vendu ».

87. Il existe un deuxième type de catégorie dans laquelle une EMN met ses actifs incorporels à la disposition d'un preneur de licence afin qu'il les incorpore dans un autre bien de consommation ou service. Il peut s'agir, par exemple, de concéder des droits pour faire apparaître un personnage de bande dessinée ou un logo sur un vêtement ou dans un jeu. Il est proposé que cela ne s'applique qu'à une EMN qui fournit par ailleurs (ou a fourni dans le passé) un bien ou un service en relation étroite avec des consommateurs (comme des divertissements ou vêtements) et concède les droits sur l'actif incorporel rattaché à ce bien ou service (une marque, par exemple) par l'intermédiaire d'un accord de licence (même si un examen plus approfondi des cas limites peut être nécessaire, notamment lorsqu'une entreprise qui n'est pas une CFB [un fabricant de produits industriels, par exemple] tire une rémunération de la concession sous licence de sa marque à une CFB, comme des vêtements)[13]. Dans ces situations, l'actif incorporel est « lié » à la fourniture de biens ou de services en relation étroite avec des consommateurs que le concédant fournit autrement, et l'exclure du champ d'application provoquerait une distorsion, le critère étant alors la forme juridique et non pas le lien avec le consommateur. Cela ne signifie pas que, pour être inclus dans le champ d'application, il faut que le preneur de licence soit une CFB. À titre d'exemple, les preneurs de licence peuvent fournir des ADS (comme du contenu numérique ou un jeu en ligne dans lequel est représenté un personnage de dessin animé sous licence). La question est alors de savoir si le concédant détient un produit en relation étroite avec des consommateurs qu'il concède sous licence ; si c'est le cas, le concédant rentre dans le champ d'application des CFB.

88. Plusieurs arrangements commerciaux permettent à une EMN de tirer des revenus de la concession sous licence d'actifs incorporels. Il existe, d'une part, des accords de licence qui reproduisent dans les faits les accords de franchise, aux termes desquels le concédant cède sous licence des actifs incorporels au preneur en contrepartie d'une redevance calculée sur le niveau de ventes réalisées par le preneur. Les marques et les noms de marque destinés à la vente de biens de consommation sont généralement concédés sous licence de cette manière. En général, le concédant conserve un contrôle strict de la manière dont le preneur de licence utilise la marque ou le nom sous licence et de la qualité des produits qu'il fabrique en utilisant les actifs incorporels sous licence. C'est ainsi qu'un certain nombre de marques de luxe concèdent sous licence leurs marques et leurs logos à des fabricants de parfums et de lunettes. Le concédant applique généralement des contrôles de qualité stricts aux preneurs, peut avoir le droit de contrôler l'utilisation par le preneur des matériels sous licence et impose fréquemment des restrictions relatives à l'utilisation des actifs incorporels. Les redevances de ces licences sont généralement proportionnelles aux ventes ou rémunérations obtenues par le preneur de licence.

89. D'autre part, il existe les concessions de droits sous licence à des preneurs moyennant une redevance forfaitaire. Dans ces circonstances, le concédant n'a pas droit à une part des revenus obtenus par le preneur, mais à une redevance fixe, quel que soit le succès du preneur dans la commercialisation du matériel sous licence. Il est possible de concéder, de cette manière, des droits cinématographiques et télévisuels pendant une période déterminée, sur un ou plusieurs territoires donnés. Les droits du concédant en matière de contrôle de la manière dont le preneur exploite le matériel sous licence sont généralement limités (même si des contrôles stricts empêchent le preneur de modifier le matériel).

90. Dans d'autres circonstances, un preneur peut accepter de payer au concédant une redevance calculée sur le chiffre d'affaires enregistré par le preneur. Même si le concédant n'a pas réellement de pouvoir de contrôle sur la manière dont le preneur exploite le matériel sous licence, il est incité à faire en sorte que le preneur commercialise le matériel avec succès (cela améliore sa rémunération). Dans ces circonstances, il n'est pas inhabituel que le concédant commercialise le matériel sous licence dans les juridictions couvertes par la licence. La musique, les films ou d'autres contenus fournis à une plateforme sont souvent concédés sous licence de cette manière, les redevances étant fonction du nombre de vues/flux/téléchargements.

91. Bien que le degré de contrôle exercé sur les opérations du preneur et que les modèles de revenus puissent varier, le principe est le suivant : si le concédant a donné accès à des actifs incorporels rattachés à une CFB, ils doivent être inclus dans le champ d'application même s'ils mobilisent le preneur pour les

distribuer plutôt que de le faire au sein du même groupe d'EMN. Si le produit ou le service sous licence répond à la définition d'un bien ou d'un service en relation étroite avec des consommateurs, l'accord de licence rentre dans le champ d'application.

92. Par conséquent, comme pour la franchise, bien que les accords de licence fassent appel à d'autres dispositifs juridiques régissant la manière de mettre les biens à la disposition du consommateur, ces méthodes consistant à exploiter un bien ou un service en relation étroite avec des consommateurs en contrôlant l'article sous licence exploité par le preneur relèveraient des CFB. Il convient également d'examiner plus en détail comment cette approche s'articule avec les autres éléments du Montant A, comme la retenue à la source sur les dispositifs de redevances[14].

Produits finis et services « à double usage »

93. Lorsqu'un bien ou un service satisfait au critère du type couramment vendu à des consommateurs, toutes les ventes de biens et services de ce type de produit entrent à part entière dans le champ d'application (sous réserve de l'analyse ci-après sur les produits/composants à double usage). Cette affirmation demeure valable même si le produit est vendu à une entreprise. Il s'agit de produits « à double usage », qui peuvent être vendus à la fois à des consommateurs et à des entreprises. Ainsi, les voitures particulières, les ordinateurs personnels et certains produits médicaux (comme les tensiomètres) relèvent de cette catégorie. Si l'on applique la définition générale ci-dessus, une transaction inhabituelle ou rare ne permettrait pas de requalifier un bien ou un service, par exemple lorsqu'un particulier acquiert exceptionnellement un produit normalement destiné au commerce interentreprises.

94. Trois raisons justifient de mettre en œuvre cette approche.

95. Premièrement, à un niveau général, il est difficile, étant donné la nature de ces biens à double usage, de dire quelle est la partie en relation [étroite] avec des consommateurs et quelle est la partie en relation avec des entreprises. Dans le cas d'une voiture particulière ou d'un ordinateur personnel, rien ne permet de distinguer conceptuellement une voiture ou un ordinateur d'un autre, car il s'agit d'un produit fini conçu pour les consommateurs. Les caractéristiques de conception de la voiture sont identiques, qu'elle soit vendue à un consommateur ou à une entreprise.

96. Sous un angle plus pratique, il risque d'être difficile - voire impossible - pour les entreprises de déterminer, à chaque transaction, si les recettes proviennent d'une entreprise ou d'un particulier. Outre la charge administrative qu'imposerait cette distinction, elle ne serait en soi pas toujours évidente. La frontière entre usages personnel et professionnel est de moins en moins nette, dans une économie en mutation qui permet de plus en plus les activités commerciales réalisées au moyen de biens privés – comme travailler à domicile sur son ordinateur personnel ou participer à l'économie collaborative. En outre, ces biens sont commercialisés auprès des consommateurs et, au bout du compte, utilisés par des particuliers. Cela peut influencer les choix futurs de la personne et donc créer une relation avec elle, même si elle n'est pas l'acheteur initial (par exemple, un salarié qui utilise l'ordinateur portable fourni par son employeur, se familiarise avec l'appareil et choisira cette marque au moment d'acheter un ordinateur portable à usage privé). Il ne serait donc pas toujours possible, d'un point de vue pratique, de distinguer la branche d'activité en fonction de la personne qui effectue l'achat en une circonstance donnée.

97. Troisièmement, si les biens à double usage n'étaient pris en compte en pratique qu'à hauteur du montant des achats de consommateurs, il pourrait être nécessaire d'appliquer des règles de transparence fiscale ou anti-abus afin de gérer les situations où, de manière délibérée, les ventes n'étaient pas effectuées directement aux consommateurs. Il en résulterait une complexité accrue pour les entreprises et les administrations fiscales.

98. Pour ces raisons, lorsque les biens sont d'un type couramment vendu aux consommateurs, le montant total des ventes qui correspondent à ce type de produit ou de service rentrerait dans le champ d'application, que l'acheteur soit une entreprise ou un particulier.

Produits intermédiaires et composants à double usage

99. Les Contours de l'architecture précisent que les entreprises qui vendent des produits intermédiaires et des composants destinés à être intégrés dans des produits finis vendus à des consommateurs se situeraient en dehors du champ d'application du nouveau droit d'imposition. Il s'agit par exemple de la pâte de bois, des tiges d'acier, des tissus en vrac et des pièces électriques d'un ordinateur portable ou d'un téléphone. Ces produits ne satisfont pas aux critères des CFB - que ce soit sous l'angle de la nature du lien de l'EMN avec le consommateur (qui est celui d'un fabricant intermédiaire de composants) ou du type de produit lui-même (qui n'est pas d'un type couramment vendu aux consommateurs).

100. Certains produits intermédiaires ou composants sont cependant à double usage. Cela signifie qu'ils sont d'un type qui est également destiné à être utilisé par des consommateurs. Si ces produits intermédiaires ou composants répondent à la définition générale ci-dessus, ils rentrent dans le champ d'application. Il s'agit, par exemple, des pneus de voiture, de certaines pièces de rechange, des piles pour les produits de consommation et de certains types de produits médicaux comme les bandages. Ils ne seraient cependant couverts que dans la limite des ventes aux consommateurs (contrairement à l'analyse précédente relative aux produits finis à double usage, qui sont totalement pris en compte).

101. Cette approche donnerait le résultat le plus précis pour deux raisons.

102. Premièrement, la nature d'un produit intermédiaire ou d'un composant présente des différences selon qu'il est vendu aux entreprises ou aux consommateurs. À titre d'exemple, il est conditionné, tarifé et distribué différemment (par exemple, lorsque la marque et des instructions d'utilisation figurent sur l'emballage destiné aux consommateurs ; lorsque le produit est conditionné en lots individuels plutôt qu'en vrac ; lorsque son prix de vente au détail est plus élevé ; ou lorsque la vente aux consommateurs emprunte un canal de distribution distinct). Ces caractéristiques en font, par nature, un produit de consommation et non un composant ; mais les ventes aux entreprises conservent les caractéristiques d'un composant.

103. En outre, le fait de n'inclure que les ventes réellement effectuées auprès des consommateurs constitue une approche beaucoup plus simple pour le respect des obligations fiscales. L'autre solution serait d'inclure dans le champ d'application même la vente de composants à des entreprises sur la base du fait que ceux-ci peuvent parfois être directement acquis par un consommateur. Cela représenterait une charge de respect des obligations fiscales importante et nécessiterait l'élaboration de règles complexes en matière de détermination de la source du chiffre d'affaires. En effet, un composant, lorsqu'il est vendu à une entreprise, devrait alors être retracé au sein de toute une chaîne d'approvisionnement parfois complexe. Ainsi, dans le cas d'un pneu de voiture, il peut être expédié au lieu de stockage général de tous les pneus, à l'usine où les voitures sont assemblées et terminées, et par le canal de distribution jusqu'à l'endroit où le pneu est finalement vendu à un consommateur en tant que partie intégrante de la voiture. La seule obligation consisterait plutôt à déterminer la source de ces ventes faites aux consommateurs, ce qui serait faisable en raison de la nature différente du produit lorsqu'il est vendu à une entreprise.

104. Il convient toutefois d'examiner de plus près la charge administrative et les avantages liés à cette approche afin de l'éclairer, de déterminer si des mesures de simplification devraient être prises en compte et si d'autres orientations peuvent être élaborées pour distinguer les produits finis à double usage des produits intermédiaires ou composants à double usage. Il convient de noter que certains membres du Cadre inclusif seraient favorables, dans une optique d'abaissement des coûts liés au respect des obligations, à la suppression de tous les composants ou produits intermédiaires du champ d'application (même ceux qui sont par ailleurs des produits de consommation) ; un seul membre préconise de faire entrer dans le champ d'application tous les composants ou produits intermédiaires à double usage, qu'ils soient vendus à des entreprises ou à des consommateurs.

2.2.3. Exclusions et exceptions

105. Cette section présente les types d'activités qu'il est proposé d'exclure spécifiquement du Montant A. Il s'agit : (i) des ressources naturelles ; (ii) des services financiers (iii) de la construction, de la vente et de la location de biens immobiliers à usage résidentiel ; et (iv) des entreprises de transport aérien et maritime international.

106. Un grand nombre de biens et de services vendus dans ces secteurs seraient déjà exclus du champ d'application du Montant A car il ne s'agit ni de biens de consommation ni d'ADS. Par souci de clarté, certaines exclusions sont formulées pour l'ensemble de ces secteurs ou, selon le cas, pour une partie d'entre eux.

107. Cette section expose les motifs des exclusions en se référant aux critères des ADS et des CFB cités dans les paragraphes précédents de ce chapitre et indique dans quelle mesure l'exclusion s'applique à chaque secteur.

108. Les exclusions du champ d'application s'appliqueraient par segment. Ainsi, dans le cas d'un groupe d'EMN qui détient plusieurs branches d'activités, certaines d'entre elles pourraient être exclues et d'autres non.

Ressources naturelles

109. L'expression « ressources naturelles » englobe les ressources extractives non renouvelables (comme le pétrole et les minéraux, les énergies renouvelables (comme les produits de l'agriculture, de la pêche et de la sylviculture) et les produits d'énergie renouvelables et similaires (comme les biocarburants, le biogaz, l'hydrogène vert).

110. Comme le précisent les Contours de l'architecture, les entreprises du secteur extractif[15] et autres producteurs et vendeurs de matières premières et de produits de base, y compris les négociants en produits de base, ne relèveront pas de la définition des entreprises en relation étroite avec les consommateurs, même si ces matières et produits sont intégrés en aval de la chaîne d'approvisionnement dans des produits de consommation. L'impôt sur les bénéfices tirés de l'extraction de ressources naturelles d'une nation peut être considéré comme faisant partie du prix payé par la société au titre de l'exploitation de ces richesses nationales, lequel permet une rémunération correcte au propriétaire des ressources.

111. Les ressources naturelles, comme les produits agricoles et sylvicoles, sont généralement des biens génériques qui sont vendus, et dont le prix est déterminé, en fonction de leurs caractéristiques intrinsèques et non d'autres facteurs comme leur commercialisation. Lorsqu'il existe des majorations de prix (pouvant donner lieu à des bénéfices résiduels), elles sont généralement fonction de la dynamique globale de l'offre et de la demande du produit de base. Comme il s'agit de ressources naturelles terrestres, elles sont toutes étroitement liées au lieu de production et leur qualité est largement tributaire de facteurs spécifiques au lieu. En raison des impacts environnementaux locaux, notamment la durabilité de la ressource elle-même, la production est généralement réglementée par la juridiction locale.

112. D'autres considérations d'ordre fiscal peuvent également appuyer la conclusion selon laquelle les produits de ressources naturelles génériques et non différenciés seraient exclus du Montant A. Elles comprennent le lien étroit avec le lieu où les ressources sont découvertes et transformées (tel qu'il ressort de l'approche actuelle des biens immeubles dans les conventions fiscales) ; l'intensité capitalistique de leur production ; et le volume élevé de produits utilisés sous la forme de matières premières dans les autres industries.

113. La grande majorité des ressources naturelles seraient déjà exclues du champ d'application au titre des définitions générales des CFB et des ADS. Ces matières ne sont pas d'un type couramment vendu aux consommateurs et ne sont pas non plus des services numériques automatisés[16].

114. À l'autre extrémité de la chaîne se trouvent les produits dans lesquels sont incorporées des ressources naturelles, comme les bijoux et les chocolats, qui répondraient à la définition générale des CFB.

115. Entre ces deux extrémités se trouvent les cas limites qui sont examinés ci-après.

Ressources non renouvelables (extractives)[17]

116. Certains produits finaux dérivés des hydrocarbures sont vendus aux consommateurs. Des produits comme le gaz naturel, le gaz de pétrole liquéfié et le kérosène ont de nombreuses applications industrielles, mais peuvent également être vendus à des consommateurs, notamment pour le chauffage et la cuisine. De même, des carburants comme l'essence, le diesel et l'essence d'aviation sont utilisés à la fois par l'industrie et par les consommateurs pour les transports.

117. Bien qu'ils soient couramment vendus aux consommateurs, ils présentent toutefois des caractéristiques qui les distinguent des autres types de biens de consommation et permettent de les rattacher aux ressources naturelles et produits de base exclus du champ d'application. Même si ces produits ont été transformés dans une certaine mesure, ce processus est fortement normalisé. Ils peuvent donc être considérés comme génériques, non différenciés et vendus sur la base de leurs caractéristiques intrinsèques. En effet, compte tenu de leurs caractéristiques normalisées, certains de ces produits comme le gaz naturel et le pétrole s'échangent sur les places boursières. À ce titre, aux yeux d'un consommateur, même si ces produits sont parfois vendus sous un nom de marque, la distinction entre le produit d'une EMN et celui d'une autre est généralement minime. Il semble donc qu'une EMN dispose d'une marge de manœuvre limitée pour établir des liens et interactions avec les consommateurs et créer des actifs incorporels en relation étroite avec les consommateurs pour améliorer sa valeur et ses ventes. Pour déterminer l'importance des actifs incorporels spécifiques à une entreprise, il pourrait être pertinent de tenir compte de facteurs comme la concurrence entre les détaillants, l'existence d'écarts de prix sensibles entre les fournisseurs, l'importance des marges bénéficiaires des détaillants, etc. La vente au détail de carburant repose également sur de vastes infrastructures locales, ce qui signifie que les bénéfices sont généralement réalisés localement. Toutefois, compte tenu des interrogations sur rôle de la marque dans des cas comme celui des lubrifiants automobiles, des travaux supplémentaires seront nécessaires.

118. De même, les pierres précieuses (diamants, émeraudes, cristaux non minéraux comme l'opale) sont parfois vendues à des consommateurs. Les pierres taillées et polies pourraient être considérées comme des « produits intermédiaires ou composants à double usage » dans la mesure où elles sont vendues le plus souvent à des fabricants de bijoux, mais parfois directement à des consommateurs. La question est de savoir s'il convient de ne pas les intégrer aux ressources naturelles exclues, mais plutôt les rattacher aux règles générales des CFB (eu égard notamment aux efforts de commercialisation qu'implique parfois la vente de pierres à des consommateurs, y compris les canaux de vente en ligne)

Ressources renouvelables et produits d'énergie renouvelable

119. La plupart des produits de l'agriculture, de la pêche et de la sylviculture ne répondent pas à la définition des CFB[18]. Après leur transformation et leur emballage, certains produits de l'agriculture, de la pêche et de la sylviculture deviennent cependant des produits de consommation. En revanche, si un produit demeure globalement générique, non différencié et vendu sur la base de ses caractéristiques intrinsèques, il y a lieu de l'exclure du champ d'application du Montant A. Si la réflexion se poursuit pour définir plus précisément l'étendue de l'exclusion, des travaux supplémentaires devront être consacrés au rôle des facteurs concernés comme le degré de transformation, l'emballage et la marque[19].

120. Il convient également de se demander si les produits de sources d'énergie renouvelable doivent être également exclus du champ d'application. L'électricité produite à partir de l'eau, du soleil et du vent exploite une ressource naturelle renouvelable. Même lorsqu'il est vendu à des consommateurs, ce produit

est homogène et acheté en raison de ses caractéristiques intrinsèques. Comme indiqué ci-après dans les services d'infrastructure, il existe déjà un lien physique étroit entre la distribution d'électricité et le marché en raison des infrastructures physiques utilisées. Le biogaz est très similaire au gaz naturel, mais il est produit à partir de sources non fossiles. Les carburants renouvelables pour les transports (biocarburants comme l'éthanol) sont des substituts de produits pétroliers comme l'essence et le diesel. S'ils n'ont pas la même origine, ils présentent des caractéristiques similaires, notamment la stratégie de marque pour la vente au détail, ce qui donne à penser qu'il y a eu une transformation en parallèle.

121. Compte tenu de ce qui précède, des travaux complémentaires seront entrepris afin de définir plus précisément l'exclusion portant sur les produits de ressources naturelles et des produits de base génériques et non différenciés.

Services financiers (SF)

122. Les services financiers comprennent la banque, l'assurance et la gestion d'actifs. Les questions soulevées par chacun de ces trois secteurs dans le cadre du nouveau droit d'imposition (notamment dans le cadre des CFB) étant différentes, l'exposé ci-après examine séparément chaque secteur financier par rapport aux CFB. S'agissant des ADS, la situation est toutefois plus homogène dans les trois secteurs et est donc abordée en premier. Il n'est pas envisagé de régime spécial pour les entreprises financières.

123. Les fonctions numériques sont largement utilisées dans les secteurs de la banque, de l'assurance et de la gestion d'actifs. Mais elles le sont généralement pour automatiser des tâches que les individus effectuaient (et effectuent encore) dans le cadre d'activités de services financiers traditionnelles ou de fonctions de gestion des risques. De ce fait, l'intervention et le jugement humains sont normalement une caractéristique de l'utilisation des fonctions numériques dans le secteur des services financiers. C'est pourquoi, sous réserve de travaux approfondis dont il est question ci-après, les entreprises de services financiers ne devraient généralement pas concerner une activité d'un type habituellement considéré comme relevant des ADS aux fins du nouveau droit d'imposition.

124. S'agissant des CFB, un nombre très élevé d'activités de services financiers n'est pas en relation étroite avec des consommateurs. Il existe toutefois une proportion significative d'activités financières qui revêtent la forme de CFB. Même si l'analyse CFB soulève des questions différentes dans chaque secteur, la logique principale qui sous-tend l'exclusion des services financiers du nouveau droit d'imposition est la même dans les trois secteurs. Elle a trait au caractère hautement réglementé du secteur des services financiers. Il convient cependant de souligner que cette logique de base ne procède pas de la simple réglementation, mais plutôt de ses effets. En effet, les règlements régissant les entreprises concernées dans chacun des trois secteurs, qui peuvent comporter une activité CFB, imposent généralement le maintien d'entités dûment capitalisées dans chaque juridiction du marché pour exercer des activités sur le marché concerné. Compte tenu de ce facteur, les bénéfices des activités de CFB provenant d'une juridiction du marché en particulier, seront généralement imposés dans cette juridiction de sorte qu'une répartition du Montant A ne sera plus nécessaire. D'autres facteurs pertinents pour l'analyse des activités de la banque, l'assurance et la gestion d'actifs sont examinés ci-après.

Activité bancaire

125. Dans le secteur bancaire, les services pour les particuliers sont soumis à une réglementation locale stricte qui a une incidence significative sur leur enregistrement et leur imposition. Par conséquent, la logique principale qui sous-tend l'exclusion des entreprises de services financiers est tout à fait pertinente pour le secteur bancaire. Sans exception ou presque, les régulateurs locaux mettront en œuvre des règles bancaires basées sur le cadre de Bâle II et III, en les modifiant pour les adapter au contexte local. Les banques en relation étroite avec les consommateurs devant obtenir un agrément et une licence au niveau local, elles ne fournissent généralement leurs services qu'à des clients locaux. Cela se traduit par une présence imposable là où elles sont en relation étroite avec leurs clients. L'économie étant très

tributaire du secteur financier, la plupart des pays en développement ont également mis en place des réglementations comme le contrôle des changes, qui alourdissent la charge administrative actuelle pesant sur l'exécution des transactions financières transfrontalières. En outre, dans un grand nombre de juridictions, les banques sont le premier mécanisme de transmission de la politique monétaire par le biais de leurs opérations d'emprunt et de dépôt auprès des banques centrales, et elles doivent se conformer aux exigences de ces dernières.

126. Certains facteurs supplémentaires d'ordre technique et pratique plaident en faveur de l'exclusion du secteur bancaire du nouveau droit d'imposition. L'un des principaux arguments est le fait que l'utilisation d'un ratio bénéfice/ventes (qui serait normalement utilisé dans les secteurs non financiers pour calculer le Montant A) se révélerait probablement inapplicable dans le secteur bancaire. La marge bénéficiaire d'exploitation (bénéfice d'exploitation/chiffre d'affaires) ou le bénéfice avant impôts n'est pas une base appropriée pour comparer les banques avec d'autres secteurs, car : (i) les charges d'intérêt et le coût des stocks, qui, pour les banques, sont en réalité équivalents au coût des biens vendus ne sont pas inclus dans le calcul du résultat d'exploitation ; et (ii) les banques déclarent leurs revenus d'opérations de négociation nets de coûts de négociation, et leurs revenus d'intérêt nets de charges d'intérêt. Si le fait de déclarer les revenus nets de frais de négociation et d'intérêt diminue artificiellement les revenus générés par une institution financière, l'intégration des coûts de négociation dans les revenus se traduirait par le fait que la marge d'exploitation d'un groupe de services financiers classique ne dépasserait jamais 1 %. En termes financiers, les volumes des opérations de négociation des banques se chiffrent généralement en milliards de milliards de dollars et, si les ventes étaient majorées (non diminuées du coût des stocks) comme dans d'autres secteurs, le dénominateur de calcul des bénéfices d'exploitation atteindrait des milliards de milliards de dollars. Ces différences faussent sensiblement les marges d'exploitation des banques en augmentant le numérateur et en diminuant le dénominateur de calcul de la marge d'exploitation. L'absence de prise en compte de ces coûts inhérents aux activités dans le numérateur et le dénominateur de calcul se traduirait par une charge fiscale disproportionnée pour le secteur des services financiers. Après correction de ces montants, soit en modifiant la proposition actuelle, soit en élaborant un autre indicateur pour le secteur des services financiers, les marges bénéficiaires des banques seraient considérablement réduites.

127. La nature de la réglementation bancaire donne une raison supplémentaire « positive » et « négative » plaidant en faveur de l'exclusion. Sous un angle positif, lorsqu'un secteur comme celui de la banque est régi par de solides règlements publics non fiscaux, conformes aux normes reconnues dans le secteur (notamment les exigences de Bâle), il convient de tenir dûment compte des contraintes imposées par ces règlements. Du fait de ces règlements, les bénéfices des opérations de banque de détail sont généralement perçus dans la juridiction où ces opérations ont lieu. Les conséquences de la réglementation (et non sa simple existence) impliquent que ces juridictions seront généralement celles qui imposent le bénéfice en résultant. Sous un angle négatif, il existe un risque de conflit entre le fonctionnement du Montant A et ces régimes réglementaires non fiscaux, car la réglementation peut viser à protéger les entités locales réglementées, notamment de l'insolvabilité des sociétés affiliées. Il se pourrait alors que les autorités de contrôle refusent l'existence de paiements interentreprises au titre du Pilier Un, exigent qu'une filiale rembourse la banque locale réglementée ou bien imposent la détention de capitaux supplémentaires. En effet, les règlements ont pour but de protéger les entités locales réglementées, notamment contre l'insolvabilité des sociétés affiliées, en s'appuyant sur les principes de l'imposition de pleine concurrence. Il en résulterait un affaiblissement du régime réglementaire adopté et, éventuellement, une répartition inefficace des capitaux et des liquidités, se traduisant par une augmentation des coûts des opérations financières courantes.

128. Le fait d'envisager une exclusion du secteur bancaire a conduit à l'examen d'un certain nombre de questions supplémentaires, notamment le statut des Fintech et des activités bancaires de gestion de patrimoine et le fonctionnement du passeport européen dans la pratique.

129. Une Fintech fait appel aux nouvelles technologies ou les déploie pour ses activités financières, et les applique donc aux services financiers. Une activité de Fintech peut être développée par des banques ou par des entreprises Fintech spécialisées. La plupart des Fintech sont des intermédiaires entre les banques et les clients. Certaines Fintech sont peu réglementées ou ne sont pas soumises à un régime réglementaire en vertu de leur législation nationale. Toutefois, les Fintech désireuses de fournir des services financiers réglementés ont deux possibilités : (i) elles peuvent conclure un partenariat avec une banque, ou (ii) elles peuvent demander une licence bancaire, auquel cas elles sont soumises aux mêmes règlements que les banques et, par conséquent, aux mêmes obligations, notamment un montant minimal de capital réglementaire, des obligations déclaratives, des activités transfrontalières limitées ou des infrastructures obligatoires qui leur imposent une présence physique dans la juridiction de marché locale. La réglementation bancaire est obligatoire pour quatre types d'activités de Fintech : la monnaie électronique, les paiements, le crédit et les licences bancaires illimitées. Les autres produits et services à l'appui des activités financières fournies par les Fintech dans certains domaines (matériels, logiciels, logiciels médiateurs) restent exclus de la réglementation bancaire. Cela s'explique par le fait que la technologie procurée par ces Fintech au secteur financier n'est destinée qu'à effectuer des activités qui seraient autrement exercées par des personnes. Les Fintech réglementées ayant un statut spécifique, analogue à celui du secteur bancaire réglementé, leur exclusion semble conforme à la logique qui sous-tend les services financiers. Ces entreprises doivent donc être traitées de la même manière que les banques réglementées. Mais comme les règles régissant les Fintech dans de nombreuses juridictions n'en sont encore qu'à un stade précoce de leur élaboration, la question sera étudiée plus avant. La logique de cette approche ne s'appliquerait pas aux activités de Fintech non réglementées.

130. L'activité de banque privée/gestion de patrimoine (BP) est exercée au sein de groupes bancaires réglementés et se situe à la limite entre les services bancaires de détail et les services bancaires institutionnels, puisqu'on compte parmi les clients des particuliers fortunés ainsi que des organisations caritatives, des œuvres de bienfaisance, des organismes de gestion de patrimoine de familles fortunées, des fiducies, etc. Cependant, une activité de banque privée peut être exercée en partie par le biais de centres régionaux, ce qui signifie que la logique fiscale examinée précédemment ne s'appliquerait pas pleinement. Plusieurs facteurs plaident cependant en faveur de l'exclusion des banques privées. Premièrement, sans une présence réglementée au niveau local, une banque ne peut généralement pas participer de manière soutenue et active à un marché local, ni offrir des services au public (y compris des services numériques), ni faire de la publicité à grande échelle ou solliciter des affaires. Deuxièmement, un grand nombre de clients de la banque privée sont propriétaires d'entreprises et les services des banques privées sont parfois destinés à l'entreprise plutôt qu'au particulier. Troisièmement, si les activités des banques privées étaient incluses dans le champ d'application du Montant A, la détermination et la séparation des bénéfices de la banque privée poseraient certaines difficultés d'ordre pratique, notamment pour : (i) isoler l'activité de banque privée, puisqu'une part importante de la clientèle est constituée d'œuvres de bienfaisance, de fondations, etc. Les banques devraient également distinguer les services fournis aux clients particuliers des services fournis aux entreprises détenues par leurs clients ; (ii) segmenter les flux de revenus inclus dans le champ d'application attendu que les services et produits fournis aux clients de la banque privée font appel à un éventail d'activités et de revenus qui peuvent être imputés à différentes divisions/entités d'un groupe bancaire, et il serait difficile d'isoler et d'identifier ces flux de revenus très fragmentés ; et (iii) déterminer la juridiction du marché étant donné que de nombreux accords contractuels (en particulier avec les clients institutionnels) sont centralisés. Compte tenu de la réflexion qui précède, il est proposé que les activités de la banque privée soient incluses dans l'exclusion relative aux services financiers.

131. La question du passeport européen (qui permet aux établissements de services financiers agréés dans un État membre de l'UE d'exercer librement leurs activités dans d'autres États membres) a été également examinée afin d'évaluer si son fonctionnement pratique pourrait être en contradiction avec la logique fiscale principale qui sous-tend l'exclusion des activités de services financiers. Mais en raison de divers facteurs réglementaires et commerciaux, les établissements de services financiers concluent

généralement des transactions CFB sur les marchés locaux par l'intermédiaire d'entités qui sont physiquement présentes sur ces marchés et dont les bénéfices sont donc imposés localement. Les banques exerçant leur activité dans l'UE ont donc, en pratique, une présence imposable dans les États membres respectifs de l'Union européenne lorsqu'elles fournissent des services en relation étroite avec des consommateurs. Il est donc admis que l'existence du passeport européen ne s'oppose pas à la logique fiscale exposée plus haut.

Secteur des assurances

132. L'analyse des critères CFB dans le secteur des assurances est comparable, à maints égards, à la situation du secteur bancaire. Comme dans le secteur bancaire, les activités en relation étroite avec des consommateurs y sont fortement réglementées (services d'assurance de détail) et entraînent les mêmes effets, à savoir que les bénéfices des activités CFB provenant d'une juridiction du marché en particulier, seront généralement imposés dans cette juridiction, de sorte qu'une répartition du Montant A ne sera pas non plus nécessaire. En raison de la réglementation du secteur - notamment sur la conduite des affaires - il est très improbable que des consommateurs puissent souscrire une assurance sans la présence sur place de la compagnie d'assurance. De nombreuses juridictions l'interdisent. Les exigences réglementaires impliquent donc que les revenus des activités d'assurance de détail sont générés et imposés dans la juridiction du marché dont ils sont issus. La prévalence de la réglementation de l'assurance, qui remonte à plusieurs décennies, est mise en évidence par des études et enquêtes qui lui ont été consacrées dans différentes juridictions et régions et qui sont publiées par l'OCDE et d'autres organisations[20]. Depuis les années 90, à l'instar du Comité de Bâle dans le secteur bancaire, les autorités de contrôle des assurances ont élaboré des normes mondiales à adopter dans les cadres nationaux. Bien que l'importance de réglementer le secteur des assurances soit largement reconnue, les règlements continuent d'être appliqués principalement au sein des juridictions locales. C'est ainsi que les juridictions ne reconnaissent généralement pas les licences concédées à l'extérieur de leurs propres frontières, en particulier en ce qui concerne l'entrée sur les marchés nationaux. Les compagnies d'assurance qui exercent leurs activités en Amérique latine, en Inde et en Chine, par exemple, sont soumises à la fois à une réglementation prudentielle et à un code de conduite.

133. Les facteurs « positifs » et « négatifs » inhérents au caractère fortement réglementé de l'activité (et examinés plus haut dans le cadre des activités bancaires) sont également pertinents pour le secteur des assurances. Il est également à craindre que les indicateurs de bénéfices utilisés dans le secteur des assurances ne soient pas comparables à la méthode employée en dehors du secteur financier. Les compagnies d'assurance évaluent les revenus et les coûts différemment des autres secteurs de sorte que les indicateurs de bénéfices traditionnels peuvent aboutir à un résultat inexact se traduisant par des bénéfices excessifs sans existence réelle. La plupart des secteurs supportent des coûts de main-d'œuvre, de matières premières, etc. à un stade précoce du cycle d'activité alors que les revenus correspondants ne sont générés qu'ultérieurement. Le raisonnement inverse s'applique aux assurances : elles encaissent des primes en amont, mais encourent des coûts imprévisibles plus tard - parfois beaucoup plus tard - lorsqu'elles règlent les sinistres. Les conséquences de ce type de perte sur le secteur des assurances sont sans équivalent. Le rôle des assurances consiste à supporter un risque pendant de nombreuses années, la réalisation de l'événement assuré et son échéance étant incertaines. Ce secteur est donc exposé à des profits et pertes volatils. Les taux de prime varient au cours du cycle en fonction des capitaux disponibles. Lorsque le marché est fluide (abondance de capitaux), les taux de prime diminuent sous l'effet de la concurrence. Mais lorsque le marché se tend (raréfaction des capitaux, généralement après une catastrophe majeure), les primes augmentent. Cela crée un cycle d'activité pluriannuel spécifique au secteur de l'assurance. Les bénéfices de l'année en cours sont souvent calculés sur des estimations de la réserve d'assurance qui reflètent les pertes susceptibles (ou non) de survenir et sont basés sur des techniques de modélisation actuarielle complexes. Le rythme des activités des assurances rend difficile la détermination de résultats normaux pour le secteur. Dans le secteur des assurances, comme cela a déjà

été souligné, une présence sur le marché local est généralement nécessaire pour vendre des produits d'assurance de détail. Cette situation s'explique par des raisons réglementaires. Une entité locale concernée est donc déjà imposée sur le marché local correspondant. Outre certaines difficultés techniques observées dans le calcul des bénéfices du secteur des assurances, il ne serait guère sensé, sur le plan pratique, d'inclure le secteur des assurances dans la définition des CFB.

134. L'impact du passeport européen dans le secteur de l'assurance a également été examiné et a produit le même résultat que celui évoqué plus haut pour le secteur bancaire. L'exclusion du secteur de l'assurance n'est donc pas en contradiction avec la logique appliquée.

Activité de gestion d'actifs

135. Le secteur de la gestion d'actifs comprend trois grands types d'acteurs : les fonds ou véhicules d'investissement, les intermédiaires financiers et les gestionnaires de portefeuilles. Cette section explique pourquoi la plupart des juridictions (mais pas toutes) estiment qu'il est approprié d'exclure ce secteur du champ d'application du Montant A.

136. Les fonds ne sont pas des entreprises en activité. Leur objectif consiste à mettre en commun le capital des investisseurs, qui est ensuite investi conformément à la stratégie d'investissement du fonds. Le régime fiscal neutre et passif des fonds est largement reconnu par le droit national des juridictions, les principes fiscaux internationaux et les principes propres de l'OCDE. Les fonds sont donc considérés comme exclus du champ d'application des CFB.

137. Selon le modèle opérationnel prédominant dans le secteur de la vente au détail, à savoir le modèle indirect, les intermédiaires financiers comprennent les banques tierces, les conseillers financiers ou les entreprises similaires qui conseillent les investisseurs et leur proposent des produits d'investissement. Bien que les interactions entre les intermédiaires financiers et les consommateurs puissent, en principe, relever du champ d'application des CFB, elles sont, comme les banques de détail, soumises à la réglementation locale du pays. Les interactions avec les clients devraient donc normalement avoir lieu au niveau local dans la juridiction du marché, et les bénéfices correspondants seraient réalisés localement. Dans le cadre du modèle direct, moins courant, un gérant de portefeuille distribue des produits d'investissement par l'intermédiaire d'une société affiliée qui est un courtier ou une entité réglementée de la même manière. Mais quel que soit le modèle, les exigences réglementaires sont axées sur la protection des investisseurs, le caractère approprié et la transparence et se traduisent par une présence locale impérative pour les activités d'intermédiaire financier (lorsqu'il s'agit d'investisseurs individuels). Du fait de leur régime réglementaire généralisé, ces activités sont donc dans la même situation que celles de la banque et de l'assurance de détail. Les activités des intermédiaires financiers suivent donc la logique fiscale principale qui sous-tend l'exclusion des activités du secteur financier.

138. Dans le contexte du Montant A, les services de gestion de portefeuille soulèvent des questions plus complexes. Les gestionnaires de portefeuilles ont affaire aux intermédiaires financiers plutôt qu'aux investisseurs individuels directement, que ce soit dans le modèle d'affaires direct ou indirect. Dans le modèle direct, l'intermédiaire financier qui est en contact direct avec l'investisseur serait le courtier affilié au gestionnaire de portefeuille, le courtier négociant ou une entité réglementée de façon similaire, qui joue le rôle d'intermédiaire financier. En outre, le gestionnaire de portefeuille est en principe engagé par le fonds ou le véhicule d'investissement, plutôt que par les investisseurs eux-mêmes. Le recrutement d'un gestionnaire de portefeuille par le véhicule de placement a généralement lieu avant que les personnes n'investissent dans le fonds. Le rattachement de cette activité à la catégorie des CFB dépend donc de la manière d'interpréter les interactions entre les gestionnaires de portefeuille et les intermédiaires et, en particulier, du fait qu'elles sont considérées comme des opérations directes entre entreprises ou bien comme un type de service « indirect » à des consommateurs, par le biais d'un intermédiaire financier.

139. Après analyse du rôle d'un gestionnaire de portefeuille, ses services sont en fin de compte considérés à juste titre comme une composante du service consenti par l'intermédiaire financier à ses

clients. Les entreprises qui vendent des produits intermédiaires et des composants qui ne sont pas couramment vendus à des consommateurs (mais intégrés dans des produits finis vendus à ces derniers) se situeraient en dehors du champ d'application du Montant A. Lorsque ces produits et services intermédiaires sont couramment vendus à des clients, ils peuvent être inclus dans le champ d'application (produits de marque, par exemple). Mais ce raisonnement ne semble pas s'appliquer aux gestionnaires de portefeuilles, car les services de gestion d'investissements sont intégrés dans le service offert par l'intermédiaire, qui est ensuite fourni, sous forme de composant, à des consommateurs. Sur cette base, ils seraient exclus du champ d'application des CFB. La conclusion selon laquelle les services des gestionnaires de portefeuilles sont un produit intermédiaire s'appuie sur le fait que l'intermédiaire financier influe véritablement sur la nature et la valeur du service de gestion de portefeuille en raison (i) du rôle important de l'intermédiaire et (ii) du fait que le gestionnaire de portefeuille interagit directement (sur le plan juridique et pratique) avec le fonds, comme d'autres prestataires de services (notamment le dépositaire des actifs, l'agent de transfert, l'administrateur de fonds, etc.). Ces questions sont examinées plus en détail ci-après. S'agissant du point (i), l'intermédiaire financier remplit des fonctions importantes pour le consommateur, par la valeur économique significative procurée. Il mobilise ses connaissances sur les possibilités d'investissement pour donner au consommateur des conseils personnalisés sur les meilleurs produits à acheter (généralement gérés par des gestionnaires de portefeuilles indépendants) en fonction de ses besoins et de son profil de risque. L'intermédiaire est rémunéré soit par des commissions basées sur les actifs, soit par des frais de transaction distincts des commissions dues au gestionnaire de portefeuille. Ces commissions peuvent être élevées. S'agissant du point (ii), le gestionnaire de portefeuille fournit ses services (juridiquement et dans les faits) aux fonds eux-mêmes et non pas aux investisseurs et ses commissions sont versées par le fonds. Une banque ou un autre prestataire de services qui propose des services administratifs, d'agent des transferts ou de dépôt fonctionne de la même manière. La comparaison est pertinente, car il n'y a visiblement pas lieu de penser que ces services de dépôt, d'agent des transferts ou d'administration soient équivalents à des services aux consommateurs, compte tenu du caractère indirect de l'avantage qu'ils en retirent. Les fonds auxquels les gestionnaires de portefeuilles procurent des services ont l'obligation fiduciaire d'agir dans le meilleur intérêt des porteurs de parts. Ces services sont encadrés par la stratégie et les objectifs d'investissement du fonds. Les services ne tiennent pas compte des objectifs des investisseurs, des entrées ou des sorties d'investisseurs, ni des préférences de ces derniers en matière d'échéances, de diversification, de liquidité, de devises ou autres. Comme indiqué ci-dessus, ces préférences sont gérées par des intermédiaires financiers.

140. En outre, il existe, en tout état de cause, des raisons pratiques d'ordre fiscal motivant l'exclusion des gestionnaires de portefeuilles du Montant A. Ces raisons sont importantes dans ce cas précis, car la conclusion selon laquelle les services d'un gestionnaire de portefeuille sont une composante du service offert par un intermédiaire financier à ses clients est discutable. Ces raisons pratiques d'ordre fiscal concernent l'accès aux informations pertinentes et la possibilité d'exclure les activités de services financiers dans la pratique. En ce qui concerne l'accès aux informations, dans le modèle indirect, les intermédiaires ne peuvent généralement pas divulguer d'informations sur les investisseurs sous-jacents à un gestionnaire de portefeuille en raison de la confidentialité des données, des restrictions réglementaires et du caractère exclusif des listes de clients. Un gestionnaire de portefeuille ne peut donc pas accéder aux informations nécessaires pour déterminer les juridictions du marché. En outre, les changements réguliers d'investisseurs dans le fonds et l'évolution constante de la base d'investisseurs en termes de pourcentage d'investisseurs individuels (consommateurs) et d'autres investisseurs professionnels et institutionnels posent des problèmes d'ordre pratique. La traçabilité de l'identité et de l'équilibre de répartition des investisseurs serait encore plus compliquée du fait que les fonds investissent couramment dans d'autres fonds. En outre, si l'activité de gestion de portefeuille n'était pas exclue, les banques et les compagnies d'assurance (dans l'hypothèse où elles seraient exclues) pourraient être confrontées à des difficultés complexes. En effet, elles exercent également des activités de gestion de portefeuilles et devraient donc isoler leurs bénéfices de leurs services de gestion de portefeuilles. Une autre source de préoccupation tient au fait qu'il serait très difficile en pratique d'adopter et d'appliquer une définition des activités de

gestion de portefeuille rentrant dans le champ d'application. Compte tenu de la fongibilité des produits financiers, il peut y avoir une équivalence économique entre d'une part le conseil en gestion d'investissements et les caractéristiques intrinsèques et performances d'un produit structuré proposé par une banque, comme un certificat de dépôt indexé ou un contrat d'échange, et d'autre part un investissement similaire proposé par une compagnie d'assurance dans le cadre d'un produit d'assurance avec gestion de compte séparée, comme une rente. Pour toutes ces raisons, il est conclu que les activités des gestionnaires de portefeuilles ne rentrent pas, et ne doivent pas rentrer, dans le champ d'application des CFB. Toutefois, les juridictions qui ne sont pas favorables à l'exclusion du secteur de la gestion d'actifs du champ d'application du Montant A, estiment que ce secteur est très peu réglementé, ce qui (contrairement à la banque de détail) ne permet pas de garantir que la majeure partie du bénéfice résiduel est enregistrée dans les juridictions du marché.

Construction d'infrastructures et construction générale

141. La construction d'infrastructures consiste à fournir des structures et des installations physiques comme des bâtiments, des routes, des ponts, des tunnels, des centrales électriques et des aéroports. Les projets d'infrastructures peuvent être classés en deux grandes catégories : les projets B2G et les projets B2B, dans lesquels les pouvoirs publics ou une entreprise commerciale acquièrent l'infrastructure pour l'utiliser à des fins publiques (une route, par exemple) ou commerciales (un port, par exemple).

142. La construction générale comprend la construction commerciale et la construction résidentielle. L'immobilier commercial comprend la construction d'immeubles de bureaux, d'hôtels, d'usines et d'entrepôts. Ces derniers sont développés et vendus ou loués pour être utilisés par d'autres entreprises.

143. Ni la construction d'infrastructures ni la construction générale à usage commercial ne rentrent dans le champ d'application des ADS ou des CFB, selon les principes de base. Ils ne répondraient pas à la définition des ADS, car il ne s'agit pas de services acheminés via l'Internet, mais d'une livraison physique, qui implique une implication humaine importante pour fournir les services. La construction d'immeubles à usage commercial serait également exclue du champ d'application des CFB. Elle est, par nature, d'une ampleur allant au-delà de la jouissance ou des besoins personnels d'un individu. Bien qu'un particulier puisse utiliser une infrastructure ou un bâtiment (notamment en traversant un pont en voiture ou en travaillant dans un immeuble de bureaux), il ne s'agit pas de produits destinés à son usage personnel qui lui sont vendus ou qu'il acquiert de toute autre manière. Ils ne sont donc pas d'un type couramment vendu à des consommateurs. Conformément à la définition générale, ils sont donc exclus du champ d'application.

144. Le troisième segment, l'immobilier résidentiel, fait référence à la construction de bâtiments destinés à l'usage personnel d'un client, comme un appartement ou une maison. Si l'on applique la définition générale des CFB, les EMN qui vendent des biens immobiliers résidentiels seraient incluses dans le champ d'application, puisque le produit est d'un type couramment vendu à des consommateurs. Les consommateurs acquièrent des biens immobiliers pour leur usage personnel ; les biens immobiliers sont destinés à être vendus aux consommateurs (ils sont accessibles sous une forme destinée à la consommation par des particuliers, lorsque l'entreprise multinationale s'est constituée pour fournir des biens immobiliers aux consommateurs) ; et ils sont vendus (y compris loués) à des consommateurs. Une entreprise multinationale qui serait une CFB serait la « propriétaire » de la marque et la « détaillante » directe du bien immobilier (et pourrait, dans les deux cas, être le promoteur)[21].

145. Toutefois, ce résultat n'est pas conforme à la logique fiscale du Montant A. En effet, (i) les EMN peuvent interagir à distance avec des consommateurs dans une juridiction de marché d'une manière qui représente une participation soutenue à l'économie de cette juridiction ; et (ii) les règles fiscales en vigueur, qui sont fondées sur la présence physique, ne reflètent pas suffisamment cette nouvelle participation.

146. Eu égard à l'immobilier résidentiel, le premier élément - l'interaction avec le consommateur - n'est pas une participation à distance (par le biais d'une stratégie de commercialisation, par exemple) au même

titre que dans les autres CFB. En effet, même si l'entreprise de construction possède une marque connue, la décision d'achat du consommateur sera en fin de compte déterminée par les caractéristiques du bien immobilier propres à cette juridiction du marché, notamment sa dimension, son emplacement (dans un quartier recherché, par exemple) et ses autres caractéristiques (garage, sécurité, etc.). En outre, compte tenu du type de lien avec le produit, il est difficile d'extraire, dans la pratique, les actifs incorporels en relation étroite avec des consommateurs et de les séparer de la juridiction de vente.

147. En ce qui concerne le deuxième élément - l'absence de présence physique - une entreprise qui vend ou loue sa participation dans un bien immobilier résidentiel doit avoir une présence physique importante sur un marché pour percevoir des revenus. Les règles fiscales en vigueur s'attachent à cette présence physique, notamment par les règles qui régissent la création d'un établissement stable dans le contexte d'un chantier de construction (article 5 du Modèle de Convention fiscale) et celles sur les revenus et les gains tirés de la location et de la vente de biens immobiliers (articles 6 et 13, paragraphe 1 du Modèle).

148. À ce titre, les juridictions du marché sont à même, en vertu des règles d'impositions des sociétés et des dispositions des conventions en vigueur, d'imposer les EMN du secteur de la construction, qui ont obligatoirement une présence physique substantielle et imposable sur le marché. Enfin, si le secteur de la construction et la vente de biens immobiliers devaient rentrer dans le champ d'application du Montant A, l'obligation d'investir dans des infrastructures physiques dans la juridiction du marché rend en tout état de cause improbable toute réattribution concrète des bénéfices en vertu des principes applicables au Montant A. En effet, selon les règles de détermination de la source du chiffre d'affaires, le Montant A serait affecté de toute façon à la juridiction où le bien immobilier est « livré », qui serait dans ce cas celle où se situe physiquement le bien.

149. C'est pourquoi il est proposé d'exclure du champ d'application du Montant A la construction, la vente ou la location de biens immobiliers résidentiels par des entreprises qui ont participé à la promotion et à la construction du bien immobilier résidentiel.

150. Aux fins de cette exclusion, on entend par logement résidentiel une structure et un terrain destinés à être utilisés ou occupés, en tout ou en partie, pour le logement d'une ou plusieurs personnes. La définition d'un logement résidentiel implique que l'hébergement temporaire, comme celui que proposent les hôtels, demeure inclus dans le champ d'application du Montant A. Bien que ces entreprises utilisent des biens immobiliers dans le cadre de leur activité, elles ne vendent pas ou ne louent pas une participation dans ces biens à des consommateurs, mais leur fournissent plutôt un service qui reste dans le champ d'application du Montant A.

151. L'exclusion est limitée aux entreprises qui ont participé au développement et à la construction de biens immobiliers résidentiels (et ont donc une présence physique dans la juridiction), et qui tirent leurs revenus de leur vente ou leur location. À ce titre, l'exclusion n'inclut pas les entreprises qui perçoivent des commissions ou rémunérations de services qui ne sont pas liées à la vente ou la location d'une participation dans un terrain, et qui ne dépendent pas d'une présence physique sur le marché où se situe le bien immobilier. Ainsi, les plateformes d'intermédiation en ligne qui servent d'intermédiaires dans les offres immobilières rentreraient dans le champ d'application du Montant A. L'exclusion ne concernerait pas non plus les services professionnels en rapport avec la construction (comme les services des architectes, concepteurs, avocats, consultants), ni les services professionnels ou d'intermédiation facilitant la vente ou la location de biens immobiliers (comme ceux des agents immobiliers, courtiers en opérations de crédit hypothécaire, institutions financières), bien qu'ils puissent être par ailleurs exclus du champ d'application en vertu des règles générales.

152. D'autres travaux techniques seront menés pour examiner le lien entre le type de revenus qu'une entreprise de franchise peut percevoir (qui pourrait inclure les revenus de la location) et l'analyse précédente de l'immobilier commercial, afin de s'assurer que les revenus de franchise sont dûment inclus dans le champ d'application du Montant A.

153. Outre ces exemples, certains secteurs liés à l'exploitation d'infrastructures fournissent des services à des consommateurs. Il sera examiné plus avant s'il faut envisager une exclusion des entreprises d'exploitation d'infrastructures, notamment :

- la production et la distribution d'électricité,
- la distribution de gaz naturel et d'eau,
- certaines entreprises de télécommunications (sauf peut-être les téléphones par satellite, qui ne nécessitent pas de présence physique dans une juridiction) ;
- les chemins de fer, autoroutes, ports et aéroports ; et
- les transports publics.

154. Bien que les services d'infrastructure relèvent à la fois du secteur public et du secteur privé, les entreprises y participent de plus en plus, parfois dans le cadre de partenariats public-privé (P3).

155. Il y a lieu de penser qu'elles seront exclues. Les entreprises qui exploitent des infrastructures ont, par définition, une présence physique directe sur le marché dans lequel elles exercent leurs activités. La source et le marché étant généralement les mêmes, il n'est sans doute pas nécessaire d'appliquer des règles de réattribution, puisque des bénéfices substantiels sont déjà attribués au marché. À l'exception éventuelle des télécommunications, la marque n'est pas, en principe, un élément important pour la rentabilité de ces entreprises. La plupart d'entre elles ont en réalité une situation de « monopole naturel », car il est généralement difficile pour d'autres fournisseurs d'établir des réseaux concurrents au même endroit. C'est pourquoi les entreprises d'infrastructures sont généralement soumises à une réglementation des prix pour protéger les consommateurs. Cela limite leurs capacités à réaliser des bénéfices résiduels, et constitue un motif d'exclusion supplémentaire. Par ailleurs, une exclusion générale de la production et de la distribution d'électricité serait logique et neutre par rapport à l'exclusion de la production d'énergie renouvelable.

Entreprises de transport aérien et maritime international

156. Cette section expose les motifs justifiant la déclaration du Cadre inclusif selon laquelle il serait « inapproprié de faire entrer les compagnies de transport aérien et maritime dans le champ d'application du nouveau droit d'imposition »[22].

157. Il est reconnu de longue date que les caractéristiques des entreprises de transport aérien et maritime international donnent droit à des régimes spéciaux en matière d'imposition. Contrairement à d'autres types d'entreprises d'une juridiction qui exercent des activités dans une autre juridiction, les revenus des entreprises de transport aérien et maritime international sont basés sur les opérations de navires ou aéronefs entre plusieurs juridictions fiscales, le plus souvent en dehors de toute juridiction fiscale - c'est-à-dire en haute mer ou au-dessus de la haute mer - ce qui ferait craindre une imposition multiple ou des difficultés considérables de répartition des revenus.

158. C'est pourquoi il existe un consensus international de longue date qui veut que les bénéfices provenant de l'exploitation, en trafic international, de navires ou d'aéronefs ne soient imposables que dans la juridiction de résidence de l'entreprise. Ce régime spécial, qui s'applique indépendamment du fait qu'une telle entreprise exerce ses activités par l'intermédiaire d'établissements stables étrangers, est prévu par l'article 8 des Modèles de Convention fiscale de l'OCDE et des Nations Unies[23] et dans la plupart des conventions fiscales bilatérales dont le nombre dépasse 3 500. À titre de réciprocité, il exonère d'impôt, dans chaque juridiction, les bénéfices des entreprises de transport aérien et maritime international non-résidentes, supprimant ainsi les coûts liés à la charge administrative et au respect des obligations fiscales (et les différends) en découlant, en particulier en matière d'attribution des bénéfices.

159. Les entreprises de transport aérien et maritime international maintiennent généralement une présence physique, qui constituerait un établissement stable dans bon nombre de juridictions. L'exemption

dont bénéficient ces entreprises en vertu de l'article 8 participe donc d'un choix fiscal délibéré, traduisant les caractéristiques spécifiques brièvement décrites ci-dessus, et ne résulte pas d'un processus d'économies d'échelle sans présence massive dans la juridiction ni d'autres facteurs découlant de la numérisation de l'économie.

160. À l'exception éventuelle de la fourniture de plateformes de marché en ligne, les activités des entreprises de transport aérien et maritime international (c'est-à-dire les revenus auxquels s'applique l'article 8) devraient être exclues de la définition des ADS proposée, car ces services ne sont pas acheminés via l'Internet. La numérisation n'a pas modifié la nature de ces services et, par conséquent, le Cadre inclusif estime qu'il n'y a pas lieu d'ajuster la façon dont les règles existantes s'appliquent.

161. Les activités de fret aérien et maritime, y compris les services de courrier, les messageries[24] et les expéditions de cargaison en vrac et par paquebot, qui sont presque exclusivement des services B2B, seront exclues de la définition des CFB. En revanche, les services de transport de passagers, notamment les croisières de plaisance, les services de traversée en ferry pour les passagers et voitures, le transport aérien de passagers et les services associés (y compris fournis en ligne) sont inclus dans la définition des CFB.

162. Il convient donc de se demander si les activités de transport aérien et maritime international rentrant dans le champ d'application devraient en être exclues pour des questions fiscales.

163. Dans le contexte particulier des activités de transport aérien et maritime international, l'attribution de droits d'imposition, en vertu de ces règles normales, aux nombreuses juridictions dans lesquelles sont exercées les opérations physiques a soulevé un problème fiscal spécifique, dont la solution consensuelle a été et reste l'imposition exclusive par l'État de résidence. La situation demeure inchangée aujourd'hui. Compte tenu du choix fiscal actuel concernant ce secteur, les membres s'accordent à penser que les entreprises de transport aérien et maritime doivent être exclues du champ d'application des nouveaux droits d'imposition.

164. Les bénéfices rentrant dans le cadre de l'article 8 du Modèle de Convention fiscale de l'OCDE seraient donc exclus du champ d'application du Montant A. La règle s'appliquerait, qu'il existe ou non une convention fiscale bilatérale entre les juridictions en question.

2.2.4. Solution alternative aux critères des activités : appliquer le Montant A dans le cadre d'un « régime de protection »

165. Comme décrit précédemment, les Contours proposent de baser le champ d'application du Montant A sur des critères d'activités afin d'inclure les services numériques automatisés et les entreprises en relation étroite avec des consommateurs, et de prévoir des exceptions. L'objectif poursuivi est de faire en sorte que le Montant A s'applique à un vaste ensemble d'entreprises qui génèrent des bénéfices par leur participation active et soutenue à l'économie de juridictions du marché. Si des travaux techniques considérables ont été consacrés aux questions d'ordre pratique, administratif et aux définitions de cette approche et si des progrès satisfaisants ont été enregistrés, la démarche adoptée n'a pas permis, à ce stade, de parvenir à un consensus des pouvoirs publics. La nécessité de définir les ADS et les CFB, et de compléter ces définitions par des faits et circonstances précis, ajoute à la complexité, notamment en ce qui concerne les CFB qui couvrent une plus grande diversité de modèles d'entreprise. Dans ce contexte, les États-Unis ont proposé que le Pilier Un soit mis en œuvre dans le cadre de ce qui est qualifié de « régime de protection ».

166. Un régime de ce type reconnaîtrait qu'une sécurité juridique renforcée en matière fiscale et de solides mécanismes de règlement des différends fiscaux transfrontaliers ont toujours constitué des volets fondamentaux de la conception du Pilier Un. Cette sécurité juridique renforcée en matière fiscale pourrait, dans de nombreuses situations, augmenter l'attrait du Pilier Un aux yeux des groupes d'entreprises

multinationales qui le choisissent, malgré la hausse marginale de leurs obligations fiscales globales résultant des répartitions du Montant A.

167. Dans le cadre de l'application d'un « régime de protection », une EMN pourrait choisir d'être assujettie à tous les volets du Pilier Un à l'échelle mondiale, y compris l'attribution du Montant A, le mécanisme de rémunération fixe du Montant B et les procédures juridiquement contraignantes de prévention et de règlement des différends. En laissant à toute EMN le choix d'appliquer le Pilier Un, on réduirait potentiellement la nécessité de régler les questions litigieuses relatives au champ d'application, y compris les définitions des ADS et des CFB. Des procédures pourraient être prévues afin d'exiger que le choix d'une multinationale se fasse sur une base mondiale et pluriannuelle. Selon les États-Unis, la mise en œuvre du Pilier Un dans le cadre d'un « régime de protection » permettrait d'éviter les difficultés des pouvoirs publics liées à l'obligation de modifier des principes fiscaux internationaux établis de longue date.

168. Les États-Unis estiment que la mise en œuvre d'un « régime de protection » au titre du Pilier Un s'inscrirait dans un accord global qui remplacerait les impôts sur les services numériques et des mesures unilatérales similaires, de telle sorte que les avantages d'une simplicité administrative accrue, d'une plus grande sécurité juridique en matière fiscale et des procédures contraignantes de règlement des différends seraient les principales motivations des entreprises multinationales pour se prévaloir du Pilier Un dans le cadre d'un « régime de protection ».

169. De nombreuses autres juridictions se sont montrées sceptiques à l'égard d'une approche optionnelle. En plus de faire observer qu'il reste des questions en suspens sur le mode de fonctionnement d'un régime optionnel, elles ont fait valoir que les objectifs du Pilier Un seraient compromis dans les circonstances où les entreprises multinationales n'optent pas pour les nouvelles règles, et ont noté les effets pervers que pourrait avoir, pour les juridictions, l'adoption de mesures unilatérales ou l'augmentation de l'étendue et de la rapidité des mesures unilatérales existantes. Elles estiment qu'une base optionnelle créerait des incohérences entre des entreprises similaires et provoquerait des distorsions. Elles notent également qu'un régime optionnel remettrait en cause le fondement logique de la réattribution des bénéfices aux juridictions du marché, en menaçant sa cohérence/sa viabilité et en amenuisant les possibilités d'un consensus international. Certaines juridictions se sont également interrogées sur l'effet juridique de l'adoption d'un « régime de protection ». En effet, un tel régime ne peut être mis en place de manière coordonnée par les juridictions que si elles disposent avant tout des droits d'imposition correspondants, ce qui ne sera pas toujours le cas dans le cadre d'un « régime de protection ». En outre, d'autres pays soulignent que les défis fiscaux soulevés par la numérisation de l'économie ont été précisément causés par leur interaction avec des principes fiscaux internationaux établis de longue date, qu'il convient de régler afin de surmonter les défis liés à l'action publique en matière fiscale.

2.2.5. Prochaines étapes

170. Le cadre inclusif va poursuivre ses efforts pour aplanir les divergences qui persistent en ce qui concerne le champ d'application, en reconnaissant l'importance de s'entendre sur une application commune et, dans un esprit de conciliation si nécessaire, en étant fidèle à son engagement résolu à poursuivre ensemble les travaux en vue d'élaborer une solution de long terme fondée sur un consensus. Cela suppose de tenir compte des divergences de vues exprimées ci-dessus et de rester réceptifs aux simplifications et nouvelles approches qui contribuent à atteindre les objectifs fiscaux tout en limitant les coûts administratifs et les charges liées au respect des règles.

2.3. Critères de seuil

171. Pour définir les EMN qui rentrent dans le champ d'application du Montant A, il est admis qu'en deçà d'un certain seuil global de taille, l'analyse coûts-avantages ne justifie pas d'imposer les règles

exigées pour appliquer le Montant A. La mise en œuvre du Montant A est susceptible d'entraîner des coûts supplémentaires liés aux contraintes administratives et de conformité, en particulier à court terme, au moment où les contribuables et les administrations fiscales appliquent les nouvelles règles. Les grandes entreprises sont mieux à même de doter leur direction fiscale des moyens financiers, humains et informatiques indispensables pour gérer et appliquer les nouvelles règles et de supporter les coûts de conformité supplémentaires induits par le nouveau droit d'imposition. En revanche, les petites EMN peuvent éprouver des difficultés à réunir les ressources nécessaires. De même, le Montant A disponible qui pourrait être réparti potentiellement aux juridictions du marché des petites EMN sera limité en termes absolus, ce qui entraînera des coûts de conformité importants en contrepartie d'avantages insignifiants.

172. Par ailleurs, même pour les grandes EMN qui peuvent dépasser un seuil de taille précis, si seul un faible montant de leur chiffre d'affaires d'origine étrangère est couvert, les coûts de conformité liés au Montant A pourraient encore être supérieurs aux avantages.

173. Les observations qui précèdent sont d'autant plus vraies si l'on tient compte non seulement des coûts de conformité pour les EMN, mais aussi des coûts administratifs globaux que les administrations fiscales encourraient obligatoirement pour traiter et vérifier la conformité d'un grand nombre de contribuables, dans le cadre d'un processus de sécurité juridique en matière fiscale à un stade précoce ou de toute autre manière.

174. Dans ce contexte, ce *Blueprint* contient deux critères de seuil destinés à atteindre cet objectif :

- un seuil de chiffre d'affaires mondial ; et
- un seuil minimum de chiffre d'affaires couvert d'origine étrangère.

2.3.1. Seuil de chiffre d'affaires mondial

175. Le chiffre d'affaires brut[25] semble être l'indicateur le plus facile à utiliser pour déterminer la taille. Un critère de chiffre d'affaires brut permettrait d'exclure les « petites » EMN sur la base du chiffre d'affaires annuel consolidé du groupe, tel qu'il apparaît dans les états financiers consolidés. Il se pose alors la question de savoir à quel niveau fixer le chiffre d'affaires consolidé. Au regard des coûts et des avantages, il n'est peut-être pas très avantageux d'appliquer un seuil inférieur au seuil actuel de 750 millions d'euros utilisé aux fins de la déclaration pays par pays (CbCR)[26].

176. Premièrement, l'évaluation de l'impact montre que l'application d'un montant inférieur entraînerait une hausse très minime du bénéfice résiduel attribué aux juridictions de marché. Deuxièmement, cela augmenterait sensiblement les coûts liés aux contraintes administratives et de conformité. Un seuil inférieur entraîne un afflux de contribuables supplémentaires qui doivent déterminer si leur chiffre d'affaires est couvert et, si c'est le cas, se conformer au nouveau système. Cette situation entraîne des charges non seulement pour ces entreprises, mais aussi pour les administrations fiscales de tous les membres du Cadre inclusif, aux prises avec des coûts supplémentaires liés aux contraintes administratives et de conformité.

177. En outre, l'abaissement du seuil de 750 millions d'euros augmenterait sensiblement le nombre de groupes du secteur privé couverts, qui ne sont pas tenus actuellement d'établir des états financiers ou qui les établissent, le cas échéant, sur la base de principes comptables généralement admis (GAAP) uniquement au niveau local. Exiger de ces groupes du secteur privé qu'ils établissent des états financiers sur la base d'une norme différente (ou de les adapter à cette norme) uniquement aux fins du Pilier Un (qui pourrait alors ne pas être soumis à des exigences de vérification) serait difficile et coûteux pour les contribuables, et nécessiterait des ressources considérables des administrations fiscales à des fins de vérification.

178. Enfin, un processus de sécurité juridique en matière fiscale pour un nombre de contribuables proche de celui que produirait un seuil inférieur à 750 millions EUR dépasserait largement les capacités de fonctionnement des administrations fiscales.

179. D'une manière générale, pour éviter que les administrations fiscales soient submergées de travail en raison du déploiement d'un nouveau système, notamment en ce qui concerne la sécurité juridique en matière fiscale, il importera que le Montant A soit limité à un nombre raisonnable de groupes d'EMN. En outre, il est difficile de prévoir, dès le départ, le processus de sécurité juridique en matière fiscale appliqué à la révision du calcul du Montant A pour des milliers de groupes d'EMN. Il est plus raisonnable de poser en principe que le déploiement du nouveau processus prendra un certain temps, afin de pouvoir déterminer et résoudre les difficultés opérationnelles avant tout développement du système.

180. Cela étant, le seuil doit faire en sorte de ne pas exclure une part importante des bénéfices résiduels qui seraient par ailleurs couverts. En conséquence, pour minimiser les coûts de conformité et permettre aux administrations fiscales de maîtriser la gestion des nouvelles règles, des travaux supplémentaires seront consacrés à d'autres approches. L'une d'entre elles pourrait consister à appliquer le seuil par étapes. Des seuils de chiffre d'affaires global élevés pourraient être fixés au départ, qui seraient progressivement abaissés au fil des ans, ou appliqués sur une période plus longue, puis diminués uniquement à l'issue d'un examen postérieur à la mise en œuvre. D'autres approches seront également examinées.

181. Le tableau ci-après présente une analyse économique du nombre de groupes d'EMN qui seraient potentiellement inclus dans le champ d'application du Montant A pour différents niveaux de chiffre d'affaires mondial. (voir le Tableau 2.1 ci-après).

Tableau 2.1. Estimation du nombre de groupes d'EMN situés au-dessus du seuil de chiffre d'affaires mondial potentiel

Seuil de chiffre d'affaires mondial (m EUR) [27]	Estimation du nombre de groupes d'EMN après application du seuil de chiffre d'affaires mondial	Estimation du nombre de groupes d'EMN ayant pour activité principale les secteurs ADS ou CFB après application du seuil de chiffre d'affaires mondial
750	~8 000	~2 300
1 000	~6 800	~2 000
2 000	~4 100	~1 300
5 000	~2 000	~620
10 000	~1 000	~350

2.3.2. Seuil minimum de chiffre d'affaires couvert d'origine étrangère

182. Le second seuil concerne les EMN qui dépassent le seuil de chiffre d'affaires brut ci-dessus, mais dont le montant du chiffre d'affaires couvert d'origine étrangère est faible. Dans de tels cas, le bénéfice total à répartir en vertu du nouveau droit d'imposition ne serait pas significatif au regard des coûts encourus par les entreprises et les administrations fiscales pour appliquer les règles relatives au Montant A. Premièrement, pour les EMN qui ont un chiffre d'affaires couvert inférieur au seuil de chiffre d'affaires mondial, les bénéfices potentiels à attribuer aux juridictions du marché au titre du Montant A seront relativement faibles. Cela s'explique par le fait que pour une EMN dont le chiffre d'affaires couvert s'élève, par exemple, à 250 millions d'euros et dont la marge bénéficiaire atteint 20 % (chiffre relativement élevé), le bénéfice avant impôt couvert au titre du Montant A ne dépassera pas 50 millions d'euros. En outre, les bénéfices à affecter aux juridictions du marché au titre du Montant A seront encore plus limités du fait de l'application de la formule de répartition des bénéfices (seuil de rentabilité et pourcentages de répartition)[28]. Deuxièmement, pour les EMN dont le chiffre d'affaires couvert provient principalement d'une seule juridiction, l'application du Montant A aura probablement un impact fiscal limité. Il est en effet probable que

la formule de répartition du Montant A attribue précisément des droits d'imposition sur les bénéfices résiduels d'une EMN à la juridiction qui dispose déjà de droits d'imposition en vertu des règles existantes de répartition des bénéfices fondées sur le principe de pleine concurrence.

183. C'est pourquoi un second seuil minimum de chiffre d'affaires couvert d'origine étrangère serait appliqué pour déterminer les EMN couvertes au titre du Montant A. Ce seuil serait fixé en nombre absolu, plutôt qu'en fonction de la taille de l'activité nationale d'une EMN donnée. Cela permet d'obtenir le même résultat pour les groupes d'EMN qui participent à l'économie de juridictions étrangères dans des proportions similaires, que cette participation au marché étranger soit sensiblement inférieure, ou non, à leur activité nationale (alors qu'on aboutirait autrement à des résultats différents selon la taille relative du marché national).

184. Ce critère de seuil comporterait deux étapes. Premièrement, une EMN appliquerait le critère des activités pour déterminer si le groupe a enregistré un chiffre d'affaires supérieur au seuil minimum de chiffre d'affaires couvert d'origine étrangère résultant d'activités ADS et CFB. Les EMN qui ne dépassent pas le seuil minimum de chiffre d'affaires couvert d'origine étrangère provenant d'activités couvertes seraient exclues du champ d'application sur cette base. Deuxièmement, une EMN devrait ensuite déterminer si elle a dépassé le seuil minimum de chiffre d'affaires couvert d'origine étrangère issu d'activités incluses dans le champ d'application « d'origine étrangère ». Cela nécessitera tout d'abord de déterminer son marché national ou intérieur en appliquant une définition normalisée, notamment la juridiction où le groupe a son siège social ou celle de résidence fiscale de l'entité mère ultime (EMN). Des travaux supplémentaires sont nécessaires pour définir le marché national ou intérieur d'un groupe d'EMN afin d'éviter tout risque de manipulation. Une entreprise multinationale devra ensuite déterminer si elle a perçu un montant supérieur au seuil minimum de chiffre d'affaires couvert provenant d'activités incluses dans le champ d'application, dans des juridictions situées en dehors de son marché national ou intérieur, en appliquant à cet effet les règles de détermination de la source du chiffre d'affaires au titre du Montant A (voir le chapitre 4). Cette approche serait simple pour les EMN qui tirent la totalité de leur chiffre d'affaires couvert de leur propre marché national, qui sont principalement visées par la deuxième étape. Elle pourrait toutefois intéresser également d'autres EMN qui génèrent un chiffre d'affaires relativement faible en dehors de leur marché national. Bien que l'application des règles de détermination de la source du chiffre d'affaires au titre du Montant A puisse être perçue comme une source de complexité pour les EMN qui entendent appliquer ce critère, elle permettrait à celles qui remplissant les conditions d'éviter les coûts de conformité liés aux autres volets de l'application du Montant A. Des travaux supplémentaires seront consacrés à ce seuil, notamment pour déterminer l'application des seuils doit se faire par étape[29].

2.3.3. Prochaines étapes

185. L'étape suivante consistera à prendre une décision sur l'adoption de seuils définitifs et à déterminer notamment si une période de mise en place progressive ou de transition est indiquée et, dans l'affirmative, à en définir les modalités.

Notes

[1] Voir CTPA/CFA/WP2/NOE2(2020)10).

[2] Pour plus de clarté, il peut être nécessaire de définir les services fournis.

[3] La définition des ADS s'inspire, mais diffère, des notions contenues dans la définition des « services fournis par voie électronique » employée dans la législation de l'UE sur la TVA. L'objectif est d'éviter toute confusion entre les deux notions (et d'éviter que le Cadre inclusif soit confronté à des questions épineuses relatives à la pertinence de la jurisprudence de l'UE à ce propos).

[4] Voir la définition d'une interface numérique dans les définitions générales ci-après.

[5] Il est légitime de se demander si la vente ou l'aliénation de données à caractère personnel est un type de « service » ou bien si ce service peut être réellement « vendu ».

[6] Voir la définition du terme « utilisateurs » dans les définitions générales ci-après.

[7] Pour éviter toute ambiguïté, toute référence à des services d'informatique en nuage renvoie à une EMN qui fournit des services en nuage. Même si, du point de vue de l'utilisateur, l'accès à un autre type d'ADS (comme un contenu numérique) pourrait constituer (indirectement) un accès à un service en nuage, dans le présent contexte, il s'agit de savoir si le chiffre d'affaires est généré par l'activité de fourniture de services d'informatique en nuage de l'entreprise, par opposition au chiffre d'affaires généré par une activité de l'entreprise qui s'appuie ensuite sur un service d'informatique en nuage.

[8] D'autres segments du secteur du matériel médical sont les biens de consommation vendus à des consommateurs (bandages, tensiomètres, etc.), les produits médicaux non achetés par des consommateurs (matériaux destinés aux prothèses de la hanche, par exemple) et le matériel médical à usage professionnel (appareils d'IRM, instruments chirurgicaux, par exemple). Ils sortent du périmètre de l'industrie pharmaceutique et les règles habituellement appliquées pour déterminer le périmètre des entreprises en relation étroite avec des consommateurs, y compris celles qui s'appliquent aux biens et services à double usage, doivent alors leur être appliquées.

[9] Les médicaments vendus au détail sont ceux qui sont délivrés en dehors des hôpitaux, tels que ceux vendus en officines pharmaceutiques et en grandes surfaces.

[10] La rémunération peut également inclure le loyer (lorsque le local d'exploitation de la franchise est loué au franchisé). Il est toutefois envisagé d'exclure l'immobilier commercial du champ d'application du Montant A. Dans ce cas, il pourrait être utile de préciser l'interaction entre cette exclusion et les droits de franchise.

[11] Cette situation se distingue de celle des produits intermédiaires ou composants qui font l'objet d'une vente d'entreprise à entreprise, notion qui est abordée plus loin. Dans un contrat de franchise de distribution, l'entreprise qui vend le produit intermédiaire exerce un niveau de contrôle important sur la manière dont l'entreprise franchisée assemble le produit fini destiné au consommateur (et le franchisé ne peut utiliser ce produit intermédiaire que pour assembler le produit final selon les instructions du franchiseur) ; par ailleurs, le franchiseur tire une rémunération de la vente du produit fini. En revanche, dans la vente d'un composant interentreprises, le vendeur du composant exerce un contrôle très limité sur l'utilisation que fera l'acheteur du composant pour l'assemblage de ses propres produits finis (le

composant pouvant entrer dans différents types de produits de l'acheteur), et la rémunération du vendeur du composant provient de la vente effective du composant, et non pas du produit fini.

[12] Voir également les paragraphes 6.4 et 7.3.

[13] La concession de licence portant sur des actifs incorporels de commercialisation ou un savoir-faire de fabrication n'est donc pas incluse.

[14] Voir également les paragraphes 6.4 et 7.3.

[15] Les entreprises du secteur extractif sont celles qui se livrent à l'exploration, et à l'extraction de la croûte terrestre, de ressources naturelles non renouvelables comme les hydrocarbures et les minéraux, au traitement et au raffinage de ces ressources pour en faire des produits de base utilisables et à la vente de ces produits de base.

[16] Si les entreprises du secteur des ressources naturelles peuvent avoir recours à des outils numériques, les produits ou les services qu'elles proposent ne sont pas à proprement parler des services numériques.

[17] Les ressources non renouvelables comprennent les hydrocarbures et les minéraux. En amont, les hydrocarbures extraits de la terre comme le pétrole brut et le gaz naturel sont exclus du champ d'application, y compris selon la définition générale des CFB, car ils ne sont pas vendus à des consommateurs. Après leur traitement, les produits intermédiaires comme l'éthane, les pentanes, l'asphalte, entre autres, sont couramment vendus en tant qu'intrants pour d'autres industries comme la production chimique et la construction et ne répondent pas non plus au critère de la vente aux consommateurs. Les minéraux, notamment les métaux de base (cuivre, zinc) et les métaux précieux (or, argent) sont extraits de la terre avant leur affinage et leur fusion pour obtenir des métaux et d'autres produits de base minéraux. La plupart des produits minéraux (acier, aluminium, gypse) ne sont pas couramment vendus à des consommateurs et ne relèvent donc pas du champ d'application des CFB. De même, la vente de pierres brutes et naturelles et de pierres destinées à un usage industriel relèverait de la catégorie des ressources naturelles et serait exclue du champ d'application.

[18] Par exemple, des cultures (sac de blé ou grains de café vert), une quantité de poissons pêchés (morue entière) et une pile de bois.

[19] L'application de ces facteurs devra cependant être nuancée. Il existe, en effet, un éventail de transformations, d'emballages et de marques concernant les produits agricoles, qui vont des fruits frais (qui peuvent porter une étiquette de marque pour la vente au détail, mais correspondent à un produit générique, ni transformé, ni emballé), aux produits alimentaires de marque, hautement transformés qui sont combinés avec d'autres ingrédients comme les confiseries à base de fruits et qui rentreraient dans la catégorie des CFB classiques, en passant par les fruits qui ont subi une transformation simple (découpe et épluchage, par exemple) avant de les placer dans une conserve de marque. La même prudence s'impose à l'égard de l'eau embouteillée et des spécialités fromagères. Une analyse similaire pourrait être appliquée aux produits de la pêche et aux produits forestiers. C'est ainsi que les grumes brutes font l'objet d'une simple transformation en bois d'œuvre, papier et carton (dont la valeur dépend principalement de la matière première et de leurs caractéristiques physiques), mais peuvent être également un type de produit couramment vendu à des consommateurs, par rapport à une transformation ultérieure en meuble en bois (dont la valeur provient principalement de la fabrication et des ventes) qui relèverait des règles applicables aux CFB.

20. Ainsi, la Conférence des Nations unies sur le commerce et le développement (1994) a fait observer que Gènes, Barcelone, Bruges, Bruxelles et Anvers ont réglementé l'assurance dès les quinzième et

seizième siècles et qu'aujourd'hui « dans la plupart des pays, sinon dans tous, il existe des règlements spécifiques relatifs aux activités des assurances ». Voir https://unctad.org/en/PublicationsLibrary/unctadsddins6_en.pdf.

[21] Une entreprise de construction tierce engagée par le promoteur pour construire le bien résidentiel serait le « fabricant », sans relation avec le consommateur, et serait exclue du champ d'application de la définition générale.

[22] Paragraphe 32 des Contours.

[23] En ce qui concerne les entreprises de transport maritime, le Modèle des Nations Unies contient une « variante B » qui octroie des droits d'imposition limités à l'État de la source sur la base d'une « répartition appropriée des bénéfices nets globaux que l'entreprise tire de ses opérations de navigation maritime [plus qu'occasionnelles] ». Cette disposition est peu utilisée.

[24] Lorsqu'un colis est livré à un consommateur, le client de l'entreprise de livraison est toujours l'entreprise qui envoie le colis - et non pas le consommateur qui le reçoit. Les entreprises de livraison de colis ne perçoivent pratiquement aucun revenu des individus qui envoient des colis à l'étranger.

[25] Le Cadre inclusif n'a pas encore décidé du montant ni de la définition des seuils de chiffre d'affaires à appliquer au titre du Montant A. Des travaux supplémentaires seront nécessaires pour déterminer si la définition actuelle du chiffre d'affaires donnée par les normes comptables et figurant dans les états financiers (sur lesquels s'appuient les déclarations pays par pays) pourrait être utilisée aux fins de l'application du seuil de chiffre d'affaires mondial (et pour déterminer la base d'imposition au titre du Montant A, voir la section 6.2.3).

[26] CbCR (en anglais) désigne également la déclaration pays par pays dans ce document.

[27] Voir également le tableau 6.1, qui indique le nombre de groupes d'entreprises multinationales situés au-dessus du seuil de bénéfice résiduel après application d'un seuil de chiffre d'affaires mondial de 750 millions d'euros.

[28] En supposant qu'il a été convenu, pour la formule de calcul du Montant A, que 20 % des bénéfices d'une EMN pour lesquels la marge bénéficiaire est supérieure à 10 % seraient attribués au marché. Dans le cadre du Montant A, les bénéfices résiduels d'une EMN s'élèveraient à 25 millions d'euros, dont 5 millions d'euros (20 %) seraient attribués aux juridictions du marché au titre du Montant A. À un taux de l'impôt sur les sociétés de 25 %, cela équivaudrait à 1.25 million d'euros d'impôt sur les sociétés supplémentaire ou à 125 000 euros si ce montant est réparti à parts égales entre dix juridictions du marché.

[29] La question s'est également posée de savoir s'il est équitable, dans le cadre de l'approche décrite au paragraphe 2.3, d'inclure dans le champ d'application du Montant A une grande entreprise dont le montant de chiffre d'affaires couvert est faible, alors qu'une petite entreprise dont le chiffre d'affaires couvert est nettement plus élevé peut en être exclue en fonction des seuils mondiaux et minimaux de chiffre d'affaires couvert d'origine étrangère. Compte tenu de cette question, il sera également envisagé d'adopter un seuil établi selon le chiffre d'affaires couvert.

3 Lien

3.1. Présentation générale

186. Le nouveau système international d'imposition exposé dans ce *Blueprint* reconnaît qu'à l'ère du numérique, les droits d'imposition ne peuvent plus être exclusivement déterminés par le critère de présence physique. Aussi, il présente de nouvelles règles du lien pour le chiffre d'affaires couvert traité au chapitre 2.

187. Ainsi que le chapitre 2 l'explique, les critères de délimitation du champ d'application cherchent à appréhender les grandes EMN qui peuvent participer de façon active et soutenue à la vie économique d'une juridiction de marché, au-delà de la simple conclusion de ventes, en vue de générer des bénéfices, sans nécessairement avoir une présence imposable significative sur ce marché (qui est le critère retenu par les règles du lien existantes). À cet égard, les chapitres 2 et 3 doivent être lus ensemble car ils expriment une logique commune.

188. Telles qu'elles sont conçues, les règles du lien visent à protéger les intérêts des juridictions plus petites, et notamment des économies en développement, et de les faire bénéficier du nouveau droit d'imposition. Elles reconnaissent la nécessité de maintenir des coûts de conformité faibles et proportionnés.

189. Les nouvelles règles du lien régissent uniquement le droit d'une juridiction du marché à percevoir une fraction du Montant A. Elles ne modifient pas les critères du lien applicables à d'autres impôts, aux droits de douane ou à d'autres fins non fiscales. Elles seront conçues en tant que disposition autonome afin de limiter les répercussions indésirables sur d'autres règles fiscales ou non fiscales existantes.

190. Elles pourraient s'appliquer de façon différente aux activités ADS et CFB. S'agissant des ADS, le dépassement d'un seuil de chiffre d'affaires dans une juridiction du marché pourrait être le seul critère à appliquer pour établir le lien. De par leur nature, les services ADS peuvent être rendus à distance, et les entreprises qui les proposent participent généralement de façon significative et soutenue à la vie économique du marché, même sans présence physique, ce qui représente l'un des principaux défis posés par la taxation de l'économie numérique.

191. S'agissant des CFB, la capacité à participer à distance à une juridiction du marché est moins évidente. Au regard de la complexité et des coûts de conformité supplémentaires associés à la détermination de la source du revenu provenant des activités CFB (distribution par un tiers, par exemple) et du fait largement admis que les marges bénéficiaires sont généralement plus faibles pour les activités CFB que pour les services ADS, il pourrait être justifié de fixer un critère de lien plus élevé pour les CFB. Bien que de nombreux membres du Cadre inclusif soucieux de simplicité préféreraient un seuil de lien basé exclusivement sur le chiffre d'affaires, d'autres membres estiment qu'un critère de lien plus élevé pour les CFB est essentiel. Cela pourrait passer par la fixation d'un seuil plus élevé et la recherche de facteurs supplémentaires qui traduiraient une participation active et soutenue dans une juridiction, au-delà de simples ventes.

192. Aussi, ce *Blueprint* suit une approche fondée sur les éléments suivants : Un lien est établi :

- pour les ADS :
  - lorsque le chiffre d'affaires est supérieur à [X millions EUR] par an ;
- pour les CFB :
  - lorsque le chiffre d'affaires est supérieur à [X millions EUR] par an et ;
    - il existe un facteur supplémentaire indiquant une participation significative et soutenue dans l'économie du marché. Ce facteur supplémentaire pourrait être une succursale, ou une « installation fixe d'affaires » (comme un établissement stable répondant à la définition des Modèles de Convention fiscale de l'OCDE et des Nations Unies), pourvu que l'entité ou l'ES exerce des activités qui sont liées aux ventes couvertes. On réfléchira aussi à la possibilité de considérer qu'un chiffre d'affaires supérieur à XX millions EUR constitue un facteur supplémentaire (l'EMN serait alors réputée avoir une participation active qui ne se limite pas à la simple activité de vente). D'autres facteurs supplémentaires peuvent aussi être envisagés (qui seraient décorrelés de la présence physique).

193. En fonction du niveau auquel les seuils seront fixés, on pourra envisager d'utiliser un critère de lien plus bas pour les petites économies en développement dont le PIB est inférieur à un certain niveau, tout en réfléchissant à des simplifications propres à faciliter la conformité.

3.2. Caractéristiques et fonctionnement des règles du lien

194. Pour les EMN couvertes, les nouvelles règles du lien seraient fondées sur des indicateurs d'une participation significative et soutenue à l'économie de juridictions du marché. En d'autres termes, faute d'une telle participation, aucune partie des bénéfices d'un groupe ne serait réattribuée à une juridiction donnée au titre du Montant A. Les nouvelles règles du lien s'appliqueraient de façon autonome, de manière à limiter les répercussions indésirables éventuelles sur d'autres règles fiscales ou non fiscales existantes. Elles ne devront pas non plus servir à établir un nouveau lien pour d'autres impôts, taxes, droits de douane ou à d'autres fins non fiscales. Par exemple, les nouvelles règles seront sans effet sur le fonctionnement des règles actuelles relatives aux établissements stables, qui continueront de s'appliquer comme aujourd'hui. La conception détaillée de cette disposition autonome, indépendante des conventions fiscales *existantes*, interviendra à un stade ultérieur, lorsque les éléments fondamentaux relatifs au champ d'application et au lien auront été clairement définis[1].

3.2.1. Caractéristiques générales : seuils de chiffre d'affaires dans une juridiction du marché et critères de durée

195. Les **seuils de chiffre d'affaires dans une juridiction du marché** s'appliqueront au chiffre d'affaires couvert réalisé par un groupe (ou un segment d'un groupe, le cas échéant) dans cette juridiction. Le chiffre d'affaires dans une juridiction du marché sera déterminé et calculé conformément aux règles de la source du chiffre d'affaires (voir le chapitre 4), et pourrait s'appliquer de façon distincte aux activités ADS et CFB[2]. Les règles du lien tiendront compte de la pratique de segmentation plus large éventuelle : le lien sera évalué au niveau d'un segment lorsqu'un groupe segmente ses activités pour calculer sa base d'imposition au titre du montant A (voir le chapitre 4.4).

196. Des travaux supplémentaires devront être entrepris afin de décider d'appliquer ou non un **critère de durée**. Un tel critère éviterait de prendre en considération des transactions isolées ou ponctuelles qui ne sont pas forcément révélatrices d'une participation soutenue à un marché. Pour concevoir le critère de durée, on pourrait exiger que le seuil de chiffre d'affaires dans une juridiction du marché soit dépassé pendant une période de plusieurs années avant que le lien soit déclenché. Toutefois, la détermination du

lien année par année est un processus simple qui cadrerait mieux avec d'autres périodes d'évaluation en lien avec le Montant A.

197. Les Contours de l'architecture précisent en outre que le seuil de chiffre d'affaires serait proportionné à la taille du marché, éventuellement mesurée en fonction du PIB. Néanmoins, cette exigence pourrait être source de complexité supplémentaire ; aussi, les règles du lien pourraient retenir un simple montant monétaire de chiffre d'affaires généré sur le marché - un pour les services ADS, et un autre pour les activités CFB. Il est aussi envisagé d'appliquer des seuils plus élevés pour les grands marchés et des seuils plus bas pour les petites économies en développement[3].

198. Plusieurs aspects devront être pris en compte pour déterminer le niveau auquel fixer les seuils. L'analyse des données réalisée aux fins de l'évaluation d'impact, bien qu'associée à un haut degré d'incertitude, montre que le seuil de chiffre d'affaires généré dans une juridiction du marché a une incidence importante sur l'attribution du Montant A à des juridictions plus petites, et en particulier aux économies en développement (à la différence du seuil de chiffre d'affaires de portée globale)[4]. En ce qui concerne les juridictions les plus petites (dont le PIB est inférieur à 5 milliards USD, par exemple), l'analyse donne à penser qu'aucun lien ne sera établi pour bon nombre de groupes d'EMN dans ces juridictions si l'on applique un seuil unique fixé à 5 millions EUR ou plus. Sur cette base et compte tenu des éléments examinés ci-dessous, une possibilité serait d'établir deux seuils de chiffre d'affaires distincts : un pour les services ADS et l'autre pour les activités CFB, en soulignant que les montants de ces seuils devraient être fixés à un niveau inférieur à 5 millions EUR. Comme indiqué au paragraphe 197, il est envisagé d'appliquer des seuils plus élevés pour les grands marchés et des seuils plus bas pour les petites économies en développement.

199. La fixation de montants de seuils différentiés pour les secteurs ADS et CFB peut se justifier par les raisons suivantes. En premier lieu, la capacité des entreprises CFB à participer à distance aux juridictions du marché paraît moins importante que pour les entreprises ADS. En second lieu, au regard de la complexité et des coûts de conformité supplémentaires associés à la détermination de la source du chiffre d'affaires provenant des activités CFB (distribution par un tiers, par exemple) comparativement aux services ADS, il semble opportun d'appliquer un seuil plus élevé pour les activités CFB. Enfin, les marges bénéficiaires étant généralement plus faibles pour les activités CFB que pour les services ADS, le montant du seuil devrait être plus élevé pour les premières afin de parvenir au même équilibre entre les gains fiscaux pour les juridictions du marché et les coûts de conformité et administratifs globaux. Toutefois, certaines juridictions sont favorables à un alignement des seuils.

200. Des travaux supplémentaires seront consacrés à l'administration et à la coordination des seuils utilisés pour le montant A afin qu'ils demeurent appropriés dans la durée.

201. S'agissant des ADS, le dépassement d'un seuil de chiffre d'affaires dans une juridiction du marché serait le seul critère à appliquer pour établir le lien.

3.2.2. Indicateur supplémentaire du lien pour les CFB

202. Pour les CFB, des ventes légèrement supérieures au seuil de chiffre d'affaires ne traduisent pas forcément une participation active et soutenue à ce marché, au-delà de la simple conclusion des ventes, envisagée comme critère justifiant le nouveau droit d'imposition. Pour attester de ce degré de participation, la présence d'indicateurs supplémentaires peut être nécessaire.

203. De nombreux membres du Cadre inclusif en quête de simplicité seraient prêts à accepter un seuil de lien basé uniquement sur le chiffre d'affaires, d'autant plus que les critères de délimitation du champ d'application cherchent déjà à appréhender les EMN qui participent de façon significative et soutenue à la vie économique de juridictions du marché. Néanmoins, d'autres membres estiment que des indicateurs supplémentaires sont essentiels pour appliquer une règle du lien aux CFB. Afin de rapprocher les points de vue de ces deux groupes, ce *Blueprint* suggère que l'existence d'un lien pourrait devoir être démontrée

par des facteurs supplémentaires. Une option envisagée serait de partir du principe que le groupe d'EMN participe activement à un marché dès lors que les ventes qu'il y réalise dépassent un certain niveau. Dans ce cas, des facteurs supplémentaires seraient présumés exister. Comme expliqué ci-après, tout groupe réalisant des ventes supérieures à un certain niveau voudra en tout état de cause établir une présence locale. L'application de facteurs supplémentaires pour les petites économies en développement devra probablement être examinée en lien avec le niveau des seuils.

204. Plusieurs facteurs supplémentaires possibles ont été étudiés, et notamment : le fait d'avoir une présence physique sous la forme d'un établissement stable (ES) ou d'une entité du groupe ; une présence physique sans ES ; et l'exercice d'activités publicitaires et promotionnelles importantes, ciblées et soutenues à l'appui des ventes couvertes dans la juridiction du marché.

Test de la « présence physique »

205. Si l'on veut privilégier la simplicité, le seul indicateur à retenir serait celui-là. Un test de présence physique sous la forme d'une succursale ou d'un ES semble être la solution la plus simple pour démontrer un lien (au-delà des ventes), d'autant que l'ES ou l'entité résidente concernée sera probablement déjà soumise à des obligations à la fois de dépôt et de déclaration dans cette juridiction. En d'autres termes, le lien applicable à une entité (son lieu de résidence ou le fait de posséder un ES local) vaudra pour l'ensemble du groupe.

206. Pour qu'il y ait « présence physique active et soutenue », le test pourrait exiger que les activités soient exercées en lien avec le chiffre d'affaires couvert. Ces activités pourraient inclure non seulement les activités de distribution, mais également celles qui appuient directement les ventes sur le marché, comme le fait de faciliter la facturation et le paiement dans la monnaie du pays ; la collecte d'impôts indirects et de droits ; le transport ; le maintien d'un stock local ; les livraisons internationales ; l'assistance après-vente ; la réparation et la maintenance ; la publicité, la promotion et l'adaptation de produits ou de services au marché local. Les activités qui n'ont pas un lien suffisant avec les ventes, et qui par conséquent ne correspondraient pas à la présence physique soutenue envisagée dans le test, pourraient inclure, à titre d'exemple, les fonctions de recherche et de développement. Toutefois, des travaux techniques supplémentaires seront entrepris pour définir la nature d'un tel lien.

207. Plus spécifiquement, le critère de l'existence d'un ES du groupe serait rempli si une entité du groupe a un ES sur le marché local (répondant à la définition autonome donnée ci-dessous). Il serait également rempli si une entité du groupe est résidente dans la juridiction. Dans les deux cas, les activités locales doivent contribuer au chiffre d'affaires de référence. Une entité constituée en vue de faciliter l'expansion future du groupe ne déclencherait pas le critère du lien si, par exemple, elle ne possède ni locaux ni personnel dans la juridiction.

208. La question est alors de savoir comment déterminer si un ES d'un groupe existe. Cette question se pose parce que plusieurs conventions contenant des définitions différentes d'un ES peuvent entrer en jeu (ou parce qu'il peut n'exister aucune convention).

209. Une possibilité consiste à partir de la définition d'un ES figurant dans n'importe quelle convention conclue entre l'État de résidence d'une entité du groupe et la juridiction de marché qui a déclenché l'existence d'un ES en pratique, à condition que l'ES contribue au chiffre d'affaires couvert. Néanmoins, cette option pourrait entraîner des problèmes d'équité et des risques de distorsions :

- Lorsqu'il n'existe aucune convention fiscale applicable et qu'il faut s'en remettre au droit interne d'une juridiction du marché, une EMN pourrait avoir une présence imposable pour la simple raison qu'elle vend des services, voire même des biens, sur ce marché.
- Utiliser les définitions différentes d'un ES figurant dans les conventions fiscales existantes peut être source d'inéquité dès lors qu'une juridiction du marché (dont les conventions fiscales prévoient un seuil standard relatif à l'ES) ne percevrait aucun impôt au titre du Montant A d'une EMN donnée,

tandis qu'une autre juridiction - ayant un seuil d'ES plus bas - percevrait des impôts au titre du Montant A de cette même EMN (pour les mêmes activités). Le même problème d'équité survient si la définition se fonde sur le droit interne.

- Si le Montant A est conditionné au fait pour une EMN d'avoir un ES en vertu de conventions existantes ou du droit interne, les administrations fiscales peuvent être incitées à conclure à l'existence d'un ES, ce qui augmente les risques de différends entre juridictions, avec des répercussions qui peuvent aller au-delà de la portée du Montant A (augmentation du risque de retombées négatives).

210. Pour répondre à ces préoccupations, l'approche privilégiée consiste à utiliser une définition autonome unique d'un ES de groupe, au lieu de s'appuyer sur la définition d'un ES figurant dans une convention ou dans le droit interne. Cette disposition autonome sera sans effet sur l'application des règles relatives aux ES contenues dans les conventions fiscales ou le droit interne existants, qui continueront de s'appliquer comme aujourd'hui à des fins fiscales, hormis pour la répartition du Montant A. Il existe des options « clés en main » (dans les Modèles de l'OCDE et des Nations Unies, par exemple). Néanmoins, il semble préférable d'utiliser celle conçue spécifiquement aux fins du Montant A, en partant des deux Modèles[5].

211. Aussi, l'objectif est d'élaborer un test de l'existence d'un ES de groupe en se fondant sur le principe élémentaire qui sous-tend l'existence d'un ES partagé entre les Modèles des Nations Unies et de l'OCDE : une installation fixe d'affaires par l'intermédiaire de laquelle tout ou partie des activités CFB couvertes du groupe d'EMN sont exercées, et de l'appliquer au groupe d'EMN. Des travaux supplémentaires seront consacrés à d'autres aspects de la définition existante d'un ES, comme l'article 5(4) portant sur les activités préparatoires et auxiliaires, et l'article 5(5) concernant les « agents dépendants ». Cette définition d'un ES de groupe vise uniquement à établir un nouveau lien pour le Montant A.

Une disposition relative à une « participation présumée »

212. Comme indiqué précédemment, au-delà d'un certain niveau de chiffre d'affaires, il est de moins en moins probable qu'un groupe vende sur un marché sans y exercer des activités de soutien. Tout groupe réalisant des ventes supérieures à un certain niveau voudra en tout état de cause établir une présence locale, sous la forme d'une succursale ou d'un ES. En fonction du secteur d'activité, cela peut se produire lorsque le chiffre d'affaires annuel dépasse un certain niveau. Mais même avant ce seuil, il est probable que la participation du groupe à l'économie du marché ait pour but d'accroître ses ventes. Aussi, une approche pourrait consister à partir du principe qu'une fois que les ventes CFB d'un groupe sur un marché atteignent un certain seuil, il n'est plus nécessaire de rechercher l'existence de facteurs supplémentaires (le groupe pourrait être considéré comme ayant un lien). Cette disposition relative à une participation présumée permettrait d'éviter les difficultés et incertitudes générées par des facteurs supplémentaires plus factuels et plus détaillés, mais une réflexion plus poussée sur le sujet est de mise.

Règles du lien pour les petites économies en développement

213. En fonction du niveau auquel les seuils de chiffre d'affaires sont fixés, on pourra aussi envisager d'utiliser un critère de lien plus strict pour les petites économies en développement. Au regard de la taille de leur économie dans le contexte de la détermination d'une participation significative et soutenue au marché, et des difficultés qu'entraîneraient l'application et la vérification des facteurs supplémentaires pour des administrations fiscales aux moyens souvent très limités, des arguments tant théoriques que pratiques militent en faveur d'une réflexion plus poussée sur le sujet. Il faudra peut-être aussi intégrer dans le champ de cette réflexion des mesures de simplification et d'allègement des coûts administratifs, y compris pour d'autres juridictions.

Autres travaux techniques

214. Quelques membres du Cadre inclusif sont favorables à l'ajout d'un critère fondé sur une présence durable de salariés dans une juridiction du marché (183 jours par an, par exemple) en tant qu'option pour établir l'existence d'un lien si les critères de présence physique ne sont pas remplis, pour les petites juridictions par exemple. Toutefois, de nombreux membres doutent de la pertinence et de la possibilité d'application pratique d'un tel critère.

215. Un critère fondé sur les dépenses publicitaires et promotionnelles est également une option envisagée. Ce serait une autre façon d'établir l'existence d'un lien si les critères de présence physique ne sont pas remplis[6]. On pourrait considérer que ce critère est satisfait si, par exemple, les dépenses publicitaires et promotionnelles dans une juridiction dépassent un certain pourcentage du seuil de chiffre d'affaires dans cette juridiction, en apportant le cas échéant certaines simplifications : par exemple, en s'intéressant uniquement aux dépenses spécifiques à ce marché (sans tenir compte des dépenses régionales ou mondiales), mais en intégrant celles engagées en dehors du marché mais qui ciblent directement ce marché. Le critère des dépenses publicitaires et promotionnelles pourrait aussi être applicable aux modèles d'affaires fondés sur les franchises et concessions de licences. Néanmoins, il ne correspondrait pas nécessairement à une mesure exacte d'une participation active et soutenue à une juridiction du marché, car les dépenses pourraient par exemple fluctuer sur la durée de vie d'une marque. Il faudrait peut-être en moduler l'application selon que les entreprises visées sont établies de longue date ou au contraire nouvelles, car implanter une nouvelle marque sur un marché nécessite d'accroître l'intensité des dépenses publicitaires et promotionnelles. Aussi, des travaux supplémentaires devront être consacrés aux aspects techniques de ce critère, en gardant toutefois à l'esprit les difficultés administratives et autres.

3.3. Prochaines étapes

216. À l'avenir, des décisions devront être prises sur le montant des seuils, l'utilisation de facteurs supplémentaires et lesquels, et l'opportunité d'adapter les règles aux besoins des petites économies en développement, et selon quelles modalités.

217. En outre, des travaux techniques supplémentaires seront entrepris concernant les points suivants :

- Définition d'une condition de durée éventuelle (période durant laquelle une EMN devra remplir les critères susmentionnés : est-ce que le fait d'atteindre le seuil de lien pendant une année sera suffisant, ou le critère devra-t-il être rempli pendant une période plus longue) ;
- Termes précis d'une définition autonome de la « présence physique » fondée sur les similitudes entre les Modèles de Convention fiscale de l'OCDE et des Nations Unies ;
- Question du lien entre les facteurs supplémentaires et les ventes couvertes ;
- Élaboration de facteurs supplémentaires possibles, en portant une attention particulière aux modèles d'affaires basés sur les franchises et concessions de licences ; et
- Cohérence des définitions techniques et des règles applicables à tous les seuils relatifs au Montant A (monnaie, questions temporelles, etc.).

Notes

[1] Voir le chapitre 10consacré à la mise en œuvre.

[2] Cette approche distincte vise à éviter les distorsions qu'une approche agrégée introduirait dans le traitement de chiffres d'affaires de différentes origines. L'utilisation de seuils de chiffre d'affaires généré par un marché dépend moins que les autres critères de la détermination des faits, laquelle est souvent complexe, si bien qu'elle limiterait les coûts administratifs et de conformité tout en procurant de la sécurité juridique en matière fiscale.

[3] Voir le paragraphe ci-dessous 213.

[4] Faute de données complètes au niveau des entités sur les ventes des EMN dans chaque juridiction qui permettraient de déterminer un seuil de chiffre d'affaires déclenchant le lien, une démarche de modélisation probabiliste a été développée pour évaluer les implications d'un éventail indicatif de seuils potentiels de chiffre d'affaires déclenchant le lien. Pour étudier les conséquences sur un éventail de juridictions en fonction de la taille du PIB, plusieurs seuils (1, 3, 5 et 7 millions EUR) ont été retenus pour les secteurs ADS et CFB considérés globalement. Comme ce raisonnement dépend inévitablement des hypothèses de départ, ses résultats doivent être considérés comme un ordre de grandeur plutôt que comme une estimation précise. Le document CTPA/CFA/WP2/NOE2(2020)5 contient l'évaluation d'impact de différents seuils déclenchant le lien.

[5] Il existe certes des différences entre eux, mais elles ne sont probablement pas significatives aux fins du calcul du Montant A. Par exemple, l'existence d'une disposition relative aux ES dans le secteur de l'assurance dans le Modèle des Nations Unies ne semblerait pas pertinente si les services d'assurance sont exclus du champ d'application du Montant A, pas plus que la présence d'activités de « livraison » dans la liste des exemptions du Modèle de l'OCDE ne fait de différence après les modifications apportées par l'Action 7 du BEPS.

[6] Une possibilité qui a la faveur de certaines juridictions serait d'exiger à la fois le test de présence physique et le test des dépenses publicitaires et promotionnelles pour attester d'une participation significative et soutenue à l'économie du marché, au-delà de la simple conclusion de ventes.

4 Règles de source du chiffre d'affaires

4.1. Synthèse

218. Les règles de source du chiffre d'affaires permettent de déterminer la fraction de chiffre d'affaires attribuable à telle ou telle juridiction du marché. Elles pourraient s'avérer pertinentes pour l'application des règles de détermination du champ d'application (voir section 2.3.2), des règles relatives au lien (voir chapitre 3), et de la formule de calcul du Montant A (voir chapitre 6). Elles rendent compte des spécificités des activités ADS et CFB, et plus largement, elles ont été conçues afin de concilier le besoin de précision et la capacité des EMN couvertes à se conformer aux règles, sans pour autant entraîner de coûts de conformité disproportionnés. Pour ce faire, on propose de définir des principes de source, et d'y associer un ensemble d'indicateurs spécifiques, selon une hiérarchie définie (qui pourrait présenter une importance particulière s'agissant des distributeurs non liés). Cette approche consistant à proposer un éventail d'indicateurs possibles et hiérarchisés tient compte des différentes pratiques des EMN en matière de collecte d'informations selon le modèle d'affaires appliqué. Elles ont ainsi l'assurance, de même que les administrations fiscales, que les indicateurs permettront d'obtenir des résultats acceptables.

219. Pour attribuer le chiffre d'affaires généré par des activités couvertes à telle ou telle juridiction du marché, un principe de source serait défini pour chaque catégorie de chiffre d'affaires couvert, auquel serait associée une liste des indicateurs spécifiques et acceptables qu'une EMN devra utiliser pour appliquer le principe et identifier la juridiction de la source. Par exemple, dans le cas de la vente directe de biens de consommation, le principe consisterait à attribuer la source du chiffre d'affaires en fonction de la juridiction dans laquelle la livraison finale des biens est effectuée, et l'indicateur acceptable serait la juridiction dans laquelle se situe le magasin où les biens sont vendus ou l'adresse d'expédition.

220. Les indicateurs acceptables seraient hiérarchisés, et l'EMN serait tenue d'utiliser systématiquement l'indicateur figurant au premier rang de la hiérarchie, supposé être le plus précis. Elle pourrait toutefois recourir à l'indicateur placé en deuxième position dans l'ordre hiérarchique, s'il s'avère que le premier indicateur n'est pas raisonnablement disponible, ou que l'entreprise peut justifier que le premier indicateur n'était pas suffisamment fiable, et ainsi de suite avec les autres indicateurs.

221. Cette approche vise à garantir aux EMN une souplesse suffisante afin de tenir compte des différentes façons de recueillir les informations. Ces règles fournissent des orientations sur les cas où il est possible de considérer qu'un indicateur n'est pas disponible ou n'est pas fiable, afin de limiter les différends qui pourraient survenir tant pour les administrations fiscales que pour les contribuables.

222. On considère que les informations ne sont pas disponibles si elles ne sont pas en la possession de l'EMN, et si des mesures raisonnables ont été mises en œuvre pour se les procurer mais se sont avérées inefficaces. Les informations seraient considérées comme sujettes à caution si l'EMN peut justifier que l'indicateur ne donne pas une image fidèle du principe énoncé dans la règle de source.

223. L'EMN devra justifier et étayer son approche par des informations consignées dans l'ensemble normalisé de documents qui doit être élaboré dans le cadre des travaux plus larges sur la sécurité juridique en matière fiscale (voir Chapitre 9). Une EMN couverte est censée conserver les documents qui :

- décrivent le fonctionnement de son cadre de contrôle interne relatif à la détermination de la source du chiffre d'affaires ;
- contiennent des informations agrégées et périodiques sur les résultats de l'utilisation des indicateurs, pour chaque catégorie de chiffre d'affaires et chaque juridiction ; et
- donnent des explications sur l'indicateur utilisé et, le cas échéant, la raison pour laquelle un indicateur secondaire a été retenu (par exemple, les mesures prises pour se procurer des informations ou pour quelles raisons un indicateur principal a été jugé non fiable).

224. Les informations en question seront toujours de portée systémique. Les EMN ne seraient donc pas tenues de conserver une trace de toutes les données relatives aux indicateurs pour chaque transaction (ce qui pourrait poser des problèmes de confidentialité) ou pour chaque utilisation du service. Elles devraient plutôt établir un cadre de contrôle interne solide sur lequel les autorités fiscales pourraient s'appuyer pour effectuer leurs contrôles, étayé par les résultats découlant de l'application des indicateurs à un niveau global, et conserver un échantillon représentatif des données sous-jacentes afin de justifier de la solidité du cadre de contrôle interne.

225. Comme il est essentiel de comprendre le fonctionnement de la règle de source du chiffre d'affaires (et la liste d'indicateurs y afférents) propre à tel ou tel modèle d'affaires couvert, des commentaires accompagnent les règles afin de préciser la signification des différents indicateurs, et de fournir des orientations aux dirigeants des EMN. Le statut des Commentaires dans le cadre de la mise en œuvre sera examiné en temps utile. Les règles sont expliquées à la section 4.2, et les Commentaires présentés à la section 4.3.

4.2. Règles de source du chiffre d'affaires

226. Cette section contient un projet de règles relatives à la source du chiffre d'affaires. Ces règles visent les activités ADS et CFB relevant du champ d'application du Montant A. Pour chaque type d'activité couverte, un principe de source est défini, et associé à une liste hiérarchisée des indicateurs acceptables qu'une EMN peut utiliser pour déterminer la juridiction de la source. Des règles particulières concernant les exigences en matière de documentation sont également prévues.

4.2.1. Règles générales

227. Une EMN est tenue d'appliquer les règles de source du chiffre d'affaires décrites ci-après en fonction de la ou des catégorie(s) de chiffre d'affaires qu'elle réalise.

228. Une EMN devra appliquer l'indicateur figurant au premier rang de la hiérarchie, sauf si ces informations ne sont pas disponibles ou ne sont pas fiables, comme précisé dans chaque règle.

229. On considère que les informations ne sont pas disponibles uniquement si elles ne sont pas en la possession de l'EMN, et si des mesures raisonnables ont été mises en œuvre pour se les procurer mais se sont avérées inefficaces.

230. Les informations sont considérées comme sujettes à caution si l'EMN peut justifier que l'indicateur ne donne pas une image fidèle du principe énoncé dans la règle de la source.

231. Si un indicateur n'est pas disponible ou n'est pas fiable, l'EMN doit s'employer à appliquer l'indicateur suivant dans la hiérarchie. Si aucun des indicateurs n'est disponible (sous réserve d'avoir pris

des mesures raisonnables pour se les procurer) ou fiable, l'EMN doit appliquer la règle de source en se fondant sur d'autres informations disponibles et étayer l'approche adoptée.

232. Une EMN doit conserver les documents conformément à ce qui est prévu dans les règles.

233. Les définitions ci-dessous s'appliquent dans le contexte de ces règles :

- « Développeur » désigne la partie qui a mis au point le bien incorporel ou le service.
- « Distributeur indépendant » désigne une entreprise indépendante sous contrat avec une EMN pour distribuer ou revendre les biens de cette dernière.
- « Biens/services incorporels » désignent des produits ou services qui ne sont pas de nature physique ou fournis sous une forme physique, tels que des documents téléchargés ou des services de conseil.
- « Juridiction » désigne le pays ou le territoire qui est une juridiction à des fins fiscales.
- « Résidence habituelle » désigne le lieu où une personne réside habituellement.
- « Autres achats en ligne » désignent les achats en ligne de biens ou de services qui sont des activités ADS couvertes, ou l'achat par l'utilisateur de fonctionnalités supplémentaires dans le cadre d'une activité ADS.
- « Acheteur » désigne la partie qui effectue un paiement en vertu d'un contrat pour acquérir un bien ou un service.
- « Vendeur » désigne la partie qui fournit le bien ou le service en vertu d'un contrat conclu avec un acheteur.
- « Biens corporels » désignent les produits de nature physique, tels que des vêtements ou des articles ménagers.
- « Services corporels » désignent les services fournis sous une forme physique, tels que des services d'hébergement hôtelier ou de transport.
- « Utilisateur » désigne toute personne ou entreprise qui accède à un service, mais ne comprend pas :
  - Le prestataire dudit service, ou un membre du même Groupe d'EMN que le prestataire ;
  - Un employé de la personne visée au paragraphe (a), agissant dans le cadre de l'activité de cette personne.
- « Profil utilisateur » désigne les informations recueillies et conservées par l'EMN sur un utilisateur.
- « Spectateur » désigne une personne qui voit une publicité.

234. Les autres termes et expressions commençant par une majuscule doivent s'entendre selon le sens qui leur est donné au chapitre 2 « Champ d'application du Montant A ».

4.2.2. Activités de prestation de services numériques automatisés (ADS)

235. Les règles établissent dans un premier temps une liste indicative et non exhaustive des catégories de chiffre d'affaires généré habituellement par les activités ADS, puis définissent les règles de source applicables à chaque flux de chiffre d'affaires séparément identifiable, ainsi que l'indicateur pertinent en fonction de la catégorie de chiffre d'affaires.

Activités ADS	Catégorie de chiffre d'affaires
Services de publicité en ligne	• Chiffre d'affaires tiré des services de publicité en ligne
Vente ou autre aliénation de données sur les utilisateurs	• Chiffre d'affaires généré par la vente ou toute autre aliénation de données sur les utilisateurs
Moteurs de recherche en ligne	• Chiffre d'affaires tiré des services de publicité en ligne • Chiffre d'affaires généré par la vente ou toute autre aliénation de données sur les utilisateurs
Plateformes de médias sociaux	• Chiffre d'affaires tiré des services de publicité en ligne • Chiffre d'affaires généré par la vente ou toute autre aliénation de données sur les utilisateurs • Chiffre d'affaires généré par la fourniture de services de contenus numériques
Plateformes d'intermédiation en ligne	• Chiffre d'affaires tiré des services de publicité en ligne • Chiffre d'affaires généré par la vente ou toute autre aliénation de données sur les utilisateurs • Chiffre d'affaires généré par les plateformes d'intermédiation en ligne • Chiffre d'affaires généré par la fourniture de services de contenus numériques
Services de contenus numériques	• Chiffre d'affaires tiré des services de publicité en ligne • Chiffre d'affaires généré par la vente ou toute autre aliénation de données sur les utilisateurs • Chiffre d'affaires généré par la fourniture de services de contenus numériques
Jeux en ligne	• Chiffre d'affaires tiré des services de publicité en ligne • Chiffre d'affaires généré par la vente ou toute autre aliénation de données sur les utilisateurs • Chiffre d'affaires généré par la fourniture de services de contenus numériques
Services normalisés d'enseignement en ligne	• Chiffre d'affaires tiré des services de publicité en ligne • Chiffre d'affaires généré par la vente ou toute autre aliénation de données sur les utilisateurs • Chiffre d'affaires généré par la fourniture de services de contenus numériques
Services d'informatique en nuage	• Chiffre d'affaires tiré des services de publicité en ligne • Chiffre d'affaires tiré des services d'informatique en nuage

236. Comme on l'a vu plus haut, la publicité en ligne, la vente ou toute autre aliénation de données sur les utilisateurs et les services de contenus numériques sont des sources de chiffre d'affaires importantes pour de nombreuses entreprises du secteur ADS, qu'elles figurent ou non sur la liste positive. Pour établir la source du chiffre d'affaires, lorsqu'une EMN génère un chiffre d'affaires à partir de ces activités, quelle qu'en soit la forme, la règle de source du chiffre d'affaires relative à cette activité sera appliquée. Un examen plus approfondi pourra être réalisé afin de déterminer s'il est nécessaire de formuler des orientations pour les cas où il n'est pas possible d'isoler précisément un flux de chiffre d'affaires, ou

lorsqu'un seul client contribue à de multiples flux de chiffre d'affaires qui peuvent ne pas être facilement identifiables.

Chiffre d'affaires généré par des services de publicité en ligne

237. L'activité ADS de services de publicité en ligne génère des revenus, notamment :

- Des revenus tirés des services de publicité en ligne.

Services de publicité en ligne fondés sur l'emplacement en temps réel du spectateur

238. L'emplacement en temps réel du spectateur est le critère retenu pour déterminer la source du chiffre d'affaires.

239. Les indicateurs pertinents sont les suivants :

a. La juridiction associée à la géolocalisation de l'appareil utilisé par le spectateur au moment où la publicité s'affiche ; ou si cette information n'est pas disponible ou n'est pas fiable
b. La juridiction associée à l'adresse IP de l'appareil du spectateur au moment où la publicité s'affiche ; ou si cette adresse n'est pas disponible ou n'est pas fiable
c. Toute autre information disponible pouvant être utilisée pour déterminer la juridiction associée à l'emplacement en temps réel du spectateur

Autres services de publicité en ligne

240. Le lieu de résidence habituelle du spectateur est le critère retenu pour déterminer la source du chiffre d'affaires applicable.

241. Les indicateurs pertinents sont les suivants :

a. La juridiction de résidence habituelle du spectateur , déterminée à partir des informations associées au profil utilisateur :
    i. Informations sur la résidence obtenues à partir de données de géolocalisation récurrentes ou de l'adresse IP de l'appareil du spectateur ; ou si ces données ne sont pas disponibles ou ne sont pas fiables
    ii. Adresse de facturation du spectateur ; ou si cette information n'est pas disponible ou n'est pas fiable
    iii. Indicatif de pays du mobile associé au numéro de téléphone du spectateur ; ou si cette information n'est pas disponible ou n'est pas fiable
    iv. Lieu de résidence renseigné par le spectateur ; ou si cette information n'est pas disponible ou n'est pas fiable
    v. Toute autre information disponible pouvant être utilisée pour déterminer la juridiction associée au lieu de résidence habituelle du spectateur ; ou si cette information n'est pas disponible ou n'est pas fiable
b. La juridiction associée à la géolocalisation de l'appareil utilisé par le spectateur au moment où la publicité s'affiche ; ou si cette information n'est pas disponible ou n'est pas fiable
c. La juridiction associée à l'adresse IP de l'appareil du spectateur au moment où la publicité s'affiche

Chiffre d'affaires généré par la vente ou toute autre aliénation de données sur les utilisateurs

242. L'activité ADS consistant en la vente ou toute autre aliénation de données sur les utilisateurs génère des revenus, notamment :

- Des revenus tirés de la vente ou de toute autre aliénation de données sur les utilisateurs.

Vente ou autre aliénation de données sur les utilisateurs fondée sur l'emplacement en temps réel de l'utilisateur

243. L'emplacement en temps réel de l'utilisateur qui fait l'objet d'une transmission de données le concernant, au moment où ces données sont collectées, est le critère retenu pour déterminer la source du chiffre d'affaires.

244. Les indicateurs pertinents sont les suivants :

a. La juridiction associée à la géolocalisation de l'appareil utilisé par l'utilisateur au moment où les données sont collectées ; ou si cette information n'est pas disponible ou n'est pas fiable

b. La juridiction associée à l'adresse IP de l'appareil utilisé par l'utilisateur au moment où les données sont collectées ; ou si cette information n'est pas disponible ou n'est pas fiable

c. Toute autre information disponible pouvant être utilisée pour déterminer la juridiction associée à l'emplacement en temps réel de l'utilisateur

Autre vente ou autre aliénation de données sur les utilisateurs

245. Le lieu de résidence habituelle de l'utilisateur qui fait l'objet d'une transmission de données le concernant est le critère retenu pour déterminer la source du chiffre d'affaires.

246. Les indicateurs pertinents sont les suivants :

a. La juridiction de résidence habituelle de l'utilisateur, déterminée à partir des informations associées au profil utilisateur :

   i. Informations sur le lieu de résidence obtenues à partir de données de géolocalisation récurrentes ou de l'adresse IP de l'appareil de l'utilisateur ; ou si ces données ne sont pas disponibles ou ne sont pas fiables

   ii. Adresse de facturation de l'utilisateur ; ou si cette information n'est pas disponible ou n'est pas fiable

   iii. Indicatif de pays du mobile associé au numéro de téléphone de l'utilisateur ; ou si cette information n'est pas disponible ou n'est pas fiable

   iv. Lieu de résidence renseigné par l'utilisateur ; ou si cette information n'est pas disponible ou n'est pas fiable

   v. Toute autre information disponible pouvant être utilisée pour déterminer la juridiction associée au lieu de résidence habituelle de l'utilisateur ; ou si cette information n'est pas disponible ou n'est pas fiable

b. La juridiction associée à la géolocalisation de l'appareil utilisé par l'utilisateur au moment où les données sont collectées ; ou si cette information n'est pas disponible ou n'est pas fiable

c. La juridiction associée à l'adresse IP de l'appareil de l'utilisateur au moment où les données sont collectées

Chiffre d'affaires généré par les moteurs de recherche en ligne

247. L'activité ADS des moteurs de recherche en ligne génère des revenus, notamment :

- Des revenus issus des services de publicité en ligne.
- Des revenus tirés de la vente ou de toute autre aliénation de données sur les utilisateurs.

Chiffre d'affaires généré par les plateformes de médias sociaux

248. L'activité ADS des plateformes de réseaux sociaux génère des revenus, notamment :

- Des revenus issus des services de publicité en ligne.
- Des revenus tirés de la vente ou de toute autre aliénation de données sur les utilisateurs.
- Des revenus provenant de la fourniture de services de contenus numériques.

Chiffre d'affaires généré par les plateformes d'intermédiation en ligne

249. L'activité ADS des plateformes d'intermédiation en ligne génère des revenus, notamment :

- Des revenus issus des services de publicité en ligne.
- Des revenus tirés de la vente ou de toute autre aliénation de données sur les utilisateurs.
- Des revenus générés par des services d'intermédiation en ligne.
- Des revenus provenant de la fourniture de services de contenus numériques.

250. La règle applicable aux plateformes d'intermédiation en ligne a été conçue en fonction de la nature des biens et des services transitant par ces plateformes, qui peuvent être des biens et des services corporels ou incorporels.

Intermédiation de biens corporels

251. La règle de source consiste en une répartition à parts égales entre l'acheteur et le vendeur.

Acheteur

252. La juridiction dans laquelle se situe le lieu de résidence habituelle de l'acheteur est le critère retenu pour déterminer la source du chiffre d'affaires.

253. Les indicateurs pertinents sont les suivants :

a. La juridiction de l'adresse de livraison de l'acheteur ; ou si cette information n'est pas disponible ou n'est pas fiable
b. La juridiction de l'adresse de facturation de l'acheteur[1] ; ou si cette information n'est pas disponible ou n'est pas fiable
c. La juridiction de résidence habituelle de l'acheteur, déterminée à partir des informations associées au profil utilisateur :
    i. Informations sur la résidence obtenues à partir de données de géolocalisation récurrentes ou de l'adresse IP de l'appareil de l'acheteur ; ou si ces données ne sont pas disponibles ou ne sont pas fiables
    ii. Adresse de facturation de l'utilisateur ; ou si cette information n'est pas disponible ou n'est pas fiable
    iii. Indicatif de pays du mobile associé au numéro de téléphone de l'acheteur ; ou si cette information n'est pas disponible ou n'est pas fiable

iv. Lieu de résidence renseigné par de l'acheteur ; ou si cette information n'est pas disponible ou n'est pas fiable

v. Toute autre information disponible pouvant être utilisée pour déterminer la juridiction associée au lieu de résidence habituelle de l'acheteur ; ou si cette information n'est pas disponible ou n'est pas fiable

d. La juridiction associée à la géolocalisation de l'appareil de l'acheteur ; ou si cette information n'est pas disponible ou n'est pas fiable

e. La juridiction associée à l'adresse IP de l'appareil de l'acheteur au moment où les données sont collectées.

Vendeur

254. La juridiction du lieu de résidence habituelle du vendeur est le critère retenu pour déterminer la source du chiffre d'affaires.

255. Les indicateurs pertinents sont les suivants :

a. La juridiction où se situe l'établissement principal du vendeur (ou dans le cas où le vendeur est une personne physique, la juridiction du lieu de résidence du vendeur) ; ou si cette information n'est pas disponible ou n'est pas fiable

b. La juridiction de résidence habituelle du vendeur, déterminée à partir des informations associées au profil utilisateur :

i. Informations sur la résidence obtenues à partir de données de géolocalisation récurrentes ou de l'adresse IP de l'appareil du vendeur ; ou si ces données ne sont pas disponibles ou ne sont pas fiables

ii. Adresse de facturation du vendeur ; ou si cette information n'est pas disponible ou n'est pas fiable

iii. Indicatif de pays du mobile associé au numéro de téléphone du vendeur ; ou si cette information n'est pas disponible ou n'est pas fiable

iv. Lieu de résidence renseigné par le vendeur ; ou si cette information n'est pas disponible ou n'est pas fiable

v. Toute autre information disponible pouvant être utilisée pour déterminer la juridiction de résidence habituelle du vendeur

Intermédiation de services corporels

256. La règle de source consiste en une répartition à parts égales entre l'acheteur et le vendeur[2].

Acheteur

257. La juridiction dans laquelle l'acheteur se situe au moment où il réalise l'achat est le critère utilisé pour déterminer la source du chiffre d'affaires.

258. Les indicateurs pertinents sont les suivants :

a. La juridiction associée à la géolocalisation de l'appareil de l'acheteur ; ou si cette information n'est pas disponible ou n'est pas fiable

b. La juridiction de l'adresse de livraison de l'acheteur ; ou si cette information n'est pas disponible ou n'est pas fiable

c. La juridiction associée à l'adresse IP de l'appareil de l'acheteur ; ou si cette information n'est pas disponible ou n'est pas fiable

d. La juridiction de résidence habituelle de l'acheteur, déterminée à partir des informations associées au profil utilisateur :

    i. Informations sur la résidence obtenues à partir de données de géolocalisation récurrentes ou de l'adresse IP de l'appareil de l'acheteur ; ou si ces données ne sont pas disponibles ou ne sont pas fiables

    ii. Adresse de facturation de l'acheteur ; ou si cette information n'est pas disponible ou n'est pas fiable

    iii. Indicatif de pays du mobile associé au numéro de téléphone de l'acheteur ; ou si cette information n'est pas disponible ou n'est pas fiable

    iv. Lieu de résidence renseigné par de l'acheteur ; ou si cette information n'est pas disponible ou n'est pas fiable

    v. Toute autre information disponible pouvant être utilisée pour déterminer la juridiction de résidence habituelle de l'acheteur

Vendeur

259. La juridiction où le service est rendu est le critère retenu pour déterminer la source du chiffre d'affaires.

260. Les indicateurs pertinents sont les suivants :

a. La juridiction de l'adresse/du lieu où le service est rendu ; ou si cette information n'est pas disponible ou n'est pas fiable

b. La juridiction de résidence habituelle du vendeur, déterminée à partir des informations associées au profil utilisateur :

    i. Informations sur la résidence obtenues à partir de données de géolocalisation récurrentes ou de l'adresse IP de l'appareil du vendeur ; ou si ces données ne sont pas disponibles ou ne sont pas fiables

    ii. Adresse de facturation du vendeur ; ou si cette information n'est pas disponible ou n'est pas fiable

    iii. Indicatif de pays du mobile associé au numéro de téléphone du vendeur ; ou si cette information n'est pas disponible ou n'est pas fiable

    iv. Lieu de résidence renseigné par le vendeur ; ou si cette information n'est pas disponible ou n'est pas fiable

    v. Toute autre information disponible pouvant être utilisée pour déterminer la juridiction de résidence habituelle du vendeur

Intermédiation des biens/services incorporels

261. La règle de source consiste en une répartition à parts égales entre l'acheteur et le vendeur.

Acheteur

262. La juridiction de résidence habituelle de l'acheteur est le critère retenu pour déterminer la source du chiffre d'affaires.

263. Les indicateurs pertinents sont les suivants :

a. La juridiction de résidence habituelle de l'acheteur, déterminée à partir des informations associées au profil utilisateur :

i. Informations sur la résidence obtenues à partir de données de géolocalisation récurrentes ou de l'adresse IP de l'appareil de l'acheteur ; ou si ces données ne sont pas disponibles ou ne sont pas fiables

ii. Adresse de facturation de l'acheteur ; ou si cette information n'est pas disponible ou n'est pas fiable

iii. Indicatif de pays du mobile associé au numéro de téléphone de l'acheteur ; ou si cette information n'est pas disponible ou n'est pas fiable

iv. Lieu de résidence renseigné par de l'acheteur ; ou si cette information n'est pas disponible ou n'est pas fiable

v. Toute autre information disponible pouvant être utilisée pour déterminer la juridiction associée au lieu de résidence habituelle de l'acheteur ; ou si cette information n'est pas disponible ou n'est pas fiable

b. La juridiction de l'adresse de facturation de l'acheteur ; ou si cette information n'est pas disponible ou n'est pas fiable[3]

c. La juridiction associée à la géolocalisation de l'appareil de l'acheteur ; ou si cette information n'est pas disponible ou n'est pas fiable

d. La juridiction associée à l'adresse IP de l'appareil de l'acheteur

Vendeur

264. La juridiction de résidence habituelle du vendeur est le critère retenu pour déterminer la source du chiffre d'affaires.

265. Les indicateurs pertinents sont les suivants :

a. La juridiction où se situe l'établissement principal du vendeur (ou dans le cas où le vendeur est une personne physique, la juridiction du lieu de résidence du vendeur) ; ou si cette information n'est pas disponible ou n'est pas fiable

b. La juridiction de résidence habituelle du vendeur, déterminée à partir des informations associées au profil utilisateur :

i. Informations sur la résidence obtenues à partir de données de géolocalisation récurrentes ou de l'adresse IP de l'appareil du vendeur ; ou si ces données ne sont pas disponibles ou ne sont pas fiables

ii. Adresse de facturation du vendeur ; ou si cette information n'est pas disponible ou n'est pas fiable

iii. Indicatif de pays du mobile associé au numéro de téléphone du vendeur ; ou si cette information n'est pas disponible ou n'est pas fiable

iv. Lieu de résidence renseigné par le vendeur ; ou si cette information n'est pas disponible ou n'est pas fiable

v. Toute autre information disponible pouvant être utilisée pour déterminer la juridiction de résidence habituelle du vendeur.

Chiffre d'affaires généré par la fourniture de services de contenus numériques

266. L'activité ADS des fournisseurs de services de contenus numériques génère des revenus, notamment :

- Des revenus issus des services de publicité en ligne.
- Des revenus tirés de la vente ou de toute autre aliénation de données sur les utilisateurs.

- Des revenus provenant de la fourniture de services de contenus numériques.

Services de contenus numériques

267. La juridiction de résidence habituelle de l'acheteur est le critère retenu pour déterminer la source du chiffre d'affaires.

268. Les indicateurs pertinents sont les suivants :

a. La juridiction de résidence habituelle de l'acheteur, déterminée à partir des informations associées au profil utilisateur :
    i. Informations sur la résidence obtenues à partir de données de géolocalisation récurrentes ou de l'adresse IP de l'appareil de l'acheteur ; ou si ces données ne sont pas disponibles ou ne sont pas fiables
    ii. Adresse de facturation de l'acheteur ; ou si cette information n'est pas disponible ou n'est pas fiable
    iii. Indicatif de pays du mobile associé au numéro de téléphone de l'acheteur ; ou si cette information n'est pas disponible ou n'est pas fiable
    iv. Lieu de résidence renseigné par l'acheteur ; ou si cette information n'est pas disponible ou n'est pas fiable
    v. Toute autre information disponible pouvant être utilisée pour déterminer la juridiction associée au lieu de résidence habituelle de l'acheteur ; ou si cette information n'est pas disponible ou n'est pas fiable
b. La juridiction de l'adresse de facturation de l'acheteur ; ou si cette information n'est pas disponible ou n'est pas fiable
c. La juridiction associée à la géolocalisation de l'appareil de l'acheteur ; ou si cette information n'est pas disponible ou n'est pas fiable
d. La juridiction associée à l'adresse IP de l'appareil de l'acheteur

Chiffre d'affaires généré par les plateformes de jeux en ligne

269. L'activité ADS des plateformes de jeux en ligne génère des revenus, notamment :

- Des revenus issus des services de publicité en ligne.
- Des revenus tirés de la vente ou de toute autre aliénation de données sur les utilisateurs.
- Des revenus provenant de la fourniture de services de contenus numériques.

Chiffre d'affaires généré par les plateformes standardisées d'enseignement en ligne

270. L'activité ADS des plateformes standardisées d'enseignement en ligne génère des revenus, notamment :

- Des revenus issus des services de publicité en ligne.
- Des revenus tirés de la vente ou de toute autre aliénation de données sur les utilisateurs.
- Des revenus provenant de la fourniture de services de contenus numériques.

Chiffre d'affaires généré par les plateformes de services d'informatique en nuage

271. L'activité ADS des plateformes de services d'informatique en nuage génère des revenus, notamment :

- Des revenus issus des services de publicité en ligne.

- Des revenus provenant de la fourniture de services d'informatique en nuage.

272. La règle applicable aux services d'informatique en nuage a été conçue en fonction de la nature des clients, qui peuvent être des particuliers ou des entreprises.

Acheteur non professionnel

273. La juridiction de résidence habituelle de l'acheteur non professionnel est le critère retenu pour déterminer la source du chiffre d'affaires généré par la fourniture de services d'informatique en nuage.

274. Les indicateurs pertinents sont les suivants :

a. La juridiction de résidence habituelle de l'acheteur, déterminée à partir des informations associées au profil utilisateur :
   i. Informations sur la résidence obtenues à partir de données de géolocalisation récurrentes ou de l'adresse IP de l'appareil de l'acheteur ; ou si ces données ne sont pas disponibles ou ne sont pas fiables
   ii. Adresse de facturation de l'acheteur ; ou si cette information n'est pas disponible ou n'est pas fiable
   iii. Indicatif de pays du mobile associé au numéro de téléphone de l'acheteur ; ou si cette information n'est pas disponible ou n'est pas fiable
   iv. Lieu de résidence renseigné par l'acheteur ; ou si cette information n'est pas disponible ou n'est pas fiable
   v. Toute autre information disponible pouvant être utilisée pour déterminer la juridiction associée au lieu de résidence habituelle de l'acheteur ; ou si cette information n'est pas disponible ou n'est pas fiable
b. La juridiction de l'adresse de facturation de l'acheteur ; ou si cette information n'est pas disponible ou n'est pas fiable
c. La juridiction associée à la géolocalisation de l'appareil de l'acheteur ; ou si cette information n'est pas disponible ou n'est pas fiable
d. La juridiction associée à l'adresse IP de l'appareil de l'acheteur

Acheteur professionnel

275. La juridiction dans laquelle l'entreprise utilise le service est le critère retenu pour déterminer la source du chiffre d'affaires généré par la prestation d'un service réservé à l'usage interne d'un acheteur professionnel[4].

276. Les indicateurs pertinents sont les suivants :

a. La ou les juridiction(s) des salariés de l'entreprise qui bénéficient du service, conformément aux indications communiquées par le client au prestataire de services d'informatique en nuage ; ou si cette information n'est pas disponible ou n'est pas fiable
b. La ou les juridiction(s) dans lesquelles l'entreprise exerce des activités, déterminée(s) par la présence de bureaux et sur la base de l'adresse figurant dans l'accord commercial, et/ou dans les documents rassemblées à des fins fiscales (aux fins de la TVA, par exemple) ; ou si cette information n'est pas disponible ou n'est pas fiable
c. Toute autre information disponible pouvant être utilisée pour déterminer la juridiction associée à la localisation des salariés de l'entreprise qui utilisent le service.

4.2.3. Activités CFB

Chiffre d'affaires généré par la vente directe de biens CFB

277. Le lieu de livraison finale du ou des bien(s) au consommateur est le critère retenu pour déterminer la source du chiffre d'affaires.

278. Les indicateurs pertinents sont les suivants :

a. La juridiction dans laquelle se trouve le magasin où les produits sont vendus directement aux consommateurs ; ou si cette information n'est pas disponible
b. La juridiction de l'adresse de livraison finale des produits au consommateur

Chiffre d'affaires généré par la vente de biens CFB par l'intermédiaire d'un distributeur indépendant

279. Le lieu de livraison finale du ou des bien(s) au consommateur est le critère retenu pour déterminer la source du chiffre d'affaires.

280. Les indicateurs pertinents sont les suivants :

a. La juridiction où s'effectue la livraison finale au consommateur, conformément aux indications communiquées par le distributeur indépendant, à savoir :
    i. La juridiction dans laquelle se trouve le magasin où les produits sont vendus directement aux consommateurs ; ou si cette information n'est pas disponible
    ii. La juridiction de l'adresse de livraison finale des produits au consommateur ; ou si cette information n'est pas disponible
b. La juridiction du lieu de livraison finale des biens au consommateur, sur la base des autres informations qui sont déjà en possession de l'EMN

Chiffre d'affaires généré par la prestation de services destinés aux consommateurs

281. Le lieu de jouissance ou d'utilisation du service est le critère retenu pour déterminer la source du chiffre d'affaires.

282. Les indicateurs pertinents sont les suivants :

a. La juridiction de l'adresse où le service est rendu ; ou
b. Pour les services fournis en ligne, la juridiction du lieu de résidence habituelle de l'utilisateur, à savoir :
    i. La juridiction de résidence habituelle de l'acheteur, déterminée à partir des informations associées au profil utilisateur :
        1. Informations sur la résidence obtenues à partir de données de géolocalisation récurrentes ou de l'adresse IP de l'appareil de l'acheteur ; ou si ces données ne sont pas disponibles ou ne sont pas fiables
        2. Adresse de facturation de l'acheteur ; ou si cette information n'est pas disponible ou n'est pas fiable
        3. Indicatif de pays du mobile associé au numéro de téléphone de l'acheteur ; ou si cette information n'est pas disponible ou n'est pas fiable
        4. Lieu de résidence renseigné par l'acheteur ; ou si cette information n'est pas disponible ou n'est pas fiable

5. Toute autre information disponible pouvant être utilisée pour déterminer la juridiction associée au lieu de résidence habituelle de l'acheteur ; ou si cette information n'est pas disponible ou n'est pas fiable

ii. La juridiction de l'adresse de facturation de l'acheteur ; ou si cette information n'est pas disponible ou n'est pas fiable

iii. La juridiction associée à la géolocalisation de l'appareil de l'acheteur ; ou si cette information n'est pas disponible ou n'est pas fiable

iv. La juridiction associée à l'adresse IP de l'appareil de l'acheteur

Chiffre d'affaires généré par les franchises et les concessions de licences

Biens CFB

283. La juridiction où s'effectue la livraison finale du bien au consommateur est le critère retenu pour déterminer la source du chiffre d'affaires généré par la franchise de biens ou la concession sous licence de biens incorporels.

284. Les indicateurs pertinents sont les suivants :

a. La juridiction de livraison ou de consommation, conformément aux indications fournies par le concessionnaire/franchisé, à savoir :

   i. La juridiction dans laquelle se trouve le magasin où les produits sont vendus directement aux consommateurs ; ou si cette information est sans objet

   ii. La juridiction de l'adresse de livraison finale des produits au consommateur ; ou si cette information n'est pas disponible

b. La juridiction du lieu de livraison finale des biens au consommateur, sur la base des autres informations dont dispose déjà le concessionnaire/franchisé

Services CFB

285. La juridiction du lieu de jouissance ou d'utilisation du service est le critère retenu pour déterminer la source du chiffre d'affaires généré par la franchise de services ou la concession sous licence de biens incorporels utilisés en vue de fournir un service à des consommateurs.

286. Les indicateurs pertinents sont les suivants :

a. La juridiction où s'effectue la livraison finale au consommateur, conformément aux indications communiquées par le franchisé ou le concessionnaire, à savoir :

   i. La juridiction de l'adresse où le service est rendu ; ou si cette information n'est pas disponible

b. La juridiction du lieu de jouissance ou d'utilisation du service, sur la base des autres informations dont dispose déjà le concessionnaire/franchisé

4.2.4. Documentation

287. L'EMN est tenue de conserver tout document mettant en évidence :

a. Le fonctionnement de son cadre de contrôle interne relatif à la détermination de la source du chiffre d'affaires.

b. Des informations agrégées et périodiques sur les résultats de l'utilisation des indicateurs, pour chaque catégorie de chiffre d'affaires et chaque juridiction.

c. L'indicateur spécifique utilisé pour une catégorie donnée de chiffre d'affaires.

d. Les raisons pour lesquelles un indicateur secondaire a été utilisé, y compris les raisons pour lesquelles l'indicateur occupant le premier rang dans la hiérarchie des indicateurs n'était pas disponible (et les mesures prises pour se le procurer) ou n'était pas fiable (et les informations disponibles permettant de confirmer la présence d'un indicateur plus fiable).

4.3. Commentaires relatifs aux règles de source du chiffre d'affaires

288. La présente section contient les Commentaires relatifs aux règles de source du chiffre d'affaires. Elle précise le contexte des différents modèles d'affaires concernés lorsqu'il est essentiel de comprendre la règle de source applicable, et éclaire le sens de certains indicateurs prévus par les règles. Les Commentaires donnent des orientations sur l'application des règles de source du chiffre d'affaires dans quatre domaines :

a. Hiérarchie des indicateurs ;
b. Orientations concernant les activités ADS (notamment des explications relatives aux indicateurs, et des précisions sur le chiffre d'affaires généré par les activités couvertes) ;
c. Orientations sur le chiffre d'affaires généré par les activités CFB ; et
d. Obligations en matière de documentation.

4.3.1. Hiérarchie des indicateurs

289. Les règles de source du chiffre d'affaires sont conçues pour faire en sorte que les informations recueillies soient les plus précises possible. Pour ce faire, une hiérarchie des règles a été établie afin de définir une série de données acceptables pour chaque scénario donné. S'il peut être souhaitable de faire reposer les règles de source sur un seul et même indicateur (par exemple, dans le cas de la publicité en ligne, la règle viserait à déterminer la localisation de l'utilisateur qui regarde une publicité en ligne, et l'indicateur utilisé serait la géolocalisation), il est vrai que différents modèles d'affaires coexistent, y compris au sein d'un même ensemble d'activités, de sorte que des règles différentes permettent davantage de précision dans les résultats, ou que des données différentes peuvent être collectées sur différents utilisateurs/clients au sein d'un même ensemble d'activités. Dans le même temps, l'approche fondée sur la hiérarchie des indicateurs tient compte du fait que les EMN ne disposent pas nécessairement des mêmes données spécifiques, étant donné que ces données sont collectées dans le cadre d'opérations commerciales différentes. Recommander l'utilisation d'un indicateur unique pourrait poser des problèmes à certaines EMN, et conduire à négliger d'autres données fiables qui permettraient d'obtenir un résultat similaire ou plus fiable.

290. L'existence de plusieurs indicateurs possibles vise à sécuriser l'application des règles de source. Dans la plupart des cas, une EMN a intérêt à connaître la destination de ses ventes finales d'un point de vue commercial, par exemple pour améliorer l'efficacité de sa stratégie commerciale ou identifier des perspectives de croissance ; elle peut ainsi avoir relativement confiance dans la fiabilité des résultats. Toutefois, les différents indicateurs autorisés tiennent aussi compte du fait que le fonctionnement du Montant A aboutira inévitablement dans certains cas à devoir concilier le besoin de précision et la nécessité d'adopter une approche raisonnable afin de limiter les coûts de conformité à la charge des EMN.

291. Compte tenu de cette structure hiérarchique, le premier indicateur est en règle générale l'indicateur privilégié que l'EMN devrait, si possible, utiliser pour déterminer la source du chiffre d'affaires. Elle aurait cependant la possibilité d'opter pour un autre indicateur, placé en deuxième position dans la hiérarchie, si elle peut démontrer que le premier indicateur n'était pas disponible ou n'était pas fiable, et ainsi de suite avec les indicateurs suivants.

292. On considère que les informations ne sont pas disponibles si elles ne sont pas en la possession de l'EMN, et si des mesures raisonnables ont été mises en œuvre pour se les procurer mais se sont avérées inefficaces[5]. Ce n'est qu'après avoir mis en place de telles mesures et faute d'avoir pu obtenir les informations requises que l'EMN peut utiliser un indicateur secondaire.

293. Les informations seraient considérées comme sujettes à caution si l'EMN peut justifier que l'indicateur ne donne pas une image fidèle du principe énoncé dans la règle de source. On pourrait raisonnablement considérer que le résultat donné par un indicateur n'est pas fiable, si par exemple un nombre anormalement élevé d'indicateurs mettaient en évidence une petite juridiction (par exemple, du fait de l'utilisation d'un réseau privé virtuel [VPN]) ou si l'adresse de livraison est celle d'un transitaire[6].

294. Lorsqu'une EMN tire ses revenus de plusieurs types de service ou d'activité, elle doit appliquer une règle de source différente selon la catégorie de chiffre d'affaires visée. Si pour un même service, une même activité, ou une même source de chiffre d'affaires, une EMN dispose de données différentes pour chaque client ou chaque utilisateur (par exemple, parce que dans certains cas, les informations du profil utilisateur sont collectées au moment où le client se connecte au service, tandis que dans d'autres cas, seules les données relatives à l'emplacement de l'appareil utilisé sont disponibles), elle devra utiliser des indicateurs différents pour le même service, en respectant la hiérarchie des indicateurs pour chaque client ou chaque utilisateur. Toutefois, une certaine latitude pourrait être envisagée à cet égard, lorsque les différences de données disponibles ne concernent qu'un petit nombre de clients/utilisateurs.

295. De même, si une entreprise entre dans le champ d'application du Montant A en vertu du principe général relatif aux activités ADS, mais que son activité relève d'une catégorie qui n'est pas expressément visée par la règle de source, elle serait tenue d'appliquer les règles de source à la catégorie de chiffre d'affaires la plus proche du revenu généré. Des orientations supplémentaires seront élaborées au fil du temps, en tant que de besoin.

4.3.2. Orientations concernant les services ADS

296. Cette section des Commentaires présente les différents types d'indicateurs utilisés avec les règles. Une explication des modèles d'affaires visés, et des modalités d'application des indicateurs est également fournie.

Orientations concernant les indicateurs applicables aux activités ADS

297. Les indicateurs relatifs aux activités ADS prévus par les règles de source sont présentés ci-après.

Données de géolocalisation

298. La géolocalisation est une technique reposant sur l'exploitation de coordonnées ou de données GPS permettant d'extrapoler l'emplacement d'un utilisateur à partir de l'appareil utilisé. Lorsque le partage de position est activé sur l'appareil, l'EMN est en mesure de déterminer l'emplacement précis de l'utilisateur. Par conséquent, si une EMN dispose de données de géolocalisation, elle devrait toujours utiliser cet indicateur pour déterminer la localisation en temps réel de l'utilisateur.

299. Les services de géolocalisation utilisent en règle générale différents types de données pour déterminer la localisation de l'utilisateur. Il peut s'agir de l'adresse IP, de coordonnées GPS, du numéro d'identification de l'antenne-relais à laquelle l'utilisateur est connecté, ainsi que de données associées aux systèmes de positionnement par point d'accès Wi-Fi. L'utilisation de différentes sortes de données permet d'établir l'emplacement d'un utilisateur par triangulation avec une plus grande précision, et est donc considérée comme le moyen le plus fiable pour déterminer la localisation d'un utilisateur aux fins des règles de source.

300. La plupart des navigateurs internet les plus récents intègrent par exemple une API (interface de programmation) de géolocalisation qui permet aux sites web de demander aux utilisateurs de partager leur localisation à l'aide d'une fenêtre contextuelle. Si l'utilisateur accepte l'invite, l'API le localise, même s'il est connecté à Internet par l'intermédiaire d'un VPN. Toutefois, comme cette fonctionnalité doit être activée sur le site web ou la plateforme à laquelle l'utilisateur se connecte, les EMN n'ont pas toujours accès à ces données.

301. Dans les règles de source du chiffre d'affaires, les données de géolocalisation peuvent apparaître soit comme un indicateur autonome, soit être associées au profil utilisateur. Lorsqu'elles font partie du profil utilisateur, il s'agit de données récurrentes de localisation, qui peuvent être utilisées pour déterminer le lieu de résidence habituelle d'un utilisateur. Ces données sont celles relatives au schéma répétitif et récurrent de la localisation de l'utilisateur collectées par l'EMN au fil du temps, et constituent donc un indicateur fiable de sa localisation habituelle. Lorsque ces données présentent un schéma de localisation récurrent, on peut considérer que l'information est fiable, même si les résultats indiquent parfois une localisation différente (par exemple, lorsqu'un utilisateur se rend à l'étranger). Si les données récurrentes mettent en évidence la présence d'un utilisateur dans une juridiction pendant plus de six mois, cette information peut être considérée comme fiable.

Adresse IP

302. L'adresse IP (Internet Protocol) (qui peut être soit une adresse IP Wi-Fi ou mobile, selon la façon dont l'utilisateur se connecte à Internet) peut être utilisée pour localiser l'appareil de l'utilisateur. Il s'agit du numéro attribué à chaque appareil connecté à un réseau informatique, de sorte que chaque appareil connecté à Internet dispose d'une adresse IP.

303. Bien qu'une adresse IP ne permette pas en soi de localiser l'utilisateur, les EMN consultent fréquemment les bases de données d'adresses IP pour déterminer l'emplacement des utilisateurs pour des raisons commerciales. Dans ces bases de données, certaines suites d'adresses IP sont attribuées à certaines juridictions, ce qui permet à l'EMN de déduire la juridiction à partir de l'adresse IP. L'EMN peut recourir à différents produits ou méthodes pour se procurer l'adresse IP d'un utilisateur, et tous peuvent être utilisés aux fins de l'application des règles de source.

304. Lorsque l'adresse IP figure dans les données du profil utilisateur, les mêmes observations que celles concernant les données de géolocalisation (voir ci-dessus) s'appliquent aux données récurrentes relatives à l'adresse IP.

VPN

305. Un utilisateur peut modifier s'il le souhaite l'emplacement associé à son adresse IP en utilisant un VPN qui lui attribue une nouvelle adresse IP dans le pays de son choix (le pays dans lequel se trouve le serveur VPN), lui permettant ainsi de localiser son adresse IP dans cet autre pays. Cette décision peut être motivée par des raisons de confidentialité ou de sécurité, pour des motifs commerciaux, ou pour pouvoir accéder à du contenu disponible dans un autre pays. Par exemple, un utilisateur basé dans le Pays X peut décider d'utiliser un VPN pour accéder à du contenu diffusé par une plateforme de streaming située dans le Pays Z. Dans ce cas, l'emplacement associé à l'adresse IP avec laquelle l'utilisateur s'est connecté à la plateforme de streaming serait situé dans le Pays Z, et non dans le Pays X.

306. L'utilisation de VPN peut être plus répandue dans certaines juridictions que dans d'autres. Dans certains cas, bien que loin d'être une pratique courante ou un impératif commercial pour tous les fournisseurs de services ADS, un « géoblocage » peut s'appliquer (par exemple, pour permettre à l'EMN de protéger et faire respecter ses accords de licence en vigueur), de sorte que le contenu numérique disponible sur ce marché sera limité. Pour avoir accès à une offre plus large de contenus disponibles sur d'autres marchés, les utilisateurs pourraient être tentés de passer plus fréquemment par un VPN. Certains

fournisseurs de services ADS ont donc pris des mesures spécifiques pour limiter l'accès à leur service *via* un VPN. Ils peuvent par exemple comparer les adresses IP des utilisateurs qui accèdent à leur service avec les informations stockées dans des bases de données répertoriant les adresses connues attribuées par les serveurs VPN. Cette pratique, plus courante chez les prestataires de services de contenus numériques, n'est pour autant pas totalement fiable dans la mesure où les adresses VPN peuvent changer. En tout état de cause, tenter de contourner un VPN n'est techniquement pas possible, et si tel était le cas, cela irait à l'encontre de l'objectif du service fourni, par exemple, dans la mesure où une caractéristique commerciale de l'informatique en nuage consiste à assurer la sécurité du service informatique.

307. Lorsqu'une EMN a la capacité de détecter si ses utilisateurs se connectent *via* un VPN, il lui est toujours possible de se fonder sur l'historique des adresses IP pour déterminer l'emplacement d'un utilisateur. Les utilisateurs peuvent se connecter à une plateforme sans systématiquement passer par un VPN, le plus souvent parce que cette technologie présente des inconvénients, comme des vitesses de connexion plus lentes. Si l'EMN enregistre les données relatives aux adresses IP à chaque connexion, elle pourrait raisonnablement en déduire le lieu de résidence habituelle de ses utilisateurs, à condition qu'ils ne se connectent pas toujours à la plateforme en utilisant un VPN.

308. Pour concilier le souci de précision et la prise en compte des difficultés qui se posent aux EMN pour remédier à ce problème avec efficacité et de manière fiable, les indicateurs ont été classés par ordre de priorité, de sorte que les règles de source soient moins tributaires de l'adresse IP pour déterminer la localisation d'un utilisateur.

309. Dans de nombreux cas, l'EMN a un intérêt sur le plan commercial à disposer d'informations sur l'utilisateur qui présentent un degré élevé de précision, par exemple, afin d'appliquer un supplément à ses clients pour la diffusion de publicités auprès du public cible. Ces EMN doivent, dans le cadre de leur activité, utiliser des informations plus élaborées que l'adresse IP, notamment différents types de données relatives aux profils des utilisateurs ou à leur géolocalisation, et elles sont censées prendre des mesures raisonnables pour obtenir ces informations (comme prévu la hiérarchie correspondant au type de service)[7].

Informations sur le profil utilisateur

310. Les EMN qui tirent leur chiffre d'affaires des activités ADS visées collectent souvent des données à caractère personnel sur leurs utilisateurs, que ce soit au moment de l'inscription, ou dans le cadre du suivi automatisé à distance de l'activité des utilisateurs sur la plateforme de l'EMN ou sur Internet (par exemple, au moyen de cookies).

311. On distingue deux catégories d'informations relatives aux profils des utilisateurs. La première, créée par l'EMN, comprend les données dont elle dispose sur l'utilisateur. La seconde est créée par l'utilisateur lui-même. Les données associées à un profil utilisateur peuvent refléter les statistiques de localisation observées à différents moments, le lieu de sa résidence habituelle, ses caractéristiques démographiques (âge, sexe, nationalité, revenus estimés, etc.), des caractéristiques comportementales (historique d'achat, données de navigation sur Internet, préférences d'utilisation d'une plateforme, etc.).

312. Afin d'accroître la valeur de ses données, l'EMN peut créer des profils utilisateurs, qui lui serviront à cibler les publicités en ligne qu'elle diffuse, ou à créer des jeux de données qu'elle monétisera auprès tiers en vendant ou en concédant sous licence les informations ainsi collectées. Les informations associées à un profil utilisateur seront fonction des données collectées par l'EMN au moment de l'inscription, ainsi que des données issues des échanges de l'utilisateur avec la plateforme de l'EMN ou le service fourni par celle-ci. Certaines EMN peuvent, pour des raisons commerciales, s'abstenir d'alourdir les formalités d'enregistrement afin de simplifier autant que possible l'entrée en relation avec les utilisateurs (c'est le cas, par exemple, des plateformes de streaming), tandis que d'autres, du fait de la nature même de leur service, pourront se procurer une grande quantité de données (par exemple, les plateformes de médias sociaux).

313. L'EMN peut également collecter les informations à partir du profil créé par l'utilisateur lui-même (par exemple, un profil sur une plateforme de médias sociaux). Ces profils peuvent contenir des informations, en plus de celles associées au profil créé par l'EMN, comme l'adresse du domicile, le numéro de téléphone (l'EMN peut utiliser l'indicatif du pays comme indicateur de localisation de l'utilisateur), et les coordonnées de la banque utilisée pour le paiement, qui peuvent être utilisées pour localiser la juridiction.

314. Dans les règles de source, plusieurs indicateurs sont associés aux informations du profil utilisateur. Ces indicateurs se rapportent aux informations figurant dans un profil utilisateur consultable par l'EMN. Lorsqu'elle utilise ces informations pour déterminer la source d'un chiffre d'affaires, l'EMN commencera par appliquer les indicateurs explicitement énumérés pour déterminer le lieu de la résidence habituelle d'un utilisateur, conformément à la hiérarchie des règles ci-dessus, qui classent par ordre de priorité les informations du profil utilisateur créé par l'EMN. Dans les cas où l'EMN ne dispose pas d'informations sur les indicateurs énumérés, ou lorsque ces indicateurs ne sont pas fiables, elle peut se fonder sur « d'autres informations disponibles » figurant dans le profil utilisateur, et qui peuvent être utilisées pour déterminer le lieu de résidence habituelle de l'utilisateur. Cela présuppose que les EMN qui appliquent des modèles d'affaires différents collectent des données différentes sur leurs utilisateurs, et on donne à l'EMN la possibilité d'utiliser un autre indicateur prévu dans le cadre spécifique des informations qu'elle recueille sur le profil des utilisateurs. L'EMN sera tenue de documenter suffisamment son choix d'indicateur, et de démontrer que ses résultats sont conformes à la règle de source du chiffre d'affaires applicable.

315. En outre, certains indicateurs peuvent apparaître plusieurs fois dans les règles de source du chiffre d'affaires. Par exemple, l'adresse de facturation peut apparaître à la fois comme un indicateur associé aux informations du profil utilisateur, et comme un indicateur autonome. Cela présuppose que les EMN qui appliquent certains modèles d'affaires ADS ne collectent aucune information sur le profil utilisateur, mais enregistrent uniquement des données sur des transactions spécifiques. Par conséquent, même si aucune adresse de facturation n'est liée au profil utilisateur, une EMN peut néanmoins avoir accès aux adresses de facturation associées à des transactions en particulier, et utiliser ces informations afin de déterminer la source du chiffre d'affaires.

Adresse de facturation

316. L'adresse de facturation peut mentionner le lieu de résidence habituelle de l'acheteur. L'objectif est de déterminer à quel endroit le client est établi, dispose d'une adresse permanente ou réside habituellement.

317. Il est possible que l'EMN n'ait pas accès aux informations de facturation du client parce que le service de paiement est géré par un tiers (par exemple, PayPal ou l'App Store). L'EMN devrait prendre des mesures raisonnables afin de se procurer auprès du prestataire de services de paiement des informations sur la juridiction associée à l'adresse de facturation du client (par exemple, sous une forme agrégée, sans qu'aucune information personnelle sur le client concerné ne soit divulguée). Une telle solution est envisageable, par exemple, dans la mesure où les prestataires de services de paiement peuvent transmettre un rapport permettant de rapprocher les données relatives aux paiements encaissés pour le compte de l'EMN. Des informations complémentaires peuvent par conséquent être déjà disponibles ou relativement faciles à obtenir. En outre, certaines EMN collectent déjà ces informations aux fins de la TVA.

318. Il convient de garder à l'esprit que les utilisateurs peuvent changer de juridiction, et continuer d'utiliser un compte bancaire associé à leur ancienne adresse de résidence pour régler un service. Comme un client ne peut généralement pas ouvrir de compte bancaire sans fournir de justificatif de domicile, l'adresse de facturation n'est par conséquent pas entièrement déconnectée de la personne concernée. Si l'EMN a toutefois des raisons de penser que l'adresse de facturation n'est pas fiable, elle devrait utiliser l'indicateur suivant dans la hiérarchie des indicateurs.

319. Voir la section précédente pour une explication des cas où une adresse de facturation peut apparaître à la fois comme un indicateur faisant partie des informations associées au profil d'utilisateur, et comme un indicateur autonome.

Autres

320. L'utilisation de l'expression « autres informations disponibles » comme indicateur de source du chiffre d'affaires s'applique généralement dans les cas où la localisation en temps réel des utilisateurs est le critère retenu pour déterminer la source du chiffre d'affaires. Cet indicateur ne peut être utilisé qu'en dernier ressort lorsque l'EMN n'a pu obtenir aucune autre information figurant dans la hiérarchie des indicateurs, ce qui aboutirait à un résultat conforme à la règle de source. Dans ce cas, l'EMN devra justifier l'utilisation de ces données en étayant correctement les raisons qui expliquent l'indisponibilité des autres indicateurs.

321. Une approche similaire est retenue en ce qui concerne les « autres informations disponibles » figurant dans le profil utilisateur.

Orientations relatives au chiffre d'affaires tiré d'activités ADS couvertes

322. La présente section décrit les différents modèles d'affaires couverts et la logique qui sous-tend la règle de source du chiffres d'affaires correspondante, et donne des orientations sur l'application des indicateurs qui y sont associés.

Chiffre d'affaires tiré des services publicitaires en ligne

323. Les prestataires de services de publicité en ligne tirent généralement leur chiffre d'affaires des commissions versées par les annonceurs. Les publicités visent toutefois les spectateurs, et sont souvent ciblées en fonction des données personnelles recueillies sur ces derniers par l'intermédiaire de différents supports comme les moteurs de recherche en ligne, les plateformes de réseaux sociaux et d'intermédiation en ligne, mais aussi par le biais d'applications, de jeux en ligne, de sites d'information, de blogs et d'objets connectés. La publicité peut être proposée dans le cadre de l'offre de services d'une EMN, ou être facilitée par des tierces parties, notamment par le biais d'enchères en temps réel. Cette catégorie inclut toutes formes de publicité en ligne, diffusée par tous types possibles de plateformes en ligne et de services de facilitation de la publicité en ligne.

324. Le chiffre d'affaires potentiellement généré par la publicité dépend de la capacité de celle-ci d'attirer l'attention des spectateurs, en particulier s'ils sont visés par l'annonce. L'utilisateur peut voir la publicité ou cliquer sur un lien pour l'afficher et l'EMN peut à ce titre toucher un revenu qui sera fonction du nombre de vues, de clics, ou d'une combinaison des deux. Quel que soit le mode « d'utilisation » de la publicité, la règle de source applicable est fondée sur le concept de "vues", autrement dit sur l'identification du lieu où se situe le spectateur au moment où il visionne l'annonce publicitaire, plutôt que sur la localisation de l'entreprise qui paye pour l'annonce. L'EMN devra mesurer l'ampleur de la diffusion publicitaire, afin d'informer son client sur la manière dont le budget publicitaire a été dépensé, et devra, pour ce faire, avoir accès à un certain nombre d'informations.

325. La hiérarchie des indicateurs du chiffre d'affaires tiré des services de publicité en ligne est établie à partir des informations les plus fiables aux fins de déterminer le lieu où se situe le spectateur au moment où il visionne la publicité, au regard du modèle d'affaires de l'EMN concernée. De même que l'EMN tire parti d'informations diverses, ou d'une combinaison d'informations différentes, pour offrir des services publicitaires en ligne, les indicateurs qu'elle retiendra aux fins de déterminer la source du chiffre d'affaires peuvent varier selon la manière dont la publicité est ciblée.

326. Que le ciblage publicitaire soit lié ou non à la localisation en temps réel du spectateur (par exemple, lorsqu'un restaurant local cible l'ensemble des spectateurs dans un rayon d'un kilomètre) ou que

l'annonce ne soit pas ciblée, l'EMN appliquera la règle de source qui s'intéresse à la localisation en temps réel du spectateurau moment où il visionne la publicité.

327. On considère que les données de géolocalisation constituent l'indicateur de localisation en temps réel de l'utilisateur le plus fiable, ces données n'étant d'ordinaire pas modifiées comme peuvent l'être les adresses IP par le biais de VPN8. Néanmoins, les utilisateurs peuvent choisir de désactiver les services de géolocalisation sur leur appareil, et les EMN peuvent ne pas toujours avoir accès à cet indicateur. Si les informations nécessaires pour pouvoir utiliser cet indicateur ne sont pas disponibles, l'EMN utilisera l'adresse IP pour déterminer la localisation de l'utilisateur.

328. La règle applicable pour la publicité fondée sur la localisation de l'utilisateur est également valable pour la publicité générique, qui n'est pas ciblée en fonction d'un quelconque paramètre lié à un lieu spécifique ou aux profils des utilisateurs. Dans ce cas, les informations les plus fiables disponibles restent les indicateurs liés à la géolocalisation ou à l'adresse IP du spectateur au moment où il visionne la publicité[9].

329. Lorsque le contenu publicitaire cible des spectateurs en fonction de toute autre critère que leur localisation en temps réel, une EMN s'appuie généralement sur un large éventail d'informations qui peuvent être regroupées dans le profil utilisateur de sorte à diffuser l'annonce auprès de ceux que le client souhaite atteindre. Cet indicateur constitue le point de départ de la détermination de la source du chiffre d'affaires pour les EMN qui proposent des services publicité en ligne, et sera d'autant plus pertinent pour les annonces ciblant des utilisateurs en fonction de leur résidence habituelle, de leurs caractéristiques démographiques et comportementales, ou de ces différents critères réunis. En dernier ressort, si l'EMN ne dispose pas de ces informations, ou si les indicateurs issus des données sur le profil utilisateur ne sont pas fiables, elle pourra s'appuyer sur les données de géolocalisation ou sur l'adresse IP pour déterminer l'emplacement en temps réel du spectateur. Dans ce cas, l'EMN devra justifier l'utilisation de ces données en indiquant clairement les raisons qui expliquent l'indisponibilité des autres indicateurs.

330. Lorsqu'elle s'appuie à la fois sur des informations issues du profil utilisateur et sur des informations relatives à leur localisation en temps réel, l'EMN doit appliquer la règle de source qui reflète la catégorie d'informations généralement la plus pertinente pour le type de publicité considéré. Par ailleurs, lorsque l'EMN, par exemple, combine des publicités basées sur les données de géolocalisation et des publicités basées sur d'autres facteurs, des règles de source différentes devront en principe être appliquées pour chacune d'entre elles.

331. En outre, il est admis qu'une EMN qui fournit des services publicitaires en ligne par le biais d'enchères en temps réel pourrait entrer dans le champ d'application de la règle, à la fois en sa qualité de prestataire de services publicitaires en ligne et de fournisseur de données sur les utilisateurs. Afin de lever toute incertitude éventuelle quant à l'application des règles de source du chiffre d'affaires, celles relatives aux services publicitaires en ligne et celles concernant la transmission de données sur les utilisateurs ont été alignées, de sorte à ce qu'une EMN qui se trouve relever de ces deux catégories suive le même ordre d'application des indicateurs de la source du chiffre d'affaires au titre du Montant A.

Chiffre d'affaires tiré de la vente ou de toute autre aliénation de données sur les utilisateurs

332. Un nombre croissant de données personnelles étant disponibles en ligne, notamment via les médias sociaux et les appareils connectés, les EMN peuvent développer une activité d'acquisition et de monétisation de ces données. Ces données sont le plus souvent vendues à une entreprise ou dans le cadre d'une campagne publicitaire pour que les annonces puissent être correctement ciblées sur les utilisateurs visés. Comme souligné dans les orientations relatives à la publicité en ligne, ces entreprises créent généralement un « profil publicitaire » pour faciliter le ciblage publicitaire. Ce profil contient un ensemble de données, lequel comporte des éléments d'information sur les caractéristiques personnelles des utilisateurs (âge, sexe, loisirs, lieu de résidence, situation matrimoniale, niveau de revenu, etc.) ou sur

les caractéristiques des appareils utilisés par les consommateurs (système d'exploitation, marque, modèle, logiciels installés, données de localisation de l'équipement, etc.).

333. La règle de source applicable est fondée sur les informations relatives soit au lieu de résidence habituel soit à la localisation en temps réel des utilisateurs sur lesquels portent les données communiquées. Cette approche suppose que la valeur provient des informations contenues dans le jeu de données, qui peut varier selon les relevés qui sont réalisés.

334. Par conséquent, si les données transmises concernent les caractéristiques personnelles de l'utilisateur, la résidence habituelle de celui-ci est le critère le plus pertinent à retenir aux fins de la règle de source, dans la mesure où cet indicateur reflète la contribution à la fois du profil et du comportement de cette personne, qui ont été développés au fil du temps sur son lieu de résidence. À l'inverse, si les données transmises concernent l'emplacement en temps réel des utilisateurs au point de collecte des données de géolocalisation (plutôt que des données de profil plus générale), c'est sur cette information que sera basée la règle de source la plus appropriée.

335. Dès lors que les informations transmises reflètent un ensemble de données essentiellement fondé sur l'emplacement en temps réel de l'utilisateur, l'EMN s'appuiera sur les informations relatives à la géolocalisation de l'utilisateur au point de collecte des données. À cette fin, l'EMN privilégiera l'utilisation du GPS, ou d'autres données de géolocalisation disponibles. Si cette information n'est pas disponible, l'EMN utilisera l'adresse IP de l'appareil de l'utilisateur afin de déterminer la juridiction dans laquelle il se trouve au point de collecte des données.

336. Lorsque les données en question reposent sur tout autre critère que l'emplacement en temps réel du spectateur, la règle de source du chiffre d'affaires applicable sera fondée sur le lieu de domicile habituel de l'utilisateur. Les informations sur le profil utilisateur constitueront donc le principal indicateur de la source du chiffre d'affaires, dans la mesure où les revenus tirés de la transmission des données sont liés aux caractéristiques personnelles de celui-ci. Les indicateurs sont obtenus à partir des données transmises, ou de toute autre information que l'EMN est susceptible de détenir sur l'utilisateur.

Chiffre d'affaires tiré des moteurs de recherche en ligne

337. Les moteurs de recherche sont des sites web qui permettent aux utilisateurs de trouver des informations sur internet. Le service de recherche est fourni gratuitement aux utilisateurs, mais deux options s'offrent généralement au fournisseur pour monétiser ce service.

338. La première consiste à vendre des espaces publicitaires et à promouvoir certains sites web sur les pages du moteur de recherche. Dans ce cas de figure, ce sont les règles de source applicables aux services publicitaires en ligne qui s'appliquent.

339. La seconde consiste à recueillir des données sur les utilisateurs du moteur de recherche pour les vendre aux annonceurs. Dans ce cas, la règle de source applicable est la même que celle utilisée pour le chiffre d'affaires tiré de la vente ou de toute autre aliénation de données sur les utilisateurs.

Chiffre d'affaires tiré des plateformes de médias sociaux

340. Il est fait ici référence aux plateformes qui favorisent les échanges entre utilisateurs. Ce service est souvent fourni gratuitement aux utilisateurs, et les opérateurs tirent leurs revenus de la vente d'espaces publicitaires ou de données sur les utilisateurs. De même que pour les moteurs de recherche en ligne, la règle de source du chiffre d'affaires est la même, selon les cas, que celle applicable aux services publicitaires en ligne ou au chiffre d'affaires tiré de la vente ou de toute autre aliénation de données sur les utilisateurs.

341. Si le service est fourni à l'utilisateur en contrepartie du paiement d'un abonnement, la règle retenue sera la même que pour le chiffre d'affaires provenant de la fourniture de services de contenus numériques.

Chiffre d'affaires tiré des plateformes d'intermédiation en ligne

342. Globalement, les plateformes d'intermédiation se rémunèrent de trois façons : (i) publicité en ligne ; (ii) vente ou autre aliénation de données sur les utilisateurs ; et (iii) commissions/frais au titre des services d'intermédiation. Les règles de source du chiffre d'affaires sont fonction du type de revenu généré. La publicité en ligne, de même que la vente ou autre aliénation de données sur les utilisateurs, relèvent des mêmes règles que celles décrites plus haut. Quant aux commissions/frais au titre des services d'intermédiation, ils peuvent correspondre, par exemple, à un pourcentage du prix de vente payé par l'acheteur, ou des frais facturés au vendeur sur une fraction des ventes réalisées sur le site10.

343. Dans ce dernier cas, la règle de source repose sur un principe de répartition à parts égales entre le vendeur et l'acheteur. Cette approche tient compte du fait que le marché comme le fournisseur des biens ou des services contribuent à permettre la génération d'un revenu sur la plateforme. Elle offre également une plus grande égalité de traitement entre les différentes juridictions lorsque la transaction revêt une dimension internationale, de même qu'entre les modèles d'affaires qui sont en substance similaires mais qui peuvent dans la pratique appliquer une politique tarifaire différente à des transactions similaires.

344. La règle de source applicable à l'acheteur dépend du type de bien ou de service acheté.

345. En ce qui concerne les biens « matériels », la règle de source est fondée sur le lieu de résidence habituelle de l'acheteur, dans la mesure où il s'agit de la personne qui a manifesté l'intérêt et développé la capacité nécessaires pour effectuer l'achat. On s'intéressera en premier lieu à l'adresse de facturation, à l'adresse de livraison et au profil utilisateur en tant qu'indicateurs probables du lieu de résidence habituel, dans la mesure où ils traduisent, dans un certain degré, le lien de permanence entre l'acheteur et la juridiction. Si ces informations ne sont pas disponibles, on utilisera les données de géolocalisation ou l'adresse IP, qui permettront de déterminer l'emplacement de l'utilisateur au point de vente. Ces données seront, bien souvent mais pas toujours, corrélées au lieu de résidence habituelle, selon, par exemple, la fréquence à laquelle l'acheteur utilise le service lorsqu'il est en voyage à l'étranger.

346. S'agissant des services « matériels » (comme les réservations hôtelières ou les locations de résidence à court terme, les courses de taxi, les services de stockage, ou encore les livraisons de repas, par exemple), la règle de source applicable sera fondée sur l'emplacement en temps réel de l'acheteur au moment de l'achat, dans la mesure où l'utilisation de ces services est généralement ponctuelle (à la différence des services immatériels décrits plus loin), et où ce principe de source reflète l'environnement de la juridiction de marché dans laquelle l'acheteur a pris la décision d'acquérir le service. La recherche d'indicateurs s'intéresse en premier lieu à la géolocalisation de l'acheteur, à son adresse de livraison (lorsque cela est possible, comme pour les livraisons de repas, par exemple), et à l'adresse IP de l'appareil utilisé, parce que ces éléments reflètent la juridiction où se situe l'acheteur au moment où il effectue l'achat. Si ces informations ne sont pas disponibles, on utilisera les données du profil utilisateur, qui permettent de déterminer l'emplacement où se situe généralement celui-ci lorsqu'il utilise le service, sachant que ce lieu sera, bien souvent mais pas toujours, corrélé à l'emplacement en temps réel au moment de la vente. Quoique le principe de source soit le même que celui applicable aux services publicitaires fondés sur la localisation de l'utilisateur et à la vente de données sur les utilisateurs, la règle doit inclure des indicateurs complémentaires dans la mesure où les plateformes d'intermédiation en ligne sont susceptibles de posséder des informations supplémentaires en raison de leur rôle d'intermédiaire dans les transactions.

347. En ce qui concerne les biens et services « immatériels » (comme la vente d'applications, de logiciels ou de films par l'intermédiaire d'une plateformes d'intermédiation en ligne, les règles de source s'appuient également sur le lieu de résidence habituelle de l'acheteur. Les actifs immatériels sont généralement utilisés pendant une certaine durée plutôt que ponctuellement à l'endroit même où est réalisé l'achat, et le lieu de résidence habituelle de l'acheteur constitue l'indicateur le plus pertinent. Cette approche est également cohérente avec la règle de source retenue pour d'autres actifs immatériels comme

les services de contenus numériques et ligne et les services d'informatique en nuage. Les indicateurs utilisés sont les mêmes que pour les services de contenus numériques.

348. La règle de source applicable au vendeur varie selon le type de bien ou de service vendu.

349. En ce qui concerne les biens matériels, la règle de source se fonde sur la résidence habituelle du vendeur qui est partie contractante à la vente. Celle-ci est déterminée à partir de l'adresse de l'entreprise, ou, lorsque le vendeur est une personne physique agissant à titre privé, à partir du lieu de résidence de celle-ci. Si cette information est indisponible ou si elle n'est pas fiable, l'indicateur est fondé sur les données relatives au profil utilisateur.

350. S'agissant des services matériels, la règle de source est déterminée à partir du lieu de la prestation de service. En effet, la juridiction du marché concernée est celle où l'acheteur a cherché à utiliser le service, et non pas celle où se situe le propriétaire ou le prestataire de services. Cela signifie, par exemple, que si le propriétaire d'un bien immobilier est résident d'une juridiction R, si le bien immobilier est situé dans la juridiction P, et s'il est loué à un utilisateur via une plateforme, la juridiction de source appropriée est la juridiction P. Les cas dans lesquels le service est fourni dans plusieurs juridictions feront l'objet d'orientations supplémentaires. On peut citer par exemple les services de transport aérien ou les circuits touristiques comportant de multiples destinations.

351. Dans le cas des biens et services immatériels, la règle de source est basée sur le lieu de résidence du vendeur. Cette règle est équivalente à celle applicable aux biens matériels. La résidence du vendeur est déterminée à partir de l'adresse de l'entreprise, ou lorsque le vendeur est une personne physique, à partir de l'adresse du lieu de résidence de celui-ci. Si cette information est indisponible ou si elle n'est pas fiable, l'indicateur est fondé sur les données relatives au profil utilisateur.

Chiffre d'affaires tiré de la fourniture de services de contenus numériques

352. Les prestataires de services de contenus numériques, qui proposent notamment en ligne, par lecture en flux ou téléchargement, des films, des musiques et des logiciels, se rémunèrent généralement soit en facturant des frais aux utilisateurs, soit en diffusant des annonces publicitaires pendant l'utilisation du service et/ou en vendant des données sur les utilisateurs du service, en contrepartie de la mise à disposition gratuite de leurs services. Dans ces deux derniers cas, les règles de source du chiffre d'affaires sont les mêmes que celles applicables aux services publicitaires en ligne ou au chiffre d'affaires tiré de la vente ou de toute autre aliénation de données sur les utilisateurs.

353. Dans le cas du modèle de services de contenus numériques fondé sur la facturation de frais, l'utilisateur verse une contrepartie financière pour pouvoir accéder aux services (jeux en ligne, certaines plateformes de réseaux sociaux ou autres types d'abonnements en ligne, comme des bases de données, par exemple). Ce modèle couvre également la vente de logiciels tels que des applications mobiles, des programmes informatiques ou des jeux qui entrent dans le périmètre des services ADS.

354. Cette catégorie inclut en outre les revenus tirés d'autres achats en ligne effectués par le client lorsqu'il utilise le service et se voit offrir contre paiement des options supplémentaires. Cela peut être le cas notamment lorsqu'un client souhaite accéder à un contenu haut de gamme ou bénéficier d'options supplémentaires (articles plus chers venant s'ajouter à son abonnement mensuel, par exemple).

355. La règle de source applicable aux services de contenus numériques est fondée sur le lieu de résidence habituelle du client. Cela tient au fait que cette personne entretient une relation directe avec le prestataire de services dès lors qu'il paye des frais d'abonnement ou d'autres achats pour pouvoir accéder au contenu, et que c'est donc la connexion avec la vie quotidienne du client qui représente la valeur sur le marché. Quoiqu'il soit possible pour le client de profiter du contenu depuis différents endroits (en regardant un film ou en écoutant une musique tout en étant à l'étranger), et qu'un même compte puisse être utilisé par de multiples utilisateurs et/ou sur de multiples appareils, le lieu de jouissance du service correspondra, dans la plupart des cas, au lieu de résidence du client. Déterminer la source du chiffre

d'affaires pour chaque endroit depuis lequel chaque utilisateur accède au service entraînerait par ailleurs des charges de conformité supplémentaires.

356. On s'intéressera en premier lieu au profil de l'utilisateur et à l'adresse de facturation en tant qu'indicateurs probables du lieu de résidence habituelle de l'utilisateur, dans la mesure où ces caractéristiques reflètent dans un certain degré la permanence du lien entre l'acheteur et la juridiction. Si ces informations ne sont pas disponibles, ou ne sont autrement pas fiables, on utilisera les données de géolocalisation ou l'adresse IP, qui permettront de déterminer l'emplacement de l'utilisateur au moment de la vente. Ces données seront, bien souvent mais pas toujours, corrélées au lieu de résidence habituelle, selon, par exemple, la fréquence à laquelle l'acheteur utilise le service lorsqu'il est en voyage à l'étranger.

Chiffre d'affaires tiré des plateformes de jeux en ligne

357. Les plateformes de jeux en ligne permettent aux utilisateurs d'interagir lorsqu'ils jouent. Globalement, ces plateformes se rémunèrent de trois façons :

358. Dans le premier modèle, le jeu est en accès gratuit, mais intègre des publicités. Ce sont les règles de source prévues pour les services publicitaires en ligne qui s'appliquent dans ce cas de figure.

359. Le second modèle consiste à collecter des données sur les utilisateurs du jeu en ligne, que le fournisseur pourra vendre aux annonceurs. Dans ce cas, la règle de source applicable est la même que celle utilisée pour les revenus tirés de la vente ou de toute autre aliénation de données sur les utilisateurs.

360. Le troisième modèle est similaire aux services de contenus numériques ; un joueur souscrit un abonnement et paye une contrepartie financière pour pouvoir accéder au jeu. De plus, le jouer peut, au cours de la partie, se voir proposer en option des achats intégrés (« micro-transactions » telles que l'accès à un nouveau niveau, ou à des accessoires). Ce sont les règles de source prévues pour les services de contenus numériques qui s'appliquent dans ce cas.

Chiffre d'affaires tiré des services d'enseignement en ligne

361. Les services d'enseignement en ligne qui relèvent de la catégorie ADS sont ceux qui mettent à disposition des supports pédagogiques standardisés à un grand nombre d'utilisateurs potentiels. Globalement, les prestataires de services d'enseignement en ligne se rémunèrent de trois façons.

362. Dans le premier modèle, le contenu pédagogique est en accès gratuit, mais intègre des publicités. Ce sont les règles de source prévues pour les services publicitaires en ligne qui s'appliquent dans ce cas.

363. Le second modèle consiste à collecter des données sur les utilisateurs du service, que le fournisseur pourra vendre aux publicitaires ou à d'autres tiers. Pour ce type de revenus, la règle de source applicable est la même que celle utilisée pour les revenus tirés de la vente ou de toute autre aliénation de données sur les utilisateurs.

364. Le troisième modèle est similaire aux services de contenus numériques, à savoir que l'utilisateur paye une contrepartie financière pour pouvoir accéder au service. C'est la règle de source prévue pour les services de contenus numériques qui s'applique dans ce cas.

Chiffre d'affaires tiré de la fourniture de services d'informatique en nuage

365. À la différence des autres services ADS ci-dessus, ces services intéressent principalement d'autres entreprises, même s'ils peuvent viser des consommateurs particuliers (pour le stockage, par exemple, de fichiers personnels). On peut citer comme exemples l'offre de services de stockage et de gestion de documents à une grande entreprise de services professionnels, la mise à disposition de puissance de calcul, l'offre d'hébergement d'un site web qui sera utilisé par un autre prestataire du secteur ADS pour proposer ses services aux utilisateurs, ou encore la mise à disposition d'un logiciel pour

centraliser les données provenant d'équipements techniquement ultrasophistiqués comme les avions, qui viendront alimenter une base centrale à des fins d'analyse et de suivi. Les prestataires de services d'informatique en nuage peuvent également se rémunérer grâce aux annonces publicitaires ; dans ce cas, la règle de source sera celle applicable au chiffre d'affaires tiré d'activités de publicité en ligne.

366. Lorsque le service est vendu directement à des particuliers (pour le stockage de données personnelles, par exemple), c'est l'emplacement de l'acheteur qui détermine la règle de source. Le prestataire de services d'informatique en nuage entretient avec l'utilisateur une relation plus directe et doit être en mesure de déterminer le lieu de résidence habituelle de l'acheteur, à partir de ses données de profil ou de son adresse de facturation. Si ces informations ne sont pas disponibles ou ne sont pas fiables, le prestataire de services peut s'appuyer sur les données de géolocalisation ou l'adresse IP de l'appareil sur lequel sont utilisés les services d'infonuagique, afin de déterminer l'emplacement en temps réel de l'utilisateur au moment où il achète le service.

367. Il est plus difficile d'identifier avec précision les utilisateurs finaux de services d'informatique en nuage à usage interne, conçus exclusivement pour une entreprise cliente et ses salariés. Ainsi, une entreprise cliente peut acquérir un service d'infonuagique par le biais de l'une de ses entités, et le configurer ensuite pour qu'il puisse être utilisé conjointement aux systèmes informatiques internes de l'entreprise par un nombre illimité de salariés travers le monde, l'accès au service pouvant se faire par le biais d'un VPN central. Dans ce cas, c'est le lieu d'utilisation du service par l'entreprise cliente qui est le critère retenu pour déterminer la source du chiffre d'affaires. Les premiers indicateurs considérés sont les informations communiquées par le client, dans la mesure où il s'agit là du moyen le plus fiable, et le plus efficace, d'obtenir les renseignements requis.

368. Autrement, le prestataire de services d'informatique en nuage doit identifier la ou les juridiction(s) dans laquelle ou lesquelles l'entreprise exerce ses activités, à partir des informations disponibles dans le contrat conclu avec le client ou tout autre rapport établi à des fins fiscales. Lorsque l'entreprise cliente exerce son activité dans plusieurs juridictions, l'EMN doit appliquer une méthode de répartition équitable et raisonnable entre ces juridictions, à partir, par exemple, des informations sur l'importance relative des activités exercées dans chacune d'entre elles. Si cette approche n'est pas envisageable dans la pratique, on appliquera une méthode de répartition égale entre les différentes juridictions.

369. S'il ne peut pas raisonnablement disposer de ces informations, le prestataire de services peut s'appuyer sur d'autres données de localisation pour déterminer l'emplacement des utilisateurs finaux de ses services, à savoir les salariés de l'entreprise cliente.

4.3.3. Orientations relatives aux activités en relation étroite avec les consommateurs

370. Cette section des Commentaires fait la synthèse des règles de source applicables aux secteur CFB et expose les modalités d'application des indicateurs.

Chiffre d'affaires tiré des biens en relation étroite avec les consommateurs vendus directement aux consommateurs.

371. Les biens en relation étroite avec les consommateurs sont en règle générale des produits finis, mais il peut aussi s'agir de composants, s'ils sont vendus directement par le groupe d'EMN au client final (pièces détachées, par exemple). Les biens matériels sont, le plus souvent, vendus directement en magasin, ou expédiés directement au consommateur. Les biens en relation étroite avec les consommateurs peuvent donc être achetés directement en magasin ou en ligne et être livrés à l'adresse de livraison du client. C'est le lieu de livraison finale au client qui détermine la règle de source applicable.

372. Les indicateurs sont applicables dans deux types de cas de figure : premièrement, lorsque l'EMN commercialise ses produits par l'intermédiaire de ses propres magasins, auquel cas, le lieu de livraison finale correspond à l'adresse du magasin (qui est le lieu d'interaction entre le client et l'EMN) ;

deuxièmement, lorsque le produit est livré directement au client (par l'intermédiaire de la boutique en ligne, par exemple), auquel cas le lieu de livraison finale correspond à l'adresse renseignée à cette fin par le client. La relation qui lie le vendeur et le client étant une relation directe, la source du chiffre d'affaires peut être déterminée relativement aisément, et il n'est pas nécessaire d'établir une hiérarchie d'indicateurs. Cette approche s'applique même si différentes entités de l'EMN interviennent dans le processus. Comme il s'agit de la même entreprise, les règles de source présupposent que l'EMN détiendra des informations sur la livraison finale même si elle est assurée par un autre membre du groupe.

373. Dès lors qu'un consommateur achète un bien dans un magasin et demande au vendeur d'expédier ce bien à destination d'une adresse de livraison dans une juridiction différente, c'est la juridiction dans laquelle se situe le magasin qui détermine la règle de source du chiffre d'affaires à appliquer.

Chiffre d'affaires tiré des biens en relation étroite avec les consommateurs vendus par l'intermédiaire de distributeurs indépendants

374. Il arrive dans certains cas qu'une EMN commercialise et livre des biens matériels par le biais d'un intermédiaire, dans le cadre par exemple d'un accord de distribution. Il peut s'agir de biens de consommation ordinaires qui entrent dans le champ d'application des règles, mais qui sont vendus dans le cadre d'un accord de distribution ou par une entreprise tierce (des chaussures achetées par un distributeur ou une grande chaîne de distribution pour être revendues à des consommateurs, par exemple).

375. Dans le cas d'un accord de distribution, les biens peuvent être revendus par le distributeur tiers à des consommateurs (directement ou indirectement) situés dans la même juridiction. Cette approche peut s'expliquer par des raisons commerciales, lorsque l'EMN a sélectionné un distributeur proche de la destination finale afin de réduire les frais d'expédition (en particulier pour les produits périssables), ou lorsque le distributeur n'est autorisé à vendre les biens que dans un seul pays spécifique.

376. Toutefois, il peut arriver qu'un distributeur régional indépendant soit chargé (directement ou indirectement) des activités de distribution pour une zone géographique déterminée (Europe, région Asie-Pacifique, par exemple). Des accords de distribution sont également mis en place lorsqu'une EMN conclut un accord avec une autre entreprise pour que celle-ci distribue ses produits. C'est le cas, par exemple, des boissons fabriquées par une EMN et vendues par une chaîne de restaurants.

377. De même que pour la précédente catégorie de biens en relation étroite avec les consommateurs vendus directement aux consommateurs, c'est le lieu de livraison finale du bien au client qui détermine la règle de source. En principe, la juridiction de marché devra être identifiée le plus précisément possible, afin d'assurer la cohérence des résultats, que l'EMN soit responsable de la chaîne de valeur dans son intégralité, ou que la distribution des biens soit confiée à des distributeurs tiers (indépendants).

378. L'ordre d'application des indicateurs sera établi en considérant que les informations communiquées par le distributeur constituent l'indicateur le plus fiable. Dans certains cas, l'EMN disposera déjà de ces informations, parce que leur communication répond à des exigences réglementaires ou de sécurité, ou parce que l'entreprise a un intérêt commercial à connaître les performances de ses produits sur les différents marchés. Dans les autres cas, l'EMN est sensée prendre les mesures raisonnables qui s'imposent pour chercher à modifier les dispositions contractuelles qui le lient avec le distributeur, afin que celui-ci soit tenu de l'informer sur le nombre agrégé et le type de produits vendus dans chaque juridiction (la communication de données commerciales sensibles, comme les informations tarifaires ou les adresses individuelles des clients, en revanche, ne sera pas demandée). Il convient de noter que de telles dispositions peuvent être longues à négocier, et se feront peut-être au prix d'une renégociation du contrat dans son ensemble11.

379. Seule une EMN qui peut démontrer qu'elle a pris les mesures raisonnables nécessaires pour modifier le contrat de sorte à obtenir les informations directement du distributeur indépendant et que ces

mesures n'ont pas abouti, pourra utiliser des informations déjà disponibles, telles que les études de marché, pour établir ses rapports de gestion[12]. La même approche s'appliquera dès lors qu'un contrat a été modifié, mais qu'un certain laps de temps est nécessaire avant que les modifications ne soient effectives.

Chiffre d'affaires tiré de services en relation étroite avec les consommateurs

380. Le lieu de jouissance ou d'utilisation du service est retenu pour déterminer l'origine du chiffre d'affaires tiré des services en relation étroite avec les consommateurs. En effet, les services relevant de cette catégorie sont généralement consommés en même temps et à l'endroit même où ils sont physiquement exécutés et c'est le lieu même où le consommateur a cherché à obtenir le service qui reflète le plus précisément la juridiction du marché concernée. Dans le cas du tourisme, par exemple, ce sont les avantages offerts par la juridiction visitée, et non le pays de résidence du touriste, qui justifie l'attribution d'une rémunération à la juridiction de marché.

381. L'indicateur retenu pour déterminer le lieu où le service est consommé ou utilisé est le lieu de la prestation de services. Dans la plupart des cas, cela ne posera pas de difficulté. La localisation de l'hôtel, de l'attraction touristique, ou le lieu où le spectacle est proposé sont en effet des informations qui sont clairement mentionnées dans l'accord de service. La source du chiffre d'affaires peut, en tant que telle, être identifiée relativement facilement, et aucun indicateur supplémentaire n'est nécessaire.

382. Dans le cas des services en relation étroite avec les consommateurs fournis en ligne, le lieu de jouissance du service est le lieu de résidence habituelle du consommateur. Les indicateurs utilisés sont les mêmes que pour les services de contenus numériques.

Chiffre d'affaires tiré des franchises et les concessions de licences

383. Les accords de licence et de franchise désignent les situations dans lesquelles un fournisseur de biens en relation étroite avec les consommateurs ou de biens matériels met à disposition ses produits par l'intermédiaire d'un tiers non lié qui gère la relation avec les clients. Par exemple, une entreprise peut concéder sous licence les droits de distribution mondiale d'un catalogue de films à un distributeur, lequel octroie ensuite des sous-licences à ses clients à travers le monde. On peut également citer l'exemple d'un propriétaire de contenus télévisuels ou cinématographiques qui accorde une licence à un fournisseur de services de contenus numériques. Autre exemple encore, la concession du droit d'exploiter sous franchise un établissement de restauration rapide à un franchisé régional, lequel décide ensuite des emplacements de ses restaurants locaux. Dernier exemple, enfin, une EMN qui conclut un accord pour que son logo soit apposé sur des vêtements vendus par une grande enseigne internationale de distribution.

384. Le bien ou le service concerné sera généralement utilisé ou consommé dans la juridiction où se situent les clients du concessionnaire/franchisé, qui peut être distincte de celle où se trouve le concédant/franchiseur. Les redevances au titre des accords de licence et de franchise sont versées au concédant et au franchiseur, et représentent une rémunération provenant de la juridiction du marché.

385. Le principe de source applicable aux accords de franchise portant sur la commercialisation de biens en relation étroite avec les consommateurs ou aux accords de licence portant sur des actifs immatériels en lien avec de tels biens est similaire à la règle de source applicable aux biens en relation étroite avec les consommateurs, à savoir le lieu de livraison du bien. De même, la règle de source applicable aux accords de franchise portant sur la commercialisation de services en relation étroite avec les consommateurs ou aux accords de licence portant sur des biens immatériels consommés comme de tels services est similaire à la règle de source applicable aux services en relation étroite avec les consommateurs, à savoir le lieu de prestation du service. En principe, la juridiction du marché devra être identifiée le plus précisément possible, afin d'assurer la cohérence des résultats, que l'EMN soit

entièrement responsable de la chaîne de valeur dans son intégralité, ou que la distribution des biens ou des services soit confiée à des franchisés/titulaires de licence tiers (non liés).

386. L'indicateur le plus fiable est par conséquent l'information fournie par le franchisé ou le titulaire de la licence, dans le cadre, par exemple, du contrat de franchise ou de licence. En vertu des contrats existants, de nombreux franchiseurs/concédants obtiendront des informations sur la localisation des clients finaux de leurs franchisés/titulaires de licences, et notamment sur l'existence éventuelle de clauses territoriales autorisant uniquement ces derniers à vendre les produits sous franchise dans une zone donnée. Dans les autres cas, l'EMN est sensée prendre les mesures raisonnables qui s'imposent pour chercher à modifier les dispositions contractuelles qui le lient avec le concédant/franchiseur, afin que celui-ci soit tenu l'informer sur le nombre agrégé et le type de produits vendus ou de services fournis dans chaque juridiction (la communication de données commerciales sensibles, comme les informations tarifaires ou les adresses individuelles des clients, en revanche, ne sera pas nécessaire). On peut supposer que la plupart des franchisés/concédants sont en droit de demander de telles informations[13].

387. Il est admis qu'il pourrait y avoir une partie non liée impliquée dans la chaîne de valeur, et par conséquent qu'une hiérarchie d'indicateurs soit nécessaire afin de donner suffisamment de flexibilité. Le franchiseur/concédant sera tenu de fournir une approximation basée sur les informations disponibles uniquement si l'EMN peut démontrer qu'elle a pris les mesures raisonnables nécessaires pour modifier le contrat de sorte à obtenir les informations directement du franchiseur/concédant mais que ces mesures n'ont pas abouti. Il peut s'agir d'informations collectées pour établir des rapports de gestion interne, réaliser des études de marché ou mettre en place un contrôle de la qualité afin de satisfaire aux exigences légales locales (censure ou normes de sécurité alimentaire, par exemple). Il peut également s'agir d'informations sur le lieu où le franchisé/titulaire de licence exerce ses activités au titre de l'accord de franchise ou de licence. On peut supposer que la plupart des franchiseurs/concédant disposent déjà de ces informations et sont en droit de les demander. La même approche s'appliquera dès lors qu'un contrat a été modifié, mais qu'un certain laps de temps est nécessaire avant que les modifications ne soient effectives.

4.3.4. Documentation

Nature de l'information

388. Une entreprise multinationale doit conserver les documents mettant en évidence :

- Le fonctionnement du dispositif de contrôle interne mis en place aux fins de la détermination de la source du chiffre d'affaires ;
- des informations agrégées et périodiques sur les résultats de l'application des indicateurs, pour chaque catégorie de revenu et dans chaque juridiction ;
- l'indicateur spécifique utilisé pour une catégorie donnée de revenu ; et
- les circonstances dans lesquelles un indicateur de second rang a dû être utilisé, et notamment les raisons pour lesquelles il a été considéré que l'indicateur de premier rang n'était pas disponible (ainsi que les mesures prises pour l'obtenir) ou n'était pas fiable (et les informations attestant de l'existence d'un indicateur plus fiable).

389. Ces informations sont toutes des données à caractère général. L'EMN, pour diverses raisons, et compte tenu notamment des règles mondiales de confidentialité et des contraintes d'administration des données (au vu du volume important que celles-ci représentent) ne sera pas censée garder trace, pour chaque transaction ou chaque prestation de services, de tous les relevés relatifs aux indicateurs ci-dessus. Dans la plupart des cas, les données ne pourront pas être stockées suffisamment longtemps pour permettre aux administrations fiscales de réaliser une vérification fiscale minutieuse.

390. Il est par conséquent proposé de ne pas imposer à l'EMN de conserver, pour chaque utilisateur, toutes les données de géolocalisation, toutes les adresses IP et autres informations, dès l'instant où elle

dispose d'un cadre solide de contrôle interne sur lequel peuvent s'appuyer les administrations fiscales. À ce titre, l'EMN devra rendre compte de ces contrôle internes, de même qu'elle devra garder trace des indicateurs sous-jacents comme indiqué ci-après.

391. Le système en place devra permettre l'extraction des données de localisation agrégées – au niveau des juridictions – associées à différentes sources d'information.

392. L'ordre d'application des règles prend en compte l'indisponibilité ou le manque de fiabilité potentiels des informations relatives à l'indicateur à privilégier. Il y a plusieurs raisons à cela, comme expliqué dans les orientations ci-dessus. En outre, les indicateurs peuvent être différents selon le flux de revenus, ou même selon les segments au sein d'un même flux, par exemple lorsque différentes entreprises de publicité en ligne adoptent des approches différentes pour suivre les utilisateurs et mettre à jour leur profil. La hiérarchie des règles tient également compte de l'évolution possible des modèles d'affaires.

393. Si l'entreprise multinationale utilise un indicateur différent de celui à privilégier, elle devra fournir aux administrations fiscales des informations supplémentaires expliquant et en justifiant sa décision. Si la décision d'utiliser un indicateur de second rang est motivée par le fait qu'aucun autre n'était disponible, il est nécessaire d'expliquer dans la documentation les mesures prises pour obtenir les informations manquantes et les raisons pour lesquelles ces mesures n'ont pas abouti. Si cette décision s'explique par le manque de fiabilité de l'indicateur de premier rang, la documentation doit porter sur les autres informations disponibles qui corroborent la fiabilité de l'indicateur de second rang utilisé.

Examen par les administrations fiscales

394. Un contrôle distinct de la détermination du chiffre d'affaires d'une EMN potentiellement présente dans plus d'une centaine de pays, par l'ensemble des pays dans lesquels elles exerce ses activités est irréaliste et pourrait donner lieu à des différends dès lors que plusieurs administrations fiscales parviennent à des conclusions différentes. À cet égard, le Chapitre 9 décrit un processus multilatéral de certitude juridique en matière fiscale au titre du montant A, fondé sur un examen de fond, mené par un comité d'examen composé de représentants des administrations fiscales concernées, de l'auto-évaluation du montant A réalisée par une EMN, lequel pourrait porter notamment sur les aspects pertinents du cadre de contrôle fiscal du groupe. Bien que ce mécanisme revête un caractère facultatif, il est probable que bon nombre des EMN qui entrent dans le champ d'application du Montant A souhaitent y recourir la ou les premières années où elles appliqueront le Montant A. Même si une EMN ne fait pas de demande de sécurité juridique multilatérale et privilégie le recours à des mesures correctives nationales, les références ci-après sur lesquelles un comité d'examen pourra s'appuyer pour obtenir des garanties s'appliquent également aux examens distincts conduits unilatéralement par les administrations fiscales.

395. Plusieurs options s'offriraient au comité d'examen pour réaliser un examen de la conformité. Pour ce qui est de la bonne application des règles de source du chiffre d'affaires, et au vu des exigences et des limites relatives à la documentation ci-dessus, il est probable que les administrations fiscales siégeant au comité d'examen centreront plutôt leur attention sur les systèmes de contrôle qualité mis en place pour garantir l'application précise de ces règles, plutôt que de chercher à vérifier chaque transaction en particulier.

396. Le Comité pourrait, pour commencer, s'intéresser à la démarche globale de conformité adoptée par l'EMN, en vertu duquel il pourrait offrir à l'EMN des garanties concernant le fonctionnement de son cadre de contrôle interne sachant qu'il pourrait ensuite s'appuyer sur les données extraites par le système. L'introduction de changements importants dans le cadre de contrôle de l'EMN pourra systématiquement donner lieu à un nouvel examen par le comité.

397. Le comité d'examen pourrait en outre, ou toujours dans le cadre de ce processus, effectuer un audit (informatique) du cadre de contrôle interne de l'EMN. Il se peut que cet audit doive être réalisé, pour le compte du comité d'examen, par l'administration fiscale de la juridiction de l'entité mère ultime, ou la

juridiction d'un ou plusieurs autres membres de l'EMN qui disposent des données pertinentes, sont responsables du processus de conformité et dont les systèmes feraient l'objet d'un audit, et que les résultats de cet audit soient soumis à l'examen et à l'accord du comité d'examen.

398. Dans le cadre de son examen, le comité pourrait aussi recourir à l'échantillonnage, en vertu duquel seul un échantillon des données précises, très récentes, et donc stockées depuis peu, seraient analysées afin d'évaluer si l'EMN a collecté ces données de manière précise.

399. Les questions de droit interne, les coûts et avantages, de même que l'efficacité et d'autres aspects pertinents de ces approches seront examinés plus en détail.

Conservation de la documentation

400. L'EMN ne sera pas tenue de conserver les données sous-jacentes stockées. Elle devra toutefois veiller à ce que les rapports extraits soient conservés pendant la période considérée conformément aux dispositions du droit interne des juridictions concernées. Ces rapports devront être mis à la disposition des administrations fiscales à leur demande. L'échantillon des données sous-jacentes que les administrations fiscales auront en leur possession devra être suffisant pour qu'il soit possible d'attester que le fonctionnement du cadre de contrôle interne est solide.

4.4. Prochaines étapes

401. Les propositions ci-dessus devront être examinées et affinées plus avant dans le contexte plus général des discussions en cours sur le champ d'application des règles, notamment en examinant de manière plus approfondie l'ordre d'application proposé des indicateurs pour chaque cas de figure, en tenant compte des difficultés de mises en œuvre pour les entreprises concernées, et en déterminant si des indicateurs plus spécifiques sont nécessaires pour les entreprises clientes. Certaines questions spécifiques devront être résolues, comme la détermination de la source de des commissions/redevances facturées par les plateformes d'intermédiation en ligne pour ce qui est des services matériels et les règles de source du chiffre d'affaires applicables à l'infonuagique.

402. En outre, des travaux supplémentaires seront menés pour finaliser les orientations relatives à l'étendue des « mesures raisonnables » qui doivent être entreprises pour obtenir des informations avant que celles-ci puissent être considérées comme « indisponibles ». Il sera nécessaire à cette fin de fournir des lignes directrices objectives afin de prévenir l'apparition de différends, et la mise en place de régimes de protection pourrait devoir être envisagée. On pourrait envisager de demander les informations à ceux qui les détiennent (client ou distributeur par exemple), sans pour autant que cela ne suppose d'engager des coûts non négligeables (moyennant une hausse non négligeable des prix en contrepartie de la renégociation d'un contrat). En particulier, certaines juridictions se disent préoccupées par l'exactitude des informations dans les cas où l'EMN a conclu un accord de distribution avec un distributeur indépendant, dans la mesure où dès lors que plusieurs distributeurs indépendants interviennent, le distributeur qui est lié contractuellement à l'EMN peut ne pas disposer de données sur la livraison finale des marchandises. Une réflexion est en cours afin de déterminer jusqu'où l'EMN doit aller pour modifier le contrat passé avec cet intermédiaire de sorte à obtenir des informations sur la destination finale des biens, sans qu'une telle démarche n'entraîne de contraintes indues ou de problèmes de concurrence commerciale pour l'EMN qui commercialise les biens comme pour le distributeur.

403. D'autres travaux seront également menés pour finaliser les orientations concernant les éléments permettant à une entreprise multinationale de démontrer qu'un indicateur n'est pas « fiable ». De même, il faudra également fournir des lignes directrices objectives afin de prévenir les différends. Il pourrait s'agir, par exemple, de définir des orientations plus spécifiques concernant : l'utilisation de VPN (par exemple, dans quelles conditions celui-ci peut être détecté et dépasse un certain seuil) ; les situations dans

lesquelles une adresse de livraison doit être considérée comme non fiable (par exemple, lorsqu'il s'agit de l'adresse d'un transitaire et éventuellement d'une boîte postale) ; et la possibilité de recourir à des régimes de protection (dans les cas, par exemple, où une entreprise multinationale dispose de deux ou plusieurs relevés supplémentaires confirmant la juridiction du premier indicateur). L'utilisation de régimes de protection pourrait être un moyen particulièrement important de réduire le risque de litiges, concernant par exemple la disponibilité ou la fiabilité des informations.

404. De plus, des orientations plus détaillées seront élaborées concernant les exigences en matière de documentation et la définition d'un « cadre solide de contrôle interne », en tenant notamment compte de la nécessité de garantir la confidentialité des utilisateurs. Une attention particulière sera également accordée aux mesures que doit prendre l'administration fiscale lorsque l'EMN est dépourvue de cadre de contrôle interne et ne dispose pas de la documentation demandée.

405. Enfin, les règles de source du chiffre d'affaires seront affinées à mesure de l'avancement des travaux relatifs aux activités couvertes. Il s'agira, par exemple, de déterminer dans quel cas un service relève d'une « double catégorie » ou d'un ensemble groupé de services ou doit être considéré à la fois comme un service et un bien, ainsi que les implications que cette catégorisation aura sur la détermination de la source du chiffre d'affaires, et de fournir des règles de source supplémentaires pour toutes les nouvelles catégories de services ADS qui seront ajoutés à la liste positive.

Notes

[1] Voir les Commentaires dans la section 4.3 ci-après, et l'analyse concernant le profil utilisateur et l'adresse de facturation, pour comprendre la différence entre l'adresse de facturation utilisée comme indicateur autonome, et l'adresse de facturation associée aux informations du profil utilisateur.

[2] Il est envisagé d'examiner une proposition soumise par certains délégués du Cadre inclusif visant à attribuer entièrement la source du chiffre d'affaires tiré d'activités d'intermédiation à la juridiction associée au lieu d'exécution du service.

[3] L'applicabilité de cet indicateur lorsque l'acheteur est une entreprise appelle un examen plus approfondi.

[4] Il convient également de s'interroger sur la nécessité éventuelle de prévoir une règle plus spécifique dans les cas où un service d'informatique en nuage est fourni pour héberger la plateforme d'un autre fournisseur ADS. Lorsque ce prestataire devra collecter des informations pour déterminer la source du chiffre d'affaires afin de se conformer à ses propres obligations au titre du Montant A, des données plus précises seront déjà disponibles à cet égard. Conformément à cette règle, la localisation des utilisateurs finaux de la plateforme ADS serait le critère retenu pour déterminer la source du chiffre d'affaires, étant donné que bien qu'ils ne fassent pas partie du personnel de la plateforme utilisant directement le service d'informatique en nuage, ils en retirent un avantage direct, notamment un accès plus rapide et de meilleure qualité au service fourni par la plateforme.

[5] Voir la section 4.4 « Prochaines étapes »

[6] Voir la section 4.4 « Prochaines étapes »

[7] Voir la section 4.4 « Prochaines étapes » pour un examen plus approfondi des cas où la présence d'un VPN concourt à la fiabilité d'un indicateur.

[8] Il est possible d'utiliser un logiciel d'attaque par usurpation de GPS, qui permet à l'utilisateur d'obtenir une fausse localisation GPS. Un peu comme pour le VPN, les utilisateurs de ce logiciel apparaissent sur le lieu de leur choix. Cependant, à la différence du VPN, qui peut être utilisé pour accéder à du contenu dans d'autres juridictions, cet outil est uniquement utilisé à des fins de confidentialité et son usage ne semble pas aussi étendu.

[9] Il conviendra d'examiner plus avant les modalités d'application des règles de source dans le cas des publicités génériques, dans la mesure où la facturation de l'EMN publicitaire peut ne pas être fonction du nombre de vues ou de clics, mais établie sur une base forfaitaire, et où elle peut ne pas posséder les données pertinentes sur les utilisateurs.

[10] Il conviendra d'examiner plus avant le type de commissions qui peuvent être facturées en contrepartie des services d'intermédiation en ligne, tels que ceux qui ne sont pas liés à des transactions, et de se demander si ces services doivent relever de la règle de répartition à parts égales ou, par exemple, de la règle applicable aux services de contenus numériques.

[11] Voir la section ci-après qui présente les « prochaines étapes » des travaux.

[12] Au vu de l'approche du lien proposée pour les activités CFB, les EMN dont les ventes sont inférieures à un montant de seuil fixé d'avance pourront également déroger à l'obligation de détermination de la source. Cela serait notamment le cas lorsqu'une EMN a obtenu des informations sur les juridictions de livraison finale, qui couvrent l'ensemble des ventes à l'exception d'un faible volume de ventes dont le montant est inférieur au seuil déclenchant le lien. Dans ce cas, il y aurait dans la pratique peu de situations dans lesquelles la détermination de la source du chiffre d'affaires tiré des biens en relation avec le consommateur se ferait par approximation.

[13] Voir la section 1.2 « Prochaines étapes »

5 Déterminations de la base d'imposition

5.1. Vue d'ensemble

406. Le Montant A représente un nouveau droit d'imposition sur une part du bénéfice résiduel des groupes d'EMN qui relèvent de son champ d'application. La base d'imposition est donc déterminée sur la base des bénéfices d'un groupe (plutôt que sur celle d'une entité distincte) et pour cela il est nécessaire de partir des états financiers consolidés du groupe. Cette approche soulève trois grandes catégories de problèmes pour déterminer la base d'imposition du Montant A. Premièrement, il s'agit de définir une mesure normalisée du bénéfice comme base pour le Montant A, y compris le degré selon lequel des ajustements à des fins d'harmonisation sont requis pour pallier les divergences entre les normes comptables financières existantes. Deuxièmement, il convient de réfléchir à la logique, et à la faisabilité technique, du calcul du Montant A en utilisant des comptes segmentés, que ce soit sur une base par branche d'activité ou sur une base géographique. Troisièmement, la conception des règles de report des pertes doit veiller à prendre en compte les pertes dans le calcul du Montant A. Ce chapitre présente un ensemble complet de règles et d'orientations pour déterminer la base d'imposition du Montant A en tenant compte des travaux techniques entrepris jusqu'ici à ces trois égards. Ces règles et orientations ont été conçues pour minimiser, pour autant que possible, les coûts de mise en conformité additionnels pour les contribuables et les charges administratives pour les administrations fiscales.

Mesure du bénéfice avant impôt basé sur des états financiers consolidés

407. La base d'imposition du Montant A sera quantifiée en adoptant une mesure ajustée du bénéfice avant impôt qui proviendra des états financiers consolidés des groupes d'EMN couverts. Dans la pratique, on utilisera surtout les états financiers consolidés établis selon des principes comptables généralement admis (GAAP) qui produisent des résultats équivalents ou comparables aux états financiers consolidés établis selon les normes internationales d'information financière (IFRS) – les « GAAP éligibles »[1]. Si nécessaire, d'autres GAAP seront également admis dès lors que leur utilisation aura été autorisée par l'organisme investi de l'autorité juridique dans la juridiction fiscale de son entité mère ultime (EMU) pour prescrire, établir ou accepter des normes comptables et à condition que leur utilisation n'entraîne pas de distorsions de concurrence significatives dans l'application du Montant A. Cette approche (y compris l'évaluation de l'équivalence GAAP) s'inscrit dans le droit fil du Pilier Deux, qui a adopté une approche similaire.

408. Conformément au Pilier Deux, à ce stade, aucun ajustement spécifique à des fins d'harmonisation entre les données comptables (pour tenir compte des variations entre différents GAAP) n'est jugé nécessaire, étant donné l'importante complexité supplémentaire que leur introduction entraînerait. Il n'en reste pas moins que la base d'imposition du Montant A pourrait incorporer un processus de suivi continu pour veiller à ce que les écarts entre les normes comptables ne produisent pas de résultats sensiblement incohérents entre les contribuables du Montant A.

409. Pour en faciliter l'administration, seul un nombre limité de corrections entre données comptables et fiscales s'appliquera pour déterminer la mesure pertinente du bénéfice avant impôt, et il s'agira de chercher à aligner la base d'imposition du Montant A sur celle de l'impôt sur les sociétés des membres du Cadre inclusif. Ces ajustements comprendront : l'exclusion des charges d'impôts sur les bénéfices, l'exclusion des revenus de dividendes et des plus-values ou pertes liées aux actions, et des dépenses non déductibles aux fins de l'impôt sur les bénéfices des sociétés (IS) dans la plupart des juridictions du Cadre inclusif pour des raisons de politique publique. Ces ajustements sont cohérents avec l'approche au titre du Pilier Deux, sauf potentiellement en ce qui concerne les revenus dérivés de coentreprises et les charges d'intérêt provenant de transactions avec des parties liées qui n'appartiennent pas au groupe consolidé en vertu de la norme comptable concernée (par exemple, des entités d'investissement).

410. D'autres travaux seront entrepris sur la mise en œuvre du cadre proposé en vue d'utiliser les états financiers consolidés du groupe (par exemple l'introduction d'un mécanisme de suivi) et de finaliser certains aspects de la mesure normalisée du bénéfice avant impôt (par exemple les revenus provenant de coentreprises).

Le cadre de segmentation

411. Dans le document *Contours de l'architecture*, il est admis que pour certains groupes, il peut être nécessaire de calculer la base d'imposition du Montant A sur une base segmentée, tout en reconnaissant également que le recours à la segmentation pour déterminer la mesure pertinente du bénéfice avant impôt entraînera des coûts de mise en conformité supplémentaires pour les contribuables et des charges accrues pour les administrations fiscales, qui devront examiner ces comptes segmentés dans le cadre de toute activité de conformité et dans le cadre du processus de la sécurité juridique en matière fiscale. Le cadre de segmentation pour le Montant A vise à trouver un juste équilibre entre d'un côté les avantages de la précision accrue que la segmentation confère, et de l'autre la complexité et les coûts supplémentaires qu'elle induirait.

412. Le cadre part du constat que, bien qu'il soit faisable de demander aux contribuables de ventiler leurs revenus entre leurs activités de services numériques automatisés, leurs activités en relation étroite avec les consommateurs et leurs activités non couvertes, ils peuvent ne pas forcément être en mesure de calculer séparément les bénéfices nets attribuables à ces activités (c'est-à-dire la segmentation de la base d'imposition). Néanmoins, étant donné que le Pilier Un applique le principe de l'imposition sur une base nette, plutôt que brute, il sera toujours nécessaire de réattribuer uniquement les bénéfices attribuables aux activités couvertes. La façon la plus simple d'y parvenir consisterait à calculer la base d'imposition du Montant A sur une base consolidée et à utiliser la marge bénéficiaire consolidée du groupe comme un indicateur de la marge bénéficiaire couverte, en l'appliquant au chiffre d'affaires couvert pour obtenir une mesure des bénéfices couverts. Cet indicateur de la marge bénéficiaire permettrait de calculer le Montant A, puis de le répartir entre les juridictions du marché à l'aide de la formule de répartition[2]. Par conséquent, le cadre de segmentation adoptera cette simplification comme règle par défaut, tout en prévoyant que dans certaines circonstances, principalement pour maintenir des conditions de concurrence équitables entre les contribuables, la base d'imposition du Montant A sera calculée sur une base segmentée.

413. Le cadre reposera sur le processus en trois étapes suivant :

- Premièrement, il est prévu que tous les groupes d'EMN relevant du champ du Montant A ventilent leur chiffre d'affaires entre leurs activités de services numériques automatisés, leurs activités en relation étroite avec les consommateurs et leurs activités non couvertes, comme peuvent l'exiger les règles du champ d'application et du lien.
- Deuxièmement, pour limiter le nombre de groupes d'EMN qui sont tenus de segmenter leur base d'imposition du Montant A, les groupes d'EMN dont le chiffre d'affaires mondial est inférieur à [X] milliards EUR bénéficieraient d'une « exemption à l'obligation de segmentation » qui les obligerait

à calculer la base d'imposition du Montant A sur une base de groupe[3]. Pour faciliter l'administration et la transition, ce seuil serait initialement fixé à [X] milliards EUR, pour être réduit progressivement sur une période de transition de cinq ans[4]. Sinon, cette exemption pourrait être conçue à titre de régime de protection, en vertu duquel les groupes d'EMN dont le chiffre d'affaires est inférieur au seuil auraient la possibilité de calculer la base d'imposition du Montant A sur une base de groupe ou sur une base segmentée, sous réserve des contraintes décrites à la troisième étape ci-après.

- Troisièmement, ces groupes qui n'ont pas droit à l'exemption ou, si conçue au titre du régime de protection ont choisi de ne pas l'adopter, pourraient alors vérifier s'ils sont tenus ou non de segmenter leur base d'imposition du Montant A et sur quelle base. Il est envisagé de proposer une approche qui s'articule autour des trois sous-étapes suivantes :
  - Les groupes d'EMN appliqueront les « marqueurs de segmentation » pour déterminer s'ils sont tenus ou non de segmenter leur base d'imposition. S'ils ne le sont pas, ils calculeront leur base d'imposition du Montant A sur une base de groupe.
  - Pour les groupes d'EMN qui affichent ces marqueurs de segmentation, les segments déclarés dans les états financiers du groupe d'EMN seront vérifiés pour s'assurer qu'ils répondent bien aux marqueurs convenus. Si c'est le cas, la base d'imposition du Montant A sera calculée sur la base de ces segments. Une exemption sera prévue pour les groupes dont les segments déclarés présentent des marges de profit similaires, auquel cas eux aussi calculeront leur base d'imposition du Montant A sur une base de groupe.
  - Enfin, les groupes d'EMN non éligibles à utiliser leurs segments déclarés seront tenus de calculer leur base d'imposition du Montant A sur la base d'autres segments. On s'attend à ce que seul un petit nombre de groupes d'EMN soit concerné. Cette autre approche serait déterminée en fonction de la définition d'un segment aux fins du Montant A. On peut s'attendre à ce que dans la plupart des cas, cette autre approche oblige simplement un groupe à ventiler davantage le compte de résultat d'un ou plusieurs segments existants et que le groupe dispose éventuellement d'un cadre de suivi interne sur lequel baser cette autre segmentation.

414. De plus amples travaux seront entrepris pour finaliser des aspects spécifiques des différentes étapes de ce cadre de segmentation, y compris la pertinence du niveau des seuils du chiffre d'affaires mondial (étape 2), la définition d'un segment basé sur les marqueurs (étape 3) et l'administration du cadre par le processus de sécurité à un stade précoce et de règlement des différends, et pour étudier les possibles simplifications permettant de faciliter l'administration de l'approche.

Règles relatives au report des pertes

415. Les règles relatives au report des pertes s'appliqueront au titre d'un mécanisme de compensation au niveau du groupe ou du segment (tel que déterminé par le cadre de segmentation). Cela signifierait que, à la différence des bénéfices, les pertes générées pendant une période d'imposition donnée au titre du Montant A ne seraient pas attribuées à la juridiction de marché. Elles seraient au contraire regroupées dans un seul compte pour le segment concerné et reportées sur des exercices ultérieurs, de sorte que ce segment ne générerait aucun bénéfice au titre du Montant A (et aucun bénéfice ne serait réattribué aux juridictions de marché) tant que les pertes historiques figurant sur ce compte n'auraient pas été pleinement absorbées. Ce régime de report sera maintenu à l'écart de toutes règles actuelles relatives au report des pertes au niveau national et il prévoira des règles spécifiques pour traiter des réorganisations des activités (y compris des modifications de la base de segmentation).

416. Certains aspects spécifiques de la conception des règles de report des pertes devront être affinés. Il s'agira notamment d'envisager un régime transitoire pour les pertes subies avant l'adoption du Montant A (pertes antérieures au régime) et de déterminer si le régime de report des pertes devrait inclure ou non des règles de limitations dans le temps et de lutte contre l'évasion fiscale. S'ajoute à cela une question distincte pour déterminer si ce régime devrait s'appliquer exclusivement aux pertes économiques ou s'il

devrait être élargi pour couvrir les manques à gagner (lorsque le bénéfice d'un groupe ou d'un segment est inférieur au seuil de rentabilité), question qui sera résolue dans le cadre des discussions portant sur la fraction du Montant A (voir section 6.2).

5.2. Mesure du bénéfice avant impôt basée sur des états financiers consolidés

5.2.1. États financiers consolidés éligibles

417. Étant donné que le Montant A est un nouveau droit d'imposition qui est déterminé sur la base des bénéfices d'un groupe (plutôt que sur une base d'entité distincte), il est nécessaire d'utiliser les états financiers consolidés du groupe comme point de départ pour calculer la base d'imposition du Montant A. Cette approche présente aussi l'avantage que la base d'imposition du Montant A est moins affectée par des transactions contrôlées[5] et, pour les grands groupes d'EMN, qu'elle repose sur des états financiers qui ont fait l'objet d'un audit externe,[6] fournissant ainsi une source fiable d'informations qui est généralement facilement accessible aux administrations fiscales.

418. En général, le Montant A n'oblige pas les groupes d'EMN à établir des états financiers consolidés relevant d'une norme comptable spécifique. La norme comptable financière pertinente pour le calcul de la base d'imposition du Montant A sera celle qu'utilise l'EMU pour établir ses états financiers consolidés.

419. Ceci dit, étant donné que les groupes d'EMN établissent des états financiers consolidés selon différentes normes comptables, cette approche nécessite de résoudre plusieurs problèmes pour faire en sorte que la détermination de la base d'imposition du Montant A produise des résultats comparables lorsque différentes normes sont utilisées. Ces problèmes portent notamment sur la nécessité, d'une part, de déterminer des normes comptables acceptables dans l'ensemble des juridictions du Cadre inclusif qui produisent des résultats suffisamment comparables et fiables pour calculer le Montant A et, d'autre part, de clarifier si des ajustements spécifiques à des fins d'harmonisation sont nécessaires pour traiter certains éléments de produits et de charges.

GAAP éligibles

420. Malgré les variations qui existent entre les différentes normes comptables consolidées, les GAAP de nombreux membres du Cadre inclusif présentent bien plus d'éléments en commun que de différences. Pour limiter les coûts de mise en conformité, les groupes d'EMN seront donc autorisés à se fonder sur les états financiers consolidés établis par leur EMU indépendamment des GAAP utilisés, sous réserve que ces principes comptables produisent des résultats équivalents ou comparables aux états financiers consolidés établis selon les normes IFRS[7]. L'équivalence aux normes IFRS doit être évaluée en fonction des travaux du Conseil international de normalisation comptable (IASB), ainsi que des travaux d'organismes de réglementation des valeurs mobilières qui autorisent d'autres normes comptables dans les rapports financiers des sociétés ayant une obligation publique de rendre des comptes, conformément à l'évaluation de l'équivalence des GAAP au titre du Pilier Deux. Une première évaluation a montré que les GAAP éligibles étaient ceux d'Australie, du Canada, des États-Unis, de Hong Kong (Chine), du Japon, de Nouvelle-Zélande, de République de Corée, de République de l'Inde, de République populaire de Chine et de Singapour. Comme l'illustre le Graphique 5.1 ci-après, ces GAAP éligibles couvrent déjà environ 90 % des groupes d'EMN d'un chiffre d'affaires consolidé supérieur à 750 millions EUR et d'une rentabilité supérieure à 10 % en 2016.

Graphique 5.1. Normes comptables utilisées par les groupes d'EMN d'un chiffre d'affaires consolidé supérieur à 750 millions EUR et d'une rentabilité supérieure à 10 %

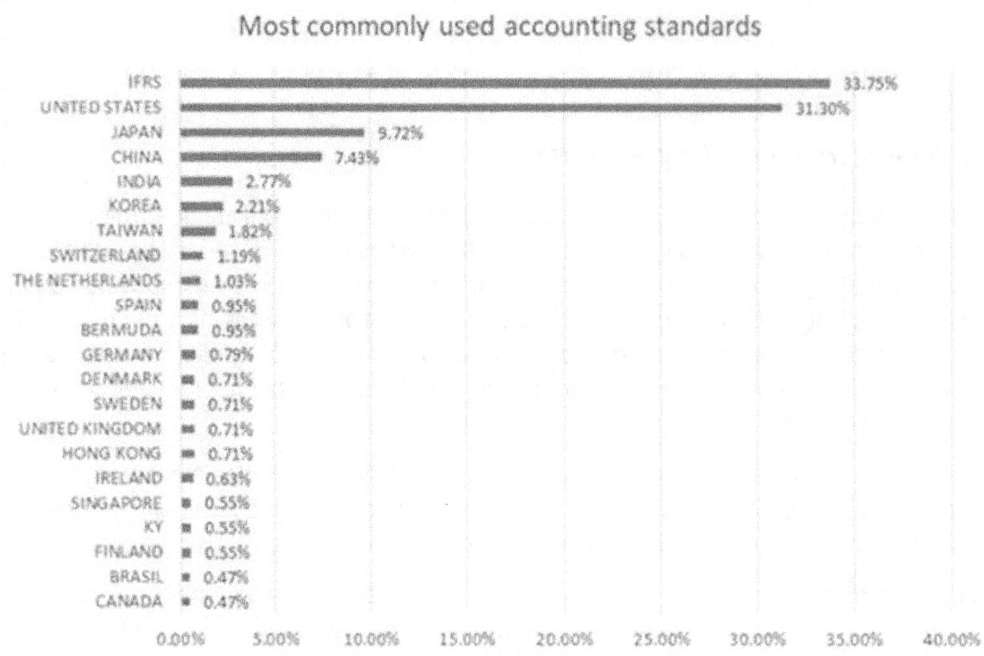

Source : Orbis - Bureau van Dijk et Secrétariat de l'OCDE.

421. Il existera des groupes d'EMN relevant du champ du Montant A dont les états financiers consolidés ne sont pas établis selon des GAAP éligibles. Ces groupes d'EMN seront toutefois autorisés à utiliser d'autres GAAP comme base pour déterminer la base d'imposition du Montant A afin de faciliter l'administration. Il s'agit de GAAP autorisés par l'organisme compétent investi de l'autorité juridique dans la juridiction fiscale de son EMU pour prescrire, établir ou accepter des normes comptables, dès lors que leur utilisation n'entraîne pas de distorsions concurrentielles importantes dans l'application du Montant A. Cette approche doit être compatible avec la détermination de normes comptables acceptables au titre du Pilier Deux[8]. De plus amples travaux techniques sont nécessaires pour définir et mesurer les distorsions de concurrence significatives.

422. Lorsqu'un groupe d'EMN relevant du champ du Montant A ne produit pas d'états financiers consolidés, ce groupe sera tenu d'en établir et de calculer la base d'imposition du Montant A en vertu des normes comptables autorisées par l'organisme investi de l'autorité juridique dans la juridiction fiscale de son EMU pour prescrire, établir ou accepter des normes comptables à des fins d'information financière, à condition que ces normes soient éligibles ou qu'elles n'entraînent pas sinon de distorsions concurrentielles importantes dans l'application du Montant A.

Ajustements à des fins d'harmonisation entre les données comptables

423. La base d'imposition du Montant A ne nécessitera pas d'ajustements spécifiques à des fins d'harmonisation pour tenir compte des différences entre les divers GAAP qui pourraient avoir une incidence sur le calcul de la base d'imposition du Montant A.

424. Il est admis que la conception et l'administration d'ajustements à des fins d'harmonisation seraient extrêmement complexes, car l'importance des écarts entre les normes varie considérablement d'un secteur industriel à l'autre, et même d'un groupe d'EMN à l'autre[9]. Voici les types d'ajustements envisagés :

- **Reprise de dépréciation** : Les IFRS exigent que les ajustements de dépréciation soient annulés lorsque les raisons de la dépréciation ne sont plus valables, sauf en cas de dépréciations de l'écart d'acquisition. Au contraire, d'autres GAAP peuvent ne pas autoriser la reprise de dépréciation (par exemple les stocks, les éléments d'actifs à long terme). Cela pourrait donner lieu à des écarts temporels, qui pourraient être quasiment permanents selon la durée qu'il est prévu de laisser les éléments sous-jacents figurer au bilan. Ce problème pourrait être plus marqué pour les secteurs dont les cycles d'activité sont particulièrement longs.
- **Classification des actifs financiers** : Il est possible que les normes comptables emploient différents critères pour classifier les actifs financiers, qui peuvent entraîner des différences permanentes dans la mesure des bénéfices parce que la classification influe sur la comptabilisation des recettes. Par exemple, en vertu de certains GAAP, c'est surtout sa forme juridique qui influe sur la classification d'un instrument de dette. Au contraire, en vertu des IFRS, la forme juridique ne détermine pas la classification des instruments de dette. C'est plutôt la nature des flux de trésorerie de l'instrument et le modèle économique du groupe d'EMN pour gérer les instruments de dette qui sont les principaux éléments à prendre en compte pour la classification.

425. Par conséquent, le fait de ne pas exiger d'ajustements entre les données comptables à des fins d'harmonisation facilitera grandement le respect de la règle et son administration, ainsi que le respect du Pilier Deux et l'actuelle exigence des déclarations pays par pays.

426. Au lieu de procéder à des ajustements entre les données comptables, la base d'imposition du Montant A peut toutefois incorporer certaines mesures de protection pour s'assurer que les écarts entre les normes comptables ne produisent pas de résultats sensiblement incohérents entre les groupes d'EMN après l'introduction du Montant A. Par exemple, un mécanisme de surveillance continue de ces écarts pourrait être introduit dans le cadre de la mise en œuvre du Montant A. Cette surveillance continue pourrait inclure l'exécution de comparaisons entre les groupes d'EMN couverts soumis à différentes normes afin, d'une part, de cerner et d'évaluer l'incidence réelle des différences comptables sur la base d'imposition du Montant A sur la durée et, d'autre part, de déceler d'éventuelles distorsions concurrentielles importantes découlant des différences existantes ou futures entre les normes comptables qui exigeraient des ajustements spécifiques. De plus amples travaux techniques seront entrepris pour concevoir et explorer les mécanismes appropriés.

5.2.2. La définition normalisée du bénéfice avant impôt

427. Conformément à la décision d'utiliser un chiffre normalisé du bénéfice avant impôt, le calcul de la base d'imposition du Montant A partira du montant total des bénéfices ou des pertes tiré du compte de résultat des états financiers consolidés du groupe d'EMN. Plusieurs ajustements seront alors appliqués, y compris l'élimination des charges d'impôts sur les bénéfices, afin de remédier aux problèmes potentiels qui pourraient autrement survenir compte tenu des différents objectifs du Montant A et des règles comptables (c'est-à-dire les corrections entre données comptables et fiscales). Ces ajustements seront cohérents avec l'approche adoptée au titre du Pilier Deux, sauf potentiellement en ce qui concerne les revenus dérivés de coentreprises et les charges d'intérêt provenant de transactions avec des parties liées qui n'appartiennent pas au groupe consolidé en vertu de la norme comptable concernée (par exemple, des entités d'investissement).

Le bénéfice avant impôt comme mesure de profit retenue

428. Une mesure du bénéfice avant impôt servira de base pour déterminer le Montant A puisqu'elle se rapproche de la mesure du bénéfice sur laquelle l'IS est normalement prélevé. Le bénéfice avant impôt est un chiffre global qui comprend généralement l'ensemble des charges et des produits d'un groupe d'EMN, à l'exception de la charge d'impôt. Il prend en compte l'ensemble des coûts réels de la pratique des affaires, à la fois les frais d'exploitation et les frais non opérationnels (tels que les coûts financiers), et

il n'est pas affecté par la classification d'éléments spécifiques dans les différentes sections du compte de résultat. Cela en fait la mesure la plus appropriée pour le calcul du Montant A. De plus, sa ressemblance avec la base d'IS existante a l'avantage de minimiser le risque de déterminer un bénéfice aux fins du Montant A qui serait nettement différent du bénéfice imposable agrégé déclaré par les membres du groupe en vertu des règles actuelles.

429. Le bénéfice avant impôt n'est pas défini dans la plupart des GAAP, qui donnent généralement des directives sur la façon de comptabiliser les divers éléments de charges et de produits à des fins comptables. Cela signifie que les groupes d'EMN disposent d'un certain degré d'appréciation quant aux éléments à inclure dans le bénéfice avant impôt. Aux fins du Montant A, il sera nécessaire de parvenir à une définition normalisée (avec ajustements) afin d'assurer un calcul cohérent de la base d'imposition dans l'ensemble des groupes couverts, point qui est abordé à la section suivante.

Détermination d'une mesure normalisée du bénéfice avant impôt

430. Comme point de départ, tous les éléments compris dans le compte de résultat consolidé[10] seront pris en compte[11]. Il s'ensuit que le calcul de la base d'imposition du Montant A partira du chiffre qui figure sur la ligne au bas du compte de résultat (à savoir le total du bénéfice ou de la perte). À ce stade, certaines corrections entre données comptables et fiscales seront effectués (comme la déduction de certains éléments de revenu et le rajout de certaines dépenses) pour arriver à un chiffre normalisé de bénéfice avant impôt. Pour faciliter l'administration et la conformité, ces corrections seront maintenus au minimum afin de limiter la complexité et seront alignés sur les ajustements effectués au titre du Pilier Deux.

431. L'objectif de ces ajustements est d'aligner pour autant que possible la base d'imposition du Montant A sur la base de l'impôt sur les sociétés des juridictions du Cadre inclusif. Il s'agira pour cela d'exclure certains éléments importants qui sont généralement exclus de la base de l'impôt sur les sociétés des juridictions du Cadre inclusif. L'exclusion de ces éléments reflète généralement les différents objectifs poursuivis par les règles fiscales et comptables.

Charge d'impôts sur les bénéfices

432. Les impôts sur les bénéfices constituent la charge la plus évidente à rajouter pour déterminer le bénéfice avant impôt normalisé au titre du Montant A. Dans les juridictions du Cadre inclusif, la charge d'impôt n'est généralement pas déductible de l'IS.

433. La comptabilité financière fait la distinction entre les impôts sur les bénéfices et les autres impôts. Les impôts sur les bénéfices, tels que définis aux fins de la comptabilité financière[12], sont généralement déclarés séparément dans le compte de résultat. Les impôts qui ne sont pas considérés comme des impôts sur les bénéfices sont traités comme des frais d'exploitation et peuvent ne pas figurer séparément dans le compte de résultat. Seuls les impôts visés par la définition des impôts sur les bénéfices à des fins de comptabilité peuvent être extraits du compte de résultat en vue de les prendre en compte dans le calcul de la base d'imposition du Montant A[13].

Revenus de dividendes et plus-values ou pertes découlant d'actions, y compris les revenus selon la méthode de la mise en équivalence

434. Dans de nombreuses juridictions du Cadre inclusif, les revenus de dividendes et les plus-values ou pertes découlant de la cession d'actions sont exclus, en tout ou en partie, de la base de l'IS ou bénéficient d'un allégement fiscal (tel que le crédit indirect pour impôts payés). Dans certaines juridictions, l'exclusion est subordonnée à certaines exigences relatives à la propriété et à la période de détention. Dans d'autres, l'exclusion s'applique sans restrictions. Ces exclusions sont souvent qualifiées d'exonérations fiscales des participations et visent généralement à éliminer la double imposition qui se produirait autrement si le bénéfice de l'entreprise détenue (c'est-à-dire l'entité distributrice ou l'entité dont

les actions sont transférées) devait être imposé de nouveau au niveau de l'investisseur au moment de la distribution ou de la cession.

435. Compte tenu du caractère général des exonérations fiscales des participations de nombreuses juridictions du Cadre inclusif, les revenus de dividendes et les plus-values ou pertes liées aux actions seront exclus de la base d'imposition du Montant A, conformément à l'approche adoptée au titre du Pilier Deux[14]. Cette exclusion s'appliquera également lorsque, en l'absence de toute cession, le compte de résultat comptabilise des plus-values (ou des pertes) attribuables aux variations de la valeur des actions selon la méthode de la juste valeur. Certains aspects de cet ajustement sont toutefois encore à l'étude, comme la possibilité d'introduire des conditions ou des restrictions à cette exclusion (par exemple, un pourcentage spécifique de propriété, une certaine période de détention). Dans le cadre de ces travaux, est aussi à l'étude le traitement des dépenses engagées en rapport aux revenus de dividendes ou celui de la production de plus-values ou de pertes découlant d'actions. Pour résoudre cette question, il s'agira de trouver le juste équilibre entre les difficultés associées au suivi de ces dépenses dans les états financiers et le risque d'érosion de la base d'imposition du Montant A (par exemple les charges financières liées au financement d'acquisitions de participations).

436. En corollaire, seront aussi exclus tout bénéfice ou toute perte découlant de la méthode comptable de mise en équivalence, conformément à l'approche adoptée au titre du Pilier Deux[15]. En général, la méthode de la mise en équivalence s'applique aux investissements dans des entités ou des dispositifs dans lesquels l'investisseur détient une participation substantielle (comprise généralement entre 20 % et 50 %) qui ne sont pas consolidés selon des normes comptables financières. Dans la pratique, ces participations sont traitées comme transparentes, reconnaissant la part proportionnelle de l'investisseur dans les bénéfices ou la perte après impôt de l'entité ou du dispositif[16]. Pour autant, des discussions ont lieu au sein du Cadre inclusif pour décider s'il convient ou non d'appliquer cet ajustement aux bénéfices dérivés des coentreprises, en particulier lorsque ceux-ci ne représentent pas des bénéfices non distribués qui ont déjà été soumis au Montant A (ou le seront) au niveau de l'entité ou du dispositif (par exemple, parce que le chiffre d'affaires de la coentreprise est inférieur aux seuils de chiffre d'affaires couverts).

437. L'exemple suivant illustre bien ce problème. Supposons que le Groupe d'EMN A et le Groupe d'EMN B constituent une coentreprise où chaque groupe détient une participation de 50 %. La coentreprise génère un chiffre d'affaires inférieur à celui du seuil du Montant A, de sorte qu'il ne relève pas du champ d'application du Montant A. Supposons en outre que la coentreprise réalise un bénéfice de 100 au cours de la première période et que le Groupe A et le Groupe B réalisent un bénéfice de 50 chacun selon la méthode de mise en équivalence. D'aucuns font valoir que, au titre de la méthode de la mise en équivalence, les bénéfices du Groupe A et du Groupe B dérivés de la coentreprise ne devraient pas être exclus de la base d'imposition du Montant A, dans la mesure où il s'agit de bénéfice non soumis au Montant A au niveau de la coentreprise. Toutefois, ce point nécessite des travaux supplémentaires pour étayer la logique de cet ajustement et pour réfléchir au risque de manipulations.

Dépenses généralement non déductibles ou limitées pour des raisons de politique publique

438. Dans la plupart des juridictions du Cadre inclusif, pour des raisons de politique publique, plusieurs éléments traités à titre de charges en vertu des règles de comptabilité financière ne sont pas déductibles aux fins de l'IS. Ces charges sont généralement associées à des comportements que les gouvernements considèrent indésirables et seront donc rajoutées dans le calcul de la base d'imposition du Montant A. Ces ajustements s'appliqueront aux pots-de-vin et autres paiements illégaux, ainsi qu'aux amendes et sanctions à verser à une autorité publique pour violation de toute législation. De plus amples travaux sont nécessaires pour déterminer si la déduction de ces dépenses devrait se limiter exclusivement aux cas où celles-ci dépassent un certain montant afin de réduire les contraintes de conformité.

5.2.3. Prochaines étapes

439. D'autres travaux seront entrepris sur la mise en œuvre du cadre proposé pour l'utilisation des états financiers consolidés du groupe, notamment :

- La définition d'un groupe d'EMN à des fins de consolidation : la base d'imposition du Montant A suivra les règles de consolidation pour circonscrire la composition d'un groupe d'EMN relevant du champ du Montant A. Par conséquent, les entités qui bénéficient d'exemptions de consolidation, telles que les entités d'investissement, ne seront pas tenues de produire des états consolidés aux fins du Montant A. Cela vaut pour l'interaction avec le critère de consolidation comptable selon les règles de déclaration pays par pays et les éventuels changements dans le groupe de consolidation découlant d'une décision d'organismes de réglementation comptable locaux.
- Groupes d'EMN bicéphales : il s'agit ici de résoudre tout problème particulier pour le calcul de la base d'imposition du Montant A soulevé par des structures bicéphales qui peuvent être cotées sur plusieurs Bourses et tenues de satisfaire les cadres comptables et réglementaires de plusieurs juridictions.
- Modifications des estimations comptables et erreurs de période antérieure : il s'agit de clarifier l'impact sur la base d'imposition du Montant A de corrections rétrospectives d'importantes « erreurs de période antérieure » dans les états financiers consolidés et de concevoir un mécanisme simple pour ajuster les calculs du Montant A.
- Élaboration d'un mécanisme de suivi destiné à évaluer les différences entre les GAAP susceptibles d'entraîner d'importantes distorsions concurrentielles.

440. De plus amples travaux seront également entrepris pour finaliser la détermination de la mesure normalisée du bénéfice avant impôt. Plusieurs questions sont à envisager, notamment :

- S'il faut conserver dans la base d'imposition du Montant A le bénéfice ou la perte provenant de coentreprises en utilisant la méthode comptable de mise en équivalence.
- Si les charges d'intérêt provenant de transactions avec des parties liées qui n'appartiennent pas au groupe consolidé en vertu de la norme comptable (par exemple, une entité d'investissement qui contrôle un groupe d'EMN et avance des fonds au groupe) présentent un risque d'érosion de la base suffisant pour envisager l'introduction d'une mesure spécifique au titre du Montant A.
- S'il faut exclure de la base d'imposition du Montant A les plus-values et les pertes provenant d'éléments exceptionnels et non récurrents, en notant que ces éléments ne sont généralement pas exclus de la base de l'IS dans les juridictions du Cadre inclusif, ni au titre du Pilier Deux ni à titre d'exigence des règles sur les déclarations pays par pays.
- S'il faut inclure les éléments classés dans l'état « autres éléments du résultat global »[17] dans la base d'imposition du Montant A, en notant que ces éléments ne sont généralement pas rajoutés à la base de l'IS dans les juridictions du Cadre inclusif, ni au titre du Pilier Deux ni à titre d'exigence des règles sur les déclarations pays par pays.
- S'il faut comptabiliser les participations minoritaires dans le calcul de la base d'imposition du Montant A.

441. Ces travaux reposeront sur plusieurs considérations importantes, notamment la simplicité de l'administration, la facilité du respect de la règle et l'adoption d'une approche normalisée et cohérente au titre des deux piliers.

5.3. Le cadre de segmentation

442. La principale raison susceptible de justifier la nécessité de calculer la base d'imposition du Montant A sur une base segmentée tient au fait que le Montant A s'applique uniquement aux bénéfices que les groupes dégagent de l'exercice d'activités couvertes. Par exemple, les exigences relatives au champ d'application des activités de services numériques automatisés font la distinction entre les services de cloud computing standardisés, qui seraient couverts, et les services de cloud sur mesure, qui ne le seraient pas. Un groupe qui fournit ces deux types de services doit donc adopter une approche de segmentation qui permet d'appliquer le Montant A uniquement aux bénéfices dérivés des activités couvertes.

443. Pour les règles du champ d'application et du lien, les contribuables devront distinguer leurs revenus entre ceux attribuables à des activités en relation étroite avec les consommateurs, à des activités de services numériques automatisés et à des activités non couvertes. Il est raisonnable de s'attendre à ce qu'un contribuable puisse établir une ventilation de son chiffre d'affaires sur cette base, que les administrations fiscales pourront examiner. Il serait toutefois plus complexe de demander au contribuable de segmenter ces différents types d'activités pour calculer une mesure du bénéfice avant impôt. En effet, il faudrait pour cela demander aux groupes de répartir les coûts entre ces différents types d'activités d'une manière qui ne reflète probablement pas leurs actuelles données internes ou externes. Par ailleurs, on est en droit de s'interroger si le recours à des clés de répartition pour un tel exercice produira une représentation fidèle de la réalité économique sous-jacente de chaque branche d'activité par la segmentation de son bénéfice avant impôt[18].

444. Néanmoins, étant donné que le Pilier Un applique le principe de l'imposition sur une base nette, plutôt que brute, il sera toujours nécessaire de calculer les bénéfices attribuables aux activités couvertes. La façon la plus simple d'y parvenir consisterait à calculer la base d'imposition du Montant A sur une base consolidée et à utiliser la marge bénéficiaire consolidée du groupe comme indicateur de la marge bénéficiaire couverte, en l'appliquant au chiffre d'affaires couvert pour obtenir une mesure des bénéfices couverts. Cet indicateur de la marge bénéficiaire permettrait de calculer le Montant A, puis de le répartir entre les juridictions du marché à l'aide de la formule de répartition. Par conséquent, par défaut, un groupe devrait pouvoir calculer la base d'imposition du Montant A sur la base du groupe.

445. Toutefois, dans certaines circonstances, cette règle s'avérerait déplacée ou ne permettrait pas de maintenir des conditions de concurrence équitables entre les contribuables. Par exemple, lorsqu'un grand groupe exploite deux entreprises essentiellement indépendantes, avec des marges bénéficiaires différentes, le calcul de la base d'imposition du Montant A sur une base segmentée permettrait d'éviter qu'un contribuable réduise ou élimine un impôt redevable au titre du Montant A en combinant les bénéfices d'activités à marge élevée et à marge faible. Dans de pareilles circonstances, le cadre de segmentation pourrait exiger du contribuable qu'il calcule la mesure pertinente du bénéfice avant impôt à l'aide de comptes segmentés.

446. Le cadre de segmentation vise à trouver le juste équilibre entre ces pressions concurrentes. Partant de la nécessité d'adopter l'approche la plus simple possible vis-à-vis du Montant A, tout en maintenant l'intégrité de la politique globale, un ensemble de règles permettant de déterminer si la segmentation est nécessaire et, le cas échéant, comment arriver à un bénéfice avant impôt segmenté, est présenté ci-après. De plus amples travaux seront entrepris pour élaborer ce cadre de segmentation[19] et, une fois l'accord atteint, des lignes directrices détaillées seront publiées à l'attention des contribuables et des administrations fiscales.

5.3.1. Vue d'ensemble des différentes étapes du cadre de segmentation

447. Le cadre de segmentation vise à concilier la nécessité d'une exactitude accrue et la complexité renforcée découlant de la segmentation de la base d'imposition. Il établit le processus suivant en

trois étapes pour évaluer la base de la segmentation, y compris en prévoyant des exemptions à l'obligation de segmentation en vue de faciliter les besoins d'administration et de conformité :

- Premièrement, il est prévu que tous les groupes d'EMN ventilent leur chiffre d'affaires entre leurs activités de services numériques automatisés, leurs activités en relation étroite avec les consommateurs et leurs activités non couvertes, comme peuvent l'exiger les règles du champ d'application et du lien ;
- Deuxièmement, pour limiter le nombre de groupes d'EMN tenus à la règle de segmentation, les groupes d'EMN calculeront la base d'imposition du Montant A sur une base de groupe dès lors que leur chiffre d'affaires est inférieur à un seuil convenu ; et
- Troisièmement, les autres groupes devront vérifier s'ils sont tenus ou non de segmenter et sur quelle base. Il est envisagé de proposer une approche qui s'articule autour des trois sous-étapes suivantes :
  - Les groupes d'EMN appliqueront les « marqueurs de segmentation » pour déterminer s'ils sont tenus de procéder à une segmentation. S'ils ne le sont pas, la base d'imposition du Montant A sera calculée sur la base du groupe.
  - Pour les groupes d'EMN qui affichent ces marqueurs de segmentation, les segments déclarés dans les états financiers consolidés seront vérifiés pour s'assurer qu'ils répondent bien aux marqueurs convenus. Si c'est le cas, la base d'imposition du Montant A sera calculée en fonction de ces segments, sous réserve d'une exemption lorsque les segments déclarés présentent une marge bénéficiaire similaire.
  - Les groupes d'EMN qui ne peuvent pas utiliser leurs segments déclarés mais qui sont tenus de procéder à une segmentation seront tenus de calculer leur base d'imposition du Montant A sur la base d'autres segments. On s'attend à ce que cette obligation ne concerne qu'un petit nombre de groupes d'EMN couverts, en raison de l'application des étapes précédentes.

448. Ces étapes sont précisées ci-dessous.

5.3.2. Étape 1 : Séparation du chiffre d'affaires en fonction des activités en relation étroite avec les consommateurs, des activités de services numériques automatisés et des activités non couvertes

449. Pour simplifier, l'exclusion des bénéfices provenant d'activités non couvertes se fera, dans la plupart des cas, par l'application de la clé de répartition basée sur le chiffre d'affaires de la formule du Montant A (voir section 6.2.3), plutôt que d'exiger d'un groupe d'EMN de segmenter ses comptes entre ses activités couvertes et celles non couvertes pour parvenir à une mesure pertinente du bénéfice avant impôt. La formule du Montant A est conçue pour veiller à ce que seule la fraction de la base d'imposition du Montant A correspondant au chiffre d'affaires couvert dans une juridiction de marché donnée soit attribuée à cette dernière. Il s'ensuit que, même dans les cas où le calcul de la base d'imposition du Montant A ne fait pas la distinction entre les activités couvertes et celles qui ne le sont pas, les juridictions du marché se voient attribuer un indicateur de la marge bénéficiaire se rapportant au chiffre d'affaires couvert dont l'origine se trouve dans leur juridiction, calculée en supposant que la rentabilité de l'activité couverte est égale à la rentabilité du groupe dans son ensemble. De plus amples travaux seront entrepris pour remédier à des distorsions potentiellement importantes lorsque, par exemple, un groupe d'EMN affiche des activités non couvertes hautement bénéficiaires ou hautement déficitaires qui pourraient ébranler la fiabilité de l'approche. Il s'agira notamment de savoir si, dans certaines circonstances, les contribuables devraient être tenus de calculer séparément le bénéfice net pour les activités couvertes et pour celles non couvertes (ou pour les activités de services numériques automatisés, celles en relation étroite avec les consommateurs et celles non couvertes).

450. Pour appliquer la formule du Montant A, il suffit à un groupe d'EMN de répartir ses recettes entre celles attribuables à des activités en relation étroite avec les consommateurs, à des activités de services numériques automatisés et à des activités non couvertes, en faisant remarquer qu'une telle ventilation serait également nécessaire pour appliquer les règles du Montant A relatives au champ d'application (voir chapitre 2) et au lien (voir le chapitre 3).

5.3.3. Étape 2 : Exemption de segmentation ou protection de celle-ci basée sur le chiffre d'affaires mondial

451. Le cadre de segmentation pour le Montant A comprend une exemption ou un régime de protection pour limiter le nombre de groupes qui seront tenus de calculer le Montant A sur une base segmentée. Cela réduira les coûts de mise en conformité et allégera la charge pour les administrations fiscales qui devront revoir la segmentation d'une branche d'activités dans le cadre de la sécurité juridique en matière fiscale.

452. L'exemption dispenserait les groupes de petite taille, au chiffre d'affaires mondial inférieur à un montant convenu, d'appliquer le Montant A sur une base segmentée. Dès lors, la segmentation ne sera obligatoire que pour les grands groupes, davantage susceptibles d'exploiter plusieurs entreprises essentiellement indépendantes, à la marge bénéficiaire et au profil géographique qui leur sont propres. C'est bien pour ces entreprises qui touchent les bénéfices les plus élevés, que l'effet fiscal du calcul du Montant A sur une base segmentée sera le plus marqué. Par conséquent, les groupes d'EMN dont le chiffre d'affaires mondial est inférieur à [X] milliards EUR calculeraient la base d'imposition du Montant A sur une base de groupe (autrement dit, une « exemption de segmentation » s'appliquerait). Pour faciliter l'administration et la transition, ce seuil serait initialement fixé plus haut, à [X] milliards EUR, pour être réduit progressivement sur une période de transition, de cinq ans par exemple.

453. Sinon, cette exemption pourrait opérer à titre de régime de protection. Ainsi, les groupes d'EMN au chiffre d'affaires inférieur au seuil auraient la possibilité de calculer la base d'imposition du Montant A soit sur la base du groupe, soit sur une base segmentée, sous réserve des contraintes décrites à la troisième étape ci-dessous. Un tel libre choix pourrait toutefois accroître considérablement le nombre de groupes d'EMN qui pourraient calculer la base d'imposition du Montant A sur une base segmentée, voire déboucher sur des situations où les coûts de ce processus de segmentation dépasseraient de loin les recettes fiscales en jeu.

454. Le Cadre inclusif envisagera l'élaboration d'exceptions ou de régimes de protection pour limiter l'accès à l'exemption de segmentation ou au régime de protection dans certaines circonstances. Par exemple, il pourrait être envisagé d'exclure les groupes dont le chiffre d'affaires non couvert est de [x %] supérieur au chiffre d'affaires total et dont la marge bénéficiaire du groupe est inférieure au seuil de rentabilité convenu, ou lorsqu'un groupe qui se situe en deçà du seuil compte deux segments opérationnels déclarés, l'un qui relève du champ d'application du Montant A et l'autre qui y échappe.

5.3.4. Étape 3 : Établissement de la mesure pertinente du bénéfice avant impôt sur une base segmentée

455. Les entreprises qui n'ont pas droit à l'exemption de segmentation ou au régime de protection (au titre de l'étape 2) peuvent être tenues de calculer la base d'imposition du Montant A sur une base segmentée, et ce bien qu'il s'agisse là d'une obligation qui peut ne pas convenir à tous les cas. L'étape 3 déterminera si un contribuable est tenu ou non de calculer la base d'imposition du Montant A sur une base segmentée et, le cas échéant, de définir les segments concernés pour lesquels la mesure pertinente du bénéfice ou de la perte sera calculée séparément.

Étape 3(a) : Vérification de l'obligation ou non de segmentation

456. Dans la plupart des cas, un groupe qui est tenu de segmenter sa base d'imposition du Montant A devrait pouvoir le faire en fonction des segments opérationnels qu'il déclare à des fins d'information financière (voir ci-dessous). Cela n'enlève rien au constat que les objectifs de segmentation à des fins d'information financière diffèrent des objectifs de l'application du Montant A sur une base segmentée. Dans le contexte de la communication des situations financières, la segmentation devrait permettre aux utilisateurs d'états financiers de mieux comprendre les activités d'un groupe. En revanche, la segmentation aux fins du Montant A devrait garantir que le nouveau droit d'imposition produit des résultats acceptables et assure des conditions de concurrence équitables pour les entreprises qui se trouvent dans des circonstances comparables. En outre, des préoccupations ont été soulevées quant au fait que l'application du Montant A à des segments opérationnels déclarés pourrait permettre à des groupes d'influencer ou de modifier l'application du Montant A en changeant la façon dont les informations sont communiquées au principal décideur opérationnel qui, selon les normes IFRS et GAAP américaines, décide des modalités de déclaration des segments.

457. Par conséquent, des critères spécifiques sont en cours d'élaboration pour déterminer si un groupe est tenu de calculer sa base d'imposition du Montant A sur une base segmentée, ou s'il serait plus approprié de le faire sur une base de groupe. Ces critères établiront une définition objective et normalisée d'un segment aux fins du Montant A, fondée sur des « marqueurs de segmentation ». Selon une approche possible, cette définition d'un segment pourrait reposer sur la norme comptable internationale (IAS) 14, qui précédait la norme IFRS 8[20]. Cette norme comptable antérieure constitue un point de départ utile pour définir un segment aux fins du Montant A, car elle repose sur la nature de l'activité d'un groupe, plutôt que sur la base selon laquelle le principal décideur opérationnel examine une entreprise.

458. La norme IAS 14 définit un secteur d'activité comme « *une composante distincte d'une entreprise qui est engagée dans la fourniture d'un produit ou service unique ou d'un groupe de produits ou services liés, et qui est exposée à des risques et à une rentabilité différents des risques et de la rentabilité des autres secteurs d'activité. Les facteurs qui doivent être pris en compte pour déterminer si les produits et services sont liés sont notamment :*

- *a) la nature des produits ou services ;*
- *b) la nature des procédés de fabrication ;*
- *c) le type ou la catégorie de clients auxquels sont destinés les produits ou services ;*
- *d) les méthodes utilisées pour distribuer les produits ou fournir les services ; et*
- *e) s'il y a lieu, la nature de l'environnement réglementaire, par exemple, la banque, l'assurance ou les services publics.* »[21]

459. Pour certaines entreprises, notamment celles qui sont principalement gérées sur une base régionale, il peut être approprié de calculer la base d'imposition du Montant A sur une base régionale. Pour cela, les « marqueurs de segmentation » pourraient également inclure une autre définition ou une définition supplémentaire d'un « secteur géographique »[22]. Toutefois, on pourrait également faire valoir que la subdivision des entreprises couvertes sur une base régionale est contraire à la nature du Montant A comme répartition des bénéfices à l'échelle du groupe, avec une clé de répartition convenue basée sur le chiffre d'affaires couvert relatif dans chaque juridiction.

460. Pour certains groupes d'EMN, en particulier ceux dont l'activité est relativement homogène, il est possible que les « marqueurs de segmentation » montrent qu'il serait plus approprié de calculer la base d'imposition du Montant A sur une base de groupe. Pour d'autres, les « marqueurs de segmentation » montreront qu'ils devraient calculer la base d'imposition du Montant A sur une base segmentée, et par ailleurs définiront l'approche la plus appropriée à la segmentation.

461. Dans le cadre de la mise en œuvre de ce cadre et pour aider les contribuables à appliquer cette définition dans la pratique, celle-ci sera étayée d'un commentaire, accompagné d'exemples, afin de clarifier les domaines susceptibles d'être source d'incertitude ou de différends.

Étape 3 (b) : Calcul du Montant A basé sur les segments déclarés

Utilisation de segments déclarés comme présomption réfutable

462. On s'attend à ce que la grande majorité des groupes qui sont tenus de calculer la base d'imposition du Montant A sur une base segmentée reprendront les segments opérationnels déclarés inclus dans leurs états financiers. Cela tient au fait que la plupart des groupes déclareront dans leurs états financiers des segments opérationnels qui répondent aux « marqueurs de segmentation » décrits plus haut. D'où la présomption réfutable que le Montant A sera appliqué sur cette base. Cette présomption pourrait être réfutée soit par le groupe lui-même, soit par une administration fiscale (par exemple par application du processus de sécurité juridique en matière fiscale) ; par conséquent, lorsque les segments déclarés d'un groupe d'EMN ne répondent pas aux « marqueurs de segmentation », il ne serait pas possible à ce dernier de mesurer sa base d'imposition du Montant A sur cette base.

463. Cette approche signifie que lorsqu'un groupe ne déclare pas de segments opérationnels dans ses états financiers, la présomption serait que l'application du Montant A devrait se faire sur une base de groupe. Il n'en reste pas moins que ces groupes devront malgré tout démontrer que cette approche est cohérente avec les « marqueurs de segmentation ». De même, lorsqu'un groupe déclare des segments de secteur d'activité, il y a une présomption que le Montant A devrait être appliqué sur cette base. Une question importante reste en suspens, à savoir s'il sera présumé qu'un groupe déclarant des segments régionaux devrait appliquer le Montant A dans tous les cas, en particulier s'il s'agit d'un groupe qui engage aussi de grands ensembles de coûts de recherche et développement (R-D) centraux ou autres non répartis. La conception finale de la définition d'un segment aux fins du Montant A sera particulièrement pertinente pour ces entreprises, qui pourrait permettre à celles qui opèrent sur une base régionale de calculer leur base d'imposition du Montant A sur une base régionale.

Exemption pour les segments présentant des marges bénéficiaires comparables

464. Il peut se produire des situations, notamment lorsque les marges bénéficiaires varient peu entre les segments d'un groupe, où l'impact fiscal de l'application du Montant A sur un groupe ou un segment sera minime. Dans ces cas-là, afin de réduire le plus possible les coûts de mise en conformité et les charges administratives associés à la segmentation, les contribuables pourraient être tenus d'appliquer le Montant A sur une base de groupe. Cette exemption s'appliquerait lorsque la variation de la marge bénéficiaire des segments déclarés (au niveau du bénéfice indiqué dans les états financiers, qui peut être au niveau brut ou opérationnel) est inférieure à un nombre convenu de points de pourcentage. Comme pour l'exemption de segmentation basée sur le chiffre d'affaires mondial, cette exemption pourrait se transformer en régime de protection et devenir optionnelle.

Établissement du bénéfice avant impôt sur une base sectorielle

465. Lorsqu'un contribuable calcule la base d'imposition du Montant A sur la base de ses segments déclarés, il lui faudra toujours répartir entre les segments un ensemble de coûts centraux ou non répartis afin de parvenir à la mesure pertinente du bénéfice avant impôt pour chaque segment. Dans de nombreux cas, il peut s'avérer difficile, voire impossible, de répartir ces coûts directement entre les segments. Par conséquent, encore une fois à titre de présomption réfutable, ces coûts seront répartis entre les segments en utilisant le chiffre d'affaires comme clé de répartition. Pour éviter que cette présomption réfutable ne donne lieu à des distorsions, une règle de protection pourrait être introduite de sorte que l'option du recours à une répartition des coûts basée sur le chiffre d'affaires ne soit disponible que lorsque la proportion des

coûts centraux à répartir entre les segments est inférieure à un pourcentage donné du total des coûts du groupe ou du segment. Au-dessus de ce seuil, il serait obligatoire de répartir les coûts selon une méthode plus précise, moins approximative. Dans les cas où les contribuables calculent leur base d'imposition du Montant A sur une base segmentée, ils seront tenus également de rapprocher le bénéfice avant impôt agrégé (calculé aux fins du Montant A) au niveau du segment, le bénéfice avant impôt étant déclaré au niveau consolidé.

466. En cas d'application du Montant A sur une base segmentée, le traitement des transactions inter-segment reste à déterminer. Il peut arriver que des groupes reconnaissent les transactions inter-segment dans leurs états financiers segmentés, ou qu'une approche spécifique de la segmentation exige la prise en compte de transactions inter-segment. Les transactions inter-segment seront éliminées dans le cadre de l'établissement d'états financiers consolidés. Toutefois, ces transactions peuvent avoir un impact direct sur la rentabilité déclarée de différents segments. Lorsque le Montant A est appliqué sur une base segmentée, des groupes pourraient y voir là des incitations à utiliser des transactions inter-segment pour déplacer les bénéfices vers des segments qui échappent principalement au champ d'application du Montant A (ou inversement des pertes vers des segments qui entrent essentiellement dans le périmètre du Montant A).

467. La façon la plus simple de se prémunir contre ce risque serait d'exclure toutes les transactions inter-segment aux fins du Montant A. Pour autant, dans certains cas, cela induirait des erreurs de répartition des bénéfices entre les segments, par exemple lorsqu'un segment engage des coûts importants pour développer un actif incorporel, qui est ensuite exploité de manière rentable dans un autre. Pour remédier aux difficultés associées aux transactions inter-segment, il est envisagé d'obliger le groupe à combiner les segments concernés lorsque les transactions inter-segment dépassent un pourcentage donné du chiffre d'affaires attribuable à un segment.

Étape 3 (c) : Calcul du Montant A basé sur d'autres segments

468. Les quelques groupes qui ne peuvent pas calculer la base d'imposition du Montant A sur la base du groupe ou en fonction de leurs segments déclarés pourraient être tenus d'effectuer ce calcul sur la base d'autres segments. Cette autre approche serait déterminée en fonction de la définition d'un segment aux fins du Montant A, comme précisé plus haut. On s'attend à ce que dans la plupart des cas, cette autre approche oblige simplement un groupe à ventiler davantage le compte de résultat d'un ou plusieurs segments existants et que le groupe dispose d'un cadre de suivi interne sur lequel baser cette autre segmentation.

469. Un contribuable pourrait décider (ou les administrations fiscales, au titre du processus de sécurité juridique en matière fiscale, pourraient exiger) que le Montant A soit appliqué sur la base d'une autre segmentation. Par conséquent, cette option devrait dissuader les contribuables qui pourraient autrement chercher à se servir de leur approche en matière de segmentation comme outil de planification fiscale.

5.3.5. Prochaines étapes

470. D'autres travaux seront entrepris pour finaliser les domaines spécifiques suivants du cadre de segmentation :

- L'exemption de segmentation (étape 2), en particulier :
    - L'adéquation du niveau des seuils de chiffre d'affaires mondiaux, y compris du seuil qui s'appliquerait pour la période transitoire, est éclairée par les données et l'analyse de l'impact des différents seuils de chiffre d'affaires mondiaux sur le nombre de groupes requis pour segmenter leur base d'imposition (voir Tableau 2.1).
    - Le régime de cette exception, et son caractère obligatoire (exemption) ou facultatif (régime de protection).

- D'éventuelles exceptions supplémentaires sur les régimes de protection, pour passer outre l'exemption dans certaines circonstances (par exemple dans le cas d'un groupe dont le chiffre d'affaires non couvert est de [x %] supérieur au chiffre d'affaires total et dont la marge bénéficiaire du groupe est inférieure au seuil de rentabilité convenu, ou d'un groupe en deçà du seuil qui compte deux segments opérationnels déclarés, l'un qui relève du champ d'application du Montant A et l'autre qui y échappe).

- La définition d'un segment basé sur les marqueurs (étape 3), en particulier :
  - L'inclusion ou non d'une obligation de chiffre d'affaires réalisé avec des tiers, pour empêcher les groupes d'utiliser des segments qui consistent principalement en des produits et des charges générés par des transactions entre groupes.
  - L'inclusion ou non d'un seuil d'importance relative, pour s'assurer que la définition n'entraîne pas une prolifération de petits segments de faible valeur (car cela augmenterait considérablement les coûts de mise en conformité et la charge administrative associée à l'application du Montant A). Par exemple, ce seuil d'importance relative peut obliger un groupe à combiner certains segments qui produisent moins qu'un pourcentage convenu du chiffre d'affaires consolidé du groupe et/ou un montant absolu du chiffre d'affaires.
- Le calcul de la mesure du bénéfice avant impôt sur une base segmentée (étape 3), en particulier le traitement des segments régionaux déclarés dans les états financiers, l'utilisation de clés de répartition basées sur le chiffre d'affaires pour les coûts indirects, et le traitement des transactions inter-segment.

471. Ces travaux reposeront sur plusieurs considérations importantes, notamment la simplicité de l'administration (et des coûts de mise en conformité) et la garantie des conditions de concurrence équitables entre les contribuables.

5.4. Règles relatives au report des pertes

472. Pour comptabiliser les pertes, les règles de la base d'imposition du Montant A s'appliqueront de manière uniforme au niveau du groupe ou du segment (le cas échéant), que le résultat soit un bénéfice ou une perte. Les pertes découlant d'une période imposable seront conservées et reportées sur les exercices ultérieurs par le truchement d'un mécanisme de « compensation ». Cela signifie que les pertes du Montant A seront déclarées et administrées par un compte unique pour le groupe ou le segment concerné et seront distinctes de tout régime national existant de report des pertes.

5.4.1. Objectifs

473. Conformément à la législation de nombreuses juridictions membres du Cadre inclusif, le régime de report des pertes visera à faire en sorte que le Montant A repose sur une mesure appropriée du bénéfice net[23]. Il est nécessaire de compenser les pertes fiscales d'exercices antérieurs par rapport aux bénéfices imposables de l'exercice en cours pour permettre à toutes les entreprises de recouvrer les pertes reflétant les coûts de leur investissement et de mettre les entreprises dont le bénéfice est fluctuant dans la même position que celles dont le bénéfice est plus stable. Cette approche est conforme à l'objectif d'imposer uniquement le bénéfice économique (ou au principe de la capacité contributive)[24], et améliore la neutralité du Montant A en veillant à la bonne corrélation entre produits et charges pour tous les types d'activités commerciales[25].

474. Le report des pertes est également un moyen de préserver les droits d'imposition des juridictions de résidence, par exemple parce qu'elles ont déjà accepté (et continueront d'accepter) la déduction des pertes générées par une entreprise dans le cadre du système existant basé sur le principe de pleine concurrence. La comptabilisation des pertes permet de s'assurer que la juridiction de résidence d'une

entreprise qui subit la baisse initiale d'une activité commerciale (à son démarrage, par exemple) pourra recouvrer ces pertes avant qu'une partie du bénéfice généré par la même activité ne soit attribuée à une autre juridiction au titre du Montant A.

5.4.2. Calcul des pertes

475. La base d'imposition du Montant A sera calculée de façon uniforme, que l'entreprise réalise des bénéfices ou subisse des pertes (symétrie). Cela signifie que le calcul des pertes « une fois le régime en vigueur » (pertes subies après l'introduction du Montant A) sera établi sur la base des états financiers consolidés après avoir effectué les corrections pertinentes entre données comptables et fiscales (voir la section 5.2.2). Cela peut s'appliquer au niveau du bénéfice avant impôt du groupe ajusté dans sa globalité ou, lorsque le cadre de segmentation s'applique et que le Montant A sera mesuré au niveau du segment, à chaque segment (voir la section 5.3).

476. En l'absence de segmentation[26], les bénéfices et les pertes liés à différentes activités commerciales (y compris les activités potentiellement non couvertes) au sein du groupe seront combinés dans la même base d'imposition aux fins du Montant A[27]. En revanche, lorsque la base d'imposition du Montant A est segmentée, l'approche de segmentation impliquera de calculer séparément les pertes et les bénéfices engagés par différents segments du groupe, et fera en sorte que les pertes subies par un segment ne soient généralement pas disponibles pour réduire les bénéfices d'un autre (c'est-à-dire qu'il ne se produira pas de mélange inter-segment des bénéfices et des pertes). Des travaux supplémentaires seront nécessaires pour arrêter définitivement des aspects spécifiques de ces règles de calcul, tels que le relevé d'exceptions pour les réorganisations des activités (voir la section 5.44), des obligations spécifiques pour remédier aux effets des transactions inter-segment (généralement, pour empêcher le transfert abusif de bénéfices et de pertes, voir la section 454), et d'autres implications de la symétrie dans l'application des règles relatives à la base d'imposition du Montant A.

477. Conformément au document « Contours de l'architecture » et aux principes directeurs établis par le Cadre inclusif (voir la section ci-dessus la section 1.1), un régime transitoire est envisagé, qui autoriserait la conservation de certaines pertes nettes antérieures au régime (pertes subies avant l'introduction du Montant A qui sont supérieures aux bénéfices réalisés pendant cette période antérieure au régime) pour les déduire des bénéfices au titre du Montant A une fois le régime en vigueur, et ce pendant une certaine durée. Pour éviter la complexité, aucune distinction ne serait faite entre les pertes antérieures au régime et celles constatées une fois le régime en vigueur au titre du régime de report : les caractéristiques de ce dernier (y compris les restrictions potentielles) s'appliqueraient de la même manière, que les pertes soient antérieures au régime ou engagées une fois le régime en vigueur. Ce régime transitoire viserait à permettre aux groupes de recouvrer les coûts d'investissement engagés avant l'introduction du Montant A (c'est-à-dire les distorsions découlant du moment de l'introduction du nouveau droit d'imposition), et à empêcher une réattribution du bénéfice au titre du Montant A là où aucun bénéfice économique n'a été réalisé. Force est de constater toutefois que cette approche traiterait différemment les pertes antérieures au régime et les bénéfices antérieurs au régime, introduisant ainsi une asymétrie dans le calcul des pertes qui réduirait le bénéfice au titre du Montant A potentiellement réattribué aux juridictions de marché. Certains membres du Cadre inclusif estiment que les bénéfices et les pertes devraient s'appliquer de manière symétrique et s'opposent donc en principe à la prise en compte des pertes antérieures au régime. Ils font valoir que s'il est envisagé de reporter les pertes antérieures au régime, alors il faut faire de même avec les bénéfices antérieurs au régime pour en assurer la distribution. Par ailleurs, l'identification et le calcul rétroactifs des pertes du Montant A fondés sur des états financiers antérieurs pourraient présenter des difficultés pratiques. Pour remédier à ces problèmes et réduire les coûts administratifs et de mise en conformité, il pourrait être possible d'introduire un délai au-delà duquel les pertes antérieures au régime ne seraient plus envisagées. Aux côtés d'autres points relatifs à cette approche, d'autres travaux et discussions seront nécessaires pour déterminer cette durée[28].

478. En fonction de la durée de cette période pour les pertes antérieures au régime et de la disponibilité des données historiques, il peut aussi falloir envisager de simplifier à certains égards les règles relatives à la base d'imposition du Montant A (par exemple les rapprochements entre données comptables et fiscales, les règles de segmentation) ou celles élaborées pour les réorganisations des activités, pour faciliter l'administration. Par exemple, si une longue période de pertes antérieures au régime est acceptée, il faudra alors élaborer des règles qui traitent de l'impact de l'évolution des approches vis-à-vis de la segmentation tout au long de cette période, afin de s'assurer qu'une mesure appropriée des pertes antérieures au régime est disponible pour compenser les bénéfices couverts (par exemple en utilisant une clé de répartition basée sur le chiffre d'affaires).

5.4.3. Régime de report

479. Contrairement aux bénéfices, les pertes générées sur une période donnée ne seront pas attribuées aux juridictions du marché au moyen d'une formule. La répartition de ces pertes auprès des juridictions de marché serait complexe et pesante à administrer[29], et pourrait produire des résultats difficiles à rationaliser. Par exemple, le Montant A pourrait être attribué à de nouveaux marchés qu'un groupe a récemment pénétrés au cours d'exercices bénéficiaires, même si, au cours des exercices antérieurs, les pertes subies (par exemple pour procéder au développement d'une plateforme numérique) étaient attribuées à d'autres marchés sur lesquels le groupe était en activité depuis plus longtemps. De même, des pertes pourraient être attribuées à une juridiction de marché qui ne peuvent pas être compensées plus tard par des bénéfices futurs du groupe en raison de changements de l'activité du groupe dans cette juridiction de marché (par exemple baisse des ventes dans cette juridiction, cessation de l'activité dans cette juridiction).

480. Pour éviter de telles difficultés et dans l'optique de simplifier le processus de gestion des pertes, les pertes du Montant A seront conservées et regroupées dans un compte unique au niveau du groupe (ou du segment le cas échéant), pour être reportées sur des exercices ultérieurs par le truchement d'un mécanisme de « compensation ». [30] Cela signifie qu'une base d'imposition positive pour le Montant A (supérieure au seuil de rentabilité déterminé selon la formule) ne surviendrait qu'après absorption de toutes les pertes historiques accumulées dans le compte de pertes du groupe (ou du segment le cas échéant)[31] par un mécanisme de compensation.

5.4.4. Restrictions possibles

481. Bien que les règles de report des pertes soient une caractéristique essentielle pour imposer les bénéfices nets et éviter les distorsions, de nombreuses juridictions du Cadre inclusif limitent la déduction de certaines pertes reportées pour plusieurs raisons, notamment pour entraver des stratégies de planification fiscale ou pour faciliter l'administration du système. Concernant le Montant A, d'autres travaux sont nécessaires pour évaluer la possibilité d'inclure des restrictions de temps et pour élaborer des règles spécifiques pour les réorganisations des activités. Ces travaux tiendront dûment compte de l'effet de ces règles sur la complexité et sur l'administration, ainsi que sur la répartition des droits d'imposition.

Limitations dans le temps

482. Dans la législation de nombreux membres du Cadre inclusif, la période au cours de laquelle les pertes reportées peuvent être utilisées est limitée. Passé un certain délai, le droit du contribuable de compenser les pertes par des bénéfices peut expirer, en tout ou en partie. Au-delà de questions portant sur le chiffre d'affaires, des limitations dans le temps sont imposées pour des raisons pratiques et administratives, comme pour gérer la difficulté de conserver des informations pendant longtemps et pour simplifier les dispositifs de l'administration fiscale.

483. Pour les pertes du Montant A, il s'agit de trouver un compromis entre les contraintes pratiques et administratives qui peuvent justifier l'introduction d'une limitation dans le temps et l'effet préjudiciable que toute limitation pourrait avoir sur la mesure appropriée du bénéfice net (par exemple, les coûts des investissements effectués avant la limitation de temps), le respect de neutralité (par exemple des modèles commerciaux au bénéfice fluctuant) ou sur la répartition des droits d'imposition (par exemple des juridictions de résidence qui ont accepté la déduction de pertes non compensées en vertu du système existant basé sur le principe de pleine concurrence au niveau d'une entité). Des travaux supplémentaires sont donc nécessaires pour évaluer la meilleure approche à adopter pour gérer ce compromis, analyser les interactions avec les dispositions en matière de délais de prescription (et d'audit fiscal) et déterminer si la solution d'un report illimité pourrait être retenue sans engendrer des lourdeurs administratives excessives.[32]

Réorganisations des activités

484. Dans la législation de l'ensemble des membres du Cadre inclusif, les régimes de report des pertes prévoient des règles spécifiques pour les réorganisations des activités au sein d'un groupe d'EMN ou entre différents groupes[33]. Ces règles visent généralement à empêcher les opportunités d'évasion fiscale en s'assurant que l'activité qui réclame la déduction pour perte n'est pas économiquement différente de celle qui a subi la perte. Certaines de ces restrictions sont axées sur les transferts de propriété, par exemple en prévoyant que le droit d'une entreprise de reporter des pertes est perdu en cas de changement d'identité de son actionnaire majoritaire (par exemple des transactions d'actions aboutissant à un transfert de contrôle). D'autres restrictions portent sur des changements dans l'activité commerciale et imposent de répondre à ce qui est essentiellement un critère de « continuité des activités commerciales » en refusant de déduire des pertes lorsque le bénéfice contre lequel la déduction est demandée n'est pas produit par la même activité commerciale que celle qui a subi la perte. Enfin, certaines législations prévoient une combinaison des deux approches. Dans tous les cas, ces règles sont complexes et pesantes pour les contribuables comme pour les administrations fiscales, présentant d'importantes variations en termes de portée et d'impact (par exemple, la définition de ce qui constitue un « transfert de propriété » ou un « changement d'activité commerciale »). Ces règles créent une source importante de différends et d'insécurité juridique.

485. Concernant le Montant A, des règles spécifiques seront élaborées pour traiter des pertes non compensées à la suite de réorganisations des activités (par exemple création d'une nouvelle entreprise, modification d'une entreprise existante, vente (ou achat) de tout ou partie d'une entreprise à un tiers). Ces règles viseraient à veiller à ce que les pertes non compensées soient transférées (et reportées) au groupe concerné (ou au segment concerné, le cas échéant) en cas de poursuite de l'activité commerciale concernée. Elles chercheraient aussi à empêcher le transfert de pertes et les dispositions connexes d'évasion fiscale. Plusieurs points importants seront à envisager dans l'élaboration de ces règles, et notamment : les questions de complexité (et d'administration), les questions de définition, les interactions avec les règles de segmentation (y compris les changements dans le temps de la base de segmentation) et la nécessité de se prémunir contre des dispositions d'évasion fiscale, ainsi que l'impact possible sur la répartition des droits d'imposition. En conséquence, un certain nombre de simplifications seront envisagées pour obtenir ces résultats, y compris, par exemple, l'utilisation de clés de répartition pour répartir les pertes non compensées.

5.4.5. Interactions avec des régimes de report nationaux

486. En accord avec les caractéristiques visées plus haut et étant donné que le Montant A a sa propre base d'imposition, le régime de report du Montant A sera maintenu à l'écart de tout régime national existant de report des pertes. Cela signifie que les pertes subies au niveau de l'entité dans le cadre du système de répartition des bénéfices basé sur le principe de pleine concurrence (« pertes au niveau de l'entité ») ne modifieraient pas la base d'imposition du Montant A, pas plus que les pertes non compensées du

Montant A ne se répercuteraient sur la base d'imposition distincte d'une entité du groupe d'EMN déterminée selon le principe de pleine concurrence. En pratique, cela signifie que :

- Une entité du groupe redevable du Montant A (ou d'une partie de celui-ci) ne serait pas en mesure de réduire ou d'éliminer ce passif par des pertes au niveau de l'entité ;
- Les pertes du Montant A d'un groupe (ou d'un segment, le cas échéant) ne seraient pas compensées par le bénéfice d'une entité déterminé en vertu du système de répartition des bénéfices fondé sur le principe de pleine concurrence ; et
- Les pertes au niveau de l'entité en vertu du système de répartition des bénéfices fondé sur le principe de pleine concurrence ne seraient généralement pas affectées par le bénéfice (ou l'impôt) du Montant A[34].

487. Une question distincte se pose quant aux pertes au niveau de l'entité pour savoir si, dès lors qu'elles ne sont pas prises en compte dans le calcul de la base d'imposition du Montant A, elles pourraient l'être pour déterminer l'identité de la ou des entités du groupe (ou du segment) devant s'acquitter de l'impôt du Montant A (aux fins d'éliminer la double imposition). Le mécanisme pour éliminer la double imposition découlant du Montant A repose sur plusieurs étapes (par exemple critère d'activité, critère de rentabilité) ; des réflexions sont en cours dans le cadre des travaux sur l'élimination de la double imposition quant à l'inclusion à l'une de ces étapes de la prise en compte des pertes au niveau de l'entité (voir la section 7.2.6.).

5.4.6. Manques à gagner

488. Certains membres du Cadre inclusif ont proposé que le régime de report du Montant A tienne compte, en plus des pertes économiques, des « manques à gagner ». Ils estiment en effet que, au cours d'une période donnée, lorsque le bénéfice du Montant A d'un groupe (ou d'un segment) est inférieur au seuil de rentabilité convenu de la formule du Montant A, le régime de report du Montant A traiterait en tant que « perte » la différence entre ce bénéfice et le niveau du seuil de rentabilité (c'est-à-dire les manques à gagner), qui peut être reportée aux périodes imposables suivantes. Les manques à gagner seraient ainsi conservés et pourraient éventuellement donner lieu à un allégement fiscal au cours des exercices bénéficiaires ultérieurs aux fins du Montant A (voir l'illustration à l'Annexe C, Encadré C.1.).

489. Pour les partisans de cette approche, un régime de report qui inclut les manques à gagner améliorerait la neutralité en veillant à ce que le Montant A ne s'applique pas différemment aux contribuables dont les bénéfices sont fluctuants d'une période à l'autre (voir les Groupes X et Y à l'exemple de l'Annexe C, Encadré C.1.)[35]. Ils font observer que dans les systèmes fiscaux conventionnels qui imposent la première unité de bénéfice supérieure à zéro, la rentabilité zéro (où commencent les pertes) correspond au « point pivot » pour les reports. Ils suggèrent que dans un système tel que le Montant A, qui réattribue uniquement les bénéfices résiduels supérieurs à un seuil de bénéfice positif fixe, la neutralité exige que le point pivot pour les reports soit le seuil de bénéfice résiduel. Cette approche permettrait aussi au Montant A de mieux s'adapter à une conjoncture économique imprévisible. Certains de ces membres notent que les méthodes d'établissement des prix de transfert, telles que la méthode transactionnelle de la marge nette, reposent sur les données financières moyennes de plusieurs exercices ; et qu'une règle de report pour les manques à gagner est compatible avec cette approche, tout en évitant les difficultés administratives engendrées par une méthode de calcul de la moyenne. Par ailleurs, ils estiment que cette approche améliorerait l'exactitude de la mesure du bénéfice résiduel soumis à la formule du Montant A, en s'assurant que seul le bénéfice supérieur au seuil de rentabilité calculé sur une période plus longue (et un cycle d'activité plus long) est réattribué aux juridictions du marché. Cela contribuerait ainsi à préserver les droits d'imposition des juridictions de résidence sur les bénéfices du Montant A, non seulement en recouvrant les pertes préalablement déduites, mais aussi en améliorant la mesure du bénéfice qui reste soumis au système de répartition basé sur le principe de pleine concurrence (appelé bénéfice standard « présumé » de l'activité, voir la section 6.2.1). La juridiction de résidence où l'entreprise supporte des

coûts et prend des risques bénéficierait plus longtemps de son droit d'imposition en vertu des règles actuelles sur l'approximation du bénéfice standard. Ces membres tendent aussi à penser que les mêmes règles devraient s'appliquer aux pertes et aux manques à gagner (un système unique de report, y compris pour les restrictions de temps potentielles), et que cette approche n'ajouterait pas de complexité et serait facile à administrer.

490. En revanche, pour un autre groupe de membres, aucun principe ne justifie la comptabilisation des manques à gagner, qui de surcroît ajouterait une source de complexité et augmenterait les contraintes administratives et de conformité. D'un point de vue de politique publique, ces membres font observer que la plupart des règles actuelles d'impôt sur les bénéfices n'établissent pas la moyenne des bénéfices sur plusieurs exercices (y compris lorsqu'il existe un taux d'imposition progressif) et suggèrent également que les régimes de report des pertes sont conçus uniquement pour permettre aux contribuables de recouvrer les pertes découlant des coûts de leurs investissements antérieurs. Étant donné que les manques à gagner ne constituent pas un coût qui entrave la capacité d'un groupe à recouvrir ses investissements antérieurs, ils estiment qu'ils sont fondamentalement différents des pertes et considèrent que rien ne justifie d'en autoriser le report. Ces membres estiment aussi que le fait de ne pas tenir compte des manques à gagner n'a que peu, voire aucune, incidence sur la charge fiscale du contribuable (selon les écarts de taux d'imposition), et donc sur la neutralité, car la répartition des bénéfices (et la juridiction où le contribuable doit s'acquitter de son impôt sur les bénéfices) ne s'en trouve en rien modifiée. En outre, ils considèrent que cette proposition est incompatible avec la justification du seuil de rentabilité du Montant A, qui est une convention simplifiée introduite pour limiter les interactions entre les règles du Montant A et celles existantes relatives à la répartition des bénéfices, et pour simplifier le calcul du bénéfice au titre du Montant A. À leur avis, ce seuil ne vise pas à reproduire le concept de bénéfice résiduel utilisé dans les règles d'établissement du prix de transfert, il n'est pas destiné à s'appliquer au bénéfice d'un groupe d'EMN (ou d'un segment le cas échéant) sur plusieurs exercices et il implique un degré d'approximation accepté. Enfin, ces membres s'inquiètent des difficultés pratiques de cette proposition. D'après eux, l'objectif différent de politique publique d'« établissement de la moyenne du revenu » nécessiterait un traitement distinct des pertes et des manques à gagner et ajouterait de la complexité par l'existence de deux régimes de report distincts. Plus précisément, ils estiment que des délais plus stricts devraient s'appliquer aux manques à gagner par rapport aux pertes, dans la mesure où la comptabilisation de manques à gagner sur une période excessivement longue entraînerait des résultats inappropriés. Par exemple, une entreprise ayant une faible marge bénéficiaire pourrait accumuler des manques à gagner non compensés sur 10 ou 15 ans, ce qui ne serait pas justifié d'un point de vue politique et ouvrirait la voie à des possibilités de planification fiscale. Ces membres font également observer que les manques à gagner augmenteraient le montant des pertes administré par le système de report du Montant A et renforceraient donc la nécessité de règles strictes et complexes de lutte contre l'évitement pour empêcher le transfert de ces pertes (y compris en cas de réorganisations des activités).

491. Une décision devra être tranchée pour décider d'élargir ou non aux manques à gagner le régime de report du Montant A. Pour faciliter cette décision, des travaux supplémentaires seront effectués afin d'estimer l'impact de la comptabilisation des manques à gagner sur le montant des pertes administré par le régime de report du Montant A (sur le bénéfice du Montant A pour les groupes d'EMN couverts) et, de là, sur la réduction de la fraction du Montant A. Les facteurs à prendre en considération porteront sur les possibles implications et retombées de cette proposition sur d'autres caractéristiques de ce régime de report ou du Montant A, comme les limitations dans le temps de l'utilisation des pertes (voir la section 5.4.4) ou le niveau du seuil de rentabilité dans la formule du Montant A (voir la section 6.2.1).

5.4.7. Administration

492. L'approche qui est à l'étude obligerait tous les groupes d'EMN relevant du champ du Montant A à calculer leur base d'imposition du Montant A pour identifier et conserver les pertes subies sur une période donnée, y compris les périodes où les groupes d'EMN peuvent ne pas envisager de bénéfices à court ou

moyen terme qui seraient pertinents aux fins du Montant A (supérieurs au seuil de rentabilité)[36]. Pour gérer le ou les comptes de pertes, ces groupes seront également soumis à des obligations spécifiques en matière de dépôt et de documentation, telles que la tenue de registres au niveau du groupe (ou du segment le cas échéant) des pertes reportées (y compris des pertes antérieures au régime) pour chaque période à partir de l'introduction du nouveau droit d'imposition. Ces contraintes de conformité pourraient toutefois être considérablement atténuées par l'élaboration d'un cadre de conformité simplifié et centralisé pour le Montant A (y compris des exigences de dépôt normalisées), où une seule et même entité du groupe serait responsable de l'administration et du respect des règles du Montant A (voir la section 10.2.1). En outre, d'autres procédures élaborées pour faciliter l'administration du Montant A sont susceptibles d'être pertinentes pour le régime proposé de report des pertes, comme la possibilité de parvenir à la sécurité à un stade précoce (par exemple via le calcul et la répartition des pertes antérieures au régime, l'incidence sur les pertes non compensées d'une réorganisation d'activités).

5.4.8. Prochaines étapes

493. De plus amples travaux seront entrepris sur les aspects spécifiques du régime de report des pertes qui restent à finaliser, notamment :

- La question des pertes antérieures au régime et des limitations spécifiques dans le temps, le cas échéant, à imposer pour limiter les coûts d'administration et de mise en conformité.
- L'impact des réorganisations des activités (y compris les modifications dans le temps de la base de segmentation) et les règles spécifiques à élaborer pour empêcher le transfert de pertes et les dispositifs connexes d'évasion fiscale.
- La question des limitations dans le temps et les implications de l'adoption du report illimité.

494. Dans le cadre de ces discussions, les facteurs importants pris en compte porteront sur la simplicité d'administration (et les coûts de mise en conformité), la garantie d'une imposition sur une base nette, la neutralité et l'impact possible sur la répartition des droits d'imposition.

495. D'autre part, lors des discussions sur la fraction du Montant A (voir la section 6.5), il sera nécessaire de décider si ce régime devrait s'appliquer exclusivement aux pertes économiques ou être étendu pour couvrir les manques à gagner.

Notes

[1] Il s'agit, outre les IFRS, des principes comptables généralement admis de l'Australie, du Canada, des États-Unis, de Hong Kong (Chine), du Japon, de la Nouvelle-Zélande, de la République de Corée, de la République de l'Inde, de la République populaire de Chine et de Singapour.

[2] La fraction des bénéfices à répartir au titre du Montant A à une juridiction du marché éligible résultera de l'application de la formule du Montant A (comprenant la clé de répartition basée sur le chiffre d'affaires couvert) à la base d'imposition consolidée. Cela signifierait que même si le calcul de la base d'imposition du Montant A ne faisait pas la distinction entre les activités couvertes et non couvertes, les bénéfices pour les activités non couvertes au titre du Montant A ne seraient toujours pas attribués aux juridictions du marché. Concrètement, la marge bénéficiaire du groupe ou du segment serait utilisée comme indicateur de la marge bénéficiaire des activités couvertes.

[3] Cette approche de régime de protection pourrait toutefois augmenter considérablement le nombre de groupes d'EMN qui choisiraient de calculer la base d'imposition du Montant A sur une base segmentée, ce qui entraînerait une charge administrative lourde pour les administrations fiscales. L'approche du régime de protection bénéficierait aux contribuables, car elle permettrait à un groupe aux activités non couvertes à rentabilité élevée et aux activités couvertes à rentabilité peu élevée de choisir de calculer sa base d'imposition du Montant A sur une base segmentée, ce qui aurait ainsi pour effet de réduire l'impôt potentiel dont il pourrait être redevable au titre du Montant A.

[4] Lorsqu'un groupe d'EMN répond aux critères d'exemption de l'obligation de segmentation, mais a un segment déclaré couvert par le Montant A et un segment déclaré non couvert, il peut être préférable d'exclure le groupe d'EMN de cette exemption. Cette question fera l'objet de plus amples travaux.

[5] Les transactions entre entreprises associées ne sont pas toutes telles que définies à l'article 9 du Modèle de Convention fiscale de l'OCDE qui seront forcément éliminées par le processus de consolidation. La raison tient au fait que, à des fins comptables, la définition du terme « contrôle » est généralement plus étroite que celle des entreprises associées au titre de l'article 9 du Modèle de convention fiscale de l'OCDE.

[6] Même lorsque les groupes d'EMN ne sont pas tenus d'établir des états financiers consolidés audités, diverses contraintes associées au processus comptable (par exemple, incitations, contrôles) contribuent à la fiabilité de l'information fournie par les états financiers.

[7] L'IFRS est un ensemble de normes comptables émises par la Fondation IFRS et l'IASB. Il s'agit de la norme comptable financière la plus couramment utilisée et acceptée dans le monde (voir https://www.ifrs.org/use-around-the-world/use-of-ifrs-standards-by-jurisdiction/). Cette utilisation généralisée dans le monde en fait un point de référence utile et pragmatique pour évaluer les différences entre des GAAP locaux lors du calcul de la base d'imposition du Montant A.

[8] Voir chapitre 4 (section 4-7) des règles GloBE.

[9] En outre, un grand nombre des différences potentielles entre les GAAP sont de nature qualitative, ce qui nuirait à la fiabilité de la quantification et de l'ajustement de ces divergences pour calculer la base d'imposition du Montant A.

[10] Le compte de résultat est l'un des cinq états interconnectés qui constituent les états financiers consolidés d'un groupe d'EMN. Le chiffre qui figure au bas du compte de résultat est le total des « profits ou pertes » qui inclut, en principe, l'ensemble des charges et des produits d'un groupe d'EMN pour une période donnée. La seule exception tient aux charges et produits présentés dans l'état « autres éléments du résultat global ».

[11] Par exemple, les plus-values cumulées non réalisées peuvent être pertinentes pour les actionnaires d'un groupe, mais ne donnent généralement pas lieu à une charge d'impôt sur les bénéfices tant qu'elles ne sont pas réalisées et, par conséquent, ne seraient pas incluses dans la base d'imposition du Montant A. La plupart des plus-values cumulées non réalisées sont comptabilisées dans l'état « autres éléments du résultat global » et ne figurent donc pas au compte de résultat tant qu'elles ne sont pas réalisées. Par conséquent, les groupes d'EMN qui comptabilisent les plus-values cumulées dans leur état « autres éléments du résultat global » n'auront pas besoin de calculer la base d'imposition du Montant A ; cette approche sera donc relativement simple à appliquer.

[12] À cette fin, les IFRS définissent les « impôts sur les bénéfices » comme incluant *« tous les impôts nationaux et étrangers qui sont basés sur des bénéfices imposables. Les impôts sur les bénéfices*

comprennent également des impôts, tels que les retenues à la source, qui sont payables par une filiale, une société associée ou un partenariat sur les distributions à l'entité déclarante. » Par exemple, dans le cas particulier des sociétés de personnes qui ne sont pas assujetties à l'IS, la charge fiscale ne tient compte que de la retenue à la source prélevée sur la distribution des bénéfices aux associés.

[13] Sont inclus les impôts sur les bénéfices exclus aux fins du calcul de la base d'imposition du Montant A.

[14] Voir chapitre 4 (section 4-7) des règles GloBE.

[15] Voir chapitre 4 (section 4-7) des règles GloBE.

[16] Pour en savoir plus sur la méthode comptable de mise en équivalence, voir chapitre 4 (section 4-7) des règles GloBE.

[17] Selon les IFRS et un certain nombre de GAAP, les produits et les charges sont classés et inclus soit dans le compte de résultat, soit dans l'état « autres éléments du résultat global ». En règle générale, les produits et les charges non réalisés sont comptabilisés dans l'état « autres éléments du résultat global » au cours de la période où ils sont survenus. Ces éléments sont ensuite reclassés (« recyclés »), partant de l'état « autres éléments du résultat global » pour figurer dans le compte de résultat à une période future, généralement lorsqu'ils sont réalisés.

[18] Pour calculer le bénéfice avant impôt attribuable à des services de cloud computing standardisés et sur mesure, un groupe doit répartir des coûts partagés importants entre ces activités à l'aide de clés de répartition (qui sont susceptibles d'inclure du chiffre d'affaires). Le recours à des clés de répartition pour ventiler un éventail potentiellement large de coûts distincts à mène à se demander si le bénéfice avant impôt qui sera calculé pour chacune de ces activités reflétera fidèlement la réalité économique sous-jacente de chaque branche d'activité. Il serait difficile aussi de vérifier ces répartitions.

[19] Il s'agira notamment d'envisager s'il peut être approprié d'exiger uniquement du contribuable de segmenter sa base d'imposition entre les activités couvertes et non couvertes, conformément au périmètre du Montant A.

[20] La norme IFRS 8 définit le segment opérationnel comme la « *composante d'une entité a) qui se livre à des activités à partir desquelles elle est susceptible d'acquérir des produits des activités ordinaires et d'encourir des charges (y compris des produits des activités ordinaires et des charges, relatifs à des transactions avec d'autres composantes de la même entité) ; b) dont les résultats opérationnels sont régulièrement examinés par le principal décideur opérationnel de l'entité en vue de prendre des décisions en matière de ressources à affecter au secteur et d'évaluer sa performance ; et c) pour laquelle des informations financières isolées sont disponibles.* » Conseil international de normalisation comptable, *Norme internationale d'information financière 8 : Segments opérationnels*, paragraphe 5.

[21] Conseil international de normalisation comptable, *Norme internationale d'information financière 14 : Information sectorielle*, paragraphe 9.

[22] *Norme comptable internationale 14 : Information sectorielle,* paragraphe 9 comprend une définition d'un « secteur géographique » qui peut être utile pour développer cet aspect des « marqueurs de segmentation ».

[23] Bien que la législation relative à l'IS de certaines juridictions prévoie des règles de report de pertes sur les exercices antérieurs, en vertu desquelles les pertes peuvent être transférées pour réduire ou éliminer l'IS payé au cours d'un exercice fiscal antérieur, ces règles ne sont pas envisagées dans le contexte du

Montant A en raison de la complexité et du manque de sécurité qu'elles induisent. Des régimes de report de pertes sur les exercices antérieurs se sont révélés difficiles à administrer, car ils nécessitent de rouvrir l'évaluation d'un contribuable pour des périodes d'imposition antérieures. Ils compliquent aussi la tâche des juridictions en matière de prévisions des recettes fiscales, car ils nécessitent le remboursement (éventuellement pendant des années de déclin économique) d'impôts payés au cours d'exercices passés.

[24] Dans le présent rapport, on entend par capacité contributive la capacité d'un contribuable de s'acquitter de son impôt sur les bénéfices sans nuire à son investissement original.

[25] Par exemple, il s'agit là d'un point pertinent pour les activités commerciales à haut risque nécessitant des investissements importants dans l'innovation et la technologie, où le risque de pertes est plus élevé que pour d'autres activités commerciales (à faible risque). De nombreuses entreprises à forte composante numérique démarrent leur cycle économique par une période de « montée en puissance » au cours de laquelle elles réalisent de gros investissements pour développer leur modèle d'affaires et amorcer leur croissance internationale à la conquête de nouveaux marchés. Au cours de cette période, elles peuvent subir de lourdes pertes, même si à long terme elles deviennent efficientes et hautement bénéficiaires. Le report des pertes est nécessaire pour s'assurer que ces entreprises prenant des risques, dont le bénéfice est très fluctuant, sont en mesure de récupérer les coûts associés à leurs investissements initiaux, et ne sont donc pas soumises à une charge fiscale relativement plus élevée que d'autres activités commerciales dont la voie vers la rentabilité est plus rapide.

[26] En raison des différentes exemptions disponibles pour déterminer l'obligation ou non de segmentation, on s'attend à ce qu'un nombre limité d'EMN relevant du champ du Montant A soient tenues de segmenter leurs états financiers consolidés aux fins du calcul de la base d'imposition du Montant A (voir la section 5.3.3).

[27] Cela signifie qu'en cas d'adoption d'une approche fondée sur la marge bénéficiaire (voir la section 6.2.4), le groupe d'EMN calculera la fraction des pertes aux fins du Montant A en multipliant sa marge bénéficiaire négative consolidée par son chiffre d'affaires couvert total.

[28] Ce délai pour le calcul et la déclaration des pertes engagées avant l'introduction du Montant A ne s'appliquerait pas forcément au report de ces pertes antérieures au régime aux exercices ultérieurs (voir la section 5.4.4).

[29] Une approche d'attribution de pertes à des juridictions de marché exigerait l'élaboration, dans chaque juridiction de marché, de règles de report des pertes aux fins du Montant A, vraisemblablement en conformité avec certaines normes harmonisées pour s'assurer que les juridictions de marché ne sont pas en mesure de rendre inopérante l'attribution des pertes (par exemple, en imposant des délais prohibitifs à toute compensation). Il faudrait demander aux contribuables d'administrer séparément les pertes attribuées dans chaque juridiction de marché et de soumettre dans chacune d'elles une demande d'allégement fiscal une fois que des bénéfices seront attribués à cette même juridiction au titre du Montant A au cours des exercices ultérieurs.

[30] Des mécanismes comparables sont utilisés dans la législation de différentes juridictions du Cadre inclusif, comme pour le traitement de certains véhicules d'investissement (généralement, pour compenser les bénéfices et les pertes générés par un portefeuille d'actifs sur plusieurs exercices avant de redistribuer les bénéfices aux investisseurs).

[31] En cas d'élargissement du régime de report au titre du Montant A à certaines pertes antérieures au régime, le compte de pertes inclurait également ces pertes antérieures au régime.

[32] Certains membres du Cadre inclusif considèrent comme prioritaire l'imposition du bénéfice net du Montant A et sont favorables à un report illimité (en clair, aucune limitation dans le temps imposée au régime de report national dans les juridictions). D'autres s'inquiètent des difficultés administratives induites par un report illimité, notamment des risques de manipulations et d'usage abusif. Ils préfèrent donc imposer un délai dans le temps. Ces membres estiment aussi en règle générale que la nécessité d'imposer des limitations dans le temps est proportionnelle au montant des pertes en jeu, et qu'au moment de trancher sur cette question, il conviendra d'envisager la possible inclusion de manques à gagner.

[33] Une réorganisation des activités signifie ici toute situation où un ou plusieurs membres du groupe d'EMN, ou un ou plusieurs actifs d'entreprise ou succursales au sein du groupe, sont transférés pour appartenir à un autre groupe, ou à une autre entreprise ou succursale au sein du même groupe. Sont donc incluses les modifications apportées à l'organisation d'une activité qui entraînent des modifications de la base de segmentation (voir la section 5.3).

[34] S'agissant d'une question de politique fiscale nationale, les membres du Cadre inclusif resteront libres de réduire une répartition du Montant A à leur juridiction des pertes au niveau de l'entité que le même groupe d'EMN a subies par le truchement d'une entité dans cette juridiction.

[35] La volatilité des bénéfices peut être le résultat de différents facteurs dans le contexte du Montant A, y compris des écarts temporels dans le traitement des produits et des charges selon les normes comptables (voir la section 5.2.1).

[36] Il s'agira aussi de tenir compte du traitement à réserver aux pertes subies par les groupes d'EMN qui ne relèvent pas du champ d'application du Montant A parce qu'elles sont inférieures à l'un des deux seuils de chiffre d'affaires (voir la section 2.3). Par exemple, le régime transitoire élaboré pour tenir compte des pertes antérieures au régime (voir la section 5.4.2) pourrait être prolongé et s'appliquer de la même manière aux pertes subies pendant les périodes où le chiffre d'affaires du groupe d'EMN est inférieur au seuil couvert.

6 Répartition des bénéfices

6.1. Vue d'ensemble

6.1.1. La formule pour déterminer la fraction du Montant A

496. Le calcul et la répartition du Montant A reposeront sur une formule qui ne relève pas du principe de pleine concurrence. Cette formule s'appliquera à la base d'imposition d'un groupe (ou d'un segment, le cas échéant) et comportera trois composantes distinctes représentées dans les étapes ci-dessous :

- **Étape 1 :** Un seuil de rentabilité visant à isoler le bénéfice résiduel devant potentiellement être réattribué, et à limiter les éventuelles interactions entre le Montant A et la rémunération d'activités standard au titre des règles conventionnelles de prix de transfert. Afin d'éviter des règles complexes, ce seuil serait basé sur une méthode de simplification, qui sera un ratio entre le bénéfice avant impôt et le chiffre d'affaires.
- **Étape 2 :** Un pourcentage de bénéfice à réattribuer, visant à identifier une part appropriée du bénéfice résiduel qui peut être attribuée aux juridictions du marché relevant du Montant A (ci-après, la « base d'imposition à répartir »). Cela permettra de veiller à ce que d'autres facteurs, comme les actifs incorporels de commercialisation, le capital et le risque, continuent d'être rémunérés et de se voir attribuer du bénéfice résiduel. Afin d'éviter des règles complexes, cette base d'imposition à répartir sera déterminée par une méthode de simplification, qui sera un pourcentage fixe.
- **Étape 3 :** Une clé de répartition visant à répartir la base d'imposition entre les juridictions du marché éligibles (à savoir celles pour lesquelles un lien a été établi au titre du Montant A). Elle reposera sur le chiffre d'affaires couvert de source locale déterminé en appliquant les règles relatives au champ d'application, au lien et à la source du chiffre d'affaires (voir le chapitre 4).

497. Cette formule en trois temps pour déterminer la fraction du Montant A pourrait être appliquée selon deux approches : l'une fondée sur le bénéfice et l'autre sur la marge bénéficiaire. Dans le cadre de l'approche fondée sur le bénéfice, le calcul partirait de la base d'imposition du Montant A exprimée en tant que montant du bénéfice (par exemple un bénéfice en valeur absolue de 10 millions EUR), alors qu'avec l'approche fondée sur la marge bénéficiaire, le calcul partirait de la base d'imposition du Montant A exprimée en tant que marge bénéficiaire (par exemple un ratio bénéfice avant impôt / chiffre d'affaires de 15 %). Les deux approches appliqueraient de la même façon la formule de répartition en trois étapes et attribueraient par conséquent à chacune des juridictions du marché la même fraction du Montant A imposable. L'administration de chaque approche peut toutefois présenter certaines variantes (par exemple, les changements de devises) ; ces différences concrètes éclaireront le choix de l'approche la plus appropriée pour calculer et répartir le Montant A. Ces deux approches sont examinées plus en détail à l'Annexe B.

Mécanismes de différenciation potentiels

498. Dans le cadre de l'accord global qu'il reste à trouver, il sera nécessaire de décider si la formule devrait intégrer un mécanisme de « différenciation ». La question est de savoir s'il convient d'appliquer les différentes composantes de cette formule de façon similaire en toutes circonstances, ou si des variantes

(par exemple, le seuil de rentabilité de l'étape 1 et/ou le pourcentage de bénéfice à réattribuer de l'étape 2) devraient s'appliquer parfois pour augmenter (ou diminuer) la fraction du bénéfice réattribuée aux juridictions du marché pour certaines activités commerciales. Aucun accord n'a encore été conclu tant sur le bien-fondé politique de ces variantes que sur leur faisabilité du point de vue de leur conception technique. Il s'agira aussi de résoudre quelques problèmes subsistants concernant les questions de segmentation par région et par juridiction.

La question du double comptage

499. Le document « Contours de l'architecture » a fait ressortir la question importante du risque que, dans certaines circonstances, les interactions entre le Montant A et les droits d'imposition existants des juridictions de marché permettent à une juridiction de marché d'imposer à deux reprises le bénéfice résiduel d'un groupe d'EMN : une fois au titre des droits d'imposition et une autre fois par le truchement du Montant A (le problème du « double comptage »). La question du double comptage devrait être résolue, du moins en partie, par le mécanisme visant à éliminer la double imposition (voir le chapitre 7). En effet, lorsque dans une juridiction de marché, en vertu des règles actuelles de répartition des bénéfices, un bénéfice résiduel significatif est attribué à une entité, celle-ci peut être identifiée comme une « entité payeuse » au sein du groupe aux fins de l'élimination de la double imposition, qui serait amenée à supporter une partie de l'impôt dû au titre du Montant A (aboutissant à un effet de « compensation »). Toutefois, certains membres du Cadre inclusif suggèrent que :

- Cette solution peut sembler incompatible avec la logique globale du Pilier Un (et du Montant A plus précisément), qui a toujours été d'adapter le système d'impôt sur les bénéfices lorsqu'une entreprise participe de façon active et soutenue à une juridiction de marché, mais que les règles actuelles de répartition des bénéfices ne confèrent pas à cette juridiction des droits d'imposition sur les bénéfices résiduels générés sur ce marché. Par conséquent, si le Montant A s'appliquait à des activités réalisant déjà un bénéfice résiduel sur le marché, il semble que le problème que le Pilier Un tente de résoudre soit inexistant.
- Il sera complexe d'appliquer le mécanisme visant à éliminer la double imposition aux entreprises qui réalisent des bénéfices résiduels dans un grand nombre d'entités et de juridictions. Plus précisément, il sera délicat de calibrer ce système pour identifier un distributeur de plein exercice (auquel le bénéfice résiduel est déjà attribué) en tant qu'entité payeuse pour le Montant A attribué au pays dans lequel il est résident. C'est pourquoi il peut être préférable de concevoir un mécanisme alternatif propre à réduire la pression sur le mécanisme d'élimination, pour que celui-ci puisse se concentrer sur les entreprises plus centralisées pour lesquelles il sera relativement facile d'identifier les entités payeuses .

500. Le régime de protection des bénéfices générés par des activités de commercialisation et de distribution décrit ci-après relève d'une approche qui vise à résoudre ces problèmes de double comptage, en même temps que plusieurs autres mis en avant par les membres du Cadre inclusif et des parties prenantes. Il s'agirait d'ajouter une étape supplémentaire à la formule du Montant A pour ajuster la fraction du Montant A attribuée aux juridictions du marché éligibles dans des circonstances particulières. D'autres approches sont également à l'étude pour régler (ou atténuer) le problème du double comptage au-delà du mécanisme d'élimination de la double imposition, notamment celle de l'exception en faveur des entreprises nationales.

Régime de protection des bénéfices issus d'activités de commercialisation et de distribution

501. Le « régime de protection des bénéfices issus d'activités de commercialisation et de distribution » repose sur le postulat suivant : le Montant A devrait être attribué à une juridiction de marché à laquelle des bénéfices résiduels ne sont pas attribués en vertu des règles actuelles de répartition des bénéfices, mais

il ne devrait pas l'être à une juridiction de marché dès lors qu'un groupe d'EMN laisse déjà suffisamment de bénéfices résiduels sur ce marché (pour ses activités couvertes). Il ne s'agirait pas d'un régime de protection conventionnel, mais plutôt de « plafonner » la répartition du Montant A aux juridictions de marché qui détiennent déjà des droits d'imposition sur les bénéfices d'un groupe en vertu des règles fiscales existantes. Sur le plan conceptuel, il appréhenderait les impôts sur les bénéfices à payer dans la juridiction du marché au titre à la fois des droits d'imposition existants et du Montant A, et il ajusterait la fraction du Montant A imposable dans une juridiction de marché, de manière à la plafonner lorsque le bénéfice résiduel du groupe d'EMN est déjà imposé dans cette juridiction en vertu des règles actuelles de répartition des bénéfices. Lorsqu'un groupe d'EMN remplit les conditions prévues par le régime de protection dans les juridictions du marché où il exerce ses activités, il serait certes tenu de calculer le Montant A, mais pour le reste il demeurerait soumis aux règles actuelles, y compris sur les prix de transfert et l'élimination de la double imposition.

502. En vertu du régime de protection, lorsqu'un groupe d'EMN a une présence imposable dans une juridiction de marché en y exerçant des activités de commercialisation et de distribution liées à un chiffre d'affaires couvert de source locale (s'agissant soit d'une entité résidente, soit d'un établissement stable), le groupe serait tenu de déterminer le bénéfice attribué à la juridiction de marché en vertu des règles actuelles de répartition des bénéfices pour l'exercice de ces activités de commercialisation et de distribution (« l'actuel bénéfice issu d'activités de commercialisation et de distribution »)[1]. Le groupe d'EMN le comparerait alors à la « rémunération relevant du régime de protection » qui serait la somme de deux composantes :

- Le Montant A, tel que calculé selon la formule y afférente ; et
- Une rémunération fixe pour les activités standard de commercialisation et de distribution dans le pays, qui pourrait inclure une majoration régionale et sectorielle.

503. La rémunération relevant du régime de protection représente le plafonnement, qui servirait de référence pour ajuster la fraction du Montant A attribuée à une juridiction de marché. Ce plafonnement serait appliqué par un groupe d'EMN séparément à chaque juridiction de marché dans laquelle il opère et donnerait lieu à trois résultats possibles :

- Lorsque le bénéfice issu d'activités de commercialisation et de distribution est inférieur à la rémunération fixe, le groupe d'EMN ne pourra pas bénéficier du régime de protection ;
- Lorsque le bénéfice issu d'activités de commercialisation et de distribution est supérieur à la rémunération fixe, mais inférieur à la rémunération relevant du régime de protection, la fraction du Montant A attribuée à la juridiction en question serait ramenée à la différence entre la rémunération relevant du régime de protection et le bénéfice déjà attribué à la présence locale ; et
- Lorsque le bénéfice issu d'activités de commercialisation et de distribution est supérieur à la rémunération relevant du régime de protection, aucun Montant A ne serait attribué à cette juridiction.

504. Les groupes d'EMN couverts qui, pour des raisons commerciales (compte tenu de leur modèle économique particulier), opèrent sans présence imposable existante dans une juridiction de marché ou n'attribuent qu'une rémunération relativement limitée (par exemple sur une base de coûts majorés) aux activités locales de commercialisation et de distribution, ne relèveraient pas de la règle du régime de protection et par conséquent, ils s'acquitteraient du Montant A dans la majorité des juridictions de marché dans lesquelles ils opèrent. En revanche, les entreprises plus conventionnelles en relation étroite avec les consommateurs, surtout celles dont le modèle d'activité est décentralisé et dont les distributeurs supportent la totalité des risques, peuvent déjà attribuer des bénéfices aux juridictions du marché dès lors qu'ils sont supérieurs à la rémunération relevant du régime de protection. Par conséquent, même si ces entreprises étaient tenues de calculer le Montant A (pour déterminer qu'elles satisfont aux conditions du régime de protection), en définitive beaucoup d'entre elles n'auraient pas à payer le Montant A ou à en appliquer le mécanisme pour éliminer la double imposition.

Exception relative aux entreprises nationales.

505. Ce mécanisme exclurait du champ d'application du Montant A les bénéfices découlant d'activités en relation étroite avec les consommateurs ou de services numériques automatisés dans une juridiction de marché qui peuvent être considérées comme autonomes du reste du groupe, à savoir la vente de biens ou de services qui sont développés, fabriqués et vendus dans une seule et même juridiction. Étant donné que dans ce cas de figure le bénéfice résiduel est généralement déjà attribué au marché, cette exception éviterait alors le risque de double comptage.

506. De plus amples travaux seront nécessaires pour évaluer l'efficacité, l'efficience et la faisabilité des différentes options pour empêcher le double comptage, en étroite coordination avec les travaux consacrés au mécanisme d'élimination de la double imposition et à la lumière de l'objectif politique du Montant A (voir le chapitre 7). Il s'agira également de réfléchir aux interactions entre le Montant A et certaines retenues à la source d'impôt prélevées par les juridictions du marché.

6.2. La formule pour déterminer la fraction du Montant A

6.2.1. Étape 1 - Le seuil de rentabilité

507. Le Montant A représente une variable de substitution simplifiée de la partie du bénéfice résiduel d'une entreprise qui peut raisonnablement être associée à la participation soutenue et importante de cette entreprise dans l'économie d'une juridiction de marché. Pour isoler le bénéfice résiduel d'une entreprise (d'un groupe ou d'un segment, le cas échéant) devant potentiellement être réattribué au titre du Montant A, la formule prévoit un seuil de rentabilité. Ce seuil repose sur une convention simplifiée (c'est-à-dire un pourcentage fixe) et s'appliquera à la base d'imposition du Montant A, déduction faite des éventuelles pertes disponibles reportées (voir la section 5.4).

508. L'une des raisons à l'introduction et à l'utilisation d'un seuil fixe, au lieu d'un pourcentage variable basé sur une analyse des faits et des circonstances ou sur une analyse connexe des prix de transfert, est d'atténuer la complexité. Le seuil de rentabilité réduira sensiblement l'ampleur des interactions du Montant A avec les règles de prix de transfert conventionnelles (par exemple, la rémunération d'activités standard), et donc la complexité que ces interactions induisent en vue d'éliminer la double imposition (et le double comptage, voir ci-dessous la section 6.4). Ce seuil ne modifiera pas la répartition du bénéfice provenant d'activités standard en application des règles de prix de transfert existantes (dans la mesure où le Montant A vient s'ajouter aux règles actuelles de répartition des bénéfices), mais il simplifiera l'identification et le calcul du bénéfice résiduel soumis au nouveau droit d'imposition.

509. Afin d'obtenir de tels résultats, le seuil de rentabilité sera déterminé selon une méthode de simplification (à savoir, une variable de substitution). Conformément à la logique adoptée pour déterminer la base d'imposition, et afin de faciliter l'administration et la conformité, il est prévu que la rentabilité d'un groupe d'EMN (ou d'un segment) soit évaluée moyennant le calcul du ratio bénéfice avant impôt/chiffre d'affaires au titre du Montant A, autrement dit par un pourcentage[2]. Le calcul de ce chiffre ne reposera nullement sur une évaluation économique spécifique au groupe d'EMN, pas plus qu'il ne correspondra nécessairement à d'éventuels accords de prix de transfert sous-jacents. L'impact des différents seuils de rentabilité est illustré dans le Tableau 6.1. ci-après.

Tableau 6.1. Impact estimé des différents seuils de rentabilité

Nombre et part des groupes d'EMN dépassant le seuil de bénéfice résiduel.

Seuil de rentabilité	Nombre estimé de groupes d'EMN couverts	Bénéfice résiduel mondial estimé (1 000 milliards USD)

8 %	~990	0.60
10 %	~780	0.49
15 %	~430	0.29
20 %	~240	0.17
25 %	~150	0.10

Note : Les données portent sur 2016. Sont exclues de cette estimation les groupes d'EMN dont le chiffre d'affaires consolidé est inférieur à 750 millions EUR. Seuls sont inclus les groupes d'EMN exerçant leur activité principale dans les secteurs des services numériques automatisés ou en relation étroite avec les consommateurs. La classification sectorielle est basée sur l'activité principale de chaque groupe. Cette estimation ne tient pas compte du seuil relevant du champ d'application basé sur le chiffre d'affaires couvert de source étrangère, de la possibilité que des groupes aient plusieurs branches d'activité ou des unités opérant dans plusieurs secteurs (c'est-à-dire de l'impact de la segmentation) ni de l'impact possible de la comptabilisation des manques à gagner dans le calcul du bénéfice au titre du Montant A (voir la section 5.4.6). On peut donc supposer que le montant total du bénéfice mondial considéré comme étant le bénéfice résiduel dans ce tableau pourrait être moins élevé dans la pratique. L'estimation ne tient pas compte de la possibilité que des groupes aient plusieurs branches d'activité ou comprennent des unités opérant dans plusieurs secteurs.
Source : Calculs du Secrétariat de l'OCDE. Pour des explications supplémentaires, voir CTPA/CFA/WP2/NOE2(2020)65 et CTPA/CFA/WP2/NOE2(2020)6.

510. Des données et analyses complémentaires sont disponibles dans l'évaluation de l'impact économique[3]. En s'aidant de ces estimations, les membres du Cadre inclusif pourront prendre une décision avisée pour établir le seuil. La décision quant au niveau du seuil de rentabilité cherchera à concilier plusieurs objectifs, à savoir s'assurer que le montant du bénéfice à réattribuer est modeste mais significatif, proportionnel aux coûts de conformité et à la charge administrative, et que le nombre de groupes concernés reste à un niveau gérable. À titre d'illustration, on constate que, sur la base d'un seuil de 10 % de bénéfice avant impôt rapporté au chiffre d'affaires, les estimations du Tableau 2.1 laissent à penser qu'environ 780 groupes d'EMN relevant potentiellement du champ du Montant A auraient des bénéfices résiduels. Cela représenterait approximativement 35 % des groupes d'EMN assujettis à l'obligation de déclarations pays par pays dont l'activité principale relève des secteurs ADS et CFB. En outre, le bénéfice résiduel combiné de ces groupes d'EMN serait de 510 milliards USD.

6.2.2. Étape 2 - Le pourcentage de bénéfice à réattribuer

511. Au titre du Pilier Un, seule une partie du bénéfice résiduel d'un groupe (ou d'un segment, le cas échéant) est attribuable au Montant A. Cela s'explique par le fait que les groupes d'EMN se livrent à toute une variété d'activités non liées au Montant A qui génèrent un bénéfice résiduel, d'où la nécessité qu'une part importante du bénéfice résiduel continue d'être attribuée en vertu des règles actuelles à des facteurs tels que les actifs incorporels de commercialisation, le capital et le risque, etc.

512. Le calcul basé sur une formule du Montant A nécessite donc une étape supplémentaire : le pourcentage de bénéfice à réattribuer. Pour des raisons de simplicité, la part du bénéfice résiduel attribuable à la juridiction de marché sera déterminée par une méthode de simplification (à savoir une variable de substitution) sans rapport avec les circonstances particulières du groupe d'EMN et qui ne repose pas sur le principe de pleine concurrence. Cette méthode de simplification pourrait aussi consister à multiplier le bénéfice résiduel par un pourcentage fixe. En reprenant les estimations visées dans le Tableau 6.1. , le Tableau 6.2. ci-après présente des estimations de l'impact de différents pourcentages de bénéfice à réattribuer (associés à différents seuils de rentabilité possibles) sur le montant du bénéfice résiduel mondial à attribuer aux juridictions de marché.

Tableau 6.2. Incidence du seuil de rentabilité et du pourcentage de bénéfices résiduels à réattribuer

Seuil de rentabilité	Pourcentage à réattribuer	Bénéfice résiduel global à attribuer à la juridiction du marché (milliards USD)

8 %	10 %	60
	20 %	120
	30 %	180
10 %	10 %	49
	20 %	98
	30 %	147
15 %	10 %	29
	20 %	58
	30 %	87
20 %	10 %	17
	20 %	34
	30 %	51
25 %	10 %	10
	20 %	20
	30 %	30

Note : Les données portent sur 2016 (voir plus haut le Tableau 6.1.).
Source : Calculs du Secrétariat (voir plus haut le Tableau 6.1.).

513. Des données et analyses plus complètes sont disponibles dans l'évaluation de l'impact économique[4]. Forts de ces estimations, les membres du Cadre inclusif pourront prendre une décision éclairée sur le pourcentage de bénéfice à réattribuer. Cette décision visera à satisfaire plusieurs objectifs à la fois, notamment de continuer à imposer les activités et les facteurs générant un bénéfice résiduel non lié au Montant A en vertu du système existant de répartition des bénéfices basé sur le principe de pleine concurrence. À titre d'illustration, on constate que, sur la base d'un seuil de rentabilité de 10 % et d'un pourcentage de bénéfice à réattribuer de 20 %, les estimations du Tableau 6.2. suggèrent que, en utilisant les données financières de 2016, 98 milliards USD seraient attribués aux juridictions du marché. Selon cette approche, 80 % du bénéfice résiduel d'un groupe d'EMN (ou d'un segment, le cas échéant) calculé aux fins du Montant A continuerait donc d'être imposé conformément au système existant de répartition des bénéfices fondé sur le principe de pleine concurrence, les 20 % restants constituant ainsi la base d'imposition à répartir aux fins du Montant A.

6.2.3. *Étape 3 - La clé de répartition*

514. Une fois calculée la base d'imposition à répartir au titre du Montant A, ce bénéfice doit être attribué aux différentes juridictions du marché éligibles d'après une clé de répartition. Cette répartition repose sur le chiffre d'affaires couvert réalisé dans chaque juridiction de marché éligible (pour les règles relatives à la source du chiffre d'affaires, voir le chapitre 4.2).

515. L'application de cette clé de répartition nécessitera de définir clairement ce qu'on entend par chiffre d'affaires. En vertu des normes comptables, le chiffre d'affaires est généralement comptabilisé sur une base brute, ou nette de certains types d'impôts et de taxes (y compris sur les ventes, la consommation, la valeur ajoutée, ainsi que certains droits d'accise). De plus amples travaux seront nécessaires pour déterminer si les définitions existantes du chiffre d'affaires fournies par les normes comptables et figurant dans les états financiers (qui sont reprises pour les déclarations pays par pays) pourraient être utilisées pour définir le chiffre d'affaires aux fins de l'application de la formule du Montant A (en plus de l'application des critères du seuil pour déterminer le champ d'application, voir la section 2.3).

516. L'application de la clé de répartition basée sur le chiffre d'affaires variera selon que la formule adopte une approche fondée sur le bénéfice ou sur la marge bénéficiaire (voir la section 6.2.4). Dans le cadre d'une approche fondée sur le bénéfice, la base d'imposition à répartir (un montant du bénéfice, c'est-à-dire le bénéfice avant impôt) pourrait être multipliée par le ratio entre le chiffre d'affaires couvert de

source locale et le chiffre d'affaires total d'un groupe d'EMN (ou d'un segment, le cas échéant) qui est utilisé pour le calcul de la base d'imposition, incluant le chiffre d'affaires provenant de juridictions de marché non éligibles (pour lesquelles aucun lien ne serait établi aux fins du Montant A) et éventuellement le chiffre d'affaires non couvert. Dans le cadre d'une approche fondée sur la marge bénéficiaire, la base d'imposition à répartir (un ratio de bénéfice, c'est-à-dire bénéfice avant impôt/chiffre d'affaires) pourrait être multipliée par le chiffre d'affaires couvert de source locale.

517. Ces deux approches permettraient de s'assurer que les bénéfices correspondant au Montant A imputables à un chiffre d'affaires généré dans des juridictions du marché non éligibles ne sont pas attribués à d'autres juridictions du marché éligibles, et qu'au lieu de cela, ils continuent d'être imposés en vertu de l'actuel système de répartition des bénéfices (mécanisme dit de « renvoi »). Concrètement, étant donné le niveau probable des seuils de chiffre d'affaires déclenchant un lien (voir la section 3.2.1), le bénéfice correspondant au Montant A imputable à des juridictions de marché non éligibles est susceptible d'être faible. Ces deux approches permettraient également de s'assurer que, lorsque le calcul de la base d'imposition du Montant A (au niveau d'un groupe ou d'un segment) inclut le bénéfice provenant d'un chiffre d'affaires non couvert, la partie de la base d'imposition du Montant A qui se rapporte au chiffre d'affaires non couvert ne sera pas réattribuée aux juridictions du marché[5].

518. Une autre approche possible serait de répartir l'intégralité de la base d'imposition à répartir (telle que déterminée aux étapes 1 et 2) entre les juridictions du marché éligibles, et d'attribuer aux juridictions du marché éligibles les bénéfices correspondant au Montant A imputables au chiffre d'affaires généré dans des juridictions du marché non éligibles (mécanisme dit « d'intégration »). L'application de la clé de répartition fondée sur le chiffre d'affaires décrite plus haut au paragraphe 111 s'en trouverait modifiée, ce qui nécessiterait de déterminer la source de l'intégralité du chiffre d'affaires couvert (y compris du chiffre d'affaires provenant de juridictions de marché non éligibles)[6].

6.2.4. Approches de mise en œuvre de la formule

519. En résumé, une approche en trois étapes devra être suivie pour calculer la fraction du Montant A imposable dans chacune des juridictions du marché éligibles. Sa mise en œuvre pourrait se faire en décidant soit d'utiliser les montants de bénéfices exprimés en valeur absolue (à savoir « l'approche fondée sur le bénéfice »), soit d'appliquer des ratios de bénéfices (en l'occurrence, « l'approche fondée sur la marge bénéficiaire »). Dans le cadre de l'approche fondée sur le bénéfice, le calcul partirait de la base d'imposition du Montant A exprimée en tant que montant du bénéfice (par exemple un bénéfice en valeur absolue de 10 millions EUR), alors qu'avec l'approche fondée sur la marge bénéficiaire, le calcul partirait de la base d'imposition du Montant A exprimée en tant que marge bénéficiaire (par exemple un ratio du bénéfice avant impôt rapporté au chiffre d'affaires de 15 %). Les étapes décrites plus haut seraient appliquées sans changement ni variation dans ces deux approches, qui attribueraient par conséquent à chacune des juridictions du marché la même fraction du Montant A imposable. À titre d'étape suivante, le Cadre inclusif décidera de l'approche à retenir pour mettre en œuvre la formule du Montant A. L'approche fondée sur le bénéfice et l'approche fondée sur la marge bénéficiaire sont étudiées plus en détail à l'Annexe B.

6.3. Mécanismes de différenciation potentiels

520. Les travaux techniques ont étudié si les différents éléments de cette formule visés plus haut doivent être appliqués de la même façon quelles que soient les circonstances, ou si certaines variantes doivent être prévues pour pouvoir augmenter (ou diminuer) la fraction de bénéfice réattribuée dans certains cas aux juridictions du marché (ci-après les « mécanismes de différenciation »). Ces variantes pourraient avoir un impact significatif sur l'application générale des règles du Montant A.

521. Conformément aux propositions formulées par certains membres du Cadre inclusif, un mécanisme de différenciation pourrait éventuellement être adopté dans les buts suivants :

- Tenir compte des différents degrés de numérisation entre les activités commerciales couvertes (par exemple sur la base de la définition des services numériques automatisés utilisée pour le champ d'application) et accroître la fraction des bénéfices réattribués pour certains types d'activités commerciales (ci-après, la « différenciation numérique »). Il s'agirait de viser les entreprises aux coûts marginaux moindres qui sont perçues comme tirant de plus grands avantages d'une échelle sans masse.
- Tenir compte des écarts substantiels de rentabilité entre différentes juridictions de marché et accroître la fraction des bénéfices réattribués aux juridictions de marché où la rentabilité est nettement supérieure à la rentabilité moyenne du segment (ci-après, « différenciation par juridiction »). Une telle différenciation pourrait être une solution de rechange simplifiée à la segmentation par juridiction envisagée dans le contexte de la détermination de la base d'imposition qui, dans de nombreux cas, soulève des questions de faisabilité et d'administration (voir la section 5.3).

522. Plusieurs mécanismes permettent d'opérer ces types de différenciation, notamment : (i) des variantes dans le calcul de la base d'imposition à répartir, par exemple en augmentant le pourcentage de bénéfice à réattribuer (étape 2) dans des circonstances particulières ; (ii) des variantes quant à la clé de répartition utilisée pour répartir la base d'imposition entre les juridictions du marché (étape 3), par exemple en pondérant le montant du chiffre d'affaires provenant des juridictions du marché ; et (iii) d'autres variantes, telles que l'ajout d'une « rémunération standard » spécifique pour certaines activités numériques (par exemple les services numériques automatisés) qui peuvent être exercées sans aucune présence physique dans les juridictions du marché.

523. Il s'agira de résoudre les actuelles divergences entre les membres du Cadre inclusif sur cette question politique dans le cadre des discussions portant sur la fraction du Montant A.

6.3.1. Mécanismes de différenciation numérique et autre

524. Dans les discussions qui ont eu lieu jusqu'à présent, les membres du Cadre inclusif ont exprimé des points de vue différents quant à la nécessité d'ajouter une forme de « différenciation numérique » à la conception de la formule du Montant A. Il s'ensuit que plusieurs options sont à l'étude, notamment :

- **Absence de toute différenciation :** la formule du Montant A s'appliquerait à toutes les activités commerciales couvertes, à l'identique et en toutes circonstances.
- **Différenciation numérique par des ajustements au Montant A :** un seuil de rentabilité moindre au titre de l'étape 1 de la formule ou un pourcentage accru de bénéfice à réattribuer au titre de l'étape 2 s'appliquerait aux groupes d'EMN (ou aux segments le cas échéant) fournissant principalement des services numériques automatisés. Quoiqu'intuitivement simple, cette approche de différenciation exigerait également d'en étudier la faisabilité technique et conceptuelle en tenant compte des questions liées à la segmentation par branche d'activité et des implications sur les règles de champ d'application respectives.
- **Différenciation du Montant A par le biais d'un mécanisme d'indexation sur le bénéfice** : un pourcentage progressif de bénéfice à réattribuer au titre de l'étape 2 serait introduit en fonction de la seule rentabilité du groupe (ou du segment le cas échéant). Ce mécanisme ne chercherait pas à rendre compte directement des différents degrés de numérisation entre les entreprises couvertes, mais serait fondé sur le postulat que des rendements plus élevés reflètent à un moment donné une plus grande contribution du marché à la rentabilité du groupe d'EMN (par exemple des rentes de monopole). La base d'imposition à répartir serait par conséquent déterminée en référence à une ou plusieurs fourchettes de bénéfice (par exemple

X % pour une marge bénéficiaire comprise entre a-b %, X+Y % pour une marge bénéficiaire comprise entre b-c %, X+Y+Z % pour une marge bénéficiaire supérieure à c %), mais sans faire la moindre distinction quant à la nature sous-jacente de l'activité couverte fournie.

525. De plus, certains membres estiment que, quand des entreprises ADS ou CFB réalisent des ventes à distance dans une juridiction en utilisant des moyens numériques pour communiquer avec les clients, cette juridiction devrait elle aussi recevoir une attribution de bénéfices standard pour l'exercice à distance d'activités de commercialisation et de distribution. D'après eux, une fois qu'est atteint le nouveau seuil déclenchant un lien au titre du Montant A, il est injuste de refuser aux juridictions du marché des droits d'imposition sur des entreprises qui, grâce à la numérisation, peuvent participer à distance à la vie économique de leur juridiction (c'est-à-dire réaliser des ventes, commercialiser et distribuer leurs produits, recouvrer les paiements et traiter les réclamations des clients). Ces membres considèrent qu'en plus du Montant A, pour les entreprises qui opèrent sur un marché à distance, certaines activités de commercialisation et de distribution devraient être considérées comme ayant lieu dans la juridiction du marché et que, dans de telles circonstances, les bénéfices devraient être attribués à cette juridiction du marché. Ces bénéfices réaffectés pourraient être déterminés sous forme d'un pourcentage convenu (par exemple 30 %) de la marge de bénéfice standard présumée ou de la marge bénéficiaire réelle du groupe d'EMN (ou du segment, le cas échéant), la valeur la plus faible étant retenue, sous réserve d'un rendement minimal (par exemple x % des ventes) pour les activités de commercialisation et de distribution standard présumées. Les membres qui privilégient cette approche reconnaissent qu'une telle répartition de la rémunération standard présumée pour les activités de commercialisation et de distribution à distance soulève la question de la double imposition. Ils sont toutefois d'avis que cette double imposition peut être éliminée en vertu des règles actuelles. En outre, ils estiment qu'il est important de réduire les incitations offertes aux groupes d'EMN à exercer des activités de commercialisation et de distribution à distance à partir d'une juridiction à fiscalité plus faible et de parvenir à la neutralité entre les activités de commercialisation et de distribution exercées physiquement dans une juridiction de marché et des activités similaires exercées à distance grâce aux technologies numériques. D'autres membres sont d'avis que rien ne pourrait justifier la réattribution à la fois du bénéfice standard d'activités de distribution et du bénéfice résiduel.

6.3.2. Différenciation par juridiction

526. Le document « *Contours de l'architecture* » soulignait la nécessité d'étudier la logique et la faisabilité technique de la segmentation par juridiction ou par région comme moyen de tenir compte des écarts de rentabilité entre les régions. Pour les entreprises qui n'opèrent pas sur une base régionale, la segmentation par région poserait des difficultés techniques car, comme pour la segmentation entre les activités en relation étroite avec les consommateurs, celles de services numériques automatisés et celles non couvertes, il faudrait que des parts potentiellement importantes des coûts centraux soient réparties entre les différentes régions à l'aide de clés de répartition. Il est également admis que la segmentation par juridiction ou par région est principalement une question qui concerne les entreprises ayant des activités en relation étroite avec les consommateurs, non pas celles qui fournissent des services numériques automatisés[7]. Même si cette question fera l'objet de plus amples travaux, ceux réalisés jusqu'à présent laissent à penser que la segmentation par région pourrait ne pas suffire pour tenir compte des écarts importants de rentabilité entre les juridictions (qui sont particulièrement prononcés dans le secteur des activités CFB). Il a été envisagé, à titre de solution, de pondérer la formule du Montant A pour attribuer davantage de bénéfices aux marchés plus rentables. Or, une fois de plus, en raison des difficultés pour calculer les bénéfices attribuables à un marché, il peut être difficile d'identifier avec précision des marchés plus ou moins rentables.

527. Sur le plan conceptuel, il est particulièrement difficile d'intégrer la différenciation par juridiction dans le modèle du Montant A en raison de son incompatibilité avec l'approche globale, qui consiste à calculer les bénéfices à attribuer à une juridiction de marché sur une base de groupe ou de segment. Pour

autant, plusieurs caractéristiques du Montant A veilleront à ce que son introduction n'entraîne pas la réattribution de bénéfices provenant de juridictions de marché plus rentables à des juridictions de marché qui le sont moins :

- **Mécanisme d'élimination de la double imposition.** Le mécanisme pour éliminer la double imposition (voir le chapitre 7) pourrait comporter un test des activités et un test du lien le plus étroit avec le marché. Ces deux critères réduiraient considérablement le risque de réattribution à d'autres marchés des bénéfices de distributeurs sur le marché à la suite de l'introduction du Montant A.
- **Exception en faveur des entreprises nationales.** Comme expliqué plus en détail ci-après, une « exception en faveur des entreprises nationales » pourrait être établie afin d'exclure de la base d'imposition du Montant A les bénéfices provenant de la vente de biens ou de services qui sont développés, fabriqués et vendus dans une seule et même juridiction. Toutefois, en exigeant d'exclure de la base d'imposition du Montant A les bénéfices des entreprises nationales, cette exception compliquerait d'autant plus la détermination de la base d'imposition du Montant A.

6.4. La question du double comptage

528. Le Montant A viendrait se superposer à l'actuel système de l'impôt sur les bénéfices. D'où le caractère inévitable des interactions entre le Montant A et le système existant de l'impôt sur les bénéfices[8]. Les interactions entre le Montant A et les droits d'imposition existants des juridictions de marché sur les bénéfices des entreprises, y compris des retenues d'impôt, présentent des difficultés conceptuelles et donnent matière à des divergences de vue parmi les membres. Comme le relèvent le document « Contours de l'architecture », il est important de déterminer si certaines de ces interactions (c'est-à-dire entre le Montant A et les règles existantes de répartition des bénéfices fondées sur le principe de pleine concurrence) pourraient avoir pour effet d'imposer à deux reprises le même bénéfice d'un groupe d'EMN dans une juridiction de marché donnée, ce qui pourrait être contraire à l'intention politique du Pilier Un (problématique du « double comptage »)[9]. Tout le problème tient à la possibilité que la juridiction du marché impose par deux fois le même élément de bénéfice résiduel : une première via une présence imposable existante en vertu des règles de prix de transfert, et une autre via le Montant A. La question du double comptage devrait être résolue, du moins en partie, par le mécanisme d'élimination de la double imposition (voir le chapitre 7). En effet, lorsque dans une juridiction de marché, en vertu des règles actuelles de répartition des bénéfices, un bénéfice résiduel significatif est attribué à une entité, celle-ci peut être identifiée comme une « entité payeuse » au sein du groupe aux fins de l'élimination de la double imposition, qui serait amenée à supporter une partie de l'impôt dû au titre du Montant A (aboutissant à un effet de « compensation »). Toutefois, certains membres du Cadre inclusif suggèrent que cette approche en soi présente plusieurs inconvénients :

- Elle peut sembler contre-intuitive. Comme on le verra plus loin, le mécanisme pour éliminer la double imposition aurait beau résoudre ce problème par un effet de « compensation », il n'en reste pas moins que fondamentalement, le Montant A serait malgré tout attribué à une juridiction de marché qui a déjà des droits d'imposition sur les bénéfices résiduels d'un groupe d'EMN.
- Elle pourrait être incompatible avec la logique globale du Pilier Un (et du Montant A plus précisément), qui a toujours été d'adapter le système d'impôt sur les bénéfices lorsqu'une entreprise ADS ou CFB participe de façon active et soutenue à une juridiction de marché, mais que les règles actuelles de répartition des bénéfices ne confèrent pas à cette juridiction des droits d'imposition sur les bénéfices résiduels générés sur ce marché. Par conséquent, si le

Montant A s'appliquait à des activités réalisant déjà un bénéfice résiduel sur le marché, il semble que le problème que le Pilier Un tente de résoudre soit inexistant.

- Il sera complexe d'appliquer le mécanisme visant à éliminer la double imposition (voir le chapitre 7) aux entreprises décentralisées qui réalisent des bénéfices résiduels dans un grand nombre d'entités et de juridictions. Plus précisément, il sera délicat de calibrer ce système pour identifier un distributeur de plein exercice (auquel le bénéfice résiduel est déjà attribué) en tant qu'entité payeuse pour le Montant A attribué au pays dans lequel il est résident. C'est pourquoi il peut être préférable de concevoir un mécanisme alternatif propre à réduire la pression sur le mécanisme d'élimination, pour que celui-ci puisse se concentrer sur les entreprises plus centralisées pour lesquelles il sera relativement facile d'identifier les entités payeuses.

529. Tous ces inconvénients sont autant de variations sur le même thème. Il est aisé de rationaliser le Montant A quand il s'applique à des activités – tant en relation étroite avec les consommateurs que de services numériques automatisés – qui dégagent un bénéfice résiduel dans un petit nombre de pays, mais il est plus délicat de le rationaliser, et donc de le concevoir, s'il s'applique à des entreprises appliquant un modèle économique moins centralisé qui réalisent déjà des bénéfices résiduels sur le marché. Il est également vrai que les entreprises ont constamment souligné qu'il serait plus simple pour elles, et qu'elles sont donc très désireuses, de recourir aux systèmes sur lesquels elles s'appuient déjà pour leurs activités de distribution dans un pays. Pour autant, la question du double comptage continue de faire débat, y compris sur le point de savoir si l'attribution du bénéfice issu d'activités de commercialisation et de distribution à une juridiction du marché en vertu du principe de pleine concurrence au-delà d'une rémunération fixe pourrait être considérée comme faisant double emploi avec le bénéfice correspondant au Montant A. Il s'agira pour cela d'évaluer les implications de la prise en compte des impôts sur les bénéfices payables dans la juridiction du marché tant en vertu des droits d'imposition existants qu'au titre du Montant A.

530. Par conséquent, plusieurs options sont actuellement à l'étude pour résoudre les problèmes de la double comptage qui vont au-delà du mécanisme d'élimination de la double imposition, comme le régime de protection des bénéfices issus d'activités de commercialisation et de distribution et l'exception en faveur des entreprises nationales.

6.4.1. L'impact du mécanisme d'élimination de la double imposition

531. Le processus d'élimination de la double imposition est un élément important pour résoudre, ou du moins réduire sensiblement, tout problème éventuel de double comptage dans la juridiction du marché. En effet, lorsque dans une juridiction de marché, en vertu des règles actuelles de répartition des bénéfices, un bénéfice résiduel significatif est attribué à une entité, celle-ci peut être identifiée comme une « entité payeuse » au sein du groupe aux fins de l'élimination de la double imposition (voir plus loin la section 7.2). Le fait d'identifier cette entité comme « entité payeuse » aux fins du Montant A entraînera, à son tour, un effet de « compensation » : la méthode utilisée pour alléger la double imposition découlant du Montant A (y compris du Montant A attribué à d'autres juridictions du marché) aura pour effet de réduire le bénéfice résiduel attribué à la juridiction du marché en vertu des règles actuelles. Reste à savoir si ce cadre est capable de produire systématiquement cet effet de compensation, et donc s'il doit être l'unique solution retenue pour traiter les problèmes de double comptage.

532. Comme l'illustre l'Annexe C (voir l'Encadré C.3.), il est facile de repérer l'effet de compensation lorsqu'il est appliqué à un groupe d'EMN dont le modèle économique est centralisé (activités ADS et CFB), qui attribue le bénéfice résiduel à un nombre limité de juridictions. En revanche, il est plus difficile à évaluer lorsqu'il est appliqué à un groupe dont le modèle économique est décentralisé, qui laisse un bénéfice résiduel dans plusieurs juridictions de marché (voir l'Annexe C, Encadré C.4.). Par exemple, le mécanisme proposé pour éliminer la double imposition peut ne pas identifier comme entité payeuse un distributeur de

plein exercice sur le marché ayant droit au bénéfice résiduel en vertu des règles actuelles (ou lui attribuer l'entière responsabilité d'alléger la double imposition) s'il ne satisfait pas au critère de rentabilité énoncé à la section 7.2.3, alors que d'autres entités du groupe (dans des juridictions différentes) satisferaient, elles, à ce critère. Les points de vue divergent quant au résultat approprié dans ce cas de figure. Il convient donc de vérifier l'efficacité de cette approche en l'appliquant à diverses situations et de la comparer à d'autres qui pourraient être élaborées en combinaison avec ce processus d'élimination de la double imposition afin de remédier plus efficacement aux problèmes de double comptage.

6.4.2. Le régime de protection des bénéfices de commercialisation et de distribution

533. Le « régime de protection des bénéfices de commercialisation et de distribution » partirait du postulat selon lequel le Montant A devrait être attribué à une juridiction de marché à laquelle des bénéfices résiduels n'ont pas été attribués en vertu des règles actuelles de répartition des bénéfices, mais lorsqu'un groupe attribue déjà, et réalise dans les faits, un bénéfice résiduel sur le marché à partir du chiffre d'affaires couvert, alors aucune répartition du Montant A n'aurait lieu d'être. Cela signifierait qu'un groupe d'EMN serait tenu de calculer le Montant A en vertu des règles ci-dessus, mais ne l'attribuerait pas à une juridiction de marché dans la mesure où il attribue et réalise déjà un bénéfice résiduel dans cette juridiction. C'est cet objectif que le régime de protection des bénéfices de commercialisation et de distribution a vocation à accomplir. Il ne s'agirait pas d'un régime de protection conventionnel, mais plutôt de « plafonner » la répartition du Montant A aux juridictions de marché qui détiennent déjà des droits d'imposition sur les bénéfices d'un groupe en vertu des règles fiscales existantes. Sur le plan conceptuel, il appréhenderait les impôts sur les bénéfices à payer dans la juridiction du marché au titre à la fois des droits d'imposition existants et du Montant A, et il ajusterait la fraction du Montant A imposable dans une juridiction de marché, de manière à la plafonner lorsque le bénéfice résiduel du groupe d'EMN est déjà imposé dans cette juridiction en vertu des règles actuelles de répartition des bénéfices. Lorsqu'un groupe d'EMN remplit les conditions prévues par le régime de protection dans les juridictions du marché où il exerce ses activités, il serait certes tenu de calculer le Montant A, mais pour le reste il demeurerait soumis aux règles actuelles, y compris sur les prix de transfert et l'élimination de la double imposition.

534. L'adoption de cette approche permettrait de conserver la logique de base du Montant A et la formule elle-même resterait inchangée. Une rémunération relevant du régime de protection serait calculée par l'ajout du bénéfice résiduel qu'un groupe d'EMN devrait attribuer à une juridiction de marché et d'une rémunération fixe supplémentaire pour indemniser la présence locale d'activités de commercialisation et de distribution (détaillée plus loin). Le régime de protection reconnaîtrait qu'il existe deux façons d'attribuer aux juridictions du marché les bénéfices résiduels relatifs au Montant A. Tous les groupes d'EMN calculeraient le Montant A et soit ils bénéficieraient du régime de protection, soit ils s'acquitteraient du Montant A par l'application du nouveau système du Montant A.

Comment ce régime de protection fonctionnerait-il concrètement ?

535. Lorsqu'un groupe a une présence imposable dans une juridiction de marché en y exerçant des activités de commercialisation et de distribution liées à un chiffre d'affaires couvert de source locale (s'agissant soit d'une entité résidente, soit d'un établissement stable), le groupe déterminerait les bénéfices attribués à la juridiction de marché en vertu des règles actuelles de répartition des bénéfices pour l'exercice de ces activités de commercialisation et de distribution (« l'actuel bénéfice issu d'activités de commercialisation et de distribution »)[10]. Le groupe d'EMN comparerait ensuite le bénéfice issus d'activités de commercialisation et de distribution à la « rémunération relevant du régime de protection » qui serait la somme de deux composantes :

- Le Montant A, tel que calculé selon la formule y afférente ; et
- Une rémunération fixe pour les activités standard de commercialisation et de distribution dans le pays, qui pourrait inclure une majoration régionale et sectorielle.

536. La rémunération relevant du régime de protection représente le plafonnement, qui servirait de référence pour ajuster la fraction du Montant A réparti à une juridiction de marché. Ce plafonnement serait appliqué par un groupe d'EMN séparément en fonction de chaque marché et déboucherait sur trois résultats possibles :

- Lorsque le bénéfice issu d'activités de commercialisation et de distribution est inférieur à la rémunération fixe, le groupe d'EMN ne pourra pas bénéficier du régime de protection ;
- Lorsque le bénéfice issu d'activités de commercialisation et de distribution est supérieur à la rémunération fixe, mais inférieur à la rémunération relevant du régime de protection, la fraction du Montant A attribuée à la juridiction en question serait ramenée à la différence entre la rémunération relevant du régime de protection et le bénéfice déjà attribué à la présence locale ; et
- Lorsque le bénéfice issu d'activités de commercialisation et de distribution est supérieur à la rémunération relevant du régime de protection, aucun Montant A ne serait attribué à cette juridiction.

537. Dans les cas où un groupe d'EMN est éligible au régime de protection dans une juridiction de marché (les deuxième et troisième cas de figure ci-dessus), notons qu'il est possible qu'une entité résidente de cette juridiction soit toujours identifiée comme étant une entité payeuse pour le Montant A attribué à d'autres juridictions en vertu du mécanisme d'élimination de la double imposition si sont satisfaites les autres règles et exigences énoncées à la section 7.2, y compris potentiellement le critère du lien étroit avec le marché.

538. En outre, les groupes d'EMN couverts qui, pour des raisons commerciales (compte tenu de leur modèle économique particulier), opèrent sans présence imposable existante dans une juridiction de marché ou n'attribuent qu'une rémunération relativement limitée (par exemple sur une base de coûts majorés) aux activités locales de commercialisation et de distribution, ne relèveraient pas de la règle du régime de protection et, par conséquent, ils s'acquitteraient du Montant A dans la majorité des juridictions de marché dans lesquelles ils opèrent. En revanche, les entreprises plus conventionnelles en relation étroite avec les consommateurs, surtout celles dont le modèle d'activité est décentralisé et comptant des distributeurs de plein exercice, peuvent attribuer déjà des bénéfices aux juridictions du marché qui dépassent la rémunération relevant du régime de protection. Par conséquent, même si ces entreprises seraient tenues de calculer le Montant A (pour déterminer qu'elles satisfont aux conditions du régime de protection), en définitive beaucoup d'entre elles n'auraient pas à payer le Montant A ou à appliquer le mécanisme d'élimination de la double imposition. Un exemple de son application est présenté à l'Annexe C (voir l'Encadré C.2).

539. Le régime de protection peut être particulièrement pertinent pour les entreprises décentralisées qui réalisent des bénéfices résiduels dans un grand nombre d'entités et de juridictions, pour lesquelles il est difficile sur le plan conceptuel d'identifier la ou les entités au sein du groupe qui devraient supporter l'impôt dû au titre du Montant A. Dans certains cas, il est possible que l'adoption du régime de protection réduise la pression du mécanisme d'élimination de la double imposition découlant du Montant A et puisse permettre d'élaborer un tel mécanisme en visant plus particulièrement les entreprises dont le modèle économique est plus centralisé et moins susceptible d'être touché par le régime de protection.

540. Dans le même temps, le régime de protection maintiendrait la nécessité de calculer le Montant A, tout en introduisant de nouvelles règles pour mettre en œuvre et administrer le mécanisme de plafonnement. De plus, l'application du régime de protection nécessiterait de tenir compte de tout ajustement ultérieur des prix de transfert qui a modifié les bénéfices de commercialisation et de distribution attribués à une juridiction de marché en vertu des règles actuelles de répartition des bénéfices fondées sur le principe de pleine concurrence. Par exemple, si une juridiction de marché a procédé à un ajustement à la hausse des bénéfices qui lui ont été attribués au titre d'activités de commercialisation et de distribution, il lui faudrait refaire le calcul pour déterminer si un groupe d'EMN serait éligible au régime de protection,

toute taxe supplémentaire due en vertu des règles actuelles de répartition des bénéfices venant compenser l'impôt qui cesserait d'être exigible au titre du Montant A.

Détermination de la rémunération fixe pour le régime de protection

541. En vertu du régime de protection des bénéfices de commercialisation et de distribution, la formule de calcul du Montant A resterait inchangée. Il serait toutefois nécessaire de déterminer une rémunération fixe pour les activités standard de commercialisation et de distribution dans le pays. Cela soulèvera plusieurs difficultés techniques et de conception qui devront être résolues dans le contexte du régime de protection.

542. La rémunération fixe ne chercherait pas nécessairement à reproduire une rémunération de pleine concurrence, ni à limiter les bénéfices à attribuer à des activités de commercialisation et de distribution. Les juridictions qui, au titre du principe de pleine concurrence, ont droit à une rémunération plus élevée pour l'exécution d'activités de commercialisation et de distribution, continueraient d'y avoir droit. Au lieu de cela, cette rémunération fixe (qui ne serait pertinente que pour les grands groupes d'EMN couverts) servirait à identifier les situations dans lesquelles l'attribution du Montant A à une juridiction de marché donnerait lieu à un double comptage.

543. Par exemple, si la rémunération fixe correspond à une marge sur les ventes de 4 %, cela signifie que les bénéfices attribués à une juridiction de marché au-delà de cette rémunération seraient réputés faire double emploi avec la rémunération attribuée à une juridiction de marché au titre du Montant A. Ainsi, si une juridiction de marché se voit attribuer une rémunération de 3 % en vertu des règles actuelles de répartition des bénéfices, elle recevrait la pleine attribution du Montant A. En revanche, si elle se voit attribuer une rémunération de 5 %, sa part du Montant A serait réduite de 1 % (soit la différence entre la rémunération qu'elle recevrait en vertu des règles actuelles de répartition des bénéfices et la rémunération fixe). Si une rémunération fixe plus basse est convenue, le régime de protection s'appliquerait pour plafonner la répartition du Montant A plus fréquemment que si une rémunération plus élevée est retenue.

544. La rémunération fixe pourrait être calculée de différentes façons, mais la méthode la plus simple serait peut-être de convenir d'une marge sur les ventes fixe unique qui serait appliquée au chiffre d'affaires couvert de source locale (calculé en vertu des règles de détermination de la source du chiffre d'affaires). Cette approche s'inspirerait d'une composante existante de la formule du Montant A et éviterait donc quelques-unes des embûches que poserait une approche différente, en particulier dans la définition de la base (par exemple, les ventes ou les coûts) à laquelle une marge ou une majoration devrait être appliquée.

545. Sans chercher à être compatible avec le principe de pleine concurrence, il pourrait être convenu que la rémunération fixe pourrait varier en fonction de la région ou du secteur (mais sans doute pas selon les fonctions). Par exemple, on pourrait prétendre qu'au titre du principe de pleine concurrence, une rémunération plus élevée étant généralement attribuée aux distributeurs pharmaceutiques, la rémunération fixe pour les entreprises pharmaceutiques pourrait elle aussi être plus élevée en vertu du régime de protection. Cela signifierait qu'en vertu des règles actuelles de répartition des bénéfices, pour bénéficier du régime de protection, une entreprise pharmaceutique devrait attribuer une plus forte part de ses bénéfices à une juridiction du marché qu'une entreprise comparable dans un autre secteur. Toutefois, pour des raisons de simplicité, il pourrait également être convenu qu'un taux fixe unique serait applicable à toutes les régions et à tous les secteurs[11].

546. D'où la nécessité de soumettre ce régime de protection à un examen plus approfondi, plusieurs difficultés devant faire l'objet de travaux supplémentaires, notamment pour définir la rémunération fixe pour les activités standard de commercialisation et de distribution.

6.4.3. L'exception en faveur des entreprises nationales

547. L'élaboration d'une « exception en faveur des entreprises nationales » visant à réduire les cas de « double comptage » est également envisagée, parallèlement au mécanisme d'élimination de la double imposition et au régime de protection. Il existe deux types potentiels d'exceptions en faveur des entreprises nationales. La première et la plus simple exclurait du champ d'application du Montant A les grandes entreprises concentrant leurs activités sur le marché national et réalisant un niveau minimum de bénéfices à l'étranger. Elle serait mise en œuvre par l'exemption des groupes dont le chiffre d'affaires couvert de source étrangère est inférieur à un seuil convenu pour relever du champ d'application du Montant A (voir plus haut la section 2.3.2).

548. La deuxième exception, plus complexe, chercherait à exclure du Montant A la partie des activités d'un groupe qui sont principalement ou uniquement exercées dans une seule juridiction. Cela peut se produire, par exemple, lorsqu'un groupe acquiert une entreprise opérant dans une autre juridiction et que ce groupe n'intègre pas ultérieurement dans ses opérations globales. Dans ce cas-là, il peut être difficile de justifier l'application du Montant A à cette partie de l'activité du groupe, car elle pourrait avoir pour effet d'attribuer à d'autres juridictions les bénéfices résiduels issus de cette entreprise, qui sont manifestement issus d'une seule juridiction. Cela pourrait aussi avoir pour effet d'attribuer des bénéfices résiduels générés par d'autres parties de l'entreprise à la juridiction en question, bien que cette dernière détienne déjà des droits d'imposition sur les bénéfices résiduels (le cas échéant) associés aux ventes concernées. Un autre point de vue possible est qu'il s'agit là simplement d'une conséquence logique de l'application reposant sur une formule du Montant A au groupe dans son ensemble.

549. « L'exception en faveur des entreprises nationales » permettrait de remédier à certains cas de double comptage, en excluant du Montant A les bénéfices résultant de la vente de biens ou de services qui sont développés, fabriqués et vendus dans une seule juridiction.

550. Deux difficultés seraient à surmonter pour pouvoir élaborer cette exception en faveur des entreprises nationales. Premièrement, il faudrait que le contribuable isole et segmente les bénéfices de cette entreprise nationale autonome des autres activités du groupe. Il faudrait pour cela réorganiser le cadre de segmentation, ce qui augmenterait la complexité, ainsi que les coûts de conformité et la charge administrative associés. Ceci dit, en supposant que l'entreprise est exploitée de façon autonome, cette segmentation supplémentaire peut être relativement facile à effectuer pour le contribuable.

551. Deuxièmement, il est peu probable qu'il existe de nombreux exemples de groupes d'EMN possédant des entreprises nationales entièrement autonomes. En effet, dans la plupart des cas, ces entreprises seront intégrées dans une certaine mesure dans l'activité plus large du groupe, que ce soit par le biais du développement partagé de la propriété intellectuelle, des activités de financement intragroupe ou d'autres services centraux. Pour les grandes entreprises en relation étroite avec les consommateurs en particulier, les paiements de redevances portant sur la propriété intellectuelle peuvent représenter une charge importante dans de nombreuses juridictions de marché. Même lorsque des groupes fabriquent et vendent des biens dans une seule juridiction en utilisant la propriété intellectuelle locale, ces biens peuvent inclure des intrants achetés auprès d'une partie liée dans une autre juridiction ou ils peuvent être produits à l'aide d'un savoir-faire de fabrication soumis à des frais de licence.

552. Pour cette raison, si l'exception ne s'appliquait qu'à la fraction des activités d'un groupe menées sur un seul territoire, en l'absence de toute transaction avec des parties liées dans d'autres juridictions, peu de groupes d'EMN, voire aucun, pourraient s'en prévaloir. Par conséquent, il serait probablement nécessaire d'établir un seuil quantitatif pour identifier les « entreprises nationales » ayant droit à cette exception, comme celles ayant conservé un pourcentage donné (par exemple 90 %) du total des bénéfices provenant d'un marché, ou sinon celles dont le chiffre d'affaires provient exclusivement du marché national et qui n'ont que des transactions limitées, voire aucune, avec des parties liées dans d'autres juridictions. Une telle solution s'accompagnerait de ses propres difficultés. Il serait difficile de parvenir à un accord sur

le pourcentage des bénéfices qui devraient être conservés sur le marché pour que s'applique « l'exception en faveur des entreprises nationales ». Convenir d'un seuil unique créerait un « effet de falaise », où une entreprise juste au-dessus du seuil serait exclue du Montant A, alors qu'une autre se trouvant juste en dessous ne le serait pas. Si ce seuil était appliqué sur une base annuelle, l'entreprise nationale pourrait alterner en étant par moments couverte par l'exception et à d'autres pas, ce qui ne ferait qu'ajouter de la complexité supplémentaire. Le simple fait de calculer si le seuil a été atteint serait en soi difficile, dans la mesure où pour déterminer les bénéfices générés par un marché, il faudrait aussi identifier l'intégralité des coûts engagés en rapport à ce marché, dans la mesure où certains pourraient l'être dans d'autres juridictions. Cette complexité risque de donner lieu à des différends quant à la répartition des coûts partagés, comme les dépenses de gestion ou les campagnes publicitaires mondiales. Face à tous ces problèmes, force est de constater que même si « l'exception en faveur des entreprises nationales » est attrayante du point de vue conceptuel, elle peut être très difficile à concevoir dans la pratique.

553. Outre ces difficultés, il est important de souligner que « l'exception en faveur des entreprises nationales » ne ferait que réduire le problème du « double comptage ». Elle ne résoudrait pas les cas où une juridiction de marché détient des droits d'imposition sur les bénéfices résiduels découlant des activités d'un distributeur non éligible à « l'exception en faveur des entreprises nationales ». Par conséquent, cette « exception en faveur des entreprises nationales » ne pourrait être développée qu'en combinaison avec un autre mécanisme d'élimination de la double comptabilisation.

6.5. Prochaines étapes

554. En s'appuyant sur les données et l'analyse préparées dans le cadre de l'évaluation d'impact de différents pourcentages pour le seuil de rentabilité (étape 1) et du pourcentage de bénéfice à réattribuer (étape 2), les membres du Cadre inclusif devront s'entendre sur la formule de calcul de la fraction du Montant A, y compris sur la nécessité d'y ajouter ou non un « mécanisme de différenciation ». Ces discussions devront porter notamment sur le montant du bénéfice résiduel à réattribuer (y compris la proportionnalité aux coûts de conformité et à la charge administrative), l'impact possible sur ce montant du bénéfice résiduel de la comptabilisation des manques à gagner (voir la section 5.4.6) et le nombre de groupes d'EMN touchés. Il s'agira aussi de résoudre les problèmes en suspens concernant la segmentation par région et par juridiction.

555. En outre, des travaux supplémentaires seront nécessaires pour évaluer les différentes options au problème du double comptage (et leurs combinaisons possibles), en étroite coordination avec les travaux sur le mécanisme d'élimination de la double imposition (voir le chapitre 7). Il s'agira également de réfléchir aux interactions entre le Montant A et certaines retenues d'impôt prélevées par les juridictions du marché. Quant au régime de protection, plusieurs points nécessiteront de plus amples travaux, à savoir :

- Évaluer les implications de la prise en compte des impôts sur les bénéfices payables dans la juridiction de marché au titre à la fois des droits d'imposition existants et du Montant A (par exemple, si le bénéfice de commercialisation et de distribution attribué à une juridiction de marché en vertu du principe de pleine concurrence au-delà d'une rémunération fixe peut être considéré comme faisant double emploi avec le Montant A) ;
- Définir la rémunération fixe pour les activités standard de commercialisation et de distribution, y compris déterminer si cette rémunération devrait varier en fonction du secteur et/ou de la région ;
- Identifier et isoler les bénéfices des activités de commercialisation et de distribution dans la juridiction du marché qui sont couvertes par le régime de protection ; et
- Élaborer un mécanisme pour traiter des ajustements des prix de transfert, des réclamations d'établissement stable à seuil décalé ou le refus de déduction de coûts partagés qui sont engagés après application du régime de protection dans la juridiction du marché.

- Examiner la prévalence du problème du double comptage et déterminer si les difficultés pratiques et administratives induites par la conception du régime de protection sont à la mesure de ce problème ; et
- Clarifier le traitement des retenues à la source perçues par la juridiction du marché.

Notes

[1] Lorsque des bénéfices sont attribués à une juridiction de marché pour d'autres activités, par exemple des activités de production ou de commercialisation et de distribution liées à un chiffre d'affaires non couvert, ceux-ci ne seraient pas pris en compte aux fins du régime de protection.

[2] Aux fins du calcul et de l'application du Montant A, de plus amples travaux seront nécessaires pour définir le terme « chiffre d'affaires » (voir le paragraphe 515).

[3] Voir CTPA/CFA/WP2/NOE2(2020)10)

[4] Voir CTPA/CFA/WP2/NOE2(2020)10)

[5] Par exemple, si un segment réalisait un chiffre d'affaires couvert total de 80 (dont la source se trouve dans sa totalité dans des juridictions de marché éligibles en vertu de la règle du lien) et un chiffre d'affaires total de 100 (chiffre d'affaires non couvert inclus), l'application de la clé de répartition signifierait que seulement 80 % de la base d'imposition du Montant A serait attribuée aux juridictions du marché en vertu du Montant A. Les 20 % demeureraient non affectés parce qu'ils se rapportent à un chiffre d'affaires provenant d'activités non couvertes.

[6] Le calcul du Montant A oblige déjà les groupes d'EMN à déterminer le chiffre d'affaires total utilisé pour calculer la base d'imposition du Montant A (et, le cas échéant, imputable à chaque segment). Par conséquent, en adoptant le mécanisme de renvoi, il suffirait de vérifier les données sur le chiffre d'affaires généré dans une seule juridiction éligible pour calculer l'impôt dû au titre du Montant A spécifique à un marché. En revanche, si le mécanisme d'intégration était adopté, le calcul nécessiterait de vérifier le chiffre d'affaires généré dans chacune des juridictions du marché.

[7] Les modèles économiques pour les groupes d'EMN dans les secteurs ADS impliquent généralement un développement centralisé précoce et continu de la propriété intellectuelle et l'engagement d'autres coûts en vue de développer l'offre de services globale, pour pouvoir ensuite la déployer sur de nouveaux marchés à un coût marginal limité. Il en résulte que les coûts significatifs sont centralisés et que la variation des bénéfices entre les régions et les juridictions est sensiblement affectée par l'imputation de ces coûts aux entités qui opèrent dans les différentes juridictions du marché et sont bénéficiaires du développement initial et continu. On peut donc en déduire que la différenciation par région ou par juridiction sera moins pertinente pour les entreprises ADS.

[8] Comme on l'a vu plus haut, le seuil de rentabilité de la formule du Montant A est conçu pour limiter les interactions entre le Montant A et les droits d'imposition existants des juridictions de marché en se fondant sur le principe de pleine concurrence.

[9] On pourrait également faire valoir que les interactions entre le Montant A et certaines retenues à la source pourraient donner lieu à un double comptage, dans la mesure où une juridiction du marché imposerait à deux reprises le même élément de bénéfice si elles se voyaient attribuer le Montant A en plus de certains passifs existants de retenues à la source. Par exemple, supposons qu'une entité du groupe d'EMN située en dehors de la juridiction du marché reçoit un paiement de redevance d'une entité de la juridiction du marché pour l'utilisation de droits de marque ou de licence se rapportant aux ventes dans cette juridiction. Supposons que la redevance est soumise à une retenue à la source dans la juridiction du marché. Si la redevance contribue aux bénéfices résiduels, la juridiction du marché peut alors être considérée comme imposant déjà une part de ce bénéfice résiduel par le truchement de la retenue à la source. Il est important de souligner que les points de vue des membres divergent sur cette question : certains estiment que cette interaction pourrait donner lieu à un double comptage, d'autres non.

[10] Lorsque des bénéfices sont attribués à une juridiction de marché pour d'autres activités, par exemple des activités de production ou de commercialisation et de distribution liées à un chiffre d'affaires non couvert, ceux-ci ne seraient pas pris en compte aux fins du régime de protection. D'autres règles pourraient s'avérer nécessaires pour déterminer l'actuel bénéfice issu d'activités de commercialisation et de distribution (par exemple des rapprochements entre données comptables et fiscales).

[11] L'industrie pharmaceutique a généralement des rémunérations plus élevées que la plupart des autres secteurs et, par conséquent, même en adoptant une approche à rémunération fixe unique, la rémunération totale au titre du régime de protection (c'est-à-dire le Montant A plus la rémunération fixe) serait, par rapport à d'autres secteurs, encore relativement élevée pour la plupart des groupes pharmaceutiques.

7 Élimination de la double imposition

7.1. Synthèse

556. Le Montant A viendra se superposer aux règles actuelles de répartition des bénéfices. Puisque les bénéfices d'un groupe d'EMN sont déjà répartis selon ces règles, un mécanisme pour réconcilier le nouveau droit d'imposition (calculé à l'échelon d'un groupe ou d'un segment) avec le système existant de répartition des bénéfices (calculés pour chaque entité) est nécessaire pour éviter une double imposition.

557. Telle est la finalité du mécanisme d'élimination des doubles impositions résultant du Montant A qui est décrit dans le présent chapitre. Pour réconcilier les deux systèmes de répartition des bénéfices, il identifie la ou les entités qui, dans un groupe d'EMN, sont redevables du Montant A, ce qui conditionne la désignation de la ou des juridictions qui doivent accorder un allégement pour éliminer la double imposition résultant du Montant A. Ce mécanisme a deux composantes : (i) l'identification de la ou des entités payeuses dans un groupe d'EMN (ou, le cas échéant, un segment) ; et (ii) les méthodes à employer pour éliminer la double imposition.[1]

7.1.1. *Composante 1 : Identification des entités payeuses*

558. Le Montant A sera calculé à l'échelon d'un groupe ou d'un segment au moyen d'une formule simple incorporant un seuil de rentabilité et un pourcentage de réattribution. C'est pourquoi on pourrait arguer qu'une approche similaire basée sur une formule devrait être adoptée pour identifier les entités redevables du Montant A (les entités payeuses[2]), lesquelles, par exemple, pourraient être les entités dont le ratio bénéfice avant impôt/chiffre d'affaires dépasse le seuil de rentabilité convenu. La procédure d'identification des entités payeuses inclura un critère de rentabilité. Cependant, deux raisons techniques empêchent d'appliquer le même critère de rentabilité à l'échelon d'une entité et à celui du groupe :

- **L'emploi de la même formule pour calculer le bénéfice résiduel au niveau d'un groupe ou de ses entités peut engendrer des distorsions :** Le point de départ le plus logique pour ce critère de rentabilité consisterait à employer la même formule que celle utilisée pour calculer le Montant A à l'échelon d'un groupe ou d'un segment (ratio bénéfice avant impôt/chiffre d'affaires supérieur à x %). Cependant, deux considérations amènent les auteurs de ce rapport à considérer cette approche comme inappropriée. Premièrement, les états financiers d'une entité incluent les transactions intra-groupe qui sont éliminées lors de la consolidation. Par conséquent, le chiffre d'affaires consolidé d'un groupe sera inférieur (voire nettement inférieur) au chiffre d'affaires total (non consolidé) des entités composant ce groupe. Il s'ensuit que si un groupe réalise une marge bénéficiaire supérieure à x %, il est possible, au moins en théorie, qu'aucune entité de ce groupe n'affiche une marge bénéficiaire supérieure à x %. Deuxièmement, l'inclusion des transactions intra-groupe dans les états financiers d'une entité a pour conséquence que le chiffre d'affaires et donc la marge bénéficiaire peuvent être faussés ou manipulés aisément en fonction de la manière dont les transactions intra-groupe sont structurées.
- **Différences entre les principes comptables généralement reconnus en vigueur dans les juridictions où se situent les entités d'un groupe :** À l'échelon d'un groupe ou d'un segment,

l'emploi des comptes consolidés signifie que les informations financières nécessaires pour déterminer la base d'imposition et appliquer la formule de calcul du Montant A seront aisées à obtenir pour la plupart des groupes d'EMN et qu'elles auront été préparées selon des normes comptables comparables. En revanche, les informations financières sur les entités seront plus difficiles à obtenir ou auront pu être préparées selon les normes comptables locales de telle sorte que, même à l'intérieur d'un même groupe, la comparabilité des états financiers de ses diverses entités n'est pas assurée. Cela dit, comme on l'expliquera plus loin, ce problème pourrait être résolu en préparant les comptes consolidés d'un groupe à partir des états financiers établis au niveau de ses entités.

559. Plusieurs approches peuvent être envisagées sur le plan conceptuel : Par exemple, conformément à la méthode basée sur une formule de calcul du Montant A, une solution pourrait consister à identifier les entités payeuses à partir d'une approche quantitative similaire à celle utilisée pour calculer le Montant A. Cette approche aurait pour but prioritaire la simplicité parce qu'elle pourrait limiter la nécessité d'examiner dans le détail les faits et circonstances et de réaliser des analyses fonctionnelle et des transactions en recourant aux méthodes de détermination des prix de transfert pour identifier les entités qui doivent supporter la charge fiscale relative au Montant A. Cette solution s'accorderait bien avec la conception du Montant A, qui elle-même est indépendante de ces considérations. Une autre solution partirait du fait que, sous l'angle conceptuel, les diverses caractéristiques du Montant A donnent à penser que les entités payeuses doivent non seulement être rentables, mais également être celles qui, individuellement ou collectivement, apportent une contribution significative soutenue aux bénéfices résiduels d'un groupe d'EMN[3],plutôt que celles qui n'exercent que des activités dégageant des bénéfices standard. On pourrait en outre arguer que, du point de vue conceptuel, une entité payeuse devrait exercer des activités liées aux activités exercées par un groupe d'EMN dans une juridiction de marché au titre desquelles elle supporte une charge fiscale au titre du Montant A, par opposition aux activités non marchandes ou concernant d'autres marchés. Ces deux solutions pourraient être combinées de diverses manières comme cela est exposé dans le processus en quatre étapes décrit ci-après.

560. Le processus d'identification des entités payeuses pourrait comporter jusqu'à quatre étapes.[4] Ce sont les suivantes :

- **Étape 1 :** Identifier les entités d'un groupe d'EMN qui exercent des activités contribuant de manière significative et soutenue à la capacité du groupe de générer des bénéfices résiduels.
- **Étape 2 :** Appliquer un critère de rentabilité pour s'assurer que les entités identifiées sont capables de supporter la charge fiscale relative au Montant A.
- **Étape 3 :** Attribuer par ordre de priorité la charge fiscale relative au Montant A aux entités ayant un lien avec le ou les marchés auxquels est attribué le Montant A.
- **Étape 4 :** Effectuer une répartition proportionnelle dans le cas où aucun lien(s) suffisamment fort(s) ne peut être établi ou dans celui où les entités ayant un lien avec le marché ne dégagent pas des bénéfices suffisants.

Étape 1 : Critère des activités

561. La mise en place d'un critère fondé sur les activités imposerait aux contribuables de réaliser une évaluation qualitative pour identifier les entités d'un groupe d'EMN qui apportent une contribution significative soutenue aux bénéfices résiduels de ce groupe. Ce critère est motivé par le fait que, du point de vue conceptuel, ce sont ces entités qui, dans un groupe d'EMN, doivent dégager ensemble les bénéfices résiduels correspondant au bénéfice retenu pour le calcul du Montant A.

562. En pratique, le critère des activités inclurait un principe général décrivant le type d'activités qu'une entité payeuse serait censée exercer, complété par une liste d'indices servant à l'application de ce principe. Ces indices incluraient le profil des fonctions, actifs et risques d'une entité, la qualification de cette entité

aux fins des prix de transfert et la méthode employée pour déterminer ces derniers ainsi que la rémunération de l'entité. Dans la mesure du possible, les documents que les contribuables sont actuellement tenus de recueillir et de transmettre et qui sont d'ores et déjà examinés par les administrations fiscales seront employés à cet effet[5]. Ces documents ainsi que tous documents supplémentaires éventuellement requis seront inclus dans la liasse unique et standardisée qui serait remise dans le cadre du processus de sécurité juridique au titre du Montant A. Cette exigence est de nature à limiter les éventuels frais de conformité supplémentaires et la charge administrative résultant de l'application de ce critère.

563. Dans le cadre du critère des activités, si un groupe d'EMN a calculé la base d'imposition du Montant A segment par segment il faudra identifier les entités payeuses susceptibles d'être liées à chacun de ces segments.

Étape 2 : Critère de rentabilité

564. Le critère de rentabilité permettrait de s'assurer que les éventuelles entités payeuses sont capables de supporter la charge fiscale relative au Montant A. Il garantirait qu'une entité réalisant des pertes ou des bénéfices standards ou minimes, voire des pertes, ne serait pas qualifiée d'entité payeuse, ce qui est conforme à la décision du Cadre inclusif de circonscrire l'application du Montant A aux groupes d'EMN couverts qui réalisent des bénéfices résiduels plutôt qu'à tous les groupes d'EMN couverts indépendamment de leur rentabilité. Par souci de simplicité, ce critère de rentabilité pourrait être couplé à l'exception fondée sur la substance en cours de définition dans le cadre du Pilier Deux, dans laquelle le critère de rentabilité reposera sur une approche combinant actifs corporels et masse salariale.

565. L'application conjointe des critères d'activités et de rentabilité a pour but d'identifier les entités dégageant des bénéfices résiduels à prendre en compte pour le Montant A (calculés à l'échelon d'un groupe ou d'un segment). Le critère des activités, en incorporant des concepts issus de la fixation des prix de transfert, permettra d'identifier les entités qui, dans un groupe, tirent des bénéfices résiduels de l'exercice d'activités non standards liées à la participation d'un groupe à l'économie d'une juridiction de marché. Le critère de rentabilité, de même que la formule du Montant A, s'appliquera aux états financiers plutôt qu'aux comptes fiscaux. Cela signifie que les entités identifiées au cours de ces deux étapes exerceront des activités non standards et déclareront des bénéfices résiduels dans leurs états financiers.

Étape 3 : Critère du lien avec le marché

566. L'application du critère des activités et du critère de rentabilité (ou, s'il est appliqué de manière autonome, celle du critère de rentabilité) aboutira à l'identification d'un ensemble d'entités qui, dans un groupe d'EMN ou un segment, sont susceptibles d'être des entités payeuses (en fonction des modalités selon lesquelles la base d'imposition du Montant A est calculée). Il arrivera cependant dans certains cas que des entités payeuses potentielles ne tirent leurs bénéfices que d'un nombre limité de juridictions de marché auxquelles sont attribués des droits d'imposition au titre du Montant A. En effet, une entité ne doit supporter que la charge fiscale relative au Montant A qui concerne la ou les juridictions de marché à l'économie desquelles elle participe. Un critère fondé sur le lien avec le marché pourrait être appliqué pour exiger que, dans le premier cas, le montant de l'impôt dû au titre du Montant A afférent à une juridiction de marché soit affecté à une entité payeuse ayant un lien avec cette juridiction de marché du fait de l'exercice d'activités identifiées en appliquant le critère des activités. Ce critère permettra d'établir un lien entre une juridiction de marché et une ou plusieurs entités payeuses.

Étape 4 : Répartition proportionnelle

567. Si la ou les entités identifiées au moyen du critère du lien avec le marché ne réalisent pas de bénéfices suffisants pour supporter la totalité de la charge du Montant A au titre d'une ou plusieurs juridictions de marché, d'autres entités payeuses faisant partie du groupe ou du secteur d'activité devront

prendre à leur charge le solde de l'impôt dû au titre du Montant A. La répartition de ce solde serait effectuée proportionnellement entre ces entités au moyen d'une formule. Ce mécanisme serait un ultime recours dans le cas où il n'est pas possible d'établir un lien suffisamment fort entre une quelconque entité payeuse et une juridiction de marché à laquelle a été attribuée une partie du Montant A. Comme cela est expliqué ci-dessous, on pourrait aussi prendre en considération d'autres options de répartition.

568. Dans une approche en deux temps reposant principalement sur le critère de rentabilité, s'il s'avère que plusieurs entités satisfont à ce critère, le montant de l'impôt à payer au titre du Montant A serait réparti entre elles en fonction du montant des bénéfices réalisés par chacune de ces entités qui excède le niveau convenu pour le critère de rentabilité.

Questions diverses

569. De plus, dans certaines circonstances il peut être nécessaire pour identifier l'entité payeuse de prendre en compte les ajustements des prix de transfert et les pertes au niveau des entités selon les régimes de report en avant des pertes au niveau d'une entité.

Composante 2 : Méthodes pour éliminer les doubles impositions

570. La deuxième composante du mécanisme d'élimination de la double imposition concerne les méthodes employées pour éliminer la double imposition. L'application de ces méthodes assurera qu'une entité payeuse n'est pas imposée deux fois sur les mêmes bénéfices dans des juridictions différentes, à savoir une fois selon les règles de l'impôt sur les sociétés en vigueur et une autre selon le nouveau dispositif du Montant A. Aujourd'hui, les juridictions recourent à deux méthodes principales pour éliminer la double imposition juridique internationale, à savoir les méthodes de l'exemption et de l'imputation. Dans la méthode de l'exemption, la juridiction d'une entité payeuse exonère tout simplement d'impôt la partie des bénéfices qui avait été attribuée aux juridictions de marché dans le cadre du Montant A. Dans la méthode de l'imputation, la juridiction de résidence de l'entité payeuse accorde à concurrence de l'impôt payé dans une autre juridiction un crédit à déduire des impôts qui sont dus à la juridiction de résidence.

571. Le Rapport sur le *Blueprint* envisage que l'impôt sur le Montant A puisse donner lieu pour les entités payeuses à un allégement soit à l'aide de la méthode d'exemption, soit à l'aide de la méthode d'imputation. Au vu des taux d'imposition actuellement en vigueur dans les juridictions de marché, les deux méthodes pourraient en fin de compte aboutir au même résultat.

7.2. Composante 1 : Identification des entités payeuses

572. Le Montant A sera calculé à l'échelon d'un groupe ou d'un segment au moyen d'une formule simple incorporant un seuil de rentabilité et un pourcentage de réattribution. Cette section explique comment ce calcul du bénéfice résiduel au niveau d'un groupe ou d'un segment (qui est attribué aux juridictions de marché en vertu du Montant A) est réparti entre ses entités. Cette tâche est indispensable parce que le mécanisme d'élimination de la double imposition résultant du Montant A s'applique à l'échelon des entités plutôt que du groupe ou du secteur dont elles font partie. Le Rapport sur le *Blueprint* applique une démarche combinant des concepts comptables et fiscaux ainsi que des conventions simplificatrices pour identifier les entités qui, dans un groupe d'EMN, réalisent le bénéfice résiduel au regard des règles fiscales existantes concernant le Montant A, de sorte qu'elles sont désignées comme entités payeuses aux fins du Montant A.

573. C'est pourquoi on pourrait arguer que la même approche ou une approche similaire basée sur une formule qui est employée pour déterminer le Montant A devrait être adoptée pour identifier les entités qui seront redevables du Montant A (les entités payeuses), lesquelles, par exemple, pourraient être les entités dont le ratio bénéfice avant impôt/chiffre d'affaires dépasse le seuil de rentabilité convenu.

574. Le point de départ le plus logique pour ce critère de rentabilité consisterait à employer la même formule pour calculer le Montant A à l'échelon d'un groupe ou d'un segment (ratio bénéfice avant impôt/chiffre d'affaires supérieur à x %). Cependant, deux considérations amènent les auteurs de ce rapport à considérer cette approche comme inappropriée. Premièrement, les états financiers d'une entité incluent les transactions intra-groupe qui sont éliminées lors de la consolidation. Par conséquent, le chiffre d'affaires consolidé d'un groupe sera inférieur (voire nettement inférieur) au chiffre d'affaires total (non consolidé) des entités composant ce groupe. Il s'ensuit que si un groupe réalise une marge bénéficiaire supérieure à x %, il est possible, au moins en théorie, qu'aucune entité de ce groupe n'affiche une marge bénéficiaire supérieure à x %. Deuxièmement, l'inclusion des transactions intra-groupe dans les états financiers d'une entité a pour conséquence que le chiffre d'affaires et donc la marge bénéficiaire peuvent être faussés ou manipulés aisément en fonction de la manière dont les transactions intra-groupe sont structurées.

575. À l'échelon d'un groupe ou d'un segment, l'emploi des comptes consolidés signifie que les informations financières nécessaires pour calculer la base d'imposition du Montant A et l'appliquer seront aisées à obtenir pour la plupart des groupes d'EMN et qu'elles auront été préparées selon des normes comptables comparables. En revanche, les informations financières sur les entités seront plus difficiles à obtenir ou auront été préparées selon les normes comptables locales de telle sorte que, même à l'intérieur d'un même groupe, la comparabilité des états financiers de ses diverses entités n'est pas assurée. Cela dit, comme on le verra plus loin, ce problème pourrait être résolu en préparant les comptes consolidés d'un groupe à partir des états financiers établis au niveau de ses entités. Ces facteurs signifient que le critère de rentabilité appliqué au niveau d'une entité pour désigner les entités payeuses doit être structuré d'une manière assez différente de celui qui est employé au niveau d'un groupe pour déterminer le Montant A.

576. Plusieurs approches peuvent être envisagées sur le plan conceptuel : Par exemple, conformément à la démarche basée sur une formule sous-tendant le Montant A, une solution pourrait consister à identifier les entités payeuses à partir d'une approche quantitative similaire à celle utilisée pour calculer le Montant A. Cette approche aurait pour but prioritaire la simplicité parce qu'elle pourrait limiter la nécessité d'examiner dans le détail les faits et circonstances et de réaliser des analyses fonctionnelle et des transactions en recourant aux méthodes de détermination des prix de transfert pour identifier les entités auxquelles qui doivent supporter la charge fiscale relative au Montant A. Cette solution s'accorderait bien avec la conception du Montant A, qui elle-même est indépendante de ces considérations. Une autre solution partirait du fait que, sous l'angle conceptuel, les diverses caractéristiques du Montant A donnent à penser que les entités payeuses doivent non seulement être rentables, mais également être celles qui, individuellement ou collectivement, apportent une contribution significative et soutenue aux bénéfices standard d'un groupe d'EMN, plutôt que celles qui n'exercent que des activités dégageant des bénéfices résiduels. On pourrait en outre arguer que, du point de vue conceptuel, une entité payeuse devrait exercer des activités liées aux activités exercées par un groupe d'EMN dans une juridiction de marché au titre desquelles elle supporte une charge fiscale au titre du Montant A par opposition aux activités non marchandes ou concernant d'autres marchés.

7.2.1. *Processus d'identification des entités payeuses*

577. Il est prévu de rédiger une procédure d'identification des entités payeuses qui pourrait comporter jusqu'à quatre étapes. La première étape sera un critère fondé sur les activités permettant d'identifier les entités qui, dans un groupe ou un segment, effectuent des activités apportant une contribution significative et soutenue à la capacité d'un groupe d'EMN de générer des bénéfices résiduels. Dans l'étape 2, un groupe d'EMN appliquera un critère de rentabilité pour s'assurer que les entités identifiées lors de l'étape 1 sont capables de supporter la charge fiscale relative au Montant A. L'étape 3 exigera que ces entités payeuses aient un lien avec les juridictions de marché auxquelles est attribué le Montant A et que, en vertu d'une règle de priorité, le montant dû à ces juridictions en vertu du Montant A soit imputé sur les bénéfices

de ces entités. Enfin, si les entités liées à une juridiction de marché n'ont pas de bénéfices suffisants pour compenser la totalité de l'impôt dû au titre du Montant A, le solde sera réparti proportionnellement entre les autres entités payeuses du groupe ou du secteur d'activité qui n'ont pas de lien avec la juridiction de marché en question. Ce mécanisme revient en fait à une règle de renfort pour le cas où il ne serait pas possible d'établir un « lien suffisant » entre une juridiction de marché à laquelle est attribué le Montant A et une entité payeuse disposant de bénéfices suffisants pour supporter la charge fiscale du Montant A.

578. Une approche en deux temps pourrait aussi être envisagée dans laquelle un critère de rentabilité servirait à identifier les entités d'un groupe qui réalisent des bénéfices résiduels et, s'il s'avère que plusieurs entités satisfont à ce critère, le montant de l'impôt à payer au titre du Montant A serait réparti entre elles au prorata du montant des bénéfices réalisés par chacune de ces entités qui excède le niveau convenu pour le critère de rentabilité.

7.2.2. *Étape 1 : Critère des activités*

579. La mise en place d'un critère fondé sur les activités imposerait aux contribuables de réaliser une évaluation qualitative pour identifier les entités d'un groupe d'EMN qui apportent une contribution significative et soutenue à la capacité de ce groupe de réaliser des bénéfices résiduels. En effet, sur le plan conceptuel, ce sont ces entités qui devraient supporter la charge du Montant A. Il importe que le critère des activités soit conçu de telle sorte qu'il soit clair et simple à appliquer en pratique et qu'il s'appuie sur l'analyse des prix de transfert et les documents existants qui ont été préparés par les groupes d'EMN. Procéder ainsi limitera des coûts de conformité supplémentaires pour les groupes d'EMN. Cependant, les documents supplémentaires qui pourraient être nécessaires seraient inclus dans la documentation standard relative au Montant A qui est exigée dans le cadre de la procédure de sécurité juridique en matière fiscale. Il importe avant tout de rappeler que le Montant A ne s'appliquerait qu'aux grands groupes d'EMN qui atteignent ou dépassent un certain nombre de seuils et réalisent un chiffre d'affaires couvert. Cette section décrit les concepts sur lesquels pourrait être fondé le critère des activités et explique comment il pourrait être appliqué concrètement.

580. Le fichier principal sur les prix de transfert et les fichiers locaux concernés qui ont été préparés par les groupes d'EMN doivent être consultés en premier lieu pour appliquer le critère des activités en tenant compte du fait que cette documentation doit décrire une affectation des actifs et des risques conforme au principe de pleine concurrence sur la base de l'analyse fonctionnelle du groupe d'EMN en question. L'application de ce critère devrait être simple pour de nombreux groupes, en particulier ceux qui mettent en œuvre un modèle de fonctionnement centralisé dans lequel ils exercent des activités apportant une contribution significative et soutenue à leur capacité de réaliser des bénéfices résiduels dans un petit nombre de pays seulement. Le nombre d'entités à identifier pour ce critère pourrait être plus élevé dans le cas où le modèle de fonctionnement d'un groupe est relativement décentralisé. Cependant, si les activités apportant une contribution significative et soutenue à la capacité d'un groupe d'EMN de réaliser des bénéfices résiduels sont exercées dans des juridictions de marché, l'application du régime de protection pour les bénéfices issus d'activités de commercialisation et de distribution peut éviter à ces groupes d'avoir à appliquer le mécanisme d'élimination des doubles impositions ou leur permettre de ne le faire que pour un nombre limité de juridictions. Quoi qu'il en soit, l'application du critère des activités comme de toutes les autres composantes du mécanisme d'élimination des doubles impositions sera couverte par le régime de sécurité juridique prévu pour le Montant A. Dans le cadre dudit régime de sécurité juridique, les administrations fiscales pourraient réclamer des informations supplémentaires aux contribuables et contester la manière dont ils ont appliqué le critère des activités. Le régime de sécurité juridique prévu pour le Montant A jouera un rôle crucial pour faire en sorte que les litiges résultant de l'application de ce critère soient résolus en temps utile et n'aboutissent pas à des doubles impositions pour lesquelles aucun allègement n'est accordé.

Détermination des activités

581. L'élaboration conceptuelle du critère des activités suppose que soient identifiées les activités susceptibles d'apporter une contribution significative et soutenue à la capacité d'un groupe d'EMN de réaliser des bénéfices résiduels, et peut-être aussi d'identifier en particulier les activités liées à leur participation à l'économie des juridictions de marché. Les activités se rapportant à la participation d'un groupe d'EMN à l'économie d'une juridiction de marché s'étendraient au-delà de la propriété (ou du droit de percevoir des revenus tirés) des biens incorporels de commercialisation concernés et incluraient par exemple la propriété (ou les droits de percevoir des revenus provenant) des biens incorporels liés aux produits ou aux technologies qui concourent à soutenir les ventes ainsi que la supervision/le contrôle des risques économiques et décisions significatifs concernant l'activité. Comme cela est exposé de manière plus détaillée dans la section 7.2.4, les activités exercées par une entité peuvent être liées à sa participation à l'économie d'une juridiction de marché même s'il n'existe pas de lien direct sous forme de transactions entre une juridiction de marché et une entité.

582. Les Principes de l'OCDE en matière de prix de transfert (TPG) recensent toute une série de moyens par lesquels une entité peut avoir droit à tout ou partie des bénéfices résiduels réalisés par un groupe d'EMN au regard de la fixation des prix de transfert et qui devront aussi être pris en compte pour l'identification des entités payeuses. Ce sont les suivants [6] :

- Premièrement, il faudrait que l'entité payeuse supervise une partie des activités stratégiques et opérationnelles rapportant des bénéfices résiduels à son groupe d'EMN, et en particulier qu'elle exerce un contrôle et dispose d'un pouvoir de décision sur les aspects essentiels de ces activités. Les activités identifiées devraient en outre être liées à la participation du groupe d'EMN à l'économie du marché.
- Deuxièmement, il est probable que les activités de l'entité payeuse consistent en l'exécution de tout ou partie des fonctions importantes liées à la mise au point, à l'amélioration, à l'entretien, à la protection et à l'exploitation d'actifs incorporels du groupe d'EMN qui sont spécifiques à la participation de ce groupe à l'économie du marché. Ces actifs comprendraient les actifs incorporels liés à la technologie et qui facilitent la participation à l'économie du marché, notamment la technologie employée par les activités ADS pour recueillir des données et les contributions aux contenus.
- Troisièmement, si une entité payeuse exerce ces activités, cela signifierait qu'elle devrait avoir droit à tout ou partie des bénéfices résiduels découlant d'actifs incorporels de valeur qui ont un lien avec la participation du groupe d'EMN à l'économie du marché où ils ont été acquis et qui non pas été développés en interne..[7].
- Quatrièmement, il faudrait que l'entité payeuse assume des risques économiques significatifs liés à la participation du groupe d'EMN à l'économie du marché et exerce un pouvoir de décision et de contrôle sur la prise en charge de ces risques économiques significatifs.[8] Ces critères devraient inclure au minimum (i) la capacité de prendre la décision de saisir, d'éviter ou de refuser une opportunité porteuse de risque[9] ainsi que l'exercice effectif de cette fonction de prise de décision et (ii) la capacité de prendre la décision de répondre aux risques associés à cette opportunité et l'exercice effectif de cette fonction de prise de décision. Ils peuvent aussi inclure (iii) la capacité d'atténuer les risques, c'est-à-dire de prendre des mesures qui influent sur ces risques ainsi que l'exercice effectif de cette fonction d'atténuation des risques.

583. On peut considérer que l'octroi de financements intra-groupe n'est pas une activité apportant une contribution significative et soutenue à la capacité d'une activité ADS ou CFB de générer des bénéfices résiduels, en particulier si elle concerne sa participation à l'économie d'une juridiction de marché. C'est pourquoi la mise à disposition de financements intra-groupe ne serait pas suffisante pour qu'une entité soit considérée comme une entité payeuse. Bien qu'il représente une activité qui aboutirait à la prise d'un risque économique significatif, l'octroi d'un prêt ou d'une garantie intersociétés est circonscrit à un risque

économique et a pour conséquence la réalisation de bénéfices résiduels associés à des risques financiers. Le plus souvent, ce rendement est fixe et ne change pas après la conclusion du contrat de prêt/garantie. En outre, le rendement ne présente pas un lien suffisamment étroit avec l'exécution des fonctions et la matérialisation des risques afférents aux activités non standards sur le marché[10]. Cependant, on pourrait tout aussi bien arguer que l'octroi de financements intra-groupe devrait être suffisante à elle seule pour identifier une entité payeuse et que l'adoption d'une telle logique supposerait de devoir repenser la conception du critère des activités.

Application pratique du critère des activités

584. Le critère des activités est structuré comme suit afin de faciliter son application et réduire la complexité. Un principe général tiré des activités identifiées ci-dessus régira la détermination des entités payeuses et aidera à clarifier le profil des fonctions, actifs et risques prévu pour une entité payeuse. L'application de ce principe général, qui s'appuiera sur les mêmes concepts que les Principes en matière de prix de transfert, sera facilitée par une liste d'indices plus spécifiques qui permettront soit d'identifier les caractéristiques d'une entité payeuse au moyen de critères positifs, soit d'identifier les caractéristiques des entités qui ne sont pas des entités payeuses au moyen de critères négatifs. L'identification de ces entités proprement dite s'appuiera principalement sur le fichier principal et les fichiers locaux de la documentation sur les prix de transfert d'un groupe d'EMN couvert.

585. Le principe général proposé est d'identifier la ou les entités payeuses en tant que *« membre ou membres d'un groupe d'EMN (ou d'un segment) qui exécutent des fonctions, utilisent ou possèdent des actifs et/ou assument des risques qui sont économiquement significatifs pour lesquelles ou lesquels des bénéfices résiduels relevant du Montant A leur sont attribués »*. Ce principe vise à prendre en compte les types d'activités dont on considère qu'ils confèrent à une entité le droit d'avoir part au bénéfice résiduel d'un groupe. Comme on l'a vu plus haut, ce principe général s'appuie sur une série de concepts qui sont déjà intégrés dans les règles actuelles sur les prix de transfert.

586. Ce principe général s'appuierait sur une liste d'indices de nature à faciliter son application pratique de ce principe par les contribuables comme par les administrations fiscales. Pour limiter les coûts de conformité engendrés par l'application de ces indices, ces derniers reposeraient sur les informations que les contribuables sont d'ores et déjà tenus de recueillir et de transmettre et qui sont déjà contrôlées par les administrations fiscales. Le fichier principal d'un groupe d'EMN et son fichier local incluent déjà des informations sur les fonctions exercées, les actifs utilisés et les risques assumés par la plupart des entités d'un groupe d'EMN[11]. Ces documents décrivent généralement les activités principales d'une entité, ces informations étant également collectées pour les déclarations pays par pays. Enfin, la documentation sur les prix de transfert indique la ou les méthodes de détermination des prix de transfert qui sont employées pour apprécier si les bénéfices attribués à une entité l'ont été conformément au principe de pleine concurrence compte tenu de son profil des fonctions, actifs et risques. C'est pourquoi trois indices au moins pourraient être employés aisément pour le critère des activités. Ce sont les suivants :

- les fonctions exercées, les actifs employés et les risques assumés par une entité ;
- les caractéristiques d'une entité qui ressortent de la documentation existante sur les prix de transfert ; et
- la méthode de fixation des prix de transfert qui a été employée pour déterminer les bénéfices d'une entité selon le principe de pleine concurrence.

587. Comment ces critères seraient-ils appliqués dans la pratique ? Une entité qui a droit au bénéfice entrepreneurial provenant de l'exploitation d'actifs incorporels clefs, de la prise en charge de risques économiques significatifs ; qui a les caractéristiques de l'entité principale d'une entreprise ; et qui, selon la méthode de détermination des prix de transfert, devrait recevoir le bénéfice résiduel (le plus souvent, mais non pas toujours, sous la forme d'une rémunération variable), à partir de la chaîne de valeur d'un groupe, serait identifiée comme une entité payeuse possible selon la liste des critères positifs. Dans ce contexte,

la qualification d'une entité et la méthode de fixation des prix de transfert employée pour déterminer ses bénéfices selon le principe de pleine concurrence devront refléter et seront considérées comme des indicateurs de son profil des fonctions, actifs et risques.

588. Par exemple, une entité apportant une contribution précieuse et exceptionnelle à des activités rapportant des bénéfices résiduels à un groupe d'EMN et/ou pouvant prétendre en vertu du principe de pleine concurrence à exploiter des biens incorporels et à en tirer des bénéfices non standards et/ou assumant des risques économiques significatifs en tout ou partie serait appréhendée par le premier indicateur. Il est probable que dans la documentation sur les prix de transfert elle serait qualifiée d'entité principale de l'entreprise, si bien qu'elle ressortirait au deuxième indicateur. Le troisième indicateur peut montrer que la rémunération d'une telle entité est déterminée par la méthode transactionnelle de partage des bénéfices ou par les bénéfices résiduels après rémunération d'une entité à faibles risques assumant une fonction courante déterminée au moyen de la méthode transactionnelle de la marge nette .Une telle entité serait considérée comme une entité payeuse possible de telle sorte qu'en vertu de l'approche par la liste positive elle serait incluse dans le vivier des entités payeuses potentielles.

589. A contrario, une entité qui ne possède pas d'actifs incorporels essentiels ou ne gère pas de risques économiquement significatifs est considérée comme une entité à faibles risques ou un prestataire de services sous contrat (tel qu'un agent commercial) et elle perçoit une rémunération fixe en fonction d'indicateurs de référence qui est déterminée, par exemple, au moyen de la méthode transactionnelle de la marge nette ou de la méthode du coût majoré, de sorte qu'elle ne doit pas être considérée comme étant susceptible d'être une entité payeuse et, par conséquent, selon l'approche par la liste négative, elle serait exclue des entités payeuses potentielles.

590. Dans le cadre du critère des activités, si un groupe d'EMN a calculé la base d'imposition du Montant A branche d'activité par branche d'activité il faudra déterminer celles dont fait partie une société susceptible d'être une entité payeuse. Par exemple, si un groupe pharmaceutique applique le Montant A séparément pour ses secteurs pharmaceutique et des produits de santé, il devra identifier ses entités payeuses de la même manière.

591. Le Cadre inclusif entreprendra des travaux supplémentaires pour affiner le critère des activités et, plus précisément, le principe général et la liste des indices en fonction desquels il serait appliqué. Ces travaux porteront notamment sur la détermination des types d'activités qu'une entité doit exercer ou des biens incorporels qu'elle doit posséder pour être qualifiée d'entité payeuse. Certains sujets feront l'objet d'études plus approfondies, notamment :

- les lignes directrices qui devraient accompagner la liste d'indices pour faciliter son utilisation par les contribuables, notamment les liens entre le principe général et les listes positive et négative ;
- les types de documents qui pourraient servir à élaborer et, en fin de compte, à appliquer la liste d'indices, lesquels incluront l'identification de tous ajouts à ou améliorations de ces documents qui pourraient être demandés au titre de la documentation standard sur le Montant A dans le cadre du processus de sécurité juridique en matière fiscale et les modalités selon lesquelles cette documentation peut être partagée en vertu d'accords d'échange de renseignements appropriés ;
- les indications supplémentaires qui seront requises pour faciliter si nécessaire la segmentation sur la base des états financiers établis au niveau des entités et la faisabilité de ces indications ;
- les liens entre l'application du critère des activités et les règles actuelles de répartition des bénéfices fondées sur le principe de pleine concurrence ; par exemple, le fait que les contribuables seraient obligés d'adopter une position cohérente pour l'application du critère des activités et des règles de répartition des bénéfices fondées sur le principe de pleine concurrence et le fait de savoir si les administrations fiscales auraient ou non la possibilité d'adopter des positions divergentes.

7.2.3. *Étape 2 : Critère de rentabilité*

592. Le critère de rentabilité permettrait de s'assurer que les éventuelles entités payeuses sont capables de supporter la charge fiscale relative au Montant A. Le critère de rentabilité garantirait qu'une entité réalisant de faibles bénéfices (ou des pertes) ne serait pas qualifiée d'entité payeuse, ce qui est conforme à la décision du Cadre inclusif de limiter l'application du Montant A aux seuls groupes d'EMN couverts qui réalisent des bénéfices résiduels (au lieu de la totalité des groupes d'EMN couverts).

593. L'emploi conjoint du critère des activités et du critère de rentabilité a pour but d'identifier les entités dégageant des bénéfices résiduels pris en compte pour le Montant A (calculés au niveau d'un groupe ou d'un segment). Le critère des activités, en incorporant des concepts issus de la fixation des prix de transfert, permettra d'identifier les entités qui, dans un groupe, tirent des bénéfices résiduels de l'exercice d'activités non standards liées à la participation d'un groupe à l'économie d'une juridiction de marché. Le critère de rentabilité, de même que la formule du Montant A, s'appliquera aux états financiers plutôt qu'aux comptes fiscaux. Cela signifie que les entités identifiées au cours de ces deux étapes exerceront des activités non standards et déclareront des bénéfices résiduels dans leurs états financiers.

594. Le Cadre inclusif envisage un critère de rentabilité couplé à l'exception fondée sur la substance en cours de définition pour le Pilier Deux qui est basée sur la masse salariale et les actifs corporels (calculés par référence aux dotations aux amortissements relatives à certains actifs, y compris les terrains).[12] Dans le cadre du Pilier Deux, l'objectif d'action publique qui sous-tend l'exception consiste à exclure un pourcentage fixe du revenu des activités substantielles exercées dans une juridiction. Il est justifié de retenir comme indicateurs la masse salariale et les actifs corporels parce qu'on peut généralement s'attendre à ce que ces facteurs soient moins mobiles que les autres et donc moins souvent source de distorsions fiscales. Sur le plan conceptuel, exclure un pourcentage fixe des revenus des activités substantielles a pour effet de centrer les règles du Pilier Deux sur les « bénéfices excédentaires » tels que les revenus des actifs incorporels, lesquels sont ceux qui présentent le plus de risques de BEPS. Cet objectif peut aussi être pertinent pour l'identification des entités susceptibles d'être qualifiées d'entités payeuses dans le cadre du Montant A puisque ce dernier a été conçu de manière à permettre aux juridictions de conserver un droit d'imposition exclusif sur les bénéfices standards (ou bénéfices autres que ceux relevant du Montant A) des entités résidant dans leur territoire.

595. Dans le contexte du Montant A, l'application d'un critère de rentabilité permettrait d'identifier les entités réalisant des bénéfices supérieurs au rendement fixe de la masse salariale et des actifs corporels. Un test combinant la masse salariale et les actifs corporels tiendrait compte des profils de substance variés des différents types d'entités, notamment celles qui exercent des activités à forte intensité de main-d'œuvre ou de capital. Il garantirait des règles de concurrence équitables en reconnaissant la contribution tant du personnel que des actifs corporels aux bénéfices standard d'une entité. Une telle logique est préférable à un critère de rentabilité ne prenant en considération qu'un seul facteur, à savoir la masse salariale ou les actifs corporels puisqu'un tel raisonnement ne retenant favoriserait les entités exerçant un type d'activité par rapport à celles qui en exercent un autre, encore que le Cadre inclusif ait l'intention de continuer à explorer d'autre pistes pour les critères de rentabilité.

596. Deux sources d'informations financières sont aisément disponibles et pourraient être employées pour appliquer le critère de rentabilité décrit ci-dessus, à savoir les comptes fiscaux et les états financiers. Il serait toutefois inapproprié d'employer les comptes fiscaux pour appliquer ce critère. En effet, le mode de calcul des bases d'imposition présente des disparités non négligeables d'une juridiction à l'autre, ce qui signifie que, par exemple, l'architecture des incitations fiscales à la R&D offertes par une juridiction affecterait la rentabilité ressortant des déclarations d'une entité. C'est pourquoi, par souci de cohérence avec le Pilier Deux, le critère de rentabilité s'appliquerait aux états financiers de l'entité qui sont utilisés par le groupe auquel elle appartient pour préparer ses comptes consolidés. Ces comptes seront préparés selon les normes IFRS ou un référentiel comptable comparable appliqué par le groupe en question pour préparer ses comptes consolidés. Cette approche serait plus cohérente que l'emploi d'états financiers

préparés au niveau des entités selon les normes comptables locales (dès lors qu'il peut exister des disparités non négligeables d'une juridiction à l'autre).

597. Si les bénéfices d'une entité payeuse potentielle proviennent de plusieurs branches d'activité (définies dans le cadre des règles de segmentation du Montant A), il sera nécessaire de subdiviser les états financiers des entités entre ces branches d'activité pour appliquer le critère de rentabilité. Cette précaution est indispensable pour empêcher que les différentes branches d'activité ne soient regroupées, ce qui pourrait avoir pour conséquence qu'une entité soit identifiée à tort comme une entité payeuse ou, au contraire, ne le soit pas alors qu'elle devrait l'être. En outre, la définition du bénéfice avant impôt retenue pour calculer la base d'imposition du Montant A exclura les produits de dividendes et les plus- et moins-values de cession sur actions et pourrait aussi exclure d'autres types de revenus. Pour assurer la symétrie entre le calcul du Montant A et l'identification des entités payeuses, il faudra que le critère de rentabilité repose sur une définition homogène du bénéfice avant impôt.

598. Le Cadre inclusif examinera de manière plus approfondie la pertinence et l'application de l'exception fondée sur la substance dans le cadre du Pilier Un afin d'apprécier si ce critère doit être modifié. Il poursuivra aussi l'examen d'autres méthodes quantitatives susceptibles d'être employées conjointement avec le critère de rentabilité décrit ci-dessus ou en remplacement de celui-ci. L'une des solutions envisagées consisterait à définir les entités payeuses comme les entités réalisant des bénéfices supérieurs à un pourcentage convenu des bénéfices d'un groupe d'EMN soit au niveau des entités, soit globalement.

7.2.4. *Étape 3 : Critère du lien avec le marché*

599. L'application du critère des activités et du critère de rentabilité aboutira à l'identification d'un ensemble d'entités qui, dans un groupe d'EMN ou un segment, sont susceptibles d'être des entités payeuses (en fonction des modalités de calcul de la base d'imposition du Montant A). Il pourra arriver que ces entités payeuses potentielles réalisent leurs bénéfices dans un nombre limité de juridictions auxquelles sont attribués des droits d'imposition au titre du Montant A. Ce cas peut se présenter, par exemple, si un groupe a deux branches principales dans une région pouvant prétendre à l'ensemble des bénéfices provenant de cette région. Dans ce cas de figure, on pourrait arguer que chaque entité régionale principale ne doit être redevable du Montant A que vis-à-vis des juridictions de marché d'où proviennent ses bénéfices résiduels. C'est pourquoi on pourrait appliquer un critère du lien avec le marché en vertu duquel, dans le premier cas, le Montant A dû pour une juridiction de marché donnée ouvrirait droit à un allégement par imputation sur les bénéfices d'une entité payeuse qui exerce les activités identifiées sur un marché donné au moyen du critère des activités.

600. Comme le Montant A s'appliquera à l'échelon d'un groupe ou d'un segment sans tenir compte de la rentabilité des divers sous-secteurs ou régions, cette logique pourrait aboutir à des situations dans lesquelles il est impossible d'identifier une entité payeuse satisfaisant au critère de rentabilité. Si l'on revient à l'exemple ci-dessus, il pourrait arriver qu'une entité régionale principale ne réalise pas par elle-même un montant de bénéfices suffisant pour acquitter le Montant A. Dans ce cas, les autres entités payeuses d'un groupe ou d'un segment devront payer le reste de l'impôt dû au titre du Montant A (voir Étape 4 : Allocation proportionnelle infra).

601. Tout contribuable devra déterminer, pour chaque juridiction de marché à laquelle est attribué un Montant A, laquelle (si elle existe) des entités payeuses potentielles qui ont été identifiées présente un lien suffisant pour être qualifiée d'entité payeuse pour cette juridiction de marché. Il sera possible d'établir un lien direct ou indirect entre une juridiction de marché et diverses entités d'un groupe. Par exemple, une entité peut vendre des biens ou services à des parties liées ou indépendantes résidant sur ce marché ou concéder des licences sur des biens incorporels exploités par la suite dans cette juridiction. Pour ce test, on ne peut partir du principe que tout lien entre une entité payeuse et une juridiction sera suffisant pour établir un lien dans le cadre de l'Étape 3. Il faut que ce lien concerne les activités identifiées au moyen du critère des activités.

602. Il sera assez aisé pour de nombreux groupes d'identifier les entités payeuses liées aux différents marchés. Par exemple, si dans un groupe une seule entité dispose des droits mondiaux pour l'exploitation d'actifs incorporels et reçoit des bénéfices résiduels provenant de chaque juridiction de marché, elle présentera un lien suffisant avec chaque juridiction de marché. Inversement, si un groupe a adopté un modèle de fonctionnement centralisé au niveau régional dans lequel différentes entités du groupe ont le droit d'exploiter des biens incorporels et reçoivent des bénéfices résiduels des juridictions de marché situées dans leur région, chacune de ces entités présente un lien suffisant avec les juridictions de marché de sa région (mais son lien avec les juridictions de marché des autres régions n'est pas suffisant).

603. C'est pourquoi il devrait être relativement facile dans de nombreux cas d'établir un lien suffisant entre une entité payeuse et une juridiction de marché. En effet, la plupart des groupes d'EMN ont une structure et disposent d'accords juridiques indiquant clairement les entités qui ont les droits d'exploitation relatifs à des biens incorporels précis sur un marché donné et en tirent des bénéfices résiduels. Par exemple, un contrat donnant à une entité le droit d'exploiter un bien incorporel dans une région constituerait la preuve de l'existence d'un lien entre cette entité et les juridictions de marché de cette région. De même, la concession directe d'une licence sur un bien incorporel par une entité à une juridiction de marché serait aussi la preuve d'un lien entre une entité payeuse et un marché. Ces informations seront très souvent déjà à la disposition des administrations fiscales car elles figurent dans le fichier principal d'un groupe ou ses autres documents sur les prix de transfert.

604. Pour concevoir cette règle de priorité, il importe de rappeler quelques principes de conception qui devront être pris en compte pour définir ce qui constitue un « lien suffisant » :

- les transactions qui créent le lien doivent être liées aux activités identifiées au moyen du critère des activités ; par exemple, si une entité dispense certains services courants de support en sus des activités non standards de telle sorte qu'elle est qualifiée d'entité payeuse, il n'existe pas de lien suffisant entre cette entité et une juridiction de marché dans laquelle elle n'a fourni que des services de soutien standards ; de même, l'octroi de financements intra-groupe à une entité résidant dans une juridiction de marché ne serait pas suffisante pour établir un lien puisque l'exécution d'activités de financement intra-groupe n'est pas suffisante pour qualifier une entité d'entité payeuse ;
- toute entité payeuse doit réaliser des bénéfices qui en dernière analyse sont liés aux ventes à des tiers situés dans une juridiction de marché donnée. Par exemple, si une entité reçoit d'un fabricant ayant la qualité de partie liée une commission pour la fourniture de services d'appui à la fabrication, cela ne sera pas suffisant pour établir un lien entre l'entité qui reçoit la commission et la juridiction dans laquelle réside ce fabricant (et qui peut aussi être une juridiction de marché).
- Il ne serait pas nécessaire qu'une entité payeuse ait un lien transactionnel direct avec une juridiction de marché. Par exemple, si un paiement de redevances est effectué à partir d'une juridiction de marché vers une entité relais (qui regroupe les paiements de redevances provenant de divers marchés et les reverse ensuite au bénéficiaire ultime), il pourrait exister un lien suffisant entre la juridiction de marché et ce bénéficiaire ultime. Il en irait de même dans le cas d'une chaîne d'entités relais.

605. Le Cadre inclusif consacrera des travaux supplémentaires à la conception de ce critère et analysera les types de dispositifs et de transactions qui pourraient servir à établir un lien suffisant entre une entité payeuse et une juridiction de marché, en ayant soin de rechercher les éléments matériels au moyen desquels ces dispositifs et transactions pourraient être identifiés. Il se penchera aussi sur le cas où une juridiction de marché présente des liens suffisants avec plusieurs entités payeuses et sur l'opportunité de règles de hiérarchisation de telle sorte que l'impôt dû au titre du Montant A soit attribué en premier lieu à l'entité payeuse ayant un lien direct avec cette juridiction de marché ou, faute d'un tel lien direct, à celle dont le lien avec ladite juridiction est le plus « solide ». Dans la mesure où cette entité payeuse ne réalise pas de bénéfices suffisants[13] pour supporter la totalité de la charge fiscale du Montant A, cette charge

serait affectée en second lieu à l'entité qui a un lien indirect ou, en l'absence d'un tel lien, qui a le deuxième lien le plus « solide » avec la juridiction en question et ainsi de suite jusqu'à ce que la totalité du montant de l'impôt à payer ait été affectée. Inversement, le Cadre inclusif examinera aussi si, dans ce cas de figure, la solution à la fois la plus juste et la plus simple ne consisterait pas à répartir proportionnellement la charge fiscale du Montant A en question entre les entités payeuses ayant un lien suffisant avec une juridiction de marché (comme cela est exposé de manière plus détaillée dans la section 7.2.5).

606. Ces deux approches ne donneraient pas les mêmes résultats. Supposons par exemple qu'un groupe d'EMN ait adopté un modèle opérationnel dans lequel une entité régionale principale se livrant au négoce dans le Pays A peut prétendre à la majorité des bénéfices résiduels issus d'une juridiction de marché et qu'il est établi qu'elle est l'entité ayant le lien le plus fort avec ce marché mais que l'entité mère ultime dans le Pays B (qui assure quelques fonctions DEMPE pour les biens incorporels appartenant à et exploités par l'entité régionale principale) peut encore prétendre à une petite partie des bénéfices résiduels provenant de la juridiction de marché en question. Dans une approche hiérarchique, la charge du Montant A serait attribuée en premier lieu à l'entité régionale principale et ensuite seulement à l'entité mère si cette entité régionale principale ne dispose pas de profits suffisants pour payer la totalité de l'impôt dû au titre du Montant A. En revanche, dans une approche proportionnelle, la charge du Montant A serait simplement répartie entre l'entité régionale principale et l'entité mère au moyen d'une formule dans l'hypothèse où toutes deux ont un lien suffisant avec la juridiction de marché concernée.

607. Certains membres du Cadre inclusif pensent que le calcul du Montant A à l'échelon mondial s'accorde mal avec le paiement de l'impôt sur les bénéfices attribués à une juridiction de marché par les entités ayant un lien avec le marché. Ces membres sont partisans de supprimer le critère du lien avec le marché et de répartir proportionnellement la charge du Montant A entre les entités identifiées lors des Étapes 1 et 2 selon les modalités décrites dans l'Étape 4. Ils trouvent que, dans la mesure où la possibilité que les bénéfices d'une entité régionale principale soient attribués à des marchés avec lesquels cette entité n'est pas liée par des transactions suscite des inquiétudes, cette préoccupation devrait être prise en considération dans les débats sur la segmentation régionale, ce qui revient à dire qu'il faut se demander si le Montant A devrait faire l'objet d'une segmentation régionale dans certains cas.

7.2.5. *Étape 4 : Répartition proportionnelle*

608. Puisque les entités payeuses seront uniquement celles qui dégageant une rentabilité supérieure à la rentabilité standard telle qu'elle est définie dans le critère de rentabilité de l'Étape 2, on peut soutenir que, une fois que le mécanisme d'élimination de la double imposition a été appliqué, une juridiction de résidence devrait conserver au minimum les droits d'imposition sur cette partie des bénéfices standards. Ce raisonnement est conforme à la logique de l'inclusion d'un seuil de rentabilité dans la formule du Montant A. C'est pourquoi une entité payeuse sera réputée ne pas avoir de bénéfices suffisants pour supporter une charge fiscale supplémentaire en vertu du Montant A une fois que les droits d'imposition de la juridiction de résidence ont été ramenés aux bénéfices standards tels qu'ils sont définis dans le critère de rentabilité.

609. Il existe un risque que dans certaines circonstances les entités payeuses présentant un lien suffisant avec une juridiction de marché (tel qu'il ressort du critère du lien avec le marché) ne disposent pas de bénéfices suffisants pour prendre à leur charge la totalité de l'impôt dû pour le Montant A. Cette possibilité ne préjuge pas non plus des cas (tels que ceux qui sont décrits dans l'exemple ci-dessus) où il peut être impossible d'identifier un lien entre une quelconque entité payeuse et une juridiction de marché. Pour s'assurer que le Montant A n'aboutisse pas à une double imposition, si les entités payeuses liées à un marché n'ont pas de bénéfices suffisants pour assumer l'intégralité de la charge fiscale correspondant au Montant A, il faut à tout le moins, à titre de sécurité, que tout montant d'impôt dû soit réparti entre toutes les autres entités payeuses potentielles d'un segment donnée.

610. Cette étape pourrait aussi être conçue de telle manière que la juridiction de résidence conserve des droits d'imposition sur une partie des bénéfices résiduels d'une entité résidente. Ce résultat pourrait être obtenu au moyen de cette étape, par exemple si l'on présume qu'une entité payeuse n'a pas de bénéfices suffisants pour s'acquitter de l'impôt dû au titre du Montant A une fois que x % de ses bénéfices résiduels (définis par l'application de l'Étape 2) ont été attribués aux juridictions de marché dans le cadre du Montant A.

611. Quelle que soit celle de ces deux approches qui est retenue, la répartition sera effectuée proportionnellement sur la base d'une formule. Cette formule reposera sur la partie du bénéfice avant impôt qui excède le bénéfice standard (tel qu'il est défini dans le critère de rentabilité) et/ou la rentabilité de l'entité (c'est-à-dire le ratio bénéfice avant impôt/chiffre d'affaires). Les deux approches seraient conçues de telle sorte que la répartition entre les entités payeuses de l'impôt dû au titre du Montant A garantisse au minimum que les juridictions de résidence concernées conservent leurs droits d'imposition sur les bénéfices réalisés par toute entité payeuse qui sont imputables à ses activités standards. Là encore, une entité payeuse sera réputée n'avoir pas de bénéfices suffisants pour supporter une charge fiscale supplémentaire en vertu du Montant A une fois que les droits d'imposition de la juridiction de résidence ont été ramenés aux bénéfices standards. Si le critère du lien avec le marché n'était pas adopté à cause des contradictions perçues avec le périmètre mondial du Montant A, cette répartition proportionnelle pourrait être la seule méthode de répartition d'une charge fiscale résultant du Montant A entre plusieurs entités payeuses.

612. On peut illustrer cette approche proportionnelle basée sur une formule (y compris l'application du critère du lien avec le marché) par deux exemples simples. Supposons tout d'abord que deux entités payeuses soient identifiées pour une juridiction de marché lors de l'Étape 3, qu'elles aient des liens aussi forts l'une que l'autre avec le marché en question et qu'après qu'un bénéfice standard (calculé selon le critère de rentabilité) a été attribué à chaque entité, ces entités dégagent des bénéfices résiduels respectifs de 60 et 40. La première entité paiera 60 % de l'impôt dû à la juridiction en question au titre du Montant A, et la seconde, les 40 % restants. Supposons ensuite qu'une seule entité payeuse soit identifiée lors de l'Étape 3 pour une juridiction de marché donnée mais que, après qu'un bénéfice standard (déterminé sur la base du critère de rentabilité de l'Étape 2) a été attribué à cette entité, les bénéfices de cette dernière sont insuffisants pour acquitter la totalité de l'impôt dû à la juridiction de marché en question au titre du Montant A. Dans ce scénario, l'entité payeuse identifiée à l'Étape 3 aurait à sa charge la partie de l'impôt dû au titre du Montant A qui réduirait les droits d'imposition de la juridiction dans laquelle elle réside de telle sorte qu'ils soient ramenés aux bénéfices standard imputables à cette entité. Le solde de l'impôt à payer pour le Montant A serait ensuite réparti proportionnellement entre les autres entités payeuses faisant partie du groupe ou du secteur concerné et pour lesquelles l'Étape 3 n'a pas mis en évidence de lien avec le marché.

613. D'autres règles alternatives ou supplémentaires peuvent être envisagées pour offrir un filet de sécurité, mais les avis des membres du Cadre inclusif à ce sujet divergent. Une approche veut que, dans le cas où il n'est pas possible d'identifier une entité payeuse liée à un marché et ayant des bénéfices suffisants pour payer la totalité de l'impôt dû pour le Montant A, le Montant A attribué à une juridiction de marché pourrait être réduit, voire supprimé purement et simplement. D'autres membres considèrent néanmoins que du point de vue conceptuel cette solution ne serait pas compatible avec les règles du Montant A sur le lien et l'répartition des bénéfices, lesquelles s'appliqueraient parallèlement aux règles existantes et sur un pied d'égalité avec celles-ci. Ces membres font en outre valoir que cette approche soumettrait l'Étape 3 à une pression sensiblement accrue et dont on peut prévoir qu'elle alimentera davantage la controverse sur l'application de cette étape. On pourrait aussi envisager, à titre d'alternative, que dans ce scénario l'impôt dû au titre du Montant A donne droit à un allégement par imputation sur les bénéfices standards qui habituellement restent imposables dans la juridiction de résidence, ou que cet impôt soit reporté en avant et ne soit exigible dans une juridiction de marché qu'au cours d'exercices ultérieurs une fois que l'entité payeuse liée à un marché réalise des bénéfices suffisants pour supporter la

charge de cet impôt. Les auteurs sont néanmoins conscients que cette solution exacerberait les contradictions que certains membres perçoivent entre le critère du lien avec le marché et le calcul du Montant A au niveau mondial tel qu'il y est fait référence au paragraphe 607. Une autre possibilité consisterait à désigner une ou plusieurs entités d'un groupe comme entité(s) payeuse(s) en dernier ressort. Ce pourrait être par exemple l'entité mère ultime ou une entité dont on détermine en vertu de la Proposition globale de lutte contre l'érosion de la base d'imposition (GloBE) qu'elle est imposée à un taux inférieur au taux minimum convenu. Cette approche pourrait aussi servir à identifier une entité payeuse dans le cas peu probable où aucune entité payeuse potentielle n'a été identifiée après l'application des Étapes 1 et 2 (décrites plus haut). À défaut, on pourrait se pencher sur la conception des étapes précédant l'allocation proportionnelle qui garantissent que les entités identifiées disposent toujours de bénéfices suffisants pour acquitter l'impôt dû au titre du Montant A. Si l'on parvenait à définir une telle procédure, la nécessité de prévoir des règles offrant un filet de sécurité disparaîtrait.

7.2.6. *Questions diverses*

614. Des discussions sont en cours au sein du Cadre inclusif à propos de divers autres sujets, en particulier les ajustements de prix de transfert et les pertes au niveau des entités. Ces discussions sont le reflet de plusieurs difficultés soulevées par l'intégration du droit d'imposition créé en vertu du Montant A dans le système fiscal existant.

Ajustements des prix de transfert

615. Les administrations fiscales peuvent ajuster leurs prix de transfert de manière à accroître les bénéfices attribués à une entité pour qu'ils correspondent à ceux qu'elle aurait réalisés dans des conditions de pleine concurrence. Il faut le plus souvent trois à cinq ans aux administrations fiscales pour corriger des prix de transfert parce que cela exige des contrôles poussés. Quand une administration fiscale procède à un ajustement de prix de transfert, le contribuable peut demander dans le cadre d'une procédure amiable qu'un ajustement corrélatif soit effectué de manière à réduire les bénéfices imposables de l'entité qui est la contrepartie dans une autre juridiction. La procédure amiable aussi peut durer des années. Il peut donc arriver que les bénéfices d'une entité payeuse soient réduits suite à un ajustement corrélatif. Cette entité peut ainsi voir réduite sa capacité de supporter la charge de l'impôt afférent au Montant A (telle que déterminée dans les Étapes 3 ou 4) voire, dans certains cas extrêmes, ne plus remplir les conditions requises pour être considérée comme une entité payeuse [14]. Les contrôles des prix de transfert peuvent aussi aboutir à une réévaluation du profil des fonctions, actifs et risques d'une entité, de sa qualification aux fins des prix de transfert et de la méthode de calcul des prix de transfert employée pour déterminer ses bénéfices selon le principe de pleine concurrence, ce qui peut amener à reconsidérer si une entité a été identifiée correctement (ou non) comme entité payeuse.

616. Il arrivera souvent que la diminution des bénéfices d'une entité résultant d'un ajustement corrélatif soit faible en termes relatifs, si bien qu'il ne sera pas nécessaire de tenir compte de ces ajustements pour le Montant A. En outre, dans le cadre du processus de sécurité juridique en matière fiscale relatif au Montant A, le Cadre inclusif réfléchit à la manière dont les procédures de conformité existantes pourraient être employées de sorte à réduire la probabilité d'ajustements de prix de transfert ayant une incidence notable sur l'identification de l'entité payeuse (voir le chapitre 9). Cependant, si ces ajustements sont significatifs, le mécanisme d'élimination de la double imposition prévu pour le Montant A en tiendra compte. Apporter des corrections *a posteriori* pour éliminer la double imposition résultant du Montant A serait extrêmement lourd parce que cela impliquerait de réenclencher le mécanisme de sécurité juridique précoce et de réévaluer l'application du Montant A. Il pourrait néanmoins être possible d'effectuer des ajustements prospectifs, par exemple en ajustant le montant de l'impôt futur dû par une entité payeuse au titre du Montant A en se fondant sur une correction des prix de transfert d'un exercice antérieur. À défaut, il pourrait être possible dans certains cas de s'interroger sur l'opportunité de prendre en compte la répartition de la charge fiscale du Montant A dans le cadre d'une procédure amiable dans le cas où, par

exemple, un ajustement de prix de transfert aboutit à un transfert de bénéfices entre deux entités payeuses. Le Cadre inclusif lancera des travaux supplémentaires pour concevoir un tel mécanisme incluant la définition de ce qui constitue un ajustement « significatif » (laquelle peut prendre la forme d'un seuil d'importance relative ou d'un montant en valeur absolue – par exemple, un ajustement peut être « significatif » dès lors qu'il dépasse x % des bénéfices d'une entité ou X millions EUR. Ces travaux porteront aussi sur les modalités de prise en compte des ajustements de prix de transfert dans le cas où des modifications sont apportées aux comptes fiscaux d'une entité mais non à ses états financiers.

Régime de report en avant des pertes au niveau d'une entité

617. Les règles de calcul de la base d'imposition pour le Montant A incorporeront des règles sur le report en avant des pertes qui seront distinctes des régimes nationaux de report en avant des pertes actuellement en vigueur. Ce mécanisme de report en avant des pertes au niveau d'un groupe devrait faire en sorte que la plupart des contribuables continuent de bénéficier des régimes nationaux de report en avant des pertes au niveau des entités. Il peut néanmoins arriver qu'un groupe soit tenu d'attribuer des bénéfices à des juridictions de marché dans le cadre du Montant A alors même que certaines entités de ce groupe disposent de reports de pertes en avant en vertu des règles nationales. Ce cas peut se présenter si le régime national d'une juridiction sur les reports en avant de pertes autorise la passation en charges accélérée des dotations aux amortissements ou encore, tout simplement, si des entités principales faisant partie d'un groupe sont déficitaires alors qu'elles sont bénéficiaires au niveau consolidé.

618. Pour régler ce problème, on pourrait soutenir que les régimes nationaux de report en avant des pertes devraient être pris en considération lors de la détermination des entités payeuses pour le Montant A. Cela implique de modifier les Étapes 3 et 4 de telle sorte qu'une entité soit réputée avoir des bénéfices trop faibles pour payer des impôts au titre du Montant A si elle peut se prévaloir de reports de pertes en avant en vertu des règles nationales. Ce procédé couperait court au risque qu'une entité soit imposable au titre du Montant A alors même qu'elle ne paie pas d'impôt dans la juridiction où elle réside en raison de reports en avant de pertes dans cette juridiction. Un tel résultat pourrait paraître inéquitable parce qu'il reviendrait à donner aux juridictions de marché des droits d'imposition sur une entité qui sont prioritaires sur ceux des juridictions de résidence. Il entraînerait aussi une réduction de la valeur des reports de pertes en avant d'un groupe d'EMN, ce qui pourrait le dissuader d'investir.

619. Cependant, l'élaboration de règles portant spécifiquement sur les pertes au niveau d'une entité soulèverait aussi des problèmes d'équité si elle avait pour effet de faire supporter à une entité payeuse située dans une juridiction la totalité du Montant A dû par un groupe du simple fait qu'une entité payeuse située dans une autre juridiction a un gros stock de reports de perte en avant, en particulier si la différence est imputable aux différences entre les règles des deux juridictions concernées sur les reports en avant de pertes. En outre, de telles règles créeraient des risques de manipulation. Ces derniers sont dus au fait que dans bien des cas les groupes d'EMN peuvent faire apparaître artificiellement des pertes reportables en avant au niveau d'une entité. C'est pourquoi, si les pertes au niveau d'une entité devaient être prises en considération lors de l'identification de l'entité payeuse, il pourrait être nécessaire de concevoir des mécanismes de protection supplémentaires pour parer à ce risque de manipulation, ce qui serait une source de complexité supplémentaire tant pour les contribuables que pour les administrations fiscales. Le Cadre inclusif poursuit ses travaux sur cette question.

7.3. Composante 2 : Méthodes d'élimination des doubles impositions

620. La deuxième composante du mécanisme d'élimination de la double imposition concerne les méthodes employées pour supprimer la double imposition. L'application de cette méthode (ou de ces méthodes) évitera qu'une entité payeuse soit imposée deux fois sur les mêmes bénéfices dans des juridictions différentes, à savoir une fois en vertu des règles d'répartition des bénéfices et une fois en vertu

du Montant A. L'identification des entités payeuses au titre de la Composante 1 est conçue de telle sorte que les entités réalisant des bénéfices résiduels au regard des règles existantes soient désignées comme entités payeuses. Il s'ensuit que la double imposition qui en résultera est de nature juridique (deux juridictions imposent une même personne au titre du même revenu). Ces entités payeuses peuvent être imposées sur les bénéfices pris en compte dans le Montant A tant par leur juridiction de résidence dans le cadre des règles fiscales existantes que dans la juridiction de marché à laquelle un nouveau droit d'imposition est reconnu en vertu du Montant A. Il y a donc lieu de croire que l'emploi des méthodes de l'exemption ou de l'imputation serait approprié. Si la double imposition était de nature économique (c'est-à-dire que deux personnes seraient imposées sur un même revenu économique), la méthode de réattribution employée conformément aux règles sur les prix de transfert (qui se traduit par des ajustements en conséquence) conviendrait vraisemblablement mieux.

621. Aujourd'hui, les juridictions ont le choix entre deux grandes méthodes pour éliminer la double imposition juridique internationale : (i) la méthode de l'exemption (dont on trouve une version dans l'Article 23 A des Modèles de conventions fiscales de l'OCDE et des Nations Unies) : et (ii) la méthode de l'imputation (Article 23 B des Modèles de Conventions fiscales de l'OCDE et des Nations Unies).

622. Les méthodes de l'exemption et de l'imputation ne se résument pas à deux mécanismes différents pour parvenir au même résultat. Dans la méthode de l'imputation, la juridiction de résidence conserve des droits d'imposition secondaires sur les bénéfices d'une entité payeuse si ceux-ci sont imposés dans les juridictions de marché à un taux inférieur à celui qui est en vigueur dans le pays de résidence. Tandis que, dans la méthode de l'exemption, la juridiction de résidence ne conserve pas de droit d'imposition secondaire sur les bénéfices d'une entité payeuse puisque ces derniers sont soit exonérés, soit retranchés de la base d'imposition. Cependant, comme cela est indiqué plus loin, l'analyse économique initiale du Pilier Un estime le taux d'imposition moyen dans les juridictions de marché à 26 % (à cette réserve près que les taux peuvent changer avec le temps), si bien que seules les juridictions pratiquant des taux d'imposition assez élevés auraient des droits d'imposition secondaires significatifs. Le Rapport sur le *Blueprint* envisage qu'une juridiction ait le choix entre les méthodes de l'exemption et de l'imputation pour alléger la double imposition résultant du Montant A. Si les deux méthodes donnent le même résultat ou un résultat peu différent, les juridictions membres opteront vraisemblablement pour la plus simple.

623. Ce chapitre montre comment ces deux méthodes pourraient être utilisées pour éliminer la double imposition résultant du Montant A. À défaut, une « méthode de réattribution » pourrait être envisagée dans le cas où un groupe possède une filiale locale dans une juridiction de marché. Dans cette approche, on supposerait que le bénéfice attribué à une juridiction de marché dans le cadre du Montant A est né dans la filiale locale et une révision à la hausse de ses bénéfices serait effectuée pour la détermination de l'impôt, si bien que cette filiale locale serait redevable du Montant A. La double imposition serait éliminée en accordant une déduction ou en révisant à la baisse les bénéfices de l'entité ouvrant droit à l'allégement. Ce transfert présumé de bénéfices entre ces deux entités dans le cadre du Montant A serait similaire au mécanisme d'allégement de la double imposition économique prévu par l'Article 9(2). Il donnerait le même résultat que la méthode de l'exemption pour la juridiction accordant l'allégement. Cependant, il serait difficile de justifier que l'entité locale soit imposée sur des bénéfices relevant du Montant A si elle ne détient pas ces bénéfices. C'est pourquoi il est probable que, pour des raisons tant juridiques que comptables, l'EMN désirera procéder à un ajustement secondaire pour faire en sorte que les bénéfices ressortissant au Montant A soient réellement transférés à l'entité locale tant juridiquement que comptablement de manière à éviter une discordance avec les comptes fiscaux. Ce transfert comptable, qui pourrait prendre la forme d'un prêt ou d'un apport de fonds propres, et les transactions ultérieures ayant pour but de rapatrier les bénéfices concernés pourraient avoir des répercussions fiscales (par exemple sous la forme d'une retenue à la source) qui seraient considérées comme indésirables. Si le groupe d'EMN n'a pas de filiale locale dans la juridiction de marché, la juridiction accordant l'allégement n'en serait pas moins obligée d'accorder soit un crédit d'impôt, soit une exemption au titre de l'impôt afférent au Montant A dans cette juridiction. Au demeurant, il peut être délicat d'adapter une méthode de réattribution (sous peine de perdre

une grande partie des avantages qui en résultent) au schéma d'administration centralisé et simplifié qui est décrit dans le Chapitre 9 . C'est pourquoi la méthode de réattribution ne semble pas appropriée pour éliminer la double imposition au vu de l'architecture actuelle du Montant A et de la Composante 1. Il se peut néanmoins qu'à mesure que les travaux avancent de nouvelles caractéristiques se fassent jour de telle sorte que l'emploi de cette méthode paraisse avantageux et il n'est donc pas exclu que celle-ci soit réexaminée lorsque la nécessité s'en ferait sentir.

7.3.1. *Méthode de l'exemption*

624. Dans la méthode de l'exemption, il suffit à une entité payeuse de ne pas soumettre à l'impôt la partie de ses bénéfices qui a été attribuée à des juridictions de marché en vertu du Montant A.

625. Il s'ensuit que la méthode de l'exemption serait un moyen efficace de supprimer la double imposition résultant du Montant A et qu'elle serait relativement simple à appliquer. En effet, une juridiction de résidence n'aurait pas à déterminer le taux auquel les bénéfices attribués au titre du Montant A ont été imposés et il lui suffirait d'identifier le pourcentage des bénéfices de l'entité payeuse concernée qui ont été réattribués dans le cadre du Montant A.

626. Si la méthode de l'exemption a le mérite de la simplicité dans certains cas, il convient de prendre en considération un ensemble de préoccupations plus vaste pour choisir la méthode à appliquer, en particulier l'absence de droits d'imposition secondaires[15] et la possibilité que le montant total des impôts dû par un contribuable dans le cadre du Montant A soit plus faible si l'on opte pour la méthode de l'exemption(voir plus loin). Des recherches techniques supplémentaires seront réalisées pour dresser l'inventaire des avantages et des inconvénients de ces deux méthodes.

7.3.2. *Méthode de l'imputation*

627. Bien que la méthode de l'imputation soit plus complexe que celle de l'exemption, elle peut avoir la préférence de certaines juridictions pour alléger la double imposition résultant du Montant A.

628. Dans la méthode de l'imputation, l'impôt prélevé dans les juridictions de marché en vertu du Montant A donnerait droit à un crédit d'impôt à l'entité payeuse (ou aux entités payeuses). Ce crédit serait plafonné au niveau le plus faible entre l'impôt prélevé dans la juridiction de marché et l'impôt qui aurait été payé sur les bénéfices attribués à la juridiction accordant l'allégement dans le cadre du Montant A. Les motifs amenant une juridiction à opter pour la méthode de l'imputation sont décrits ci-dessous.

Approche par juridiction ou approche agrégée

629. Le Rapport sur le *Blueprint* envisage que la méthode de l'imputation puisse être appliquée soit juridiction par juridiction, soit dans le cadre d'une approche agrégée. Dans l'approche par juridiction, le plafond du crédit d'impôt est déterminé en comparant l'impôt qui aurait été payé dans la juridiction accordant l'allégement avec celui qui est appliqué au Montant A dans chaque juridiction de marché considérée séparément. Dans l'approche agrégée, le plafond du crédit d'impôt est déterminé en comparant l'impôt qui aurait été payé dans la juridiction accordant l'allégement avec celui qui est appliqué au total de l'impôt dû au titre du Montant A affecté à chaque entité payeuse. L'approche agrégée permettrait que l'impôt prélevé au titre du Montant A dans les marchés à faible imposition soit agrégé avec celui payé dans les marchés à forte imposition (cette approche pourrait être appelée « plafond agrégé »). Les juridictions appliquant un plafond agrégé accorderont généralement un allégement pour compenser la double imposition qui sera plus généreux que celles qui recourent à un plafond par juridiction. En fin de compte, l'effet d'un plafond agrégé pourrait ne pas être très différent de celui de la méthode de l'exemption si l'impôt qui aurait été payé dans la juridiction accordant l'allégement est inférieur au taux d'imposition moyen pondéré appliqué dans les juridictions de marché au titre du Montant A.

630. On pourrait soutenir que la manière dont fonctionne le plafond agrégé reflète mieux le caractère multilatéral du Montant A même s'il convient de remarquer que le critère du lien avec le marché devrait faciliter l'application d'un plafond par juridiction. Pour appliquer la méthode de l'imputation par juridiction, il sera indispensable d'identifier en premier lieu les juridictions de marché où une entité payeuse est imposable au titre du Montant A. Cette tâche pourra être accomplie si un lien est établi au moyen du critère du lien avec le marché entre une juridiction de marché donnée et une entité payeuse. Dans ce cas de figure, il serait possible d'appliquer le plafond pays par pays.

631. Si l'impôt dû dans une juridiction de marché en vertu du Montant A est simplement réparti proportionnellement entre les entités payeuses, le plafond par juridiction sera appliqué en se référant pour chaque pays au montant attribué à chaque entité payeuse.

Droit d'imposition secondaire

632. L'un des principaux avantages de la méthode de l'imputation pour les juridictions accordant un allégement est que l'État de résidence conserve un droit d'imposition secondaire. Cependant, comme on l'a vu plus haut, la valeur de ce droit devrait être assez limitée parce qu'on peut s'attendre à ce que le taux moyen appliqué au Montant A soit relativement élevé. Quelques études préliminaires ont été menées pour valider cette position en calculant le taux moyen de l'impôt sur les sociétés dans les juridictions de marché. Il ressort de ces études que le taux moyen de l'IS dans les juridictions de marché calculé sur la base des données disponibles serait actuellement de 26 % pour les activités ADS, et de 26.3 % pour les activités CFB. Dans un tel scénario et sachant que les taux d'imposition sont sujets à modifications, une juridiction dont l'IS est inférieur à 26 % ne collectera aucun impôt supplémentaire au titre de son droit d'imposition secondaire sur le Montant A si la méthode de l'imputation soumis à un plafond agrégé est employée.[16] Si la méthode de l'imputation avec plafonnement par pays est employée, les juridictions accordant un allégement et dont les taux d'imposition sont bas pourront collecter un supplément d'impôts.

Résultat pour l'EMN

633. Un autre argument en faveur de la méthode de l'imputation plutôt que de celle de l'exemption est que cette dernière pourrait valoir à un contribuable de se retrouver dans une position plus favorable qu'auparavant si les bénéfices attribués à une juridiction de marché étaient imposés à un taux inférieur dans cette juridiction de marché. Dans la méthode de l'exemption, les droits d'imposition sur les bénéfices résiduels sont transférés des juridictions accordant des allégements aux juridictions de marché. Si les taux d'imposition dans les juridictions accordant des allégements sont plus élevés que dans les juridictions de marché, il pourra arriver que globalement un groupe d'EMN paie dans le cadre du Montant A moins d'impôt selon la méthode de l'exemption qu'il n'en paierait en application des règles existantes. Cependant, l'analyse économique initiale sur les taux d'imposition moyens à laquelle il est fait référence ci-dessus tendrait à prouver que ce risque ne devrait pas être significatif. Au demeurant, comme la finalité du Montant A est de transférer des droits d'imposition aux juridictions de marché et comme certaines juridictions ne considèrent pas que ce transfert est conditionné par le niveau d'imposition dans les juridictions de marché, le fait qu'il aboutisse à une réduction d'impôt dans certains cas n'est pas nécessairement une mauvaise chose.

Disparités entre les règles de source

634. Un autre aspect de la méthode de l'imputation à prendre en considération est que les régimes de crédit d'impôt étranger applicables dans les différents pays incluent généralement des règles de détermination de la source qui peuvent avoir pour effet qu'une partie du revenu qui a été imposé dans le pays de la source soit considérée comme un revenu de source locale dans le pays de résidence. Il peut en résulter une double imposition pour laquelle aucun allégement n'est accordé.

635. Le Montant A fera l'objet d'un accord multilatéral dans le cadre d'un système unique en même temps que la répartition du Montant A aux juridictions de marché et que le Montant A qui doit donner lieu à un allégement par chaque juridiction accordant un allégement. Comme le Montant A est multilatéral par nature, il ne devrait y avoir aucune place pour des disparités entre les législations et règles de source nationales qui puissent aboutir à une double imposition ne donnant pas lieu à un allégement au titre du Montant A.

Informations requises

636. Il ne faut pas non plus négliger le fait que, si l'on recourt à la méthode de l'imputation pour compenser la double imposition dans le cadre du Montant A, la juridiction accordant l'allégement de la double imposition relative au traitement fiscal du Montant A dans la juridiction de marché aura besoin de plus d'informations (par exemple le taux applicable dans la juridiction de marché) que dans la méthode de l'exemption.

7.3.3. *Faciliter l'utilisation des deux méthodes*

637. Permettre aux juridictions de choisir la méthode de leur choix pour alléger la double imposition créerait une source de complexité supplémentaire.

638. S'il est permis aux juridictions de choisir la méthode d'allégement, la méthode d'élimination de la double imposition adoptée par la juridiction dans laquelle réside une entité payeuse s'appliquera une fois que les entités payeuses d'un groupe d'EMN auront été identifiées (selon la procédure décrite dans la Composante 1). Par conséquent, si un groupe identifie deux entités payeuses – la première résidant dans une juridiction qui applique la méthode de l'exemption et la seconde dans une juridiction qui applique celle de l'imputation – dans la première juridiction, les bénéfices de l'entité payeuse seront exonérés d'impôt. Mais la seconde juridiction imposera ces bénéfices en accordant un crédit d'impôt à concurrence de l'impôt payé dans les juridictions de marché éligibles.

639. En général, comme les EMN appliquent un grand nombre de méthodes de crédit d'impôt et d'exemption dans leurs déclarations fiscales et quoique la possibilité existe qu'un groupe d'EMN ait à appliquer deux méthodes, avec à la clef une complexité supplémentaire, cette complexité serait très limitée. Aucune entité payeuse ne serait tenue d'appliquer plusieurs méthodes d'allégement au titre du Montant A puisque chaque juridiction serait obligée de choisir une seule méthode.

640. On notera que si une EMN considère qu'une méthode donne des résultats plus favorables, il peut exister un risque qu'elle tente de manipuler l'application de la Composante 1 de telle sorte que soient identifiées les entités payeuses situées dans des juridictions employant cette méthode. Il n'est cependant pas prévu que les règles décrites dans la Composante 1 se prêtent à des manipulations, d'autant qu'elles seront soumises au processus de certitude juridique en matière fiscale, ce qui devrait contribuer à dissiper cette crainte. Cette question fera néanmoins l'objet de recherches plus approfondies.

7.3.4. *Conclusion sur le choix d'une méthode*

641. Il se peut qu'en définitive les approches de l'exemption et de l'imputation donnent des résultats similaires. Plusieurs juridictions ont néanmoins une nette préférence pour une méthode plutôt que pour l'autre et l'on s'attend donc à ce qu'elles aient la possibilité de choisir entre les méthodes de l'exemption et du crédit d'impôt pour éliminer la double imposition dans le cadre du Montant A.

7.3.5. *Autres questions d'ordre technique*

642. Plusieurs questions techniques nécessitent encore des recherches :

- ***Lien entre le Pilier Deux et l'application de la méthode de l'exemption.*** Des études supplémentaires doivent être entreprises pour savoir quel pourrait être l'effet du Pilier Deux sur un groupe d'EMN dans le cas où la méthode de l'exemption est employée pour éliminer la double imposition sur le Montant A.
- ***Lien entre les méthodes d'allégement et la législation nationale existante.*** Il convient aussi d'examiner les liens entre les méthodes d'allégement et les règles nationales qui régissent actuellement l'allégement de la double imposition.
- **Lien entre la méthode d'allégement, le système d'administration centralisé et simplifié et le processus de certitude juridique en matière fiscale prévu pour le Montant A**. Des travaux supplémentaires seront consacrés à l'examen de l'application de chaque méthode d'allégement dans le contexte des autres flux de travail tels que le système d'administration centralisé et simplifié et le processus de certitude juridique en matière fiscale pour le Montant A qui sont abordés dans les Chapitres 9 et 10.
- ***Lien entre le Montant A et certaines retenues à la source prélevées par les juridictions de marché.*** Comme on l'a vu dans le chapitre 6 (voir la section 6.4), des études supplémentaires porteront sur les liens entre le Montant A et son mécanisme d'allégement de la double imposition et les retenues à la source au moyen desquelles les juridictions de marché peuvent déjà imposer une partie des bénéfices résiduels ainsi que sur les moyens permettant de remédier à toute double comptabilisation.

7.4. Application du régime de protection pour les bénéfices issus d'activités de commercialisation et de distribution

643. Le régime de protection pour les bénéfices issus d'activités de commercialisation et de distribution ajusterait (et dans certains cas ramènerait à zéro) le calcul du Montant A attribué aux juridictions de marché dans le cas où un groupe d'EMN a une présence dans les activités de commercialisation et de distribution. On peut donc être amené à se demander si un groupe d'EMN pourrait choisir d'ajuster ses prix de transfert pour accéder au régime de protection et se servir de son système de fixation des prix de transfert comme d'un moyen détourné pour éliminer la double imposition.

644. Pour répondre à cette question, il importe d'insister sur le fait que le régime de protection pour les bénéfices issus d'activités de commercialisation et de distribution n'est pas un moyen alternatif d'attribuer le Montant A à une juridiction de marché, mais plutôt une méthode permettant d'apprécier si l'attribution du Montant A à une juridiction de marché risquerait d'entraîner une double comptabilisation. Par conséquent, si un groupe d'EMN attribue déjà les bénéfices couverts par le régime de protection à une juridiction de marché en vertu des règles de répartition des bénéfices existantes, il pourrait arriver qu'aucun Montant A ne soit attribué, et donc qu'il ne soit pas nécessaire d'appliquer le mécanisme d'élimination de la double imposition.

645. Comme la règle d'répartition des bénéfices selon le principe de pleine concurrence est fondée sur des principes, le régime de protection laisse une certaine latitude aux groupes d'EMN pour majorer les bénéfices qu'ils attribuent à une juridiction de marché et minorer corrélativement (voire éliminer purement et simplement) la charge fiscale correspondant au Montant A. Mais le régime de protection n'autorise pas un groupe à se servir des prix de transfert pour attribuer des bénéfices à un marché au-delà du montant correspondant aux conditions de pleine concurrence. Si le rendement du régime de protection n'est pas atteint dans une juridiction de marché, le contribuable sera obligé d'appliquer le mécanisme d'élimination de la double imposition du Montant A pour identifier les entités payeuses et alléger la double imposition. Par exemple, si un groupe d'EMN a adopté une structure de distribution faisant appel à des entités à faibles risques, il peut être impossible d'augmenter les bénéfices de ces entités de telle sorte que le Montant A soit réparti au moyen des mécanismes de fixation des prix de transfert parce que la qualification

des entités et la méthode de détermination des prix de transfert ne permettraient pas d'attribuer les bénéfices non standard à une entité de distribution à faible risque.

646. On notera aussi que si un groupe d'EMN remplit les critères d'un régime de protection pour les bénéfices issus d'activités de commercialisation et de distribution dans une juridiction de marché donnée, cela ne devrait pas empêcher qu'une entité résidant dans cette juridiction soit considérée comme une entité payeuse vis-à-vis d'autres juridictions. Quoique, à première vue, l'impossibilité d'attribuer le Montant A dans ce cas de figure semble pénaliser une juridiction, ce n'est pas le cas en réalité.

7.5. Prochaines étapes

647. Pour la Composante 1, à savoir la procédure de détermination des entités payeuses, le Cadre inclusif devra prendre une décision définitive sur l'architecture des critères décrits plus haut. Il faudra donc parvenir à un accord sur les éléments de ces critères et l'ordre de priorité et la conception de leurs diverses composantes. Des travaux supplémentaires porteront en outre sur des aspects spécifiques de la Composante 1 :

- les activités incluses dans les listes positive et négative ;
- les modalités d'application du critère de rentabilité ;
- les aspects pratiques de la mise en œuvre du critère du lien avec le marché ; et
- la prise en compte des autres options de répartition pour le reliquat de toute charge fiscale résultant du Montant A qui n'a pas été attribué à l'issue du processus.

648. Pour la Composante 2, à savoir la méthode pour éliminer la double imposition résultant de l'application du Montant A, des recherches supplémentaires devront être entreprises pour rédiger à l'intention des juridictions des lignes directrices sur la sélection et l'application de chaque méthode, en particulier pour :

- analyser le lien entre l'application des méthodes d'allégement de l'impôt dû au titre du Montant A et le Pilier Deux ;
- prendre en considération le lien entre les méthodes d'allégement de la double imposition et les dispositions existantes en droit interne ;
- rendre en considération les liens entre le Montant A et certaines retenues à la source prélevées par les juridictions de marché ; et
- examiner l'application de chacune des méthodes avec d'autres flux de travail, notamment le système d'administration centralisé et simplifié et la procédure de certitude juridique en matière fiscale.

Notes

[1] En vertu du régime de protection pour les bénéfices issus d'activités de commercialisation et de distribution, un groupe d'EMN ne serait pas tenu d'attribuer le Montant A aux juridictions de marché si cela a pour effet de reproduire les droits d'imposition existants d'une juridiction sur les bénéfices résiduels du groupe. Dans ce scénario, aucun Montant A ne serait attribué, de sorte que le mécanisme visant à éliminer la double imposition résultant du Montant A ne s'appliquerait pas. Au lieu de quoi un groupe d'EMN remplissant les conditions requises pour bénéficier du régime de protection vis-à-vis d'une juridiction de marché en particulier demeurerait soumis aux règles actuelles d'répartition des bénéfices et du lien.

[2] Les « entités payeuses » sont les entités qui supporteront la charge fiscale relative au Montant A, si bien que les juridictions dans lesquelles elles résident devront accorder des allégements pour éliminer la double imposition résultant du Montant A. Ces entités ne seront pas nécessairement tenues de payer matériellement l'impôt dû au titre du Montant A dans chaque juridiction de marché, dans la mesure où le système d'administration simplifié peut autoriser une seule entité faisant partie d'un groupe à acquitter (en qualité d'agent) l'impôt dû au titre du Montant A dans chaque juridiction de marché (voir le chapitre 10).

[3] Au niveau d'un groupe ou d'une branche d'activité, le terme « bénéfice résiduel » signifie aux fins du Montant A un bénéfice excédant un seuil de rentabilité prédéfini (voir plus haut le chapitre 6). X Cette conception du bénéfice résiduel n'est pas la même que celle retenue dans les règles de détermination des prix de transfert, pour lesquelles celui-ci désigne le bénéfice (ou la perte) qui subsiste après rémunération des activités qui peuvent être étalonnées de façon fiable au moyen de références comparables. En l'absence de mention expresse, le terme bénéfice résiduel qui est employé dans ce chapitre désigne la partie du bénéfice qui dépasse le seuil de rentabilité prévu par la formule du Montant A.

[4] Par souci de commodité, le reste de Rapport sur le *Blueprint* fera référence à des entités payeuses (au pluriel) bien que dans certains cas il n'en existe qu'une seule pour un groupe ou une branche d'activité.

[5] Ce dossier inclura le fichier principal du groupe, les fichiers locaux pertinents, les déclarations pays par pays et les autres documents sur les prix de transfert qui sont déjà préparés par un groupe. Les auteurs sont conscients qu'à l'heure actuelle ces documents ne sont pas disponibles dans toutes les juridictions qui seraient concernées par le Montant A, mais il est possible d'y remédier dans le cadre du processus de sécurité juridique en matière fiscale envisagé pour le Montant A (voir le chapitre 10

[6] Les paragraphes 1.60, 1.61, 6.51 et 6.56 des *Principes applicables en matière de prix de transfert à l'intention des entreprises multinationales et des administrations fiscales*, OCDE (2017), Éditions OCDE Paris sont, avec les exemples illustrant les concepts évoqués, la première source à laquelle se référer.

[7] En ce sens, la propriété d'actifs et/ou la fourniture de financements ne sont pas suffisantes, mais le droit à des bénéfices résiduels provenant de l'exploitation d'actifs incorporels qui ont été acquis est un indice de l'exercice d'activités à valeur ajoutée, notamment les fonctions DEMPE.

[8] Les risques ne sont pas considérés isolément, mais en fonction du fait qu'ils aient un lien direct avec le pouvoir de décision sur les activités du groupe qui sont susceptibles d'engendrer des bénéfices résiduels.

[9] Y compris les capitaux mobilisés à cet effet.

[10] Le rendement des activités financières est affecté par l'exécution des activités sur le marché si les performances de l'emprunteur sont telles qu'un défaut de paiement ou autre événement de crédit se produit ; cependant, l'activité de financement ne présente pas un lien suffisamment étroit avec les performances réelles de l'emprunteur sur le marché. Il convient de distinguer entre ce cas de figure et une configuration dans laquelle une entité assure la prise de décision et le contrôle des fonctions commerciales et opérationnelles et de la prise de risques ayant une influence notable sur les performances de l'entité présente sur le marché.

[11] Les auteurs sont conscients que toutes les juridictions n'exigent pas des contribuables qu'ils transmettent spontanément ces informations aux administrations fiscales mais, dans la plupart des cas, on s'attendra néanmoins à ce qu'ils en détiennent déjà une grande partie en interne dans leurs fichiers.

[12] [Référence croisée au chapitre 3 (section 3.7) des règles GloBE].

[13] Il n'est pas prévu au titre du Montant A que les droits d'imposition sur la totalité des bénéfices d'une entité soient attribués à une juridiction de marché. Au lieu de quoi, comme cela est expliqué dans le paragraphe 608, une juridiction de résidence conserverait au minimum les droits d'imposition sur les bénéfices standard de l'entité tels qu'ils ressortent du critère de rentabilité.

[14] Quoique le point de départ du critère de rentabilité soit des états financiers, les ajustements corrélatifs (ou fiscaux) seront généralement effectués dans les comptes fiscaux. Des travaux supplémentaires sont nécessaires pour régler cette question.

[15] Par exemple, si le taux de l'impôt dans la juridiction accordant l'allégement est de 28 % alors qu'il est de 26 % dans les juridictions de marché, la valeur réelle de l'exemption d'impôt sera égale à 28 % des bénéfices exonérés alors qu'un crédit d'impôt étranger sera normalement plafonné à 26 %.

[16] Les taux utilisés dans l'analyse sont les taux d'IS nominaux agrégeant les taux national et infranational en vigueur en 2019 et qui proviennent pour la plupart des Statistiques de l'impôt sur les sociétés de l'OCDE. La moyenne a été pondérée par l'estimation du montant moyen du chiffre d'affaires des EMN dans chaque juridiction de telle sorte que les grands marchés influencent la moyenne davantage que les petits. Comme cette moyenne est calculée pour toutes les EMN, il se peut qu'une EMN soit soumise à un taux moyen plus bas ou plus haut selon le lieu où sont réalisées ses ventes.

8 Montant B

8.1. Synthèse

649. Le Montant B a pour but de standardiser selon des modalités compatibles avec le principe de pleine concurrence la rémunération des distributeurs assumant des « activités de commercialisation et de distribution de référence » qui sont des parties liées. Il vise un double but.

650. Premièrement, simplifier l'administration des règles sur les prix de transfert pour les administrations fiscales, et réduire les coûts de conformité pour les contribuables. Deuxièmement, accroître la sécurité juridique en matière fiscale et limiter les sujets de frictions entre administrations fiscales et contribuables. Le Montant B peut ainsi aider les administrations fiscales à relever certains des défis soulevés par la fixation des prix dans le contexte des accords de distribution qui sont mis en place par les groupes d'EMN en appréciant si elle obéit au principe de pleine concurrence. Les accords de distribution, un sujet de préoccupation majeur pour les administrations fiscales comme pour les contribuables, sont souvent au centre des controverses sur les prix de transfert. Ils sont fréquemment la cause de différends entre administrations fiscales, et nécessitent un règlement selon la procédure amiable[1] prévue par les conventions fiscales bilatérales. C'est pourquoi de nombreux États et entreprises estiment que les améliorations réalisées dans ce domaine sont un objectif essentiel du Pilier Un, en supposant que les caractéristiques principales du Montant B permettent effectivement de répondre à ces attentes.

651. Ce chapitre précise le cadre qui permettrait de mettre en œuvre le Montant B. Il présente pour commencer les types d'entités et transactions qui y seraient soumis. Il décrit ensuite la manière dont seraient définies les activités de référence couvertes[2]. Puis il aborde la fixation du Montant B, et enfin sa mise en œuvre.

652. On suppose actuellement que la définition retenue pour les activités de commercialisation et de distribution de référence serait restrictive, et que celles-ci seraient déterminées par référence à une « liste positive » précise d'activités qui doivent être exercées et à une « liste négative » d'activités qui ne doivent pas l'être pour faire partie du champ d'application du Montant B. Des indicateurs quantitatifs seraient ensuite employés pour vérifier et confirmer qu'un distributeur relève effectivement du Montant B. Dans l'attente des conclusions des études techniques qui doivent être réalisées, il est prévu que le Montant B puisse être basé sur un taux de rentabilité sur chiffre d'affaires qui serait associé à des taux de rentabilité fixes, peut-être différenciés, de manière à prendre en compte les implantations géographiques et/ou secteurs d'activité différents des distributeurs couverts. D'autres études techniques encore seront nécessaires pour déterminer avec précision tant le mode de calcul de la rentabilité sur chiffre d'affaires que les implantations géographiques et les industries couvertes. Cependant, comme le champ d'application du Montant B est restreint, aucune disposition n'a été prise à ce jour pour faire en sorte de l'élargir selon l'intensité fonctionnelle des activités des distributeurs couverts[3]. Enfin, le Montant B ne se substituerait pas aux accords préalables en matière de prix de transfert (APP) ni aux transactions dans le cadre de procédures amiables conclues avant son entrée en vigueur.

653. Dans l'une des solutions proposées, le Montant B fonctionnerait comme une présomption réfragable. Une entité agissant en qualité de distributeur de plein exercice et exerçant les activités de commercialisation et de distribution de référence définies de telle sorte qu'elle remplit les conditions de

taux de rentabilité fixe requises entrerait dans le champ d'application, mais aurait la possibilité de s'opposer à l'application du Montant B en démontrant qu'une autre méthode de calcul des prix de transfert serait la plus appropriée au regard du principe de pleine concurrence[4]. C'est au contribuable qu'il appartiendrait de le prouver. Par exemple, la présomption serait réfragable s'il existe une méthode du prix comparable sur le marché libre qui soit suffisamment fiable et qui, dans ces circonstances précises, serait la méthode la plus appropriée pour la détermination des prix de transfert. Puisque dans le contexte du Montant B le taux de rentabilité fixe sera déterminé par référence à un champ restreint d'activités de référence au moyen d'une analyse comparative basée sur des transactions comparables avec des tiers, l'objectif est de donner une approximation des résultats conforme au principe de pleine concurrence[5] et donc compatible avec les dispositions existantes du droit national et conventionnel[6].

654. Une partie des membres du Cadre inclusif penche pour une approche restrictive (décrite en détail dans ce chapitre), cependant qu'une autre préfère un champ d'application plus vaste qui, par exemple, appliquerait aussi une rémunération standardisée aux commissionnaires et agents commerciaux ou aux entités de distribution dont le profil diffère des activités de commercialisation et de distribution de référence mentionnées plus haut. Ce champ d'application plus large soulèverait aussi des problèmes nécessitant des études supplémentaires, en particulier sur les moyens de concilier le profil de rentabilité fixe de ces activités avec le principe de pleine concurrence.

655. Plusieurs membres du Cadre inclusif ont en outre exprimé le souhait que le Montant B soit préalablement appliqué dans le cadre d'un programme pilote qui permettrait d'apprécier s'il est apte à atteindre ses objectifs de simplification et de réduction des différends, d'observer l'évolution du comportement des groupes d'EMN induite par une introduction progressive dans les pays membres du Cadre inclusif, tout en évaluant la facilité de mise en œuvre dans le cas d'une application graduelle. Les moyens nécessaires à l'application du Montant B et le recours éventuel à un programme pilote feront l'objet d'études techniques supplémentaires et de débats entre les membres du Cadre inclusif.

656. La prochaine étape consistera à demander aux membres du Cadre inclusif de décider comment mettre en œuvre le Montant B, et en particulier de trancher entre les champs d'application large et restreint. D'autres études techniques devront être entreprises pour définir le profil des activités de référence en fonction du taux de rentabilité fixe, notamment pour déterminer les valeurs de référence de l'indicateur du niveau de rentabilité qui reste à définir, et tenir compte des écarts entre les régions et secteurs d'activité couverts. Pour ce faire, il sera possible de s'appuyer sur les travaux de plus large portée qui ont été entrepris par le Forum sur les procédures amiables du Forum sur l'administration de l'impôt (Forum PA-FAF) et le FAF.

8.2. Principales caractéristiques du Montant B

657. Les principales caractéristiques du Montant B concernent : (i) son champ d'application, (ii) son montant et (iii) ses modalités d'application. Cette section fait le point sur l'avancement des travaux concernant ces diverses caractéristiques.

8.2.1. Champ d'application

658. Puisque le Montant B s'appliquerait aux entreprises d'un groupe d'EMN exerçant les activités de commercialisation et distribution de référence sur un marché dans le cadre d'une transaction définie avec précision[7], il n'est pas soumis aux restrictions du Montant A quant à sa portée. Les transactions définies avec précision devraient prendre en compte les cinq facteurs de comparabilité décrits dans le chapitre I des Principes de l'OCDE en matière de prix de transfert. En particulier, les fonctions assumées, les actifs possédés et les risques supportés dans le cadre d'une transaction contrôlée définie avec précision doivent être similaires à ceux qui sont désignés comme faisant partie des activités de commercialisation et de

distribution de référence. Il est donc nécessaire de décider quelles transactions contrôlées et activités de commercialisation et de distribution de référence seraient prises en compte pour le calcul du taux de rentabilité fixe retenu pour le Montant B. En particulier, ces activités seront définies par référence à une liste positive et une liste négative de facteurs étroitement liés aux performances de ces activités, ces listes étant complétées par un ensemble d'indicateurs quantitatifs fortement corrélés à ces performances.

Définition des entités et transactions couvertes par le Montant B

659. Le Montant B correspond à la rémunération des entreprises d'un groupe résidentes (ou, dans le cas d'établissements stables[8], qui sont situés) dans une juridiction de marché (que ce soit une filiale ou un établissement stable d'une partie étrangère), et exercent des activités de commercialisation et de distribution de référence pour distribuer les produits de ce groupe d'EMN (« entité de distribution »)[9].

660. Les transactions contrôlées couvertes pourraient être les suivantes :

- l'achat à une société associée étrangère de marchandises en vue de leur revente à des clients indépendants[10] situés de façon prépondérante dans son pays de résidence, et l'exécution des activités de distribution de référence qui leur est associée ; et
- l'exécution dans son pays de résidence des activités de commercialisation et de distribution de référence par l'entité de distribution en relation commerciale avec une entreprise associée étrangère[11].

661. Une délimitation précise de la transaction contrôlée prenant en considération tous les facteurs de comparabilité pertinents, y compris l'analyse fonctionnelle sur laquelle sont basées les activités couvertes telles qu'elles sont définies, permettra de décider si une entité de distribution participe à une transaction couverte par le Montant B. En conséquence, les lignes directrices du chapitre I des Principes de l'OCDE en matière de prix de transfert seront utiles pour déterminer les entités d'un groupe d'EMN qui sont couvertes par le Montant B. Il n'est fait aucune hypothèse sur le profil fonctionnel d'une entité de distribution en fonction de la manière dont elle est désignée ou dont sa nature est décrite par l'EMN dont elle fait partie.

662. Le Montant B s'appliquerait à une entité de distribution qui, d'après la définition précise de la transaction, exécute des fonctions, possède des actifs et assume des risques qui lui vaudraient d'être qualifiée de distributeur standard opérant dans des conditions de pleine concurrence[12].

Définition des activités de référence et des indicateurs négatifs

663. Par souci de simplifier l'administration et de limiter les risques de différends sur les activités couvertes par le Montant B, les activités de commercialisation et de distribution couvertes sont définies en premier lieu en se référant à une liste des fonctions les plus souvent exercées, des actifs possédés et des risques assumés par les distributeurs standards opérant dans des conditions de pleine concurrence[13]. Cette « liste positive » est fondée sur une définition restrictive du champ d'application qui vise une appréciation qualitative du profil d'un distributeur type exerçant des activités courantes. On se réfère ensuite à une « liste négative » des fonctions types qui ne doivent pas être exercées, des actifs qui ne doivent pas être possédés et des risques qui ne doivent pas être supportés par les distributeurs standards opérant dans des conditions de pleine concurrence pour porter une appréciation qualitative sur les facteurs supplémentaires qui sont de nature à exclure un distributeur du champ du Montant B. Les listes positive et négative appréhendent ensemble les indices qualitatifs des activités de référence et des risques assumés que l'on attend d'une entité de distribution couverte par le Montant B.

664. Certains indicateurs quantitatifs, décrits dans la section suivante, aideraient en outre à étayer la détermination des activités couvertes. Les facteurs qualitatifs et les indicateurs quantitatifs sont employés conjointement pour apprécier si une entité de distribution relève du Montant B.

665. Si la transaction délimitée avec précision a pour résultat que l'entreprise opérant sur le marché local est qualifiée de prestataire standard de services de commercialisation ou d'appui aux ventes[14] (c'est-à-dire qu'elle exerce moins de fonctions et assume moins de risques que dans la définition des activités de commercialisation et de distribution de référence), elle n'entrerait pas dans le champ du Montant B, et sa rentabilité devrait être mesurée selon le principe de pleine concurrence comme c'est le cas actuellement[15]. De même, si la transaction délimitée avec précision a pour résultat que l'entreprise opérant sur le marché local est considérée comme exécutant des fonctions allant au-delà des fonctions courantes et assumant des risques supérieurs à des risques courants tels que définis pour les activités de commercialisation et de distribution de référence, la rémunération proportionnée à ces risques et activités ne sera pas non plus soumise au Montant B.

666. En général, une entité de distribution couverte exercerait au moins des activités suffisantes pour être qualifiée de distributeur exerçant des tâches courantes pour lequel l'indicateur de la rentabilité sur chiffre d'affaires dans une relation de pleine concurrence serait approprié. Les instructions sur l'analyse fonctionnelle qui figurent dans la section D.1.2 du Chapitre I des Principes directeurs en matière de prix de transfert seront précieuses à cet égard. On remarquera que les critères exigés de suffisance des fonctions exercées, des actifs utilisés et des risques supportés en vue d'assurer les fonctions de commercialisation et de distribution de référence pour qu'une entité soit considérée comme relevant du Montant B sont susceptibles d'être affinés par de nouvelles études techniques, de même que la définition des fonctions, des actifs et des risques, de même que la signification de termes tels que « limité » ou « courant » lorsqu'ils y font référence.

Fonctions

667. Les fonctions de commercialisation et de distribution de référence communément assumées dans l'exercice d'activités de distribution par des entités de distribution relevant du Montant B peuvent inclure les tâches ci-après :

1. importation de produits en vue de leur revente sur le marché[16] et formalités de passage en douane, y compris la facturation du coût du fret, des assurances et des droits de douane ;
2. achat de marchandises en vue de la revente sur le marché ; construction et exécution des budgets et programmes de ventes sur le marché conformément aux directives du groupe d'EMN, sous sa supervision et/ou sous réserve de son accord ;
3. développement et maintien des relations avec la clientèle locale sur le marché ;
4. fixation ou négociation des prix et autres conditions contractuelles avec les clients extérieurs conformément aux directives du groupe d'EMN sur les prix ou à ses tarifs, et sous sa supervision ou sous réserve de son accord si nécessaire (par exemple, pour réaliser des adaptations en fonction de la demande du marché, de la concurrence et des taux de change, ou pour autoriser certains rabais) ;
5. traitement des commandes et des contrats avec les clients ; gestion des stocks : suivi et gestion courante des stocks (par exemple, au moyen des livres comptables ou de systèmes conjoints, ou encore en recevant des mises à jour régulières d'une entité fournissant des services de stockage et de logistique) ;
6. gestion de la logistique, de l'entreposage et du transport des produits chez les clients (y compris dans le cas où ces tâches sont sous-traitées à une autre entité) ;
7. fonctions d'administration générale telles que la facturation des ventes, le traitement et l'encaissement des paiements, la tenue de comptabilité et l'exécution des obligations comptables et déclarations fiscales ;
8. participation habituelle aux activités de planification de la demande entreprises par le groupe d'EMN ; et

9. activités de commercialisation :
    a. services d'avant-vente : fourniture de renseignements sur les produits aux clients potentiels (ex. : démonstrations de produits) ;
    b. exécution de plans de marketing mondiaux déclinés dans les juridictions locales sans adaptations importantes (campagnes publicitaires et salons professionnels) ;
    c. traduction de documents publicitaires et commerciaux et traduction du site Internet de l'entreprise dans la langue du pays ;
    d. études de marché servant à la planification et à la commercialisation telles que la fourniture de renseignements à des parties liées étrangères sur les tendances, la clientèle, les consommateurs, leurs exigences ou les avis de la population locale ; et
    e. services après-vente habituels incluant le traitement des réclamations et la fourniture d'une assistance non technique.

668. Inversement, le Montant B n'est pas destiné à s'appliquer aux entités de distribution exerçant l'une quelconque des activités ci-après :

1. l'exécution d'activités liées au développement, à l'amélioration, à la maintenance ou à la protection de biens incorporels de commercialisation (autres que des relations avec les clients/listes de clients locaux). Ces caractéristiques peuvent être prouvées par exemple par :
    a. l'absence d'une structure et d'un contrôle centralisés des actifs incorporels du groupe ;
    b. la prise de décisions par l'entité de distribution sur les investissements et les investissements et coûts de développement associés ; ou
    c. le développement et le fait d'assumer la responsabilité principale du maintien à niveau et de l'amélioration de la technologie servant au support des ventes en ligne et des relations avec les clients ;
2. l'exécution sur le marché local de fonctions de commercialisation et de vente stratégiques telles que :
    a. l'élaboration de politiques stratégiques de commercialisation ;
    b. l'élaboration de tarifs et leur négociation sans respecter les paramètres fixés par le groupe d'EMN ;
    c. les fonctions de conception de produits ; ou
    d. toutes fonctions publicitaires ou de commercialisation qui ne sont pas courantes ou pour lesquelles des dépenses sont engagées sans conclure un accord de remboursement avec le propriétaire légal des actifs incorporels ;
3. les activités liées à l'acceptation des risques et responsabilités de l'entreprise pour la transaction contrôlée ;
4. les activités liées à la revente de produits principalement à des entités étatiques ou des entreprises sous contrat avec l'État puisque les sociétés exerçant ces activités peuvent être soumises à des conditions contractuelles et de concurrence différentes des entreprises distribuant des produits à des sociétés privées ; cependant, certains membres du Cadre inclusif ne pensent pas que ces activités doivent être incluses dans la liste négative et estiment donc qu'elles ne doivent pas être couvertes. Des études techniques supplémentaires seront réalisées pour explorer ce sujet.

Actifs

669. Les actifs employés par l'entité de distribution dans l'exécution des activités de référence couvertes par le Montant B peuvent inclure :

- la propriété/location de bureaux et de locaux d'exposition pour les produits ;

- la propriété/location d'installations d'entreposage ;
- la propriété limitée de stocks[17] ;
- la tenue de listes de clients/l'entretien de relations avec les clients pour gérer leurs propres relations avec la clientèle locale ;
- le droit de vendre sur un marché et d'utiliser des noms de produits et de marques[18] ; et
- l'enregistrement de produits ou l'obtention de licences sur ceux-ci au niveau local.

670. L'entité de distribution ne doit pas être propriétaire de biens incorporels de commercialisation ayant de la valeur tels que des marques de fabrique, marques commerciales ou dénominations commerciales locales indépendamment du fait qu'elles soient inscrites à l'actif du bilan de cette entité de distribution.

Risques

671. Les risques assumés par l'entité de distribution dans l'exécution des activités de référence couvertes par le Montant B peuvent inclure :

- des risques de marché limités, par exemple dans le cas où d'autres entités du groupe d'EMN assument des risques de marché importants en élaborant des plans de commercialisation stratégiques, en fixant les prix et en entreprenant des activités de développement de marques, mais en laissant un distributeur local supporter une partie du risque lié aux variations des volumes de ventes sur son marché à travers une diminution de son chiffre d'affaires ;
- des risques de crédit faibles ou inexistants, par exemple si l'entité de distribution exerçant des activités courantes réalise des ventes sur son marché, et développe et entretient la relation avec le client ;
- des risques de stock faibles ou inexistants dans la mesure où l'entité de distribution exerçant des activités courantes en détient ; et
- des risques de change faibles ou inexistants si l'entité de distribution exerçant des activités courantes achète des produits ou des services destinés à la revente et les revend dans une autre monnaie ou supporte des charges d'exploitation en devises.

672. On ne s'attendra pas en règle générale à ce que ces entités assument des risques économiques significatifs pour l'ensemble du groupe d'EMN. Déterminer si un risque est économiquement significatif fait partie de l'analyse fonctionnelle et, plus généralement, de la délimitation de la transaction avec une partie liée.

Indicateurs quantitatifs pouvant servir à identifier les entités et transactions non couvertes par le Montant B

673. Des indicateurs quantitatifs pourraient être employés conjointement avec les facteurs qualitatifs recensés ci-dessus pour identifier les entités de distribution couvertes.

674. Ils sont un moyen de s'assurer que l'entité de distribution exerce en réalité des activités de commercialisation et distribution de référence et présente le profil d'un distributeur standard ou qu'elle exécute des activités et assume des risques supplémentaires qui sont de nature à l'exclure du champ d'application du Montant B. C'est pourquoi ils prennent la forme de seuils quantitatifs étroitement liés aux activités de commercialisation et de distribution types. Par conséquent, si ces seuils sont dépassés, ce peut être le signe que l'entité de distribution exécute des activités de commercialisation et de distribution allant au-delà de celles de référence, notamment qu'elle possède des actifs et assume des risques correspondant au profil d'un distributeur standard de telle sorte que ses activités peuvent faire partie de la liste négative décrite dans la section ci-dessus.

675. Les indicateurs quantitatifs peuvent aussi aider à s'assurer de la cohérence entre la description qualitative des fonctions exécutées, des actifs possédés et des risques assumés, et leur présentation dans l'organisation financière et opérationnelle de l'entreprise.

676. Les études techniques réalisées jusqu'à présent ont cherché à identifier des indicateurs quantitatifs appropriés qui permettraient de mettre en évidence des activités allant au-delà de celles de référence. Les indicateurs quantitatifs ci-après peuvent être des indices fiables pour apprécier si une entité de distribution et des transactions entrent ou non dans le champ du Montant B[19] :

- En ce qui concerne l'exécution d'activités liées au développement, à l'amélioration, au maintien ou à la protection de biens incorporels de commercialisation (autres que des listes de clients/relations avec les clients), et l'exécution des fonctions de vente et de marketing stratégiques sur le marché local :
  a. dépenses de marketing et de publicité excédant un pourcentage fixe du total des coûts de l'entité de distribution et effectuées pour le compte de l'entreprise qui les engage ; et
  b. dépenses de R&D (dans la mesure où ces coûts se rapportent à la production de biens incorporels de commercialisation susceptibles d'avoir de la valeur pour le groupe d'EMN dans son secteur) excédant un pourcentage fixe du total des coûts de l'entité de distribution (là encore pour son propre compte).
- En ce qui concerne la propriété de biens incorporels de commercialisation susceptibles d'avoir de la valeur : les indicateurs ci-dessus plus la présence d'amortissements supérieurs au total des coûts de l'entité de distribution.
- En ce qui concerne l'exécution d'activités liées à la prise en charge des risques et responsabilités de l'entreprise pour la transaction contrôlée :
  a. le stock de produits finis de l'entité de distribution excède un pourcentage fixe de son chiffre d'affaires annuel net calculé sur la base du niveau moyen des stocks détenus le dernier jour des quatre trimestres de l'exercice taxable concerné ;
  b. les dotations pour dépréciation des stocks excèdent un pourcentage fixe de la valeur totale des stocks ; et
  c. les comptes de créance excèdent un pourcentage fixe de la valeur totale du stock de produits finis.

677. Ces indicateurs devront faire l'objet de travaux plus approfondis[20] afin de déterminer avec précision quels indicateurs quantitatifs employer et selon quelles modalités. Par exemple, ces travaux pourraient définir des ratios en pourcentage ou en valeur absolue selon ce qu'il faut mesurer, et une évaluation comparative sera réalisée par la suite pour déterminer le niveau des indicateurs concernés. Les critères qualitatifs et la base à laquelle les indicateurs s'appliqueront feront aussi l'objet d'évaluations plus poussées. En outre, plusieurs membres du Cadre inclusif pensent que les indicateurs quantitatifs devraient aussi avoir pour but d'évaluer les cas où le seuil d'activité requis pour entrer dans le champ d'application n'a pas été atteint. Des études techniques plus poussées seront réalisées sur ce sujet.

678. L'application du Montant B ne serait pas rétroactive. Autrement dit, le Montant B ne se substituerait pas aux procédures amiables ni aux APP (unilatéraux, bilatéraux ou multilatéraux) qui ont été conclus avant l'entrée en vigueur du Montant B.

Montant B et entités multifonctionnelles

679. Une entité de distribution réalisant une transaction contrôlée relevant du Montant B peut aussi exercer d'autres activités, telles que des activités de R&D, de fabrication ou des services de back-office. Dans ce cas, il sera nécessaire d'apprécier si le Montant B peut encore s'appliquer aux activités contrôlées entrant dans son champ.

680. En règle générale, le principe de pleine concurrence doit être appliqué au cas par cas, de sorte que l'application du Montant B aux entités effectuant des transactions contrôlées couvertes devrait être possible même si ces entités exercent d'autres activités[21]. Mais en pratique, cette décision dépendra des faits et circonstances de chaque cas. Par exemple, si les activités supplémentaires ne concernent pas les produits distribués, l'entité de distribution peut avoir la possibilité d'appliquer le Montant B et de déterminer séparément la rémunération de ces activités supplémentaires en réalisant une analyse de prix de transfert exhaustive.

681. La décision peut être différente si une entité de distribution exécute d'autres activités se rapportant à d'autres aspects de la chaîne de valeur du produit distribué. Il peut arriver parfois que la délimitation précise des transactions fasse apparaître que les activités relevant du Montant B et les transactions supplémentaires sont si étroitement liées ou continues qu'elles doivent être considérées dans leur totalité[22]. Dans ce cas, il est probable que ces transactions soient exclues du champ du Montant B, encore que des études techniques supplémentaires soient nécessaires pour s'en assurer.

682. L'existence d'informations financières segmentées dignes de foi pour les diverses activités sera en outre cruciale pour décider s'il y a lieu de déterminer les prix séparément pour chaque type d'activité ou d'adopter une approche globale prenant en considération toutes les fonctionnalités de l'entité[23].

683. Plusieurs membres du Cadre inclusif ont en outre exprimé l'idée selon laquelle il convient de prendre en considération les cas dans lesquels des activités de fabrication et de distribution liées sont exécutées dans le pays de l'entité, mais fragmentées ; ces membres conviennent que ces entités doivent être soumises au Montant B. Des études techniques plus poussées seront poursuivies à ce sujet.

Commissionnaires et agents commerciaux

684. Dans l'hypothèse d'un champ d'application restreint, les commissionnaires, agents commerciaux et autres entreprises exécutant des activités de commercialisation et de distribution autres que celles de référence[24] n'entreraient pas dans le champ du Montant B[25]. Ce résultat s'explique principalement par le travail supplémentaire qui devrait être accompli s'ils étaient inclus dans son champ d'application et par la complexité accrue qui en résulterait à cause du caractère spécifique de ces activités, sans oublier le fait que l'inclusion de ces deux modèles rendrait plus ardue la recherche d'un consensus. Sous réserve de l'orientation générale des travaux sur le Montant B, des recherches supplémentaires devraient ensuite être entreprises pour évaluer la possibilité d'inclure les commissionnaires, agents commerciaux et autres entreprises exerçant des activités de commercialisation et de distribution autres que celles de référence dans le champ du Montant B. S'ils étaient inclus dans son périmètre, il conviendrait de déterminer la rémunération appropriée qui, au regard du Montant B, est compatible avec le principe de pleine concurrence. Quelques membres du Cadre inclusif préconisent une définition plus large englobant les commissionnaires et agents commerciaux, tandis que d'autres préfèrent les critères restrictifs actuels. Certains membres souhaitent par exemple que les commissionnaires et agents commerciaux soient couverts par le Montant B parce qu'ils trouvent que la ligne de partage entre eux et les entités exécutant des activités de commercialisation et de distribution standards est ténue. Des études techniques supplémentaires seront réalisées à ce sujet.

8.2.2. Fixation du Montant B

Structure

685. Le taux de rentabilité fixe prévu pour rémunérer les activités de commercialisation et de distribution de référence dans le cadre du Montant B a pour but de donner un résultat proche de celui que donnerait le principe de pleine concurrence. La MTMN est qualifiée dans ce Rapport sur le *Blueprint* du Pilier Un de méthode de détermination des prix de transfert la plus appropriée qui soit associée à la rémunération adéquate des activités de commercialisation et de distribution de référence assumées par les entités de

distribution relevant du Montant B. Par exemple, les indicateurs de bénéfice net sont moins sensibles aux différences entre transactions, et s'accommodent mieux des différences fonctionnelles entre les transactions que l'on compare[26].

686. S'agissant de l'indicateur approprié du niveau de rentabilité, la rentabilité sur chiffre d'affaires pourrait être retenue[27] pour le taux de rentabilité fixe des transactions relevant du Montant B, le numérateur restant à définir au vu de travaux techniques supplémentaires (par exemple le résultat d'exploitation (EBIT) ou le résultat avant impôt). D'autres recherches porteraient sur les éléments à inclure dans le dénominateur des divers indicateurs de rentabilité qui sont prévus par cette approche (par exemple, le point de savoir si les recettes doivent inclure les retours de produits et les remboursements, ou encore les gains et pertes de change).

687. Une des propositions suggère que le Montant B fonctionne sur la base d'une présomption réfragable, à savoir qu'une entité de distribution agissant en qualité de distributeur de plein exercice et exécutant les activités de commercialisation et de distribution de référence prises en compte pour la détermination du taux de rentabilité fixe dans le cadre du Montant B entrerait dans son champ d'application. Il serait toutefois possible de contester l'application du Montant B en apportant la preuve qu'une autre méthode de détermination des prix de transfert serait la plus appropriée au regard du principe de pleine concurrence[28]. Par exemple, la présomption serait réfragable s'il existe une méthode du prix comparable sur le marché libre suffisamment fiable[29] qui, dans ces circonstances précises, serait la méthode la plus appropriée pour déterminer les prix de transfert. Puisque dans le cadre du Montant B le taux de rentabilité fixe sera déterminé au moyen d'une analyse comparative basée sur des transactions comparables avec des tiers, le but est de donner une approximation des résultats conforme aux principes de pleine concurrence[30], et donc compatible avec les dispositions existantes du droit national et conventionnel.

Taux de rentabilité différencié par région

688. Les Principes en matière de prix de transfert expliquent que les prix, même s'ils sont fixés selon le principe de pleine concurrence, peuvent varier d'un marché à l'autre, y compris pour la distribution du même produit ou d'articles similaires. Ces disparités peuvent avoir plusieurs causes telles que (i) la localisation du marché ; (ii) sa taille ; (iii) l'intensité de la concurrence sur le marché et les positions concurrentielles relatives des acheteurs et des vendeurs ; (iv) la nature et l'étendue de la réglementation du marché ; (v) les coûts de transport et (vi) le stade auquel une entreprise intervient sur le marché (ex. : vente au détail ou en gros)[31]. C'est pourquoi il peut exister des taux de rentabilité différenciés par région. Des recherches supplémentaires seront nécessaires pour délimiter les diverses régions et comprendre les écarts de rentabilité entre elles dans des conditions de pleine concurrence.

689. La prochaine étape pourrait donc consister à définir des taux de rentabilité différenciés pour certaines zones géographiques. Les méthodes permettant de déterminer le taux de rentabilité approprié seront examinées, notamment le recours à des approches quantitatives et des batteries d'indicateurs de référence standardisés. Comme des indicateurs de référence s'appuyant sur des éléments comparables seront pris en compte, des travaux supplémentaires seront nécessaires pour trouver les moyens de pallier l'absence ou la rareté des informations publiques dans certaines régions afin d'identifier des éléments comparables et d'évaluer les données financières des sociétés concernées (voir les remarques dans la section « Marche à suivre pour déterminer les taux de rentabilité fixes »).

Taux de rentabilité différencié par secteur

690. Il pourrait être nécessaire de faire varier le taux de rentabilité fixe en fonction des secteurs d'activité. Cette mesure vise à tenir compte du fait que deux distributeurs opérant dans des secteurs différents (par exemple les industries automobile et pharmaceutique) peuvent percevoir une rémunération différente pour toutes sortes de raisons tenant par exemple à la nature des produits vendus (produits de

grande valeur par opposition aux produits de consommation courante) et aux efforts ou à l'intensité [fonctionnelle] requis pour exercer les fonctions de commercialisation et de distribution.

691. Des recherches supplémentaires devront donc être menées pour déterminer les taux de rentabilité par secteur, qui pourraient varier de l'un à l'autre. Il est vraisemblable que ces secteurs incluront les industries automobile et pharmaceutique, les biens de consommation et les technologies de l'information et de la communication (TIC), mais cette liste est sujette à modifications et d'autres secteurs pourraient y être ajoutés à la lumière des travaux techniques supplémentaires qui seront entrepris. Les secteurs pris en considération devraient être ceux qui sont les plus importants pour le plus grand nombre de juridictions possible.

Différenciation en fonction de l'intensité fonctionnelle

692. De manière générale, selon le principe de pleine concurrence, plus le nombre de fonctions assumées est important, plus les bénéfices (ou les pertes) potentiels seront élevés. A contrario, un nombre de fonctions plus restreint devrait généralement aller de pair avec un potentiel de bénéfices plus faible, mais moins variable. Dans l'hypothèse où le champ d'application du Montant B qui sera finalement retenu serait défini de manière restrictive, il n'est pas tenu compte de l'intensité fonctionnelle parce qu'un élargissement du spectre des activités de référence pourrait être la source d'une complexité accrue et de différends plus nombreux. Des ajustements pourraient néanmoins être nécessaires pour tenir compte de l'intensité fonctionnelle si l'on fait entrer les commissionnaires et agents commerciaux dans le champ du Montant B parce que la rentabilité de ce type d'entités peut être plus faible que celle des distributeurs de plein exercice[32].

Marche à suivre pour déterminer les taux de rentabilité fixes

693. Déterminer avec précision le taux de rentabilité des activités de commercialisation et de distribution de référence suppose de construire, au moyen d'une étude comparative, une série d'indicateurs de référence pour chacune des régions auxquelles doivent s'appliquer des taux de rentabilité différenciés. Finaliser chaque jeu d'indicateurs de référence implique aussi d'élaborer une définition cohérente pour chacun des secteurs sur lesquels portent ces indicateurs. La construction des indicateurs de référence consistera à identifier, dans chaque secteur et chaque région, des sociétés indépendantes qui sont susceptibles d'être comparables en vue de calculer une valeur de référence pour le taux de rentabilité sur chiffre d'affaires. Cette démarche implique au préalable de concevoir une stratégie de recherche spécifique pour trouver ces sociétés comparables, et donc d'élaborer une définition universelle du critère d'indépendance, de faire un emploi judicieux des codes d'activité par secteur et d'autres critères, tant quantitatifs que qualitatifs, au moyen desquels des sociétés comparables peuvent être examinées de manière à établir si elles doivent être incluses dans les références. Enfin, l'indicateur du niveau de rentabilité sera calculé (sous réserve d'éventuels ajustements à définir pour garantir la comparabilité) de manière à arrêter une fourchette de taux de rentabilité appropriés.

694. La contrainte de cohérence avec le principe de pleine concurrence impose de déterminer les taux de rentabilité fixes du Montant B au moyen d'études comparatives réalisées à partir d'informations accessibles publiquement (sous réserve des remarques ci-dessus). C'est pourquoi les questions suivantes seront examinées :

- le taux de rentabilité fixe doit-il être fixé au moyen d'un chiffre unique concernant une seule année ou de la moyenne pondérée de plusieurs exercices ;
- le choix de la ou des bases de données utilisées pour réaliser l'étude comparative parce qu'elles ne couvrent pas toutes les mêmes domaines et offrent un degré de précision variable en ce qui concerne les différentes régions et les informations financières et non financières ;

- le choix de la stratégie de recherche, et notamment des critères de recherche et de tri. Ce peuvent être par exemple l'identification des codes d'activité pertinents pour délimiter le champ du Montant B, la détermination des filtres à employer (nombre d'années pour lesquelles des données financières sont disponibles, critères d'indépendance, consolidation, etc.) ; et
- l'évaluation des ajustements indispensables pour améliorer la comparabilité.

695. Il conviendra aussi d'examiner selon quelle fréquence l'étude comparative devra être mise à jour, et le processus de recherche pour définir les indicateurs de référence sur lequels elle repose devra être réexaminé. L'étude comparative définissant des écarts entre régions et entre secteurs sera conçue parallèlement à celle du Forum PA du FAF.

8.2.3. Mise en œuvre

696. L'application uniforme et coordonnée du Montant B réduira le risque de double imposition et de double non-imposition.

697. Une définition étroite du champ d'application du Montant B peut faciliter l'atteinte d'un consensus par un grand nombre de membres du Cadre inclusif parce qu'il serait plus facile de s'entendre sur un ensemble d'activités de commercialisation et de distribution de référence, y compris les indicateurs qualitatifs et quantitatifs permettant d'apprécier si une entité de distribution fait ou non partie du champ d'application, ainsi que les moyens appropriés pour déterminer les taux de rentabilité fixes. Cette définition offrirait en outre une certaine souplesse pour fixer les taux de rendement des activités de distribution exclues du champ du Montant B conformément au principe de pleine concurrence dans son état actuel. Une définition étroite du champ d'application du Montant B serait aussi plus aisée à concevoir parce qu'elle permettrait de faire l'économie d'une différenciation des taux de rentabilité selon l'intensité fonctionnelle d'un spectre plus large d'entités de commercialisation et de distribution.

698. Dans l'hypothèse où le Montant B serait appliqué en même temps que le Montant A, et afin de garantir une application cohérente par toutes les juridictions, sa mise en œuvre mobilisera trois leviers principaux. Premièrement, l'application du Montant B pourrait passer par la législation ou la réglementation nationale. Comme on l'a vu plus haut, l'approche restrictive décrite dans le présent Rapport sur le *Blueprint* du Pilier Un présente un avantage supplémentaire, à savoir que, comme elle est un moyen plus simple de déterminer la rémunération des activités de référence définies de façon restrictive, elle a plus de chances d'être compatible avec le droit interne et les traités actuels. Deuxièmement, quoique deux juridictions ayant conclu une convention fiscale puissent résoudre les différends relatifs au Montant B au moyen de ladite convention, il peut être nécessaire de créer un nouveau mécanisme de résolution des différends par une nouvelle convention fiscale dans le cas où celle-ci n'existe pas encore (voir Chapitre 9). Troisièmement, des lignes directrices peuvent être nécessaires pour accompagner les dispositions du droit interne et du droit conventionnel bien que, ici aussi, la définition étroite du champ d'application soit susceptible d'en limiter le besoin.

699. Plusieurs membres du Cadre inclusif sont favorables à la réalisation d'une étude de faisabilité sur une extension du champ d'application du Montant B, par exemple en examinant comment on pourrait standardiser la rémunération des commissionnaires et agents commerciaux ou des entités de distribution exerçant un éventail d'activités de commercialisation et de distribution plus large que celles qui sont décrites dans le présent Rapport sur le *Blueprint* du Pilier Un. Se posent ainsi des questions qui devront être examinées de façon plus approfondie pour veiller à ce que le profil de rentabilité de ces activités soit déterminé de manière à donner des résultats proches de ceux du principe de pleine concurrence.

700. En particulier, si une définition plus large était retenue pour le Montant B, il pourrait être nécessaire, en plus des éléments mentionnés ci-dessus (et selon l'étendue des extensions du champ d'application) de modifier aussi l'Article 9 du Modèle de convention fiscale de l'OCDE, et il faudrait que cette modification soit incorporée dans les conventions fiscales bilatérales, ce qui serait une source de complications

supplémentaires pour l'application du Montant B. Enfin, comme la réalisation d'une étude de faisabilité sur la mise en œuvre du Montant B au moyen d'un programme pilote suscite un certain intérêt, des discussions supplémentaires seront menées pour en évaluer la possibilité.

8.3. Prochaines étapes

701. Lors de la prochaine étape, les membres du Cadre inclusif devront prendre une décision quant au champ d'application du Montant B, et au contexte dans lequel les travaux qui s'y rapportent devront être menés et mis en œuvre.

702. En outre, des études techniques supplémentaires devront être entreprises sur les thèmes suivants :

- finaliser la détermination de l'indicateur relatif au niveau de rentabilité qui devra être employé, notamment les éléments qui doivent être inclus dans le numérateur et le dénominateur pour calculer la rentabilité sur chiffre d'affaires ;
- dresser l'inventaire des activités de commercialisation et de distribution de référence à inclure dans la liste positive, des activités, fonctions et risques à inclure dans la liste négative, et des indicateurs quantitatifs et des seuils permettant d'apprécier si des activités atteignent ou non le seuil fixé pour être considérées comme des activités de référence ;
- dans le cas où les commissionnaires et agents commerciaux entreraient dans le champ du Montant B, définir des activités de commercialisation et de distribution équivalentes à celles de référence, une liste négative appropriée, des indicateurs quantitatifs et des indicateurs de niveau de rentabilité servant à déterminer les taux de rentabilité fixes ;
- déterminer les régions et secteurs d'activité auxquels devraient s'appliquer les taux de rentabilité différenciés ;
- prendre en compte le risque de double non-imposition résultant d'une divergence entre le Montant B fixe et un montant plus faible retenu dans la ou les autres juridictions de la ou des autres parties à une transaction ;
- réaliser les études comparatives nécessaires pour fixer les taux de rentabilité requis selon les modalités convenues ;
- concevoir la procédure d'application du Montant B et notamment définir les exigences à respecter pour sa mise en œuvre au moyen d'un instrument multilatéral et d'un document spécifique énonçant des lignes directrices sur le Montant B, en particulier en ce qui concerne le règlement des différends et la procédure d'élaboration et de mise à jour périodique des indicateurs de référence ;
- prendre en compte l'incidence des autres opérations intragroupes d'une entité susceptible d'entrer dans le champ du Montant B, y compris le régime applicable aux entités multifonctionnelles et les moyens de remédier aux effets d'éventuels ajustements de prix de transfert portant sur des transactions non couvertes par le Montant B si l'entité couverte est l'entité destinataire, par exemple pour des prestations de services ; et
- examiner les buts et les avantages d'un éventuel programme pilote.

Notes

[1] Dans le passé, ces défis avaient conduit à réaliser des études sur les restructurations d'entreprises de telle sorte que les administrations fiscales et les groupes d'EMN disposent d'un cadre pour l'analyse et la détermination des prix en cas de restructuration des activités d'un groupe d'EMN. OCDE (2017), *Principes de l'OCDE en matière de prix de transfert à l'intention des entreprises multinationales et des administrations fiscales 2017*, Chapitre IX – « Aspects des restructurations d'entreprises touchant aux prix de transfert ».

[2] Un « champ d'application étroit » ne standardiserait la rentabilité que pour une gamme plus resserrée d'activités de commercialisation et de distribution de référence sans chercher à standardiser la rémunération des distributeurs exerçant d'autres activités, que celles-ci créent plus de valeur ajoutée ou qu'ils assument plus de risques, non plus (en particulier) que la rémunération des distributeurs exerçant des activités trop limitées pour atteindre le niveau de celles de référence. Plusieurs membres du Cadre inclusif sont partisans d'un champ d'application plus vaste de manière à embrasser une gamme plus large d'activités de commercialisation et de distribution. Des études techniques supplémentaires seront réalisées pour explorer ce sujet.

[3] On notera à ce propos que plusieurs membres du Cadre inclusif considèrent que, même définis de manière restrictive, les distributeurs standards peuvent exercer des activités n'ayant pas la même intensité fonctionnelle et que, par conséquent, leur niveau de rentabilité peut être différent. Plusieurs membres ont ainsi suggéré que des analyses soient réalisées pour mesurer ces écarts.

[4] Plusieurs membres du Cadre inclusif ne sont pas favorables au principe de la présomption réfragable parce qu'ils estiment qu'elle remet en cause les avantages que présente le Montant B en termes de simplification. Comme cette proposition est assez récente, d'autres membres du Cadre inclusif ont demandé des explications supplémentaires sur la manière dont fonctionnerait la présomption réfragable (notamment sur le fait de savoir si le contribuable et l'administration fiscale auraient la possibilité d'y recourir) dans le cas où ils estiment qu'une autre méthode de détermination des prix de transfert serait la plus appropriée au regard du principe de pleine concurrence. Ce sujet sera débattu plus avant.

[5] Ce qui signifie que la MTMN et la rentabilité sur chiffre d'affaires devraient être respectivement la méthode de détermination des prix de transfert la plus appropriée et le meilleur indicateur du niveau de rentabilité, et qu'elles seraient compatibles avec l'application du principe de pleine concurrence conformément aux principes actuels en matière de prix de transfert.

[6] Cette approche est cohérente avec celle suivie par l'OCDE dans les Principes en matière de prix de transfert, à savoir que le taux de rentabilité fixe retenu pour le Montant B pourrait être employé en tant que méthode la plus appropriée, mais qu'il pourrait être récusé dans le cas où la méthode du prix comparable sur le marché libre semblerait la plus pertinente.

[7] Il est nécessaire de comparer toutes les caractéristiques économiques pertinentes pour vérifier que les transactions contrôlées sont bien comparables avec les transactions non contrôlées prises en considération pour déterminer le taux de rentabilité sur lequel est fondé le Montant B de manière à préserver sa cohérence avec le principe de pleine concurrence. Cette tâche requiert des études techniques supplémentaires.

[8] Plusieurs membres du Cadre inclusif ont souligné que l'inclusion des établissements stables situés dans des juridictions où l'Approche autorisée par l'OCDE dans le rapport de 2010 sur « l'Attribution des bénéfices aux établissements stables » n'est pas suivie peut être la cause d'incohérences dans l'application du Montant B qui ne manqueraient pas de la rendre plus compliquée. Des études techniques supplémentaires devront être menées pour répondre à cette préoccupation et déterminer en particulier si les ES seraient inclus dans le champ du Montant B. Certains membres du Cadre inclusif ont en outre insisté sur la nécessité de prendre en compte les cas dans lesquels un ES couvert et une entité de distribution sont tous deux situés dans une juridiction de marché. Des études techniques supplémentaires devront être réalisées pour apprécier si dans ces cas de figure la rentabilité doit être agrégée ou mesurée séparément.

[9] Les mêmes règles s'appliqueront à un établissement stable local appartenant à une entreprise étrangère. Bien qu'il ne soit pas résident, par souci de simplicité l'analyse exposée dans ce chapitre ne fait référence qu'aux entités locales résidentes.

[10] L'expression « de façon prépondérante » signifie qu'au moins [50 %] des produits doivent être vendus dans l'État de résidence de l'entité de distribution.

[11] Il peut arriver que le premier critère soit satisfait, mais que l'entité de distribution n'assume pas des activités de commercialisation et de distribution suffisamment importantes et/ou diversifiées pour être soumises au Montant B. Dans ce cas, une rémunération déterminée sur la base du principe de pleine concurrence actuel sera appropriée.

[12] Comme on l'a vu, l'intensité fonctionnelle de cette entité peut être différente, si bien que des études techniques supplémentaires seront consacrées à la détermination de la rémunération fixe appropriée au titre du Montant B dans de telles circonstances. En particulier, plusieurs membres du Cadre inclusif considèrent que les distributeurs standards présentent des profils fonctionnels suffisamment variés pour que soient retenus des niveaux de rentabilité différents. Les travaux en cours approfondiront ce point.

[13] Aux fins de la définition, ces caractéristiques peuvent renvoyer à des entités de distribution exerçant des fonctions courantes qui utilisent des actifs courants dans le cours de leurs activités de distribution, et assument des risques courants. D'autres travaux seront nécessaires pour définir avec précision ces termes, notamment ceux d'un distributeur standard ou d'un distributeur assumant des risques limités, et pour clarifier les activités couvertes en tenant compte de l'avis de plusieurs membres du Cadre inclusif pour qui ces types de distributeurs sont de nature et présentent un profil de rentabilité différents.

[14] Il se peut aussi qu'une entité de distribution exécute des fonctions s'apparentant davantage à des services de logistique pour lesquels une rentabilité basée sur l'indicateur de rentabilité sur chiffre d'affaires ne conviendrait pas.

[15] Étant donné qu'actuellement le Montant B est conçu sur la base d'une définition restrictive et de l'application des listes positive et négative décrites dans le présent chapitre, certains types d'entités seront le plus souvent exclus de son champ d'application. Ce pourrait notamment être le cas des plateformes de commercialisation de produits de base selon la nature des activités qu'elles exercent.

[16] On notera que le Montant B s'appliquera aux entités dont les produits distribués, dans une proportion pouvant atteindre [50 %], sont vendus à des clients situés hors du marché où réside l'entité de distribution (ou du marché où l'ES est situé).

[17] Y compris dans le cas où des Distributeurs standards pouvant être qualifiés de Distributeurs assumant des risques limités acquièrent un droit de propriété temporaire, mais sans se limiter à ce cas de figure : les entités possédant des stocks dans des quantités correspondant au niveau standard et assumant des risques standards au titre de ces stocks peuvent aussi entrer dans le champ d'application du Montant B.

[18] Dans le cadre d'un accord de distribution défini avec précision.

[19] Des études techniques supplémentaires sont nécessaires pour arrêter la liste de ces indicateurs et leurs valeurs de référence.

[20] Un membre du Cadre inclusif suggère d'employer l'indicateur suivant : les entités qui, durant les trois ans précédant l'adoption du Montant B, ont déclaré pour les activités couvertes un niveau de rentabilité supérieur au taux de rentabilité fixe le plus élevé déterminé selon les règles du Montant B (compte tenu de la région, du secteur et du niveau de fonctionnalité concernés). Cet indicateur fera l'objet comme les autres de discussions et évaluations supplémentaires.

[21] Voir le par. 3.9 des Principes en matière de prix de transfert.

[22] Voir le par. 3.9 des Principes en matière de prix de transfert.

[23] Voir les par. 2.74 et 3.37 des Principes en matière de prix de transfert.

[24] Les autres activités de commercialisation et de distribution pourraient englober d'autres prestataires de services qui n'acquièrent pas la propriété des marchandises ou des entreprises qui acquièrent cette propriété, mais assument des fonctions de commercialisation et de distribution différentes de celles de référence.

[25] Cette règle pourrait aussi être pertinente pour les autres entités exerçant un ensemble plus limité d'activités de commercialisation et de distribution qui, considérées ensemble, restent en deçà des activités de référence qui sont requises pour entrer dans le champ d'application du Montant B.

[26] Voir les par. 2.68 et 2.69 des Principes en matière de prix de transfert.

[27] Voir le par. 2.96 des Principes en matière de prix de transfert.

[28] Les avis divergent entre certains membres du Cadre inclusif en ce qui concerne le champ d'application et le fonctionnement de la présomption réfragable − et même quant au fait de savoir s'il faut l'inclure sous une forme ou sous une autre − de sorte que des discussions sont à prévoir à ce sujet aussi.

[29] Cette approche est cohérente avec celle qu'a suivie l'OCDE dans les Principes en matière de prix de transfert. C'est-à-dire que le taux de rentabilité fixe retenu pour le Montant B pourrait être employé en tant que méthode la plus appropriée, mais qu'il pourrait être contesté dans le cas où un contribuable voudrait recourir à la méthode du prix comparable sur le marché libre, car il la tiendrait pour la plus pertinente.

[30] Ce qui signifie que la MTMN et la rentabilité sur chiffre d'affaires définie au stade du résultat d'exploitation devraient être respectivement la méthode de détermination des prix de transfert la plus appropriée et le meilleur indicateur du niveau de rentabilité, et qu'elles seraient compatibles avec l'application du principe de pleine concurrence, conformément aux principes actuels en matière de prix de transfert.

[31] Voir le paragraphe 1.110 des Principes en matière de prix de transfert.

[32] Ces ajustements pourraient aussi s'avérer nécessaires dans d'autres circonstances si une transaction définie avec précision est susceptible d'avoir la nature d'une relation de distribution et si le Montant B peut s'appliquer au motif que l'entité de distribution présumée exerce des activités de commercialisation et de distribution de référence. Les études viseront aussi à déterminer le bon indicateur du niveau de rentabilité dans des secteurs n'ayant pas la même intensité fonctionnelle.

9 Sécurité juridique en matière fiscale

9.1. Synthèse

704. La sécurité juridique en matière fiscale est un élément essentiel du Pilier Un. Le fait d'assurer et de renforcer la sécurité juridique dans tous les domaines où des différends sont susceptibles de survenir présente des avantages pour les contribuables comme pour les administrations fiscales, et s'avère déterminant pour soutenir l'investissement, l'emploi et la croissance. Les ministres des Finances des pays du G20 ont pris conscience de l'importance de poursuivre la coopération internationale afin de faire en sorte que la sécurité juridique en matière fiscale soit un élément indissociable des efforts visant à parvenir à une solution fondée sur un consensus pour relever les défis fiscaux soulevés par la numérisation de l'économie[1].

705. Dans ce Rapport sur le *Blueprint* du Pilier Un, la question de la sécurité juridique en matière fiscale en tant qu'élément du Pilier Un est analysée sous deux angles, à savoir : la prévention et le règlement des différends portant sur le Montant A, et la prévention et le règlement des différends non liés au Montant A.

706. En ce qui concerne le Montant A, le Cadre inclusif reconnaît qu'il serait difficile, sinon impossible, de permettre à l'ensemble des administrations fiscales concernées d'évaluer et de vérifier les modalités de calcul et de répartition du Montant A d'un groupe d'EMN, et de s'appuyer sur les mécanismes bilatéraux actuels pour résoudre les différends éventuels. C'est pourquoi ce rapport prévoit un mécanisme obligatoire et contraignant de prévention des différends, clair et simple à mettre en œuvre, qui garantirait une sécurité juridique à un stade précoce, avant d'opérer les ajustements fiscaux, de manière à prévenir les différends relatifs à tous les aspects du Montant A. Ces différends pourraient porter par exemple sur la délimitation correcte des branches d'activité, la répartition des frais généraux et des pertes fiscales entre ces différentes branches, l'existence ou non d'un lien dans une juridiction donnée, et l'identification des juridictions accordant un allégement de la double imposition aux fins de l'élimination de celle-ci. Le processus décrit dans le présent rapport reste à l'étude, et pourrait être révisé en fonction de la poursuite des travaux.

707. Le processus repose sur un système de comités représentatifs qui exerceraient une fonction d'examen, associant un comité d'examen et, si nécessaire, un comité de décision qui seraient garants de la sécurité juridique à un stade précoce. Si un groupe d'EMN accepte les résultats du processus de sécurité juridique en matière fiscale, ceux-ci seraient contraignants pour le groupe d'EMN et les administrations fiscales de toutes les juridictions concernées par le calcul et la répartition du Montant A, y compris celles qui n'ont pas participé directement aux travaux du comité. En cas de refus, ce sont les dispositions prévues par le droit interne qui s'appliqueraient au groupe d'EMN. Dans l'hypothèse où un groupe d'EMN fait le choix de ne pas recourir au processus de sécurité juridique à un stade précoce, et que des différends surviennent, cette nouvelle approche prévoit des mesures destinées à améliorer l'efficacité du règlement des différends. Toutefois, au vu des avantages que présente le processus de sécurité juridique à un stade précoce, on peut s'attendre à ce que la plupart des groupes d'EMN couverts y participent.

708. Il convient de souligner que des règles de prévention et de règlement des différends seraient intégrées dans le même instrument que celui instaurant les règles d'imposition du Montant A, ce qui

garantirait que le nouveau droit d'imposition soit lié à l'existence de la nouvelle approche relative à la sécurité juridique en matière fiscale.

709. Afin de garantir une sécurité juridique en matière fiscale sur des aspects non liés au Montant A, l'approche adoptée dans ce Rapport sur le *Blueprint* du Pilier Un comprend trois grandes étapes — prévention des différends (étape 1), mécanisme actuel relatif à la procédure amiable (étape 2), et mécanisme nouveau et innovant de règlement obligatoire et contraignant des différends (étape 3). S'il faut reconnaître l'importance des travaux en cours visant à améliorer et à renforcer les outils de prévention et de règlement des différends ainsi que la procédure amiable, parallèlement aux travaux relatifs aux défis fiscaux soulevés par la numérisation de l'économie, ils se sont intensifiés au vu de l'importance fondamentale que revêt la sécurité juridique en matière fiscale en tant qu'élément du Pilier Un.

710. Les membres du Cadre inclusif continuent d'avoir des avis différents en ce qui concerne le champ d'application d'un nouveau mécanisme de règlement obligatoire et contraignant des différends non liés au Montant A. Certains sont tout à fait favorables à un mécanisme de portée générale, tandis que d'autres estiment que les différends sans rapport avec le Montant A devraient être réglés dans le cadre existant applicable à la procédure amiable et à l'aide d'outils administratifs non contraignants. Pour rapprocher ces points de vue différents, l'approche suivante, articulée autour de quatre éléments, est envisagée dans le rapport :

- **Contribuables couverts.** Pour les groupes d'EMN dont le chiffre d'affaires mondial et le chiffre d'affaires couvert de source étrangère dépassent les seuils fixés par le Montant A, l'approche envisage un nouveau processus de règlement obligatoire et contraignant visant l'ensemble des différends relatifs aux prix de transfert et aux ajustements des établissements stables vis-à-vis de l'une de leurs entités constitutives. Ce nouvel instrument a été conçu pour être utilisé en cas d'échec de tous les autres moyens de prévention et de règlement des différends, qui seraient enrichis et améliorés, notamment dans le cadre des travaux au titre de l'examen de l'Action 14 en 2020. Il s'appliquerait aux ajustements relatifs aux activités couvertes, mais viserait également d'autres activités (non couvertes) des groupes d'EMN soumis au nouveau droit d'imposition, éventuellement sous réserve d'un seuil d'importance relative. Il ne s'appliquerait pas si les différends sont déjà couverts par des mécanismes obligatoires et contraignants existants, qui continueraient d'être utilisés.
- **Autres contribuables.** Tous les autres contribuables bénéficieraient des améliorations apportées à la procédure amiable et aux autres outils existants de prévention et de règlement des différends. S'agissant de ces contribuables, le Cadre inclusif examinera également des mécanismes nouveaux et innovants de règlement des différends relatifs aux ajustements significatifs des prix de transfert et aux établissements stables que les autorités compétentes ne sont pas en mesure de résoudre dans les délais prescrits par le biais de la procédure amiable. À cet égard, les prochaines étapes des travaux dans ce domaine consisteront à étudier les avantages des deux approches suivantes : un processus obligatoire et contraignant de règlement des différends, et un processus obligatoire mais non contraignant de règlement des différends, associés à des aspects se rattachant à l'examen par les pairs et à la communication d'informations statistiques.
- **Montant B.** L'un des principaux objectifs du Montant B est de prévenir les différends en matière de prix de transfert concernant les activités de commercialisation et de distribution de référence, grâce à l'utilisation de rendements normalisés convenus, appliqués à des activités définies objectivement, et reposant sur des indicateurs quantitatifs. Tout différend lié à l'application du Montant B (par exemple, la question de savoir si un contribuable relève ou non de la définition des « activités de commercialisation et de distribution de référence ») entraînant un risque de double imposition serait également soumis à un mécanisme obligatoire et contraignant de règlement des différends, en dernier ressort et après que tous les autres moyens de prévention et de règlement des différends ont échoué.

- **Économies en développement qui n'instruisent pas ou peu de cas soumis à la procédure amiable.** Dans le cas des économies en développement qui instruisent peu ou pas de cas soumis à la procédure amiable, et qui n'ont donc qu'une expérience limitée, voire aucune expérience dans ce domaine, il semblerait disproportionné de les obliger à s'engager à mettre en œuvre un processus de règlement obligatoire des différends potentiellement complexe, afin de remédier à une situation qui, les concernant, peut ne présenter aucun risque significatif, tant pour les contribuables que pour les administrations fiscales. S'agissant des différends non liés au Montant A, ces juridictions s'engageraient plutôt à recourir à titre volontaire à un mécanisme contraignant de règlement des différends qui serait déclenché lorsque les deux autorités compétentes conviennent de l'utiliser afin de régler des différends non résolus dans le cadre d'une procédure amiable. Pour déterminer le nombre de cas soumis à la procédure amiable à partir duquel une juridiction relèverait de cette catégorie, il serait fait référence aux principes du processus d'examen par les pairs de l'Action 14 (en particulier les critères de report de l'examen par les pairs d'une juridiction) qui prend en compte le nombre de cas soumis à la procédure amiable ainsi que les restrictions d'accès susceptibles d'avoir empêché des cas d'être soumis à ce mécanisme de règlement, et donc d'être comptabilisés comme tels.
- Les mécanismes décrits ci-dessus pourraient être associés à un examen par les pairs et à un cadre de suivi afin de vérifier l'efficacité de tous les éléments des nouveaux dispositifs de prévention et de règlement des différends.

711. D'autres travaux seront entrepris afin de mettre au point les différentes caractéristiques techniques du processus de sécurité juridique en matière fiscale au titre du Montant A, notamment les moyens de limiter au minimum la charge pesant sur les ressources et les coûts administratifs afférents, et de préciser de quelle manière ces coûts devraient être supportés. Il convient toutefois de noter que, même si la mise en place d'un nouveau processus aura une incidence en termes de coûts pour les administrations fiscales comme par les groupes d'EMN, ceux-ci devraient globalement et au fil du temps, s'avérer nettement inférieurs aux coûts engendrés par une application non coordonnée du Montant A par les administrations fiscales dans toutes les juridictions où un groupe d'EMN détient une entité constitutive ou une présence sur le marché. Les travaux porteront également sur toute autre question nécessitant que des orientations pratiques supplémentaires soient formulées au sujet de la mise en œuvre du processus de sécurité juridique en matière fiscale au titre du Montant A.

712. Une décision concernant le champ d'application d'un nouveau mécanisme obligatoire et contraignant de règlement des différends non liés au Montant A sera nécessaire pour faire avancer les travaux techniques relatifs à ce mécanisme et à sa mise en œuvre. Ces travaux consisteront notamment à étudier comment, dans le cadre de la mise en œuvre du Montant A, on pourrait envisager d'étendre l'application de ce nouveau mécanisme de règlement des différends à des situations non couvertes par une convention fiscale bilatérale comportant un article sur la procédure amiable entre les juridictions concernées (et donc aucune obligation existante ou norme juridique commune susceptible de constituer le fond d'un différend).

9.2. Un nouveau cadre de prévention et de règlement des différends portant sur le Montant A

713. Cette section décrit en détail les contours de l'approche envisagée afin de garantir aux groupes d'EMN couverts une sécurité juridique en matière fiscale au titre du Montant A.

714. Le processus comprend un certain nombre d'éléments et d'étapes qui sont examinés plus bas[2].

- Élaboration d'une auto-évaluation et d'une documentation standards sur le Montant A, dépôt, validation et échange centralisés de ces renseignements.
- Demande de sécurité juridique par un groupe d'EMN.
- Examen préliminaire et facultatif par l'administration fiscale principale, et point de savoir si un examen par un comité est nécessaire.
- Constitution du comité d'examen, conception du processus relatif au comité d'examen, et approbation par les administrations fiscales concernées.
- Constitution du comité de décision et conception du processus relatif au comité de décision.
- Cas où un groupe d'EMN n'accepte pas les conclusions du comité.
- Autres possibilités d'accroître la sécurité juridique concernant le Montant A.
- Ajustements des prix de transfert et autres ajustements au cours des années suivantes.

9.2.1. *Élaboration d'une déclaration d'auto-évaluation et d'une documentation standards sur le Montant A, dépôt, validation et échange centralisés de ces renseignements*

Élaboration d'une déclaration d'auto-évaluation et d'une documentation standards sur le Montant A

715. Ainsi qu'il est expliqué dans le chapitre 10, pour faciliter une mise en œuvre cohérente du Montant A par les groupes d'EMN et les administrations fiscales, il sera élaboré une déclaration d'auto-évaluation et une documentation standards sur le Montant A destinées à l'usage de l'ensemble des juridictions. Les groupes d'EMN pourront les utiliser, qu'ils aient ou non formulé une demande de sécurité juridique en matière fiscale à un stade précoce.

- L'auto-évaluation décrira chaque étape du calcul et de la répartition du Montant A entre les juridictions par le groupe d'EMN, y compris l'identification des entités accordant des allégements. Un schéma XML pourrait être mis au point à l'intention des groupes d'EMN, ce qui devrait faciliter le dépôt et l'échange des déclarations au format électronique. Si un groupe d'EMN applique le Montant A séparément à plusieurs branches d'activité, il devra établir des auto-évaluations distinctes, et les soumettre en bloc afin de garantir la cohérence des éléments communs (segmentation par branche d'activité et répartition des frais généraux, par exemple).
- Le dossier de documentation standard sera conçu pour contenir suffisamment d'informations de référence et d'éléments probants permettant d'examiner l'auto-évaluation du Montant A à partir des informations fournies par un groupe d'EMN. Les administrations fiscales pourront demander des renseignements complémentaires si nécessaire, notamment une description détaillée de la méthodologie et des mesures de contrôle appliquées par un groupe d'EMN pour garantir l'intégrité de ses données et processus au titre de l'application du Montant A, ainsi qu'une liste de juridictions dans lesquelles le groupe d'EMN détient une entité constitutive ou atteint le seuil de chiffre d'affaires applicable dans la juridiction du marché au cours de l'exercice fiscal considéré ou de l'exercice fiscal précédent. Des travaux supplémentaires portant sur les moyens de garantir que toutes les juridictions du marché soient identifiées seront aussi entrepris.

716. La forme et le contenu de ces documents seront définis ultérieurement, mais l'emploi d'une déclaration d'auto-évaluation et d'une documentation standards devrait présenter plusieurs avantages pour les groupes d'EMN et les administrations fiscales, notamment les suivants :

- La charge pesant sur les groupes d'EMN serait allégée car ils auraient la possibilité de présenter les mêmes documents dans chacune des juridictions où ils exercent une activité.

- Le Montant A serait ainsi appliqué de manière plus cohérente par les groupes d'EMN, car la déclaration imposerait à chaque groupe d'EMN de communiquer les mêmes informations spécifiques et d'effectuer les mêmes calculs.
- L'examen du calcul et de la répartition du Montant A d'un groupe d'EMN par les administrations fiscales serait aussi facilité, car elles acquerraient une expérience de l'utilisation de déclarations normalisées, ce qui leur permettrait aussi d'identifier plus aisément des groupes d'EMN comparables qui adoptent des approches différentes.
- L'échange de renseignements et les approches multilatérales entre administrations fiscales seraient facilités car les autorités compétentes disposeraient exactement des mêmes informations.
- Des orientations pourraient être élaborées afin d'aider les groupes d'EMN et les administrations fiscales à remplir et utiliser les déclarations normalisées.

Dépôt de la déclaration d'auto-évaluation et de la documentation au titre du Montant A par l'entité de coordination auprès de son administration fiscale principale

717. Afin d'alléger au maximum la charge qui pèse sur les groupes d'EMN, et de veiller à ce que toutes les administrations fiscales concernées aient accès aux mêmes informations, une entité de coordination du Montant A au sein d'un groupe d'EMN déposera auprès de son administration fiscale principale une auto-évaluation et une documentation uniques pour le compte de l'ensemble du groupe, en respectant un délai déterminé. Différentes options seront étudiées à cet égard, mais on pourrait envisager de laisser les juridictions libres de fixer la date limite de dépôt jusqu'à 12 mois après la clôture de l'exercice fiscal considéré, ce qui permettrait à celles qui le souhaitent d'aligner ce délai sur la date de dépôt des déclarations fiscales normales.

718. Dans la majorité des cas, l'administration fiscale principale se situe dans la juridiction de résidence de l'EMU d'un groupe d'EMN. Toutefois, il peut arriver que l'administration fiscale en question ne soit pas en mesure de faire office d'administration fiscale principale (par exemple, parce qu'elle se trouve dans une juridiction qui n'est pas membre du Cadre inclusif ou qui n'a pas mis en œuvre le Montant A) ou qu'une autre administration fiscale soit mieux placée pour jouer ce rôle (notamment parce que le groupe d'EMN n'exerce qu'une activité minime dans cette juridiction ou que l'administration fiscale ne dispose pas des ressources nécessaires pour assumer ce rôle).

719. Dans ce cas, une approche sera élaborée afin d'identifier une « administration fiscale principale de substitution » pour le groupe d'EMN. Une solution pourrait consister à ce que les administrations fiscales qui, en principe, sont en mesure de faire office d'administration fiscale principale pour ces groupes d'EMN, se fassent connaître et figurent sur une liste des « administrations fiscales principales de substitution » qui serait librement accessible. Lorsque l'administration fiscale de la juridiction de résidence de l'EMU d'un groupe d'EMN n'est pas en mesure de faire office d'administration fiscale principale, ou estime que d'autres administrations fiscales s'y prêteraient mieux, l'EMU peut contacter l'une des administrations fiscales figurant sur cette liste (directement ou par l'intermédiaire de son administration fiscale) pour lui demander d'intervenir en tant qu'administration fiscale principale. Dans un premier temps, aucune administration fiscale ne serait tenue d'accepter de faire office d'administration fiscale principale pour un groupe d'EMN en particulier (par exemple, une administration fiscale pourrait refuser si le groupe d'EMN n'exerce pas ou peu d'activité dans sa juridiction ou si ses ressources ne le lui permettent pas). Toutefois, si aucune administration fiscale n'accepte de faire office d'administration fiscale principale, une procédure sera définie pour faire en sorte que chaque groupe d'EMN entrant dans le champ du Montant A ait accès à une administration fiscale principale. Une autre solution consisterait à s'entendre sur des critères clairs et objectifs (fondés par exemple sur le chiffre d'affaires, ou sur la localisation des fonctions principales), afin de décider quelle administration fiscale devrait intervenir en tant qu'administration fiscale de substitution.

720. Le recours à une administration fiscale de substitution ne devrait être envisagé que dans le cas où la juridiction de l'EMU n'est pas membre du Cadre inclusif, si la juridiction n'a pas encore mis en œuvre les règles relatives au Montant A, ou si l'administration fiscale de l'EMU accepte que le groupe d'EMN fasse appel à une administration fiscale de substitution. Dans les cas où l'administration fiscale de l'EMU se situe dans une juridiction membre du Cadre inclusif qui a mis en œuvre le Montant A, et si elle a la capacité et la volonté de faire office d'administration fiscale principale, elle devrait alors assumer ce rôle.

721. L'entité de coordination devrait aussi transmettre à son administration fiscale principale un accord signé par toutes les entités du groupe d'EMN qui exercent des activités génératrices de bénéfices résiduels (c'est-à-dire celles qui sont susceptibles d'être les entités payeuses aux fins du Montant A), confirmant qu'elles consentent à être liées par l'auto-évaluation, ainsi que par toute modification apportée à cette déclaration et approuvée par l'entité de coordination, y compris dans le cadre d'un processus de sécurité juridique à un stade précoce. En fonction de l'architecture définitive du Montant A, d'autres entités constitutives du groupe d'EMN pourraient avoir à signer cet accord. Lorsque pour des questions juridiques ou pratiques, il n'est pas possible pour une entité constitutive de consentir à être liée à l'avance par les décisions de l'entité de coordination, le processus décrit dans ce Rapport sur le *Blueprint* du Pilier Un sera modifié pour tenir compte de cette situation, et des travaux complémentaires seront entrepris afin de déterminer comment y parvenir (par exemple, en exigeant de ces entités constitutives qu'elles confirment leur accord avant que les résultats ne deviennent contraignants). D'autres travaux seront engagés afin de comprendre dans quelle mesure ces problèmes juridiques ou pratiques peuvent se poser concrètement, et les moyens de les éviter. Dans la grande majorité des cas, on peut s'attendre à ce que toutes les entités constitutives acceptent la position adoptée par l'entité de coordination (application du Montant A à l'ensemble du groupe d'EMN et absence de double imposition). À titre exceptionnel, si une entité constitutive adopte une position au regard de son évaluation du Montant A qui s'écarte de celle soumise par l'entité de coordination, cela aura probablement une incidence sur l'évaluation du Montant A des autres entités du groupe.

Validation de l'auto-évaluation d'un groupe d'EMN par l'administration fiscale principale

722. Une fois l'auto-évaluation et la documentation du groupe d'EMN déposées, l'administration fiscale principale doit valider ces documents pour en vérifier l'exhaustivité et la cohérence, et ce avant la date limite pour l'échange des renseignements mentionnée ci-dessous. Des orientations seraient utiles et permettraient aux administrations fiscales principales de procéder à la validation, et aux autres administrations fiscales de comprendre la portée de la validation attendue. Lorsqu'elle procède à la validation, l'administration fiscale principale n'est pas tenue de confirmer séparément l'exactitude des informations communiquées par le groupe d'EMN ou l'application des règles de calcul et de répartition du Montant A, mais elle devrait demander des éclaircissements ou des informations complémentaires à l'entité de coordination lorsqu'un élément semble incomplet ou en cas d'incohérence dans les informations et dans les documents communiqués. Autrement dit, ce processus vise à repérer les erreurs évidentes avant l'échange de renseignements avec d'autres administrations fiscales, et non à réaliser un examen de fond de l'auto-évaluation du groupe d'EMN.

723. Dans certaines circonstances, un groupe d'EMN peut être tenu de soumettre une auto-évaluation et/ou une documentation révisées tenant compte de ces points. Dans la plupart des cas, l'entité de coordination du groupe d'EMN devra transmettre l'auto-évaluation et/ou la documentation révisées dans un délai de [un mois] à compter de la réception des instructions par l'administration fiscale principale.

Transmission de l'auto-évaluation et de la documentation sur le Montant A

724. L'auto-évaluation et la documentation seront transmises par l'administration fiscale principale aux administrations fiscales des autres juridictions dans lesquelles le groupe d'EMN possède une entité constitutive ou atteint le seuil de chiffre d'affaires applicable dans la juridiction du marché, ou l'a atteint au

cours de l'exercice fiscal précédent (ci-après collectivement dénommées les « administrations fiscales concernées »). Ces juridictions seront identifiées par l'administration fiscale principale à l'aide des informations fournies par le groupe d'EMN. Les juridictions dans lesquelles le groupe d'EMN détenait une entité constitutive ou une présence sur le marché au cours de l'exercice fiscal précédent sont prises en compte afin de faire en sorte que dans le cas où un groupe d'EMN déclare ne plus détenir d'entité constitutive ou de présence sur le marché dans les juridictions en question, les administrations fiscales concernées aient la possibilité d'examiner ces déclarations et de les contester le cas échéant. Plus loin dans cette section, on trouvera la description d'un processus accéléré de sécurité juridique à un stade précoce à envisager dans les cas où une administration fiscale considère que sa juridiction devrait figurer dans la liste des juridictions du marché d'un groupe d'EMN mais qu'elle n'y a pas été incluse par ce dernier.

725. Le délai habituel pour l'échange des déclarations pays par pays au titre de l'Action 13 du BEPS est de 15 mois à compter de la clôture de l'exercice fiscal considéré, et une approche similaire pourrait être retenue pour l'échange de renseignements relatifs au Montant A. Si une administration fiscale principale attend qu'un groupe d'EMN lui transmette son auto-évaluation et sa documentation révisées, elle devrait informer les administrations fiscales concernées, et leur faire parvenir les documents dans un délai de [un mois] à compter de leur réception par l'entité de coordination. Il sera peut-être nécessaire d'ajouter des dispositions à l'instrument multilatéral prévu et/ou au droit interne pour faire en sorte que des informations qui en réalité devraient figurer dans une déclaration fiscale nationale puissent faire l'objet d'un échange de renseignements, plutôt que d'être transmises directement par le contribuable concerné, et en toute vraisemblance à l'issue du délai prévu pour le dépôt de la déclaration fiscale nationale.

726. Afin de garantir que toutes les administrations fiscales concernées aient accès aux informations, il sera nécessaire de mettre en place un réseau complet d'échange de renseignements (éventuellement dans le cadre de l'instrument multilatéral envisagé ou de la Convention multilatérale concernant l'assistance administrative mutuelle en matière fiscale), et de prévoir un consentement préalable à l'échange de ces renseignements le cas échéant afin de permettre aux administrations fiscales de les examiner ensemble[3]. Actuellement, les conventions bilatérales de double imposition et les accords d'échange de renseignements fiscaux ne constituent pas à eux seuls un réseau suffisamment complet pour permettre l'échange et le partage de renseignements. Ce cadre d'échange pourrait être complété par un mécanisme de substitution pour le dépôt local de l'auto-évaluation et de la documentation lorsque l'échange de renseignements ne peut pas être ou n'est pas pratiqué. Ce mécanisme de substitution serait, en principe, analogue à celui applicable au dépôt local de la déclaration pays par pays d'un groupe d'EMN, sans être soumis à certaines des limites imposées au dépôt local au titre de l'Action 13 du BEPS. Des travaux supplémentaires seront nécessaires pour faire en sorte que les juridictions tributaires du dépôt local puissent participer au processus de sécurité juridique à un stade précoce, étant donné que l'échange de renseignements est un élément essentiel.

727. Ces échanges (et, le cas échéant, le dépôt local) se feront que le groupe d'EMN soumette ou non une demande de sécurité juridique (autrement dit, le processus se poursuivrait pour permettre à toutes les administrations fiscales concernées d'avoir accès à des renseignements cohérents dans les cas où un groupe d'EMN envisage de recourir à des mesures correctives nationales pour résoudre des différends). On pourrait envisager de simplifier l'échange de renseignements en mettant en place une plateforme administrative centrale dans laquelle seraient stockées les données sur le Montant A fournies par les groupes d'EMN.

9.2.2. *Demande de sécurité juridique par un groupe d'EMN*

Un mécanisme volontaire pour les groupes d'EMN

728. La démarche visant à obtenir une sécurité juridique à un stade précoce au titre du Montant A sera volontaire, et déclenchée par la soumission d'une demande de l'entité de coordination d'un groupe d'EMN

auprès de son administration fiscale principale. Dans ce contexte, l'expression « sécurité à un stade précoce » renvoie à la sécurité avant tout ajustement par les administrations fiscales de la situation fiscale déclarée par un groupe d'EMN (en l'espèce, pendant la phase de prévention des différends, contrairement à celle du règlement des différends qui est nécessaire lorsqu'une administration fiscale demande un ajustement fiscal qui entraîne une double imposition). Plus loin dans cette section, nous examinerons les cas où un processus de sécurité juridique modifié peut être déclenché à la suite de la demande d'une administration fiscale.

729. Une demande de sécurité juridique peut être présentée pour deux raisons :

- Pour déterminer si un groupe d'EMN entre dans le champ d'application du Montant A. Il est probable que cette confirmation ne devrait être demandée qu'une seule fois, ou uniquement de façon périodique.
- Pour approuver le calcul et la répartition du Montant A d'un groupe d'EMN, notamment l'identification des entités payeuses et l'allégement de la double imposition qui devrait être accordé par les juridictions accordant l'exonération. Cette confirmation peut être demandée chaque année, même si seul un examen de haut niveau peut être requis pour certains groupes d'EMN. Comme indiqué ci-dessous, après la ou les premières années, les administrations fiscales devraient pouvoir garantir une sécurité juridique à un stade précoce à certains groupes d'EMN sans recourir à un examen par un comité, si elles ont la conviction que les mécanismes utilisés le groupe d'EMN pour appliquer le Montant A sont solides, et qu'aucune modification importante n'est intervenue depuis l'examen précédent.

Soumission d'une demande à l'administration fiscale principale

730. Une demande de sécurité juridique à un stade précoce devra être soumise par l'entité de coordination d'un groupe d'EMN à son administration fiscale principale, qui se situe généralement dans la juridiction de résidence de l'EMU du groupe d'EMN. Cette demande devra être déposée en respectant un délai convenu, par exemple dans les [six mois] suivant la clôture de l'exercice concerné. Dans un délai de [un mois] à compter de la réception de la demande, l'administration fiscale principale devra adresser une notification aux autorités compétentes de toutes les juridictions dans lesquelles le groupe d'EMN possède une entité constitutive ou une présence sur le marché, en se fondant sur les informations communiquées par le groupe d'EMN.

731. Comme précisé plus haut, le groupe d'EMN devra transmettre un accord signé par toutes les entités constitutives qui exercent des activités génératrices de bénéfices résiduels, confirmant qu'elles consentent à être liées par toutes modifications apportées à l'auto-évaluation du Montant A du groupe d'EMN et approuvées par l'entité de coordination. En fonction de l'architecture définitive du Montant A, d'autres entités constitutives du groupe d'EMN pourraient avoir à signer cet accord. La demande de sécurité juridique en matière fiscale devra en outre être accompagnée d'une confirmation de la part de ces entités constitutives précisant :

- Qu'elles consentent à la suspension des délais appliqués aux mesures nationales de respect des obligations pendant la durée de l'examen, dans la mesure où le droit de chaque juridiction l'autorise. Si un groupe d'EMN n'accepte pas les résultats d'un examen, et décide d'avoir recours à des mesures correctives nationales, les administrations fiscales auront ainsi toujours la possibilité de mener leurs propres investigations ; et
- Qu'elles comprennent que la position contraignante en matière de sécurité juridique résultant de ce processus pourrait être remise en cause
    - si l'un des membres du groupe d'EMN a recours ultérieurement à des mesures correctives nationales portant sur le Montant A au titre de l'exercice fiscal considéré ou

- s'il apparaît par la suite que les renseignements fournis par le groupe d'EMN aux administrations fiscales pour leur permettre d'effectuer leurs examens sont inexacts, incomplets ou de nature à induire en erreur.

732. Si ces éléments sont transmis, l'administration fiscale principale tiendra informée l'entité de coordination dès que possible ou dans un délai de [un mois] que sa demande de sécurité juridique au titre du Montant A est acceptée. Les demandes incomplètes seront rejetées, et l'administration fiscale principale fera savoir à l'entité de coordination quels sont les éléments qui doivent lui être transmis. Exceptionnellement, lorsque l'administration fiscale principale a connaissance ou est informée (par exemple, par le groupe d'EMN ou une administration fiscale concernée) que les états financiers du groupe d'EMN ou toute autre information utilisée pour calculer le Montant A sont susceptibles d'être modifiés ou corrigés, et que cela aura une incidence sur le Montant A, l'administration fiscale principale peut refuser d'examiner la demande de sécurité juridique qui lui est présentée par le groupe d'EMN, mais accepter qu'une demande lui soit soumise une fois la position finale connue. Une administration fiscale n'a aucune autre possibilité de refuser un dossier complet soumis par un groupe d'EMN.

733. S'agissant des procédures de contrôle des obligations fiscales nationales (vérifications fiscales, par exemple), les administrations fiscales concernées devraient s'abstenir d'engager une vérification ou d'émettre des avis d'imposition portant sur des éléments spécifiques au Montant A au titre de l'exercice fiscal concerné dans l'attente des résultats de l'examen. Les autres activités de contrôle des obligations fiscales ou de calcul du montant de l'impôt ne sont pas concernées (notamment au regard des autres aspects de l'imposition des groupes d'EMN, dont les questions relatives aux prix de transfert non liées au Montant A), et le recouvrement de l'impôt dû au titre du Montant A sur la base de l'auto-évaluation du groupe d'EMN peut se poursuivre. Concrètement, aucune restriction n'est imposée aux administrations fiscales concernées quant aux vérifications qu'elles entendent réaliser ou aux autres activités de contrôle des obligations fiscales portant sur des questions susceptibles d'avoir une incidence sur le niveau des bénéfices résiduels réalisés dans une juridiction, même si cela peut avoir un effet indirect sur l'identification des juridictions accordant un allégement et sur le montant de l'allégement au titre de la double imposition. L'interaction de ces questions avec un processus de sécurité juridique à un stade précoce pour le Montant A est examinée plus loin dans cette section. D'autres travaux aborderont la question de savoir comment traiter les cas où la suspension des délais appliqués aux mesures nationales de respect des obligations n'est pas permise en droit interne.

9.2.3. *Examen préliminaire facultatif par l'administration fiscale principale et point de savoir si un examen par un comité est nécessaire*

734. Cette partie et les parties suivantes de cette section sont consacrés aux cas dans lesquels un groupe d'EMN a présenté une demande de sécurité juridique relative à son calcul et à sa répartition du Montant A, y compris l'identification des entités qui accordent des allégements. Plus loin dans cette section, nous examinerons d'autres cas où l'architecture décrite peut être utilisée pour offrir une plus grande sécurité juridique en matière fiscale au titre du Montant A.

Examen préliminaire facultatif par l'administration fiscale principale

735. En plus de la procédure de validation décrite plus haut, et en parallèle de celle-ci, lorsqu'un groupe d'EMN présente une demande de sécurité juridique à un stade précoce, l'administration fiscale principale pourra aussi réaliser un examen préliminaire de l'auto-évaluation sur la base de critères convenus, en vue d'écarter les groupes présentant de faibles risques, auxquels elle souhaite apporter une sécurité juridique sans recourir à un examen par un comité. Ce mécanisme pourrait s'avérer intéressant pour faire baisser le niveau global des ressources nécessaires à l'administration fiscale au cours de la première année d'application du Montant A, et plus encore au cours des années suivantes.

736. L'étendue de cet examen peut dépendre, entre autres facteurs, de la robustesse des processus et mesures de contrôl e du groupe d'EMN appliqués au Montant A, de l'examen préalable éventuel par un comité et, dans cette hypothèse, des conclusions de cet examen. Lorsqu'elle procède à un examen préliminaire, l'administration fiscale principale peut demander des éclaircissements ou des informations complémentaires au groupe d'EMN, mais si ces besoins sont importants, il y a lieu de penser que le recours à un comité d'examen est nécessaire. À la suite de son examen préliminaire, l'administration fiscale principale peut proposer des modifications à apporter à l'auto-évaluation d'un groupe d'EMN qui, si elles sont acceptées par ce dernier, pourraient être prises en compte dans une déclaration modifiée soumise à l'administration fiscale principale, en général dans un délai de [un mois]. Des orientations préciseront le degré d'assurance à atteindre par une administration fiscale principale dans le cadre d'un examen préliminaire, et la manière de présenter les conclusions de cet examen.

737. Le libre choix de mener un examen préliminaire a pour objet de permettre à l'administration fiscale principale de déterminer les groupes d'EMN qui présentent moins de risques, à qui il est possible de procurer rapidement une sécurité juridique sans recourir à un comité d'examen, en limitant les ressources mobilisées par l'ensemble des administrations fiscales. En revanche, lorsqu'une administration fiscale principale ne dispose pas des ressources ni des capacités requises pour mener un examen préliminaire, ou bien si elle juge que le recours à un comité d'examen est, en tout état de cause, nécessaire (notamment parce qu'il s'agit du premier exercice d'application du Montant A par le groupe d'EMN et que l'administration fiscale principale estime que la conduite d'un examen par un comité d'administrations fiscales serait utile), il n'est pas nécessaire d'entreprendre un examen préliminaire.

738. Comme cet examen préliminaire est censé être général et n'écarter que les groupes d'EMN qui présentent peu de risques, et ne porte pas sur les cas plus complexes, dans la plupart des cas, l'examen devrait être achevé au moment où l'auto-évaluation et la documentation sont transmises aux autres administrations fiscales. Comme on l'a vu plus haut, un délai de 15 mois à compter de la clôture de l'exercice fiscal du groupe d'EMN pourrait être envisagé. Si cette approche était retenue, l'administration fiscale disposerait de trois mois pour réaliser l'examen préliminaire, dans l'hypothèse où le délai pour le dépôt dans la juridiction de l'administration fiscale principale serait de 12 mois à compter de la clôture de l'exercice, mais si ce délai était plus court, l'administration fiscale pourrait consacrer plus de temps à l'examen préliminaire. Par exemple, si le délai pour déposer l'auto-évaluation et la documentation était de neuf mois à compter de la clôture de l'exercice, l'administration fiscale principale disposerait de six mois pour réaliser l'examen préliminaire.

739. Lorsqu'un examen préliminaire est toujours en cours à la date limite prévue pour l'échange, l'auto-évaluation et la documentation du groupe d'EMN seront transmises normalement aux administrations fiscales concernées. Si des ajustements sont nécessaires à la suite de l'examen préliminaire, une auto-évaluation et une documentation modifiées seront transmises aux administrations fiscales lorsqu'elles seront disponibles. Si l'examen préliminaire n'est toujours pas terminé à l'expiration de la période de [trois mois] suivant la date limite prévue pour la transmission des documents (ou peu après), il s'achèvera sans avoir abouti à une conclusion. Les travaux entrepris jusque-là par l'administration fiscale principale seront pris en compte lors d'un examen ultérieur.

740. Lorsque l'administration fiscale principale transmet l'auto-évaluation et la documentation du groupe d'EMN aux administrations fiscales concernées, elle doit joindre l'un des éléments suivants :

- Une déclaration indiquant que l'administration fiscale principale n'a pas procédé à un examen préliminaire de l'auto-évaluation du Montant A du groupe d'EMN (ou qu'un examen préliminaire a été entrepris mais s'est achevé sans aboutir à une conclusion), et que par conséquent le recours à un comité d'examen est nécessaire.
- Une déclaration selon laquelle l'administration fiscale principale a mené un examen préliminaire et conclu qu'un examen par un comité est nécessaire. Un résumé de l'examen

réalisé par l'administration fiscale principale et des problèmes spécifiques dont elle estime qu'ils devraient être soumis au comité d'examen peut être joint à la déclaration.

- Une déclaration indiquant que l'administration fiscale principale a mené un examen préliminaire et, qu'au vu des conclusions de cet examen, a conclu qu'un examen par un comité n'est pas nécessaire. Un résumé de l'examen réalisé par l'administration fiscale principale et des éléments sur lesquels elle s'est appuyée pour conclure que chaque élément de l'application du Montant A par le groupe d'EMN présente un risque faible pour les juridictions des administrations fiscales concernées (y compris les juridictions du marché et les juridictions qui accordent l'allégement).
- Une déclaration selon laquelle l'administration fiscale principale est en train de réaliser un examen préliminaire qui n'est pas encore achevé (dans ce dernier cas, les conclusions de cet examen préliminaire devraient, le cas échéant, être transmises aux autres administrations fiscales dès qu'elles sont disponibles).

Décision relative à la nécessité de recourir à un comité d'examen

741. Lorsque l'administration fiscale principale a procédé à un examen préliminaire et conclu qu'un examen par un comité n'est pas nécessaire, les autres administrations fiscales concernées disposent d'un délai de [trois mois] pour examiner sa décision et soumettre des observations, lesquelles peuvent relever d'une ou de plusieurs des quatre catégories suivantes :

- Une proposition visant à constituer un comité d'examen fondée sur des préoccupations concernant l'impôt dû par le groupe d'EMN au titre du Montant A dans la juridiction de cette administration fiscale (par exemple, la présence éventuelle d'erreurs dans le calcul et la répartition du Montant A ou dans l'identification des entités qui accordent des allégements concernant la juridiction en question). Cette proposition doit être accompagnée d'une description des préoccupations de l'administration fiscale concernée (par exemple, certains aspects de l'auto-évaluation du groupe d'EMN ne sont pas conformes aux orientations publiées ou sont incompatibles avec l'approche appliquée par des groupes d'EMN comparables) et, si possible, des conséquences fiscales dans sa juridiction et dans d'autres juridictions.
- Une préférence pour la constitution d'un comité sans référence à des préoccupations spécifiques.
- Des observations que l'administration fiscale concernée souhaiterait formuler, mais qui n'aboutissent pas à une proposition de constitution d'un comité. Il pourrait s'agir de problèmes techniques liés à l'auto-évaluation d'un groupe d'EMN que l'administration fiscale ne considère pas comme importants pour l'exercice fiscal considéré, mais dont elle souhaiterait qu'en soit conservée une trace si jamais ils le devenaient à l'avenir.
- Une manifestation d'intérêt pour participer à tout comité d'examen mis en place. Si un examen par un comité devait être entrepris, le comité serait en priorité composé de membres issus des administrations fiscales ayant manifesté leur intérêt à participer à un tel exercice.

742. Les problèmes qui sous-tendent les propositions de constituer un comité et les observations des administrations fiscales concernées seront examinés par l'administration fiscale principale et l'entité de coordination du groupe d'EMN. Si l'entité de coordination est en mesure de répondre aux préoccupations à la satisfaction de l'administration fiscale concernée, sans pour autant que cela n'ait d'incidence sur la position dans une autre juridiction, l'administration fiscale concernée devrait retirer sa proposition visant à constituer un comité, et indiquer sa préférence pour qu'un comité soit mis en place. Les observations ne nécessitent pas de mesures spécifiques de la part du groupe d'EMN, mais il devrait envisager d'en tenir compte pour l'application du Montant A lors des exercices ultérieurs, le cas échéant.

743. Un comité d'administrations fiscales (le comité d'examen) pourrait être constitué dans tous les cas où un groupe d'EMN soumet une demande de sécurité juridique, et soit :

- L'administration fiscale principale n'a pas réalisé un examen préliminaire ou n'a tiré aucune conclusion d'un tel examen ;
- L'administration fiscale principale a mené un examen préliminaire et a conclu qu'un examen par un comité est nécessaire ;
- Une des administrations fiscales concernées a soumis une proposition demandant à ce qu'un examen par un comité soit réalisé, en même temps qu'elle a fourni une explication de ses préoccupations spécifiques, et cette proposition n'a pas été retirée par la suite ; ou
- [au moins trois] administrations fiscales concernées ont indiqué préférer qu'un comité soit constitué (ce nombre peut être revu à la baisse si le groupe d'EMN possède des entités constitutives dans très peu de juridictions). Plutôt qu'un nombre absolu, on pourrait aussi se baser sur un pourcentage minimum et fixer un nombre plancher d'administrations fiscales concernées (par exemple, au moins cinq pour cent d'administrations fiscales concernées avec un plancher de trois).

744. D'autres travaux seront entrepris sur la question de savoir s'il convient de constituer un comité pour chacun des scénarios ci-dessus, ou si des modifications doivent être apportées à ces scénarios. Dans l'hypothèse où aucune de ces conditions n'est remplie, et qu'un comité d'examen n'est pas mis en place, l'administration fiscale principale informera le groupe d'EMN que la position exprimée dans son auto-évaluation (tenant compte des modifications approuvées) est acceptée. Cette position devient alors contraignante pour les entités constitutives du groupe d'EMN et les administrations fiscales situées dans toutes les juridictions membres du Cadre inclusif. Les administrations fiscales devraient prendre toutes les mesures nécessaires dans leur juridiction pour donner suite à cette évaluation. D'autres travaux étudieront les problèmes auxquels les administrations fiscales sont susceptibles de se heurter pour mettre en œuvre les résultats d'un mécanisme obligatoire et contraignant, les questions de droit interne étant réglées par chaque juridiction en tant que de besoin, afin de mettre en œuvre ces conclusions. Ces travaux porteront également sur les interactions des résultats du processus de sécurité juridique concernant le Montant A avec les décisions de justice nationales ou d'autres décisions « contraignantes » rendues dans une juridiction (par exemple, en cas de conflit).

745. Dans le cas où une entité constitutive d'un groupe d'EMN cherche par la suite à réduire l'impôt dû au titre du Montant A par le biais de mesures correctives nationales, l'administration fiscale de la juridiction concernée informera l'administration fiscale principale et les autres administrations fiscales concernées que le groupe d'EMN ne respecte pas ses engagements en vertu du processus de sécurité juridique en matière fiscale. L'administration fiscale principale en fera part à l'entité de coordination du groupe d'EMN, et si cette situation n'est pas corrigée, les administrations fiscales concernées seront informées par l'administration fiscale principale que la position contraignante en matière de sécurité juridique fiscale assurée au groupe d'EMN ne s'applique plus à l'exercice considéré.

746. Une grande majorité des groupes d'EMN relevant du champ d'application du Montant A devraient soumettre une demande de sécurité juridique au cours de la ou des première(s) année(s) suivant l'introduction des règles. L'approche décrite dans cette section pourrait prévoir des éléments visant à limiter les ressources nécessaires à la réalisation des examens par les comités au cours de la période initiale. Il existe cependant un risque que les administrations fiscales indiquent qu'elles préfèrent qu'un comité soit constitué dans tous les cas ou presque. Les administrations fiscales pourraient dans ces conditions ne pas avoir suffisamment de moyens pour entreprendre ces examens. Ce point pourrait constituer un sujet majeur pour les administrations fiscales qui sont le plus souvent les administrations fiscales principales, compte tenu de la concentration probable des EMU des groupes d'EMN concernés dans un nombre relativement restreint de juridictions, et du fait qu'il leur revient d'assurer la coordination des examens. Cette situation ne devrait toutefois pas limiter la capacité des groupes d'EMN à bénéficier

d'une sécurité juridique à la suite de l'introduction des nouveaux droits d'imposition. Dans ce contexte, il peut être envisagé d'alléger la charge pesant sur les administrations fiscales et les groupes d'EMN grâce à une application progressive des règles relatives au Montant A, en commençant par les plus grands groupes d'EMN, et/ou en excluant au départ certains volets des règles comme la segmentation des branches d'activités.

9.2.4. *Constitution du comité d'examen, conception du processus relatif au comité d'examen et approbation par les administrations fiscales concernées*

Constitution du comité de décision

747. Si un comité d'examen est mis en place, les administrations fiscales qui y participent seront issues de la liste des administrations fiscales concernées ayant manifesté leur intérêt pour en faire partie, sur la base de critères restant à convenir.

748. Les critères de constitution d'un comité d'examen pourraient comprendre les éléments suivants, susceptibles d'être révisés à la lumière de l'expérience acquise :

- Dans l'idéal, les comités devraient comprendre entre 6 et 8 administrations fiscales. Le nombre d'administrations fiscales siégeant au comité pourrait varier en fonction de la couverture géographique du groupe d'EMN (par exemple, une couverture géographique très large pourrait justifier un nombre de membres plus important au sein du comité que si le groupe d'EMN a une empreinte plus locale et restreinte). L'emplacement de l'EMU du groupe d'EMN ne sera pas pris en compte pour déterminer la couverture géographique. Cette disposition vise à faire en sorte que les juridictions du marché et les juridictions accordant un allégement qui sont géographiquement proches de la juridiction de l'EMU puissent malgré tout être représentées au sein d'un comité.
- Le profil des administrations fiscales participant à un comité pourrait être fondé sur un classement déterminé de toutes les juridictions en grandes ou petites économies et en économies développées ou en développement, de sorte que la composition du comité serait à peu près la suivante (en supposant qu'un nombre suffisant d'administrations fiscales concernées dans chaque catégorie aient manifesté un intérêt à participer) :
    - L'administration fiscale principale ;
    - Deux à trois administrations fiscales d'autres juridictions qui accordent un allégement au titre du Montant A (l'administration fiscale principale sera généralement issue d'une juridiction accordant un allégement, ce qui porte ce nombre à trois ou quatre) ; ou
    - Trois à quatre administrations fiscales de juridictions bénéficiaires de la répartition du Montant A, en veillant à ce qu'au moins une petite juridiction et une juridiction en développement en fassent partie (à moins que ces juridictions ne soient pas bénéficiaires du Montant A concernant un groupe d'EMN donné).
- Le profil des administrations fiscales participant au comité devrait dans une large mesure refléter la couverture géographique des groupes d'EMN.
- Il convient de s'assurer que toutes les administrations fiscales ont la possibilité de participer à un comité (pas nécessairement à tous les comités), en tenant compte à la fois de l'intérêt manifesté et de leur capacité. S'agissant des contraintes de capacité, ce facteur peut expliquer la décision d'une administration fiscale de limiter le nombre de comités auxquels elle participe. Des mesures de renforcement des capacités seront toutefois proposées pour permettre aux administrations fiscales des économies en développement de participer elles aussi aux comités si elles le souhaitent.

- Lorsqu'un groupe d'EMN a plusieurs branches d'activité relevant du champ d'application du Montant A, le comité devrait en principe inclure les administrations fiscales des juridictions comprises dans chaque répartition, même s'il peut arriver que cela soit impossible.
- Les raisons avancées par une administration fiscale pour participer à tel ou tel comité (par exemple, le montant des recettes fiscales potentielles en jeu), et toute considération d'ordre général, comme le nombre maximum de comités auxquels une administration fiscale est en mesure de participer, même si cette administration peut manifester son intérêt à participer à davantage de comités (en prévision du fait que parfois, un comité ne sera pas constitué ou bien qu'elle ne sera pas invitée à y participer).

749. L'administration fiscale principale pourrait se charger d'appliquer les critères établis et de constituer un comité d'examen, ce qui simplifierait le processus auquel elle serait par ailleurs pleinement associée. Par contre, si un secrétariat devait être créé, l'application des règles et des procédures pourrait être considérée comme plus objective[4]. Une représentation équilibrée de toutes les juridictions au sein des différents comités serait ainsi garantie (le secrétariat détiendrait en effet des informations concernant tous les comités d'examen constitués, alors qu'une administration fiscale principale pourrait avoir seulement connaissance des comités d'examen dont elle fait partie). Hormis la soumission de la liste des juridictions des entités constitutives et du marché et des autres informations requises pour appliquer les critères établis (comme le chiffre d'affaires par juridiction), le groupe d'EMN ne participerait pas à la détermination du comité d'examen ou à l'approbation de ses membres.

750. Si un comité d'examen doit être constitué mais que le nombre d'administrations fiscales ayant manifesté un intérêt à y participer est insuffisant, l'administration fiscale principale ou le secrétariat informera toutes les administrations fiscales concernées. Ces dernières auront alors une nouvelle occasion d'indiquer si elles souhaitent ainsi participer au comité. Un comité d'examen sera constitué en faisant appel aux administrations fiscales concernées qui ont fait part de leur intérêt, en tenant compte, dans la mesure du possible des critères décrits ci-dessus (par exemple, si aucune administration fiscale concernée n'a manifesté d'intérêt à participer à un comité, cette catégorie d'administration fiscale ne pourra pas être représentée).

751. Comme mentionné plus haut, il est crucial que tous les membres du Cadre inclusif soient en mesure de participer pleinement à l'ensemble du processus de sécurité juridique en matière fiscale et, plus particulièrement, aux comités d'examen qui sont au cœur de ce processus. À ce titre, l'élaboration et le déploiement d'outils de renforcement des capacités seront importants pour soutenir les économies en développement. Ils pourraient comprendre, entre autres, des orientations et des manuels, une formation en ligne et en présentiel et un soutien direct par le programme Inspecteurs des impôts sans frontières (IISF) de l'OCDE.

Le processus relatif au comité d'examen

752. Pour simplifier le processus, tous les échanges avec un groupe d'EMN concernant l'examen de la sécurité à un stade précoce seront menés par l'intermédiaire de l'administration fiscale principale. Une fois le comité d'examen constitué, l'administration fiscale principale contactera l'entité de coordination du groupe d'EMN, et fixera une date pour commencer l'examen. Dans la plupart des cas, l'examen devrait commencer le plus rapidement possible, mais un court délai peut être justifié (par exemple, si les principaux collaborateurs du groupe d'EMN sont occupés à d'autres opérations, ou si l'administration fiscale principale pilote et coordonne un grand nombre d'examens). La date de début de l'examen devra aussi être décidée d'un commun accord avec les autres administrations fiscales concernées au sein du comité d'examen, et compte tenu de leur intérêt à y participer, les membres du comité devraient se montrer aussi flexibles que possible à cet égard.

753. Le comité procédera à l'examen de l'auto-évaluation d'un groupe d'EMN, qui portera notamment sur chacun des éléments du calcul et de la répartition du Montant A, notamment l'identification des entités

qui accordent des allégements. Une vérification des données factuelles peut aussi être réalisée afin de s'assurer de l'exactitude des informations transmises par le groupe d'EMN. Ce processus devrait comporter plusieurs conférences téléphoniques et échanges de courriers électroniques qui pourraient être coordonnés par l'administration fiscale principale ou le secrétariat, et pilotés par l'administration fiscale principale. Lorsqu'une administration fiscale concernée qui ne fait pas partie du comité met évidence un risque possible concernant l'auto-évaluation du Montant A d'un groupe d'EMN, elle doit informer l'administration fiscale principale dès que possible. Ce problème sera alors traité directement par cette dernière ou fera l'objet d'une attention particulière dans le cadre de l'examen de l'auto-évaluation du groupe d'EMN par le comité. De cette manière, on réduit le risque que le processus de sécurité juridique en matière fiscale soit ralenti ultérieurement, dans l'éventualité où une administration fiscale concernée formulerait une objection à laquelle une réponse aurait pu être apportée au cours l'examen.

754. Dans certaines circonstances, il peut être nécessaire de demander des informations ou des éclaircissements supplémentaires par l'intermédiaire de l'administration fiscale principale ou de solliciter la participation du groupe d'EMN à une conférence téléphonique avec les membres du comité d'examen afin qu'il s'exprime sur des points spécifiques (comme la segmentation par branche d'activité) et réponde à des questions. Parfois, une réunion physique avec un groupe d'EMN peut être nécessaire, mais cela ne devrait pas être la norme. Toute démarche d'obtention d'une sécurité juridique à un stade précoce implique la participation active et transparente d'un groupe d'EMN. En cas de demande de renseignements complémentaires, le groupe d'EMN doit s'efforcer de communiquer les informations ou éclaircissements au plus vite et en respectant les délais convenus avec le comité (en tenant compte du volume des renseignements demandés et de leur disponibilité). Ces informations complémentaires pourront être fournies sur demande aux administrations fiscales concernées qui ne participent pas au comité d'examen, ou mises directement à la disposition de ces administrations fiscales. Dans la mesure du possible, le comité d'examen devrait achever ses travaux dans un délai de [trois mois] à compter de la date de début.

755. Si, de l'avis des membres du comité d'examen, un groupe d'EMN persiste à communiquer en retard les informations qui lui sont demandées sans fournir d'explication, se montre peu coopératif ou manque de transparence, et notamment transmet des informations inexactes ou incomplètes, ou si les informations communiquées s'avèrent peu fiables ou sont modifiées (ou sont susceptibles de l'être), l'administration fiscale principale en informera l'entité de coordination. Si le groupe d'EMN ne remédie pas au problème et si des critères objectifs restant à définir sont respectés, l'entité de coordination peut être informée que le comité d'examen n'est pas en mesure de réaliser l'examen. Ces circonstances sont les seules dans lesquelles l'obtention d'une sécurité juridique ne peut être assurée à un groupe d'EMN qui en fait la demande. Dans ce cas, ce dernier peut envisager de recourir à des mesures correctives nationales. Quand il n'est pas possible de mener à terme un examen parce que les informations communiquées par le groupe d'EMN ont été modifiées ou sont susceptibles de l'être, mais que le groupe d'EMN a agi de bonne foi et a informé l'administration fiscale principale de toute incertitude dont il avait connaissance, il est possible de reprendre l'examen de l'application du Montant A par le groupe d'EMN dès lors qu'il a la certitude que les informations en question ne sont plus susceptibles de changer.

756. Il est possible de transmettre les informations à l'administration fiscale *via* une salle de données virtuelle sécurisée et gérée par le groupe d'EMN. Les administrations fiscales concernées peuvent alors télécharger les informations requises. Cette approche est calquée sur celle adoptée par les programmes pilotes du FAF ICAP pour une évaluation coordonnée des risques des grands groupes d'EMN, et garantit l'accès aux informations en allégeant la charge pour l'administration fiscale principale. Les administrations fiscales seraient toutefois contraintes d'accéder à chaque salle de données virtuelle pour se procurer les informations, ce qui pourrait être hasardeux en cas de difficultés techniques d'accès aux données. Les groupes d'EMN seraient également contraints de créer des salles de données virtuelles, ce qui alourdirait leurs tâches.

757. Si l'un des membres du comité d'examen n'est pas en mesure de présenter ses conclusions dans un délai de [trois mois], l'administration fiscale principale doit informer l'entité de coordination qu'il lui faut

plus de temps pour achever l'examen, ce qui peut nécessiter des demandes d'informations supplémentaires. Le délai moyen nécessaire à un examen sera variable, mais dans la très grande majorité des cas, le comité devrait avoir achevé ses travaux dans les [neuf mois] qui suivent la date de début de l'examen. Il est notamment envisagé qu'après la première année, l'examen d'un groupe d'EMN soit généralement beaucoup plus rapide, car il ne sera pas toujours nécessaire d'examiner tous les éléments du calcul et de la répartition du Montant A du groupe d'EMN ou bien cet examen n'aura pas besoin d'être aussi détaillé (en effet, en l'absence de changements significatifs, un examen de la délimitation des branches d'activité d'un groupe d'EMN et l'identification des entités exerçant des activités génératrices de bénéfices résiduels sera superflu après la première année).

758. Si à un quelconque moment, il devient évident pour l'administration fiscale principale que le comité d'examen ne pourra pas parvenir à un accord, et qu'il est peu probable qu'une réponse puisse être apportée par ce dernier, elle devrait envisager de mettre un terme au comité d'examen et conclure qu'aucun accord n'a été trouvé. Il devrait être mis fin sans accord à tout comité d'examen qui serait encore en cours [12 mois] après avoir été mis en place . Le comité d'examen serait ainsi incité à parvenir à un accord, et en cas d'impossibilité, le comité de décision pourrait poursuivre le processus, garantissant au groupe d'EMN l'obtention d'une sécurité dans un délai raisonnable.

759. À l'issue du processus, les comités d'examen peuvent formuler des recommandations au groupe d'EMN en vue d'améliorer ses procédures et mesures de contrôle pour l'application du Montant A, recommandations que le groupe d'EMN peut ou non accepter. Lorsque les processus et mesures de contrôle d'un groupe d'EMN semblent insuffisants, notamment si un comité d'examen a précédemment recommandé des changements qui n'ont pas été suivis d'effet, cela peut signifier qu'un examen plus détaillé du calcul et de la répartition du Montant A du groupe d'EMN est nécessaire.

760. Si les administrations fiscales collaborent étroitement au sein d'un comité d'examen, chacune d'entre elles peut avoir son opinion propre quant à la conformité de l'auto-évaluation d'un groupe d'EMN avec les règles relatives à l'application du Montant A ou à la nécessité de procéder à des ajustements. En cas de divergence de vues, les membres du comité devraient chercher à comprendre les motifs de ces désaccords et, si possible, adopter une position commune. Ainsi, s'il existe plusieurs approches acceptables au titre du Montant A (par exemple, pour la base de répartition des frais généraux) et si la plupart des membres du comité s'accordent sur la plus appropriée, les autres membres devraient envisager de l'accepter même si elle n'est pas leur préférence. Toutefois, si les administrations fiscales participant à un comité d'examen doivent s'efforcer de parvenir à un accord, elles n'y sont pas obligées.

761. Au terme de l'examen, le groupe d'EMN est informé des résultats. Si un accord est trouvé sur la nécessité de modifier l'évaluation du Montant A du groupe d'EMN, ce dernier sera invité à accepter que les modifications soient apportées. Trois conclusions générales sont possibles :

- Le comité d'examen approuve l'évaluation du Montant A du groupe d'EMN, qui correspond soit à l'auto-évaluation telle qu'elle a été soumise par le groupe, soit à l'auto-évaluation que le groupe d'EMN a accepté de modifier afin de tenir compte des ajustements requis par le comité (cette version révisée de l'auto-évaluation sera ensuite transmise pour approbation aux autres administrations fiscales concernées).
- Le comité d'examen parvient à un accord qui ne correspond pas à l'auto-évaluation présentée par le groupe d'EMN, et le groupe d'EMN n'accepte pas de revoir son auto-évaluation.
- Le comité d'examen ne parvient pas à un accord.

Transmission des évaluations acceptées par le comité d'examen pour approbation

762. Si le comité d'examen parvient à un accord sur l'auto-évaluation d'un groupe d'EMN (soit en l'état, soit en tenant compte des ajustements de l'auto-évaluation acceptés par le groupe d'EMN), cette auto-évaluation et une recommandation formulée par le comité relative à son acceptation seront envoyées par

l'administration fiscale principale à toutes les administrations fiscales absentes du comité. Elles recevront en même temps un résumé de l'examen du comité et les éléments sur lesquels il s'est appuyé pour conclure que chaque élément relatif à l'application du Montant A par un groupe d'EMN devrait être approuvé par les administrations fiscales concernées. Le résumé serait rédigé par l'administration fiscale principale, avec l'appui du secrétariat, et approuvé par les membres du comité. Les administrations fiscales concernées auront également accès à toutes les autres informations communiquées par le groupe d'EMN au cours de l'examen. En fonction du volume de ces informations, celles-ci pourront être transmises par l'administration fiscale principale en même temps que la recommandation du comité, ou bien sous forme de liste, en précisant que les informations en tant que telles sont disponibles sur demande.

763. Dans la plupart des cas, le résumé de l'examen du comité et les informations sur lesquelles il s'est appuyé pour rendre une décision devraient suffire aux administrations fiscales concernées pour décider si elles approuvent ou non la recommandation du comité d'examen, mais une administration fiscale pourra, au besoin, demander des informations complémentaires. L'administration fiscale principale les lui communiquera si ces informations ont été déjà transmises par le groupe d'EMN ou bien les demandera au groupe d'EMN dans le cas contraire.

764. Si aucune administration fiscale concernée ne formule d'objection quant aux recommandations du comité d'examen dans un délai de [trois mois], elles seront considérées comme acceptées et le groupe d'EMN en sera informé par l'administration fiscale principale. L'évaluation du Montant A approuvée par le comité d'examen et par les administrations fiscales concernées a un caractère contraignant pour les entités constitutives du groupe d'EMN et les administrations fiscales de toutes les juridictions membres du Cadre inclusif.

765. Si une des administrations fiscales concernées formule une objection quant aux recommandations du comité d'examen, toutes les administrations fiscales concernées en seront informées et seront invitées à faire part de leurs observations dans un délai de [deux semaines]. Le comité d'examen aura jusqu'à [deux mois] pour étudier si un ajustement doit être apporté à l'évaluation du Montant A du groupe d'EMN et pour en discuter avec ce dernier, mais ce processus devrait être achevé plus rapidement si possible.

766. Si le comité d'examen et le groupe d'EMN conviennent que des ajustements sont nécessaires (ou si les ajustements proposés sont acceptés), l'administration fiscale principale transmettra une évaluation révisée du Montant A et une recommandation en tenant compte aux administrations fiscales concernées afin qu'elles formulent d'autres objections éventuelles. À ce stade, toute objection doit être formulée dans un délai de [un mois] et ne devra porter que sur les éléments modifiés depuis la version précédente ou qui en découlent. Ce processus se poursuivra tant qu'il y aura des objections, et toute objection supplémentaire relative à de nouveaux éléments devra être formulée dans un délai de [un mois]. L'administration fiscale principale informe alors le groupe d'EMN que son évaluation a été acceptée. L'évaluation révisée du Montant A acceptée par le comité d'examen et approuvée par les administrations fiscales concernées a un caractère contraignant pour les entités constitutives du groupe d'EMN et les administrations fiscales de toutes les juridictions membres du Cadre inclusif.

767. Si le comité d'examen ne peut pas prendre en compte les objections formulées par une administration fiscale concernée, l'administration fiscale principale expliquera les raisons à l'administration fiscale concernée et l'invitera à lever son objection. Si l'administration fiscale concernée accepte l'explication et retire son objection, à supposer qu'aucune autre objection ne subsiste, l'évaluation du Montant A devient contraignante pour les entités constitutives du groupe d'EMN et les administrations fiscales de toutes les juridictions membres du Cadre inclusif, comme si aucune objection n'avait été formulée. Si l'administration fiscale concernée ne retire pas son objection, l'administration fiscale principale informera le groupe d'EMN et toutes les administrations fiscales concernées que les points litigieux seront soumis à un comité de décision qui devra trancher. Le processus d'approbation des recommandations du comité de révision sera revu à mesure que les administrations fiscales acquièrent de l'expérience.

768. Si le comité d'examen parvient à un accord qui ne correspond pas à l'auto-évaluation présentée par le groupe d'EMN, et en cas de refus par le groupe d'EMN de revoir son auto-évaluation, on considère que le groupe d'EMN n'accepte pas les conclusions du comité d'examen (voir plus bas).

Transmission des évaluations rejetées par le comité d'examen pour commentaires

769. Si le comité d'examen ne parvient pas à s'entendre avec le groupe d'EMN au sujet de son auto-évaluation, le groupe d'EMN ainsi que toutes les administrations fiscales concernées seront informés que les points litigieux seront soumis à un comité de décision qui devra trancher. L'administration fiscale principale envoie à toutes les administrations fiscales concernées un résumé de l'examen réalisé par le comité, précisant les points d'accord et de désaccord. Ce document sera rédigé par l'administration fiscale principale, avec l'appui du secrétariat s'il y a lieu, en tenant compte de la nécessité de garantir une stricte confidentialité des données concernant les contribuables, et approuvé par les autres membres du comité. Comme nous l'avons mentionné plus haut, les informations complémentaires communiquées par le groupe d'EMN au cours de l'examen seront mises à disposition de toutes les administrations fiscales concernées.

770. Les administrations fiscales concernées disposeront d'un délai de [trois mois] pour formuler des objections sur les points d'accord du comité d'examen et commenter les points de désaccord. Ce processus permet de faire en sorte que toutes les administrations fiscales concernées puissent exprimer leur point de vue, que le comité d'examen soit ou non parvenu à un accord, avant que le comité de décision ne commence ses travaux.

9.2.5. *Constitution et fonctionnement du comité de décision*

771. Si le comité d'examen échoue à se mettre d'accord ou ne parvient pas à intégrer les objections soulevées par d'autres administrations fiscales, les points litigieux en suspens seront soumis à un second comité (comité de décision), qui sera tenu de trancher. Un groupe d'EMN aura ainsi la garantie d'obtenir une sécurité juridique dans tous les cas où cela est nécessaire et dès lors qu'il se montre coopératif. La présentation de ces points litigieux s'accompagnera de commentaires pertinents des administrations fiscales concernées, qu'elles aient ou non participé au comité d'examen, et des autres administrations. Au vu du temps et des ressources nécessaires au fonctionnement d'un mécanisme de sécurité juridique en matière fiscale impliquant deux comités, on envisagera dans le cadre des travaux supplémentaires de subordonner la possibilité de soumettre les questions au comité de décision pour qu'elles y soient tranchées à l'acceptation, par l'EMN, d'être liée par les décisions de ce dernier.

Constitution du comité de décision

772. Les différends relatifs au Montant A sont susceptibles de toucher un grand nombre de juridictions, qui peuvent ne pas avoir pris part aux discussions approfondies relatives au différend en question (à savoir les juridictions qui ne faisaient pas partie du comité d'examen et qui n'ont pas soulevé d'objection à la recommandation de ce dernier). En conséquence, des règles claires et objectives seront élaborées afin de désigner les membres du comité de décision lorsque des questions relatives au Montant A doivent être examinées.

773. En ce qui concerne l'examen par un comité de décision des différends relatifs au Montant A uniquement, les travaux relatifs à la constitution appropriée d'un comité sont centrés sur diverses questions fondamentales. Le Cadre inclusif examinera un certain nombre de questions sur lesquelles les avis des membres divergent, en s'intéressant notamment à la manière dont sont actuellement constitués les comités dans d'autres contextes. Ces questions sont entre autres les suivantes :

- Le comité doit-il être composé d'agents de l'administration fiscale en activité, à la retraite ou inactifs, d'experts indépendants, ou bien combiner ces différentes catégories ?

- Les membres du comité doivent-ils être sélectionnés dans un vivier avec un système de rotation des membres ? Les membres d'un tel vivier pourraient par exemple être désignés pour une durée initiale de deux ou quatre ans, puis pour une période de quatre ans afin que la moitié des participants soient remplacés tous les deux ans. Cela permettrait de garantir qu'à l'issue d'une période initiale les comités soient composés de membres ayant une expérience du règlement des différends portant sur le Montant A. Si l'on retient cette approche, les agents de l'administration fiscale en activité parmi les membres du vivier seront désignés par les membres du Cadre inclusif. On explorera les pistes envisageables pour la désignation des autres membres du vivier.
- Un membre issu de l'administration fiscale principale qui participe et/ou d'autres administrations fiscales qui participent au comité d'examen peut-il siéger au comité de décision ?
- Les membres du comité de décision qui sont des agents de l'administration fiscale doivent-ils être issus d'administrations fiscales concernées, d'administrations fiscales non concernées, ou d'une combinaison des deux (ou, au vu des difficultés potentiellement soulevées par l'adoption d'une approche applicable à l'ensemble des groupes d'EMN couverts, est-il préférable de ne pas faire référence à ce critère pour la désignation des membres) ?
- Les petites économies et les économies en développement doivent-elles être systématiquement représentées au sein du comité de décision, dans la mesure où ces juridictions désignent des membres du vivier ?
- Un comité de décision doit-il être doté d'un président chargé de coordonner les débats, qui disposerait d'une voix supplémentaire afin de pouvoir, en l'absence de majorité absolue, trancher entre deux ou plusieurs réponses qui bénéficient du même soutien ? Le président pourrait être une personne donnée désignée par le Cadre inclusif (un haut responsable des services fiscaux en activité ou retraité approprié) ou être issu d'un petit vivier de personnes de niveau équivalent (dans la mesure où l'application du Montant A pourra nécessiter les premières années la mise en place d'un certain nombre de comités).
- S'il est agent des services fiscaux, le président doit-il être issu d'une administration fiscale qui n'est pas concernée (ou s'il est retraité ou inactif, ne pas avoir précédemment travaillé pour une administration fiscale concernée) ?
- Un comité de décision doit-il être composé d'un nombre impair de membres (président y compris), afin de faciliter l'obtention d'une décision à la majorité simple dès lors qu'un consensus se révèle impossible ?

Fonctionnement du comité de décision

774. Le comité d'examen soumettra au comité de décision, pour examen, des questions spécifiques que viendront compléter des analyses écrites reflétant les différents points de vue des membres du comité d'examen, des administrations fiscales concernées ayant formulé des objections suite aux recommandations du comité d'examen et des autres administrations fiscales concernées (autrement dit, le comité prendra ses décisions selon l'approche de la « dernière meilleure offre », en choisissant parmi les différentes réponses possibles, sans revenir sur des questions déjà tranchées par le comité d'examen et acceptées par l'ensemble des administrations fiscales). Toutes les administrations fiscales concernées auront la possibilité d'examiner et de commenter les questions à soumettre au comité. Le comité d'examen déterminera, au cas par cas, quel doit être le format des questions et décidera si chaque objection doit faire l'objet d'une question différente ou bien si plusieurs objections liées entre elles peuvent être regroupées au sein d'une même question. Dans la mesure du possible, les interactions entre les différentes questions devront être identifiées et expliquées par le comité d'examen, de même que les conséquences éventuelles, sur les autres questions, des réponses que le comité choisira d'apporter à

l'une ou l'autre d'entre elles. Des travaux complémentaires détermineront si, lorsque cela est possible, le comité d'examen peut également indiquer le niveau de soutien dont bénéficie chaque objection, sans que cette information ne soit déterminante aux fins de trancher la question. Ce mécanisme pourra être révisé au fil du temps, à mesure que l'on disposera de plus d'expérience dans la définition de questions qui, potentiellement, soulèvent un certain nombre d'objections et sont interconnectées.

775. Lorsque cela est possible, le comité de décision doit s'efforcer de parvenir à un accord consensuel sur chaque question, en tenant compte des avis de tous les membres du comité. Dans le cas contraire, une décision peut être prise à la majorité simple pour chaque question. Lorsque même une majorité simple ne permet pas d'obtenir un résultat clair (notamment lorsqu'il existe plusieurs réponses possibles à une question donnée et qu'aucune majorité ne se dégage du comité de décision), le président du comité de décision disposera d'une voix supplémentaire, afin pouvoir de trancher entre deux ou plusieurs solutions possibles qui bénéficient du même soutien. Dans la mesure du possible, le comité de décision fera en sorte de parvenir à une décision dans les [six mois] suivant le renvoi du comité d'examen. Le président du comité de décision devra ensuite préparer un résumé succinct de ses conclusions exposant les principales raisons qui motivent ses décisions, qui sera adressé aux administrations fiscales concernées par l'administration fiscale principale.

776. Dans l'hypothèse où le comité de décision confirmerait une approche déjà acceptée par le groupe d'EMN (autrement dit la position présentée dans sa déclaration d'auto-évaluation ou celle reflétant des ajustements qu'il a acceptés), le calcul du Montant A serait contraignant pour les entités constitutives du groupe d'EMN ainsi que pour les administrations fiscales situées dans toutes les juridictions membres du Cadre inclusif. Si le comité de décision aboutit à une autre conclusion, l'administration fiscale principale invitera l'entité de coordination du groupe d'EMN à accepter les résultats de la procédure. Si tel est le cas, la conclusion deviendra alors de la même façon contraignante. Si, à l'issue des travaux supplémentaires qui doivent être entrepris, il est convenu que le traitement d'un différend ne pourra être soumis au comité de décision que si le groupe d'EMN s'engage à être lié par les décisions de ce dernier, alors les conclusions du comité seront contraignantes dans tous les cas de figure.

777. Des travaux seront menés afin de définir un cadre de contrôle pour le comité de décision, qui établira les règles spécifiques régissant la désignation du président et des membres du comité, ainsi que les procédures applicables pour procéder à un examen et prendre des décisions. Des orientations pourront également si besoin être développées dans ce cadre, avec le soutien du secrétariat, dans le but de promouvoir la cohérence des décisions qui seront prises ultérieurement par des comités de décision amenés à se prononcer sur des questions similaires. Ces orientations pourraient également être mises à la disposition des administrations fiscales pour les examens à mener par les comités et, le cas échéant, des groupes d'EMN aux fins de la préparation de l'auto-évaluation du Montant A. Cette approche devrait permettre de mener à bien les examens plus facilement et d'éviter d'avoir à soumettre au comité de décision des questions concernant des problématiques déjà traitées précédemment.

9.2.6. *Circonstances dans lesquelles un groupe d'EMN n'accepte pas les conclusions du comité*

778. Si un groupe d'EMN n'accepte pas les recommandations du comité d'examen (y compris les ajustements éventuels approuvés par le comité sur la base des objections soulevées par les autres administrations fiscales) ou les conclusions du comité de décision, selon le cas, il pourra retirer sa demande de sécurité juridique à un stade précoce (à moins qu'il ait accepté préalablement d'être lié par les décisions du comité de décision). Le groupe d'EMN pourra alors s'en remettre aux procédures nationales de chaque juridiction.

779. L'administration fiscale principale informera les administrations fiscales qui ne font pas partie du comité que le groupe d'EMN a retiré sa demande de sécurité juridique à un stade précoce. Elle leur communiquera également une copie des recommandations du comité d'examen (si le groupe d'EMN n'a

pas accepté ses conclusions) ou des conclusions du comité de décision (si le groupe d'EMN n'a pas accepté ces conclusions).

780. Dans les cas où un groupe d'EMN retire sa demande de sécurité juridique en matière fiscale après que l'une des recommandations formulées par le comité d'examen a été acceptée par l'ensemble des administrations fiscales concernées ou que le comité de décision a terminé son examen, de plus amples discussions seront menées afin de déterminer si les administrations fiscales doivent restées liées par les conclusions du comité. Le groupe d'EMN ayant retiré sa demande, il pourrait être justifié que les administrations fiscales ne soient pas liées par ces conclusions. Il se peut toutefois que les administrations fiscales aient intérêt à rester liées par ces conclusions dans la mesure où celles-ci reflètent une approche qui a été déjà examinée et qui détermine le Montant A et sa répartition entre les juridictions de manière cohérente tout en éliminant la double imposition, à moins qu'une entité constitutive située dans la juridiction d'une administration fiscale ne fasse appel de la décision auprès d'un tribunal national ou qu'une administration fiscale soit tenue de se conformer à une décision de justice différente. En particulier, la mise en œuvre cohérente des conclusions du comité par l'ensemble des administrations fiscales concernées pourrait supprimer le risque de double imposition et prévenir l'apparition de différends à un stade ultérieur. Dès lors qu'un groupe d'EMN retire sa demande de sécurité juridique en matière fiscale à un autre stade (par exemple, avant qu'une recommandation formulée par le comité d'examen n'ait été acceptée par les administrations fiscales concernées ou que les questions aient été soumises au comité de décision), les administrations fiscales ne seront pas liées par les conclusions du comité et pourront mener leurs propres investigations. Elles pourront néanmoins tenir compte dans ce cadre des travaux menés par le comité d'examen et (le cas échéant) par le comité de décision.

781. Dans la grande majorité des cas, on peut s'attendre à ce que toutes les entités constitutives acceptent la position adoptée par l'entité de coordination (application du Montant A à l'ensemble du groupe d'EMN et absence de double imposition). Si, dans des cas exceptionnels, une entité donnée au sein d'un groupe d'EMN n'a pas pu, pour des questions juridiques ou pratiques, consentir à être liée à l'avance par les décisions de l'entité de coordination et n'accepte pas l'une des conclusions du comité, la sécurité juridique fiscale fournie à d'autres entités du groupe pourrait également être caduque, même si celles-ci ont accepté les conclusions du comité. L'issue dépendra des circonstances propres à chaque cas d'espèce (par exemple, si l'entité qui n'accepte pas les conclusions du comité est celle tenue de payer le Montant A, par opposition à une entité située dans une juridiction du marché). D'autres travaux seront engagés afin de comprendre dans quelle mesure ces problèmes juridiques ou pratiques peuvent se poser concrètement, et les moyens de les éviter.

9.2.7. *Autres possibilités d'accroître la sécurité juridique concernant le Montant A*

Question de savoir si un groupe d'EMN relève du champ d'application du Montant A

782. Selon le champ d'application du Montant A qui sera en définitive adopté par le Cadre inclusif, un certain nombre de groupes d'EMN pourraient chercher à obtenir une sécurité juridique en matière fiscale auprès des administrations fiscales afin de savoir si elles entrent ou non dans ce champ d'application. Néanmoins, à la différence du processus décrit dans le reste de ce chapitre (qui pourrait être mis en œuvre tous les ans pour certains groupes d'EMN), Il est probable qu'un groupe d'EMN donné ne cherche à savoir s'il relève du champ d'application du Montant A qu'une seule fois ou de façon périodique, suite à une modification éventuelle de son activité, de sa structure, de son chiffre d'affaires ou de sa rentabilité. L'approche à adopter pour fournir aux groupes d'EMN une sécurité juridique à cet égard pourrait être la suivante.

- On pourrait envisager l'élaboration d'une déclaration d'auto-évaluation spécifique et d'une documentation connexe aux fins de déterminer si les groupes d'EMN relèvent ou non du

Montant A. Cette documentation serait centrée sur chacun des éléments qui définissent le champ d'application.

- Les groupes d'EMN souhaitant obtenir une conformation de leur interprétation pour savoir s'ils sont couverts par le Montant A devraient en faire la demande à un stade précoce. Idéalement, cette demande devrait être déposée avant la fin du premier exercice fiscal où ils pourraient être couverts par le Montant A (sachant que les conclusions seraient fonction des informations relatives aux niveaux de chiffre d'affaires et de bénéfice correspondant à cet exercice, qui ne seraient pas disponibles avant la fin dudit exercice), mais dans tous les cas, un groupe d'EMN devrait s'attacher à déposer sa demande de sécurité juridique au moins six mois avant la date limite de dépôt de la déclaration d'auto-évaluation sur le Montant A applicable à ce groupe.
- Dès lors que l'EMU du groupe d'EMN est résidente d'une juridiction qui a mis en place le Montant A, la demande devra être déposée auprès de l'administration fiscale de cette juridiction. Si l'EMU du groupe d'EMN est résidente d'une juridiction qui n'a pas mis en place le Montant A, la demande devra être soumise à toute administration inscrite sur une liste d'administrations fiscales principales de substitution potentielles.
- L'administration fiscale de l'EMU devra effectuer un examen préliminaire de la déclaration d'auto-évaluation d'un groupe d'EMN et de l'application de chacun des éléments de la définition de groupe d'EMN couvert.
- Si l'administration fiscale de l'EMU n'approuve pas la déclaration d'auto-évaluation d'un groupe d'EMN sur ce point, la question de savoir si celui-ci relève du Montant A devra être examinée avec le groupe d'EMN afin de comprendre les différents points de vue adoptés et de déterminer si un accord est possible. Le groupe d'EMN pourra modifier sa position à l'issue de cet échange.
- Dès lors que l'administration fiscale de l'EMU approuve l'évaluation d'un groupe d'EMN indiquant s'il relève ou non du champ d'application du Montant A (telle que déposée ou modifiée à l'issue des échanges avec l'EMN), cette déclaration ainsi que la documentation connexe doivent être communiquées aux administrations fiscales de l'ensemble des juridictions membres du Cadre inclusif qui ont mis en œuvre le Montant A, et assorties d'une recommandation les invitant à accepter la position du groupe d'EMN. Ces éléments seront adressés à l'ensemble des juridictions ayant mis en œuvre le Montant A dans la mesure où toute juridiction peut potentiellement être amenée ultérieurement à accorder un allégement ou à devenir une juridiction du marché, ce qui ne devra pas avoir d'incidence sur le point de savoir si un groupe d'EMN donné entre ou non dans le champ d'application du Montant A. En d'autres termes, la question de savoir si un groupe d'EMN donné relève ou non de ce champ d'application intéresse potentiellement toutes les juridictions membres ayant adopté les règles relatives au Montant A, qui doivent avoir la possibilité de soumettre leurs commentaires à ce sujet.
- Si les opinions du groupe d'EMN et de l'administration fiscale de l'EMU continuent de diverger sur ce point, la déclaration d'auto-évaluation du groupe d'EMN et la documentation connexe doivent être communiquées à l'ensemble des juridictions membres du Cadre inclusif qui ont mis en œuvre le Montant A, en expliquant pourquoi l'administration fiscale de l'EMU n'est pas d'accord avec cette évaluation et en recommandant aux juridictions de soutenir sa position.
- Les administrations fiscales disposent de [12 semaines] pour adresser leurs commentaires ou leurs objections à réception de la recommandation de l'administration fiscale de l'EMU. Les objections doivent s'accompagner d'une explication claire des éléments spécifiques sur lesquels porte le désaccord. On peut penser que, si les règles relatives au champ d'application du Montant A sont clairement énoncées, les administrations fiscales, dans la grande majorité des cas, approuveront ladite recommandation. En l'absence d'objection reçue, la

recommandation de l'administration fiscale de l'EMU sera approuvée et communiquée au groupe d'EMN.

- Si une ou plusieurs administrations fiscales s'opposent à cette recommandation, la juridiction de l'EMU devra engager des discussions avec celles-ci afin de déterminer si la recommandation doit être modifiée ou si la ou les administrations fiscales concernées doivent retirer leurs objections. En l'absence d'accord, la question de savoir si le groupe d'EMN relève du champ d'application du Montant A devra être soumise à un comité de décision pour être tranchée.
- Le groupe d'EMN ne pourra pas obtenir confirmation de sa position que s'il s'engage à informer l'administration fiscale de l'UME de tout changement éventuel susceptible d'avoir une incidence sur cette décision. Tant qu'un tel changement ne se produit pas, l'ensemble des membres du Cadre inclusif seront liés par la sécurité juridique fournie au groupe d'EMN. Il s'ensuit que :
    - les groupes d'EMN qui ont obtenu la confirmation qu'ils entraient dans le champ d'application du Montant A ne doivent pas se voir refuser l'allégement de la double imposition conforme aux règles du Montant A ; et
    - les groupes d'EMN qui ont obtenu la confirmation qu'ils ne relevaient pas du champ d'application du Montant A ne doivent pas être passibles de sanctions ou faire l'objet de mesures de mise en conformité au motif qu'ils n'ont pas déposé de déclaration d'auto-évaluation du Montant A.
- Des mesures seront envisagées afin de s'assurer que le groupe d'EMN informe en temps utiles l'administration fiscale de l'EMU (ou, le cas échéant l'administration fiscale principale). On pourrait notamment prévoir des obligations déclaratives annuelles confirmant l'absence de changement, un examen régulier par les administrations fiscales, ou des pénalités en cas de notification tardive ou incomplète des éventuels changements intervenus. Un groupe d'EMN pourra, en cas de changement ayant une incidence sur la question de savoir s'il entre ou non dans le champ d'application du Montant A, demander un nouvel examen, qui pourra s'appuyer sur les travaux déjà entrepris en amont.

Question de savoir si une juridiction est une juridiction du marché d'un groupe d'EMN

783. Comme indiqué plus haut, un groupe d'EMN sera tenu de communiquer à son administration fiscale principale une liste de l'ensemble des juridictions membres du Cadre inclusif qui sont des juridictions du marché. À cette fin, par « juridiction du marché » on entend une juridiction :

- dans laquelle la part proportionnelle de chiffres d'affaires réalisé par le groupe atteint le seuil applicable aux fins de l'attribution du Montant A au cours de l'exercice le plus récent ou de tout exercice clos au cours des 12 mois précédents (autrement dit, dans la plupart des cas, l'exercice fiscal le plus récent et l'exercice précédent) ;
- on compte un ou plusieurs « facteurs supplémentaires » éventuels, tel que décrit dans le chapitre 3.

784. Cette approche doit viser à s'assurer que les juridictions membres du Cadre inclusif dans lesquelles il est probable que le chiffre d'affaires réalisé par un groupe d'EMN soit proche du seuil applicable aux fins de l'attribution du Montant A reçoivent une copie de la déclaration d'auto-évaluation du Montant A et de la documentation connexe. Ces documents pourront ensuite être examinés par les administrations fiscales de ces juridictions afin de déterminer si le chiffre d'affaires couvert est supérieur au seuil applicable.

785. Un cas de figure reste néanmoins problématique : lorsqu'un groupe d'EMN n'inclut pas une juridiction donnée dans la liste de ses juridictions du marché mais que l'administration fiscale de cette

juridiction considère qu'elle doit être traitée comme une juridiction du marché. On pourrait envisager de régler ce problème en adoptant l'approche résumée ci-après :

- Un groupe d'EMN sera tenu de communiquer à son administration fiscale principale une liste de ses juridictions du marché, qui sera mise à la disposition des administrations fiscales dans l'ensemble des juridictions membres du Cadre inclusif. Par conséquent, les administrations fiscales qui estiment être dans une juridiction du marché peuvent examiner la liste pour s'assurer que leur juridiction y figure bien.
- Lorsqu'une administration fiscale s'aperçoit que sa juridiction n'est pas dans la liste, elle peut contacter l'administration fiscale principale en joignant, pour étayer sa position, toutes les justificatifs attestant que le groupe d'EMN réalise sur son territoire un chiffre d'affaires couvert (et, y possède le cas échéant, une entité constitutive) et que la juridiction devrait par conséquent figurer dans la liste, et demander qu'elle soit rajoutée. Cette demande doit être déposée au plus tard dans les [9 mois] qui suivent la fin de l'exercice fiscal correspondant, afin que la procédure puisse être achevée avant que la déclaration d'auto-évaluation et la documentation connexe du groupe d'EMN ne soient communiquées aux administrations fiscales concernées.
- L'administration fiscale principale partagera cette information avec l'entité de coordination du groupe d'EMN et l'invitera à mettre à jour sa liste de juridictions du marché, ou à répondre aux commentaires de l'autre administration fiscale.
- Les préoccupations de l'administration fiscale pourront être levées dès lors que le groupe d'EMN est disposé à inclure la juridiction dans sa liste de juridictions du marché (sachant que la juridiction se verra attribuer un Montant A uniquement si son chiffre d'affaires couvert dépasse le seuil applicable et non simplement au motif qu'elle figure dans la liste).
- Si le groupe d'EMN n'est pas disposé à faire figurer la juridiction dans sa liste des juridictions du marché, elle doit fournir une explication pour justifier sa décision (informations, par exemple, sur le niveau de chiffre d'affaires couvert réalisé dans cette juridiction montrant que celui-ci est inférieur au seuil de 75 % applicable, et le cas échéant, sur la nature et les activités des entités constitutives présentes dans cette juridiction). L'administration fiscale devra, si elle accepte cette explication, retirer sa demande.
- Si le groupe d'EMN et l'administration fiscale restent en désaccord sur ce point, un comité de décision, composé de représentants de l'administration fiscale concernée, de l'administration fiscale principale et du président du comité (ou de l'un des présidents s'il en compte plusieurs) pourra être formé. Ce comité examinera les informations fournies par l'administration fiscale et le groupe d'EMN et décidera si la juridiction de l'administration fiscale doit être considérée comme une juridiction du marché. Cette décision devra être adoptée à la majorité. Ainsi, si l'administration fiscale principale ou le président soutiennent la position de l'administration fiscale, alors la juridiction sera considérée comme une juridiction du marché. Il est suggéré d'associer le président du comité de décision à ces débats même s'il ne fait déjà aucun doute que l'administration fiscale principale est d'accord avec l'administration fiscale.
- Si le comité entérine la position de l'administration fiscale, le groupe d'EMN sera informé de sa décision et l'administration fiscale sera incluse dans la liste des administrations fiscales concernées aux fins de l'échange des déclarations d'auto-évaluation du Montant A et de la documentation connexe, ainsi que de toute procédure de sécurité juridique en matière fiscale à un stade précoce pour l'exercice considéré. Si le comité confirme la position du groupe d'EMN, l'administration fiscale ne fera pas partie des administrations fiscales concernées pour l'exercice fiscal considéré.

Question de savoir si l'auto-évaluation du Montant A d'un groupe d'EMN est correcte en l'absence de demande de sécurité juridique en matière fiscale

786. Ce chapitre décrit un mécanisme destiné à fournir aux groupes d'EMN qui le demandent une sécurité juridique à un stade précoce sur le fonctionnement du Montant A. Le fait pour les administrations fiscales de considérer conjointement l'application du Montant A à un groupe d'EMN donné présente également un certain nombre d'avantages, même si le groupe n'a pas formulé de demande de sécurité juridique et si les conclusions de cet examen ne peuvent lui être imposées.

- Même en l'absence de demande de sécurité juridique à un stade précoce, le groupe d'EMN devra déposer auprès de son administration fiscale principale la déclaration d'auto-évaluation et la documentation connexe, qui seront transmis aux autres administrations fiscales concernées.
- L'administration fiscale principale et les administrations fiscales concernées pourraient se voir offrir la possibilité de proposer un examen, par un comité, de l'application du Montant A par un groupe d'EMN donné. Les administrations fiscales concernées pourraient également exprimer le souhait de participer à un tel comité.
- Qu'elle décide ou non de proposer la création de ce comité d'examen, l'administration fiscale principale pourra accepter de coordonner un examen multilatéral de l'application du Montant A par un groupe d'EMN donné. Dans les cas où l'administration fiscale principale ne serait pas disposée à coordonner l'examen du comité, ou n'aurait pas les moyens de le faire (au vu, par exemple, de son engagement à coordonner les examens du comité qui devront être entrepris dès lors qu'un groupe d'EMN a déposé une demande de sécurité juridique), une autre administration fiscale concernée pourrait proposer de coordonner l'examen. L'administration fiscale principale pourrait prendre part au comité même si elle ne coordonne pas l'examen, et il convient de noter que sa participation au processus d'examen (bien souvent sur le territoire de la juridiction de l'UME du groupe d'EMN) serait généralement un plus pour l'ensemble des administrations fiscales.
- Un groupe d'EMN pourrait être informé de la constitution du comité d'examen et se voir offrir la possibilité de soumettre une demande tardive de sécurité juridique en matière fiscale. Cela serait dans l'intérêt des administrations fiscales dans la mesure où le groupe d'EMN serait ainsi engagé dans le processus, ce qui devrait faciliter l'examen. Cela serait également dans l'intérêt du groupe d'EMN, qui pourrait obtenir confirmation de sa position en contrepartie.
- La réalisation de cet examen par le comité serait, en grande partie, conforme au processus décrit dans le présent chapitre. Un groupe d'EMN devra fournir l'information dont le comité a besoin même s'il décide de ne pas formuler de demande de sécurité juridique à un stade précoce.
- Au terme de l'examen, les recommandations du comité selon lesquelles l'auto-évaluation du groupe d'EMN (ou certains des éléments qui la composent) sont acceptables, ainsi que les éventuelles modifications proposées, seront transmises aux administrations fiscales concernées pour commentaires et approbation. Le comité pourra tenir compte de tous les commentaires éventuels des administrations fiscales concernées.
- Dans les cas où les administrations fiscales sont dans l'incapacité de se mettre d'accord, le comité d'examen pourra en principe soumettre les questions à un comité de décision pour qu'elles soient tranchées. Dans la mesure où elle pourrait se révéler utile dans certaines situations spécifiques, il est suggéré de ne pas exclure cette option, mais il est à prévoir que, à moins que le groupe d'EMN n'ait accepté de soumettre une demande tardive de sécurité juridique en matière fiscale, les administrations fiscales concernées ne souhaiteront généralement pas s'engager sur cette voie si les conclusions, quel que soit le cas de figure, ne sont pas contraignantes.

- Dès lors qu'un groupe d'EMN accepte de soumettre une demande tardive de sécurité juridique en matière fiscale, les résultats potentiels sont ceux décrits plus haut dans ce chapitre. Dès lors qu'un groupe d'EMN décide de ne pas soumettre une telle demande, il en découle un certain nombre de résultats potentiels :
    - Si les administrations fiscales conviennent que tout ou partie des conclusions de l'auto-évaluation d'un groupe d'EMN sont acceptables, celles-ci pourraient sans revêtir un caractère contraignant, être acceptées et mises en œuvre par chacune des administrations fiscales au sein de leur cadre juridique interne sans nécessiter d'importants travaux supplémentaires, et en évitant tout chevauchement d'activité entre les administrations fiscales concernées. Il pourrait également être décidé que dès lors que les administrations fiscales conviennent que l'auto-évaluation du Montant A d'un groupe d'EMN est acceptable, alors ses conclusions doivent revêtir un caractère contraignant pour les administrations fiscales, même si l'EMN n'a pas fait de demande de sécurité juridique, à moins qu'une entité constitutive située dans la juridiction d'une administration fiscale ne fasse appel de la décision auprès d'un tribunal national ou qu'une administration fiscale soit tenue de se conformer à une décision de justice différente.
    - Dans les cas où les administrations fiscales conviennent que l'auto-évaluation doit faire l'objet de modifications, celles-ci pourraient être proposées au groupe d'EMN. Le groupe d'EMN pourrait être disposé à accepter ces changements afin d'éviter la double imposition qui pourrait résulter de l'introduction unilatérale de modifications par les administrations fiscales de certaines juridictions.
    - Si les administrations fiscales ne parviennent pas à se mettre d'accord ou souhaitent réaliser leurs propres examens, elles restent libres de le faire, sachant que leurs investigations futures pourront s'appuyer sur les travaux déjà menés à bien par le comité.

Question de savoir si un groupe d'EMN peut solliciter le règlement d'un différend lorsqu'il n'a pas soumis de demande de sécurité juridique à un stade précoce

787. Autre question en lien avec la précédente, il peut arriver dans certaines circonstances qu'un groupe d'EMN ne soumette pas de demande de sécurité juridique en matière fiscale et fasse ultérieurement l'objet d'ajustements fiscaux concernant son auto-évaluation du Montant A dans une ou plusieurs juridictions. Dans ce cas de figure, le groupe d'EMN peut chercher à résoudre la question par voie de recours interne, ou tenter de recourir à la procédure amiable, si cette option est disponible. Néanmoins, étant donné la probable complexité d'une procédure amiable faisant potentiellement intervenir l'ensemble des juridictions dans lesquelles le groupe d'EMN possède des entités constitutives ou un marché, il pourrait être préférable du point de vue de l'administration fiscale de faire appel à un comité.

788. Compte tenu des ressources engagées par les administrations fiscales pour assurer le fonctionnement des comités, et afin d'encourager les groupes d'EMN à déposer leurs demandes de sécurité juridique en matière fiscale à un stade précoce, les demandes plus tardives à cet égard pourraient être subordonnées à l'accord des administrations fiscales concernées. En d'autres termes, les demandes complètes de sécurité juridique en matière fiscale déposées à un stade précoce devraient être systématiquement acceptées, tandis que les demandes tardives pourraient dans certains cas ne pas l'être, les groupes d'EMN étant dans ce cas tenus de recourir à des mesures correctives nationales en cas de survenue d'un différend. On peut néanmoins penser que les demandes seront dans la majorité des cas acceptées et que de nouveaux travaux seront entrepris afin de déterminer comment les groupes d'EMN peuvent être encouragés à formuler leurs demandes de sécurité juridique en matière fiscale à un stade précoce. Des travaux seront entrepris afin de déterminer comment, en pareilles circonstances, il pourrait être tenu compte de l'expérience et des positions des administrations fiscales ayant déjà mené des

investigations sur leur territoire (en les invitant à participer à un comité d'examen, par exemple, ou en communiquant à ce dernier les conclusions de leurs investigations).

9.2.8. *Ajustements des prix de transfert et autres ajustements au cours des années suivantes*

789. Les mécanismes visant à fournir une sécurité juridique en matière fiscale à un stade précoce qui sont décrits dans cette section couvrent l'identification des juridictions d'un groupe d'EMN accordant un allègement (c'est-à-dire celles dans lesquelles un allègement de la double imposition sera accordé pour compenser le Montant A attribué aux juridictions du marché). Les mécanismes prévus pour déterminer ces juridictions au titre du Pilier Un seront fondés, en tout ou partie, sur le niveau de bénéfice attribué à chaque juridiction en vertu du principe de pleine concurrence.

790. Comme indiqué plus haut, une demande de sécurité juridique en matière fiscale concernant le Montant A n'empêche pas les administrations fiscales de commencer à entreprendre des mesures pour assurer le respect des règles relatives à des autres aspects de le fiscalité d'un groupe d'EMN, comme les questions de prix de transfert. Il existe par conséquent un risque qu'un ajustement significatif des prix de transfert, effectué après qu'un groupe d'EMN a obtenu une sécurité juridique à un stade précoce concernant le Montant A, nécessite de reconsidérer les juridictions qui doivent accorder un allègement et le montant d'un tel allègement.

791. Aucune approche visant à résoudre cette question ne pourra être finalisée tant que la conception du Montant A n'aura pas été décidée. On pourrait envisager pour diminuer ce risque (sans le supprimer complètement) de donner la possibilité à un groupe d'EMN de demander une évaluation coordonnée des risques relatifs à ses prix de transfert et à ses établissements stables dans les principales juridictions dans le cadre du projet ICAP. Cela permettrait à un groupe d'EMN d'identifier plus facilement les juridictions dans lesquelles il est le plus susceptible de faire l'objet d'un ajustement des prix de transfert, en tenant compte de la nature de ses activités et de ses expériences précédentes. Les travaux relatifs aux autres solutions envisageables pour répondre à cette question se poursuivront, en lien avec la question de la sécurité juridique en matière fiscale au-delà du Montant A.

9.2. Prévention et règlement des différends non liés au Montant A

792. Comme indiqué plus haut, les membres du Cadre inclusif continuent d'avoir des avis divergents en ce qui concerne le champ d'application et la nature des nouvelles approches envisagées pour offrir une plus grande certitude juridique en matière fiscale au-delà du Montant A, et en particulier l'application d'un nouveau mécanisme de règlement obligatoire et contraignant des différends sur ces questions. Afin de concilier ces différents points de vue, ce rapport *Blueprint* s'appuie sur une approche articulée autour de quatre éléments, qui sont décrits plus en détail ci-après. Les discussions sur le champ d'application d'un mécanisme obligatoire et contraignant de règlement des différends au-delà du Montant A se poursuivront au sein du Cadre inclusif, dans l'objectif de trouver un juste équilibre entre la nécessité de fournir si besoin une plus grande certitude juridique aux groupes d'EMN et la nécessité de tenir compte des préoccupations, enjeux et contraintes d'un certain nombre de membres.

793. Toutefois, les travaux portant sur la sécurité juridique au-delà du Montant A ne sont pas exclusivement centrés sur les mécanismes de règlement obligatoire et contraignant des différends. L'approche relative à la sécurité juridique en matière fiscale au-delà du Montant A comprend trois grandes étapes — prévention des différends (étape 1), mécanisme actuel relatif à la procédure amiable (étape 2), et règlement obligatoire et contraignant des différends (étape 3). S'il faut reconnaître l'importance des travaux actuellement menés, parallèlement aux travaux relatifs aux défis fiscaux soulevés par la numérisation de l'économie, pour améliorer et renforcer les outils de prévention des différends ainsi que

la procédure amiable, ces travaux se sont intensifiés au vu de l'importance fondamentale que revêt la sécurité juridique en matière fiscale en tant qu'élément du Pilier Un. Cette partie du chapitre décrit ces trois étapes et les modalités d'application d'un mécanisme innovant de règlement des différends selon les catégories de différends et de juridictions.

9.2.9. *Étape 1 - Améliorations des mécanismes existants de prévention des différends*

794. L'approche la plus efficace face au différends fiscaux consiste avant tout à les empêcher de survenir. La présente section passe en revue un certain nombre des améliorations apportées aux outils existants de prévention des différends, et notamment les projets entrepris dans le cadre du programme consacré à la sécurité juridique duForum PA-FAF). Ces initiatives viennent s'ajouter aux nouveaux mécanismes de prévention des différends, qu'ils complètent.

- ***ICAP.*** L'ICAP () est un programme volontaire d'évaluation coordonnée, par les administrations fiscales, des risques pesant potentiellement sur un groupe d'EMN en matière de prix de transfert et d'établissements stables dans un certain nombre des juridictions dans lesquelles le groupe exerce des activités, y compris celle où il a son siège. Si l'ICAP ne permet pas d'obtenir un même degré de sécurité juridique qu'un accord préalable en matière de prix de transfert (APP), par exemple, elle permet à une EMN d'être rassurée sur les domaines dans lesquels les administrations fiscales qui participent à l'évaluation des risques de l'EMN considèrent que l'existence d'un risque couvert est faible. Dès lors que l'on considère qu'une question doit être examinée plus attentivement, celle-ci pourra être traitée par le biais d'un mécanisme défini de « résolution des problèmes » dans le cadre du programme, sachant que les travaux menés au sein de l'ICAP pourront, si nécessaire, renforcer l'efficacité des mesures prises en dehors de ce programme. Le projet ICAP a initialement été lancé en 2018, et le second projet pilote, actuellement en cours, porte à 19 le nombre d'administrations fiscales participantes. Une fois ce projet pilote achevé, le programme pourrait être étendu afin d'inclure un plus grand nombre d'administrations fiscales comme de multinationales. Cette initiative pourrait être particulièrement utile pour les groupes d'EMN qui entrent dans le champ d'application du Montant A, en raison des interactions possibles entre les questions relatives aux prix de transfert et aux établissements stables d'un groupe d'EMN et le Montant A (voir plus loin). Un mécanisme multilatéral de type ICAP pourrait également être utilisé afin de favoriser une plus grande sécurité juridique et des résultats plus cohérents quant au fait de savoir si les activités exercées par un groupe d'EMN dans différentes juridictions représentent ou non des fonctions de commercialisation et de distribution de référence (et entrent donc dans le champ d'application du Montant B).
- ***Vérifications conjointes.*** Une intervention coordonnée précoce des administrations fiscales sous la forme d'une vérification conjointe pourrait être plus efficace que plusieurs vérifications isolées des prix de transfert des entités membres d'un groupe d'EMN, qui risquerait d'entraîner des résultats incohérents et des désaccords entre administrations fiscales. Des travaux sont actuellement en cours au sein du FAF afin de favoriser un recours plus généralisé aux vérifications conjointes, qui pourraient venir étayer utilement la sécurité juridique en matière fiscale fournie aux groupes d'EMN entrant dans la champ d'application du Montant A, au vu encore une fois des interactions possibles entre les différends relatifs aux prix de transfert et le Montant A.
- ***Amélioration des procédures d'APP bilatéraux et multilatéraux*** Des initiatives coordonnées au niveau multilatéral en matière d'assurance et d'évaluation des risques (via l'ICAP) pourraient être associées à des APP bilatéraux et multilatéraux améliorés afin d'offrir une sécurité juridique précoce et d'éviter les différends éventuels en matière de prix de transfert. Des travaux sur les procédures d'APP bilatéraux et multilatéraux sont actuellement

menés par les deux groupes de réflexion du FTA (sur l'amélioration des procédures d'APP et les procédures amiables et les APP multilatéraux).[5]

- ***Utilisation d'indicateurs normalisés dans les situations courantes de prix de transfert.*** L'utilisation d'indicateurs normalisés dans les situations courantes de prix de transfert impliquant plusieurs juridictions est susceptible d'améliorer de plusieurs façons la sécurité juridique en matière fiscale pour les groupes d'EMN, soit au stade de la prévention des différends (lorsque les indicateurs utilisés lors de l'évaluation des risques ou de la vérification permettent aux groupes d'EMN de se soustraire aux enquêtes complémentaires), soit au stade du règlement des différends (avec un règlement plus rapide des cas soumis à la procédure amiable). Le FAF s'attache actuellement à déterminer les modalités possibles d'appui à ces travaux dans les domaines qui se caractérisent par la plus grande incertitude fiscale et par le plus grand nombre de procédures amiables.
- ***Délais applicables pour les ajustements relatifs aux prix de transfert et aux établissements stables.*** Il est indiqué dans les *Contours* de janvier 2020 que les membres du Cadre inclusif pourront étudier la possibilité de limiter le délai pendant lequel il est possible de procéder à d'éventuels ajustements de prix de transfert. Le Cadre inclusif se penche actuellement sur cette question des délais et de leur champ d'application, ainsi que sur les conditions dans lesquelles ils pourraient s'appliquer.
- ***Suspension de la perception de l'impôt.*** Les *Contours* indiquaient également que les juridictions pouvaient envisager de limiter ou suspendre la perception de l'impôt pendant toute la durée des procédures de règlement des différends éventuels. Des travaux supplémentaires seront nécessaires pour définir et arrêter les conditions auxquelles une telle suspension serait possible. Comme cela est indiqué dans le Rapport sur l'Action 14, l'obligation de payer des impôts pour avoir accès à la PA peut être la cause de graves difficultés financières pour les contribuables. Une telle obligation peut également rendre plus délicate l'ouverture par une autorité compétente de discussions de bonne foi dans le cadre d'une procédure amiable, dès lors que cette autorité aurait probablement à rembourser des impôts déjà collectés du fait d'un éventuel compromis conclu dans ce cadre. Parmi les propositions visant à renforcer le standard minimum établi par l'Action 14 qui sont envisagées dans le contexte du réexamen de 2020 de ce standard, l'une considère la possibilité de suspendre la perception de l'impôt pendant la durée de la procédure amiable dans les mêmes conditions que celles applicables en vertu des règles de droit interne. Les travaux relatifs à la suspension de la perception de l'impôt sur cette base se poursuivront dans le cadre du réexamen de 2020.

9.2.10. *Étape 2 - Amélioration de la procédure amiable*

795. Même si les compléments et améliorations du cadre existant de prévention des différends devraient permettre de réduire le nombre de litiges, les procédures amiables bilatérales ou multilatérales resteront nécessaires pour résoudre ceux qui surviennent. La mise en œuvre et l'examen par les pairs du standard minimum de l'Action 14 contribueront au perfectionnement continu des infrastructures et mécanismes existants de procédure amiable.

796. Le réexamen de l'Action 14 de 2020 offrira également le moyen de faire progresser le programme d'action mondial sur la sécurité juridique en matière fiscale grâce à l'examen d'options supplémentaires destinées à accroître la fiabilité et l'efficacité de la procédure amiable. En particulier, dans le contexte du réexamen de 2020, le Forum PA-FAF et le Groupe de travail n°1 explorent la possibilité d'introduire un certain nombre des éléments proposés dans le standard minimum de l'Action 14, et notamment les suivants :

- introduire l'obligation d'établir un programme d'APP bilatéral pour les juridictions ayant, au cours des trois dernières années, enregistré tous les ans plus de 10 cas de procédure amiable portant sur des prix de transfert ;
- introduire l'obligation de déployer le « Module de formation à la vision globale des enjeux » du FAF ou un programme de formation similaire ;
- définir les critères applicables pour déterminer les conditions d'accès à la procédure amiable et les informations qui doivent être fournies par les contribuables (*a minima*) dans leurs demandes de procédure amiable ; les juridictions devront préciser ces deux éléments dans leurs instructions sur la procédure amiable ;
- introduire l'obligation de suspension du prélèvement de l'impôt pendant toute la durée de la procédure amiable, dans les mêmes conditions que celles applicables aux contribuables en vertu des règles de droit interne ;
- les juridictions doivent veiller à ce que les pénalités/charges d'intérêt soient proportionnées aux résultats de la procédure amiable ;
- les juridictions doivent s'assurer que l'ensemble des accords amiables peuvent être mis en œuvre quels que soient les délais prévus par le droit interne ;
- les pays devraient mettre en œuvre des procédures appropriées permettant au contribuable de demander, dans certains cas et après une première mise en recouvrement de l'impôt dû, le règlement par la procédure amiable de questions relatives à différents exercices fiscaux pour lesquels des déclarations ont été produites, dès lors que les faits et circonstances sont identiques et sous réserve de la vérification de ces faits et circonstances lors d'un contrôle.

797. La mise en œuvre d'un mécanisme obligatoire et contraignant de résolution des différends sortant du champ d'application du Montant A devrait contribuer à améliorer le fonctionnement de la procédure amiable. S'il peut être difficile de dissocier les effets des mécanismes obligatoires et contraignants de règlement des différends (tel que l'arbitrage dans le cadre de la procédure amiable) des effets d'autres initiatives visant à améliorer le fonctionnement de l'autorité compétent, l'expérience montre que l'adoption de mécanismes obligatoires et contraignants de règlement des différends est généralement propice à une collaboration plus constructive entre autorités compétentes, avec pour effet que celles-ci sont généralement en mesure de parvenir à un accord dans un délai qui évite le déclenchement de l'arbitrage. La mise en place d'un mécanisme de règlement des différends sortant du champ d'application du Montant A devrait vraisemblablement produire un effet similaire, à savoir inciter fortement les autorités compétentes à surmonter leurs divergences afin de parvenir à un accord, et un tel mécanisme ne devrait donc être déclenché que dans des circonstances exceptionnelles.

798. Parmi les options étudiées, il est envisagé de renforcer le soutien accordé aux programmes de procédure amiable dans les juridictions à faibles capacités par le biais des travaux actuellement menés par le Forum PA-FAF. Ce soutien pourrait se concrétiser notamment par une version adaptée du programme Inspecteurs des impôts sans frontières (IISF) afin d'apporter une assistance technique aux autorités compétentes de ces juridictions, et par l'organisation de formations et d'autres activités de renforcement des capacités par l'intermédiaire du Cadre inclusif et d'autres organisations internationales telles que les Nations Unies.

799. Les travaux visant à améliorer la procédure amiable pour les questions sortant du champ d'application du Montant A seront menés dans le cadre global de la poursuite des différentes activités pertinentes du Forum PA-FAF, dans la mesure où le mandat général de cette instance est de coopérer pour renforcer l'efficacité de la procédure amiable afin de répondre aux besoins des pouvoirs publics comme des contribuables dans l'environnement fiscal international.

9.2.11. *Étape 3 : mécanisme contraignant de règlement des différends sortant du champ d'application du Montant A*

Portée de la prévention et du règlement des différends au-delà du Montant A

800. Comme indiqué précédemment, les membres du Cadre inclusif ne parviennent pas à déterminer d'un commun accord dans quelle mesure le Pilier Un doit intégrer de nouveaux mécanismes de sécurité juridique en matière fiscale au-delà du Montant A. Certains sont tout à fait favorables à l'introduction d'un mécanisme obligatoire et contraignant de règlement des différends de portée générale, tandis que d'autres estiment que les différends sans rapport avec le Montant A devraient être réglés dans le cadre existant applicable à la procédure amiable et à l'aide d'outils administratifs non contraignants.

801. Afin de rapprocher ces différents points de vue quant à la portée de la prévention et du règlement des différends au-delà du Montant A, le rapport *Blueprint* envisage l'approche suivante, articulée autour de quatre éléments :

- **Contribuables couverts.** Pour les groupes d'EMN dont le chiffre d'affaires mondial et le chiffre d'affaires couvert de source étrangère dépassent les seuils fixés par le Montant A, l'approche envisage un nouveau processus innovant de règlement obligatoire et contraignant visant l'ensemble des différends portant sur des ajustements relatifs aux prix de transfert et aux établissements stables vis-à-vis de l'une de leurs entités constitutives. Ce nouvel instrument a été conçu pour être utilisé en dernier ressort, en cas d'échec de tous les autres moyens de prévention et de règlement des différends, qui seraient enrichis et améliorés, notamment dans le cadre des travaux au titre de l'examen de l'Action 14 en 2020. Il s'appliquerait aux ajustements relatifs aux activités couvertes, mais viserait également d'autres activités (non couvertes) des groupes d'EMN soumis au nouveau droit d'imposition, éventuellement sous réserve d'un seuil d'importance relative. Il ne s'appliquerait pas si les différends sont déjà couverts par des mécanismes obligatoires et contraignants existants, qui continueraient d'être utilisés.
    - Cette approche applicable aux contribuables couverts est essentiellement motivée par les répercussions que peuvent avoir les différends relatifs aux prix de transfert et aux établissements stables sur le Montant A. Quoique l'approche qui consiste au titre du Montant A à attribuer une fraction des bénéfices résiduels des groupes d'EMN aux juridictions du marché ne s'appuie pas sur les techniques traditionnelles de calcul des prix de transfert, les ajustements de prix de transfert contestés peuvent avoir des effets sur l'application du Montant A, en particulier au moment d'identifier les entités payeuses et de déterminer le montant de l'allégement de la double imposition dans les juridictions qui accordent cet allégement. En outre, en fonction de l'architecture définitive des règles, la question de savoir s'il existe ou non un établissement stable dans une juridiction peut être pertinente aux fins de déterminer si un lien peut être établi dans une juridiction donnée. À ce titre, si l'approche décrite plus haut dans ce chapitre permettra de fournir aux groupes d'EMN une sécurité juridique concernant leur évaluation du Montant A, cette confirmation pourrait être compromise si un différend relatif à des prix de transfert ou à un établissement stable se traduisait par une modification des hypothèses qui sous-tendent le calcul du Montant A.
    - Cette approche part également du principe que les groupes d'EMN couverts seront tenus de mettre en œuvre de nouveaux mécanismes et de nouveaux contrôles pour se conformer à ces nouvelles règles innovantes, et d'adopter de nouvelles mesures pour prouver qu'ils sont en règle. Cette approche représente une charge supplémentaire pour les groupes d'EMN couverts, qui vient s'ajouter aux éventuels impôts supplémentaires versés aux juridictions du marché et ne pouvant faire l'objet d'un allégement au titre des impôts existants (en raison, par exemple, des écarts entre les taux d'imposition appliqués par les juridictions du marché et les juridictions qui accordent l'allégement). Une sécurité juridique étendue au-delà du Montant A

pourrait être considérée comme une possible contrepartie pour ces groupes d'EMN. Une introduction progressive des règles prévues au titre du Montant A pourrait s'accompagner d'une mise en place progressive de nouvelles règles de sécurité juridique en matière fiscale, ce qui laisserait aux juridictions le temps d'acquérir de l'expérience avant de devoir les appliquer plus largement.

- **Autres contribuables.** Tous les autres contribuables bénéficieraient des améliorations apportées à la procédure amiable et aux autres outils existants de prévention et de règlement des différends. S'agissant de ces contribuables, le Cadre inclusif examinera également des mécanismes nouveaux et innovants de règlement des différends importants relatifs aux prix de transfert et aux établissements stables que les autorités compétentes ne sont pas en mesure de résoudre dans les délais prescrits par le biais de la procédure amiable. À cet égard, les prochaines étapes des travaux dans ce domaine consisteront à étudier les avantages des deux approches suivantes : un processus obligatoire et contraignant de règlement des différends, et un processus obligatoire mais non contraignant de règlement des différends, associés à certains aspects se rattachant à l'examen par les pairs et à la communication d'informations statistiques. La mise en place d'un mécanisme obligatoire et non contraignant pourrait aider certaines juridictions à se familiariser plus facilement avec les processus en jeu, et dès lors qu'il s'accompagnerait d'un cadre complémentaire de suivi et de communication, permettrait de suivre les progrès accomplis dans le règlement des différends soumis à la procédure obligatoire et non contraignante comme de ceux qui ne le sont pas.
- **Montant B.** L'un des principaux objectifs du Montant B est de prévenir les différends en matière de prix de transfert concernant les activités de commercialisation et de distribution de référence, grâce à l'utilisation de rendements normalisés convenus, appliqués à des activités définies objectivement, et reposant sur des indicateurs quantitatifs. Tout différend lié à l'application du Montant B (par exemple, la question de savoir si un contribuable relève ou non de la définition des « activités de commercialisation et de distribution de référence ») entraînant un risque de double imposition serait également soumis à un mécanisme obligatoire et contraignant de règlement des différends, en dernier ressort et après que tous les autres moyens de prévention et de règlement des différends ont échoué. Les mécanismes obligatoires et contraignants de règlement des différends sont nécessaires pour protéger les avantages retirés du Montant B, qui seront compromis dès lors que la sécurité juridique est limitée à la rémunération des activités de référence et que des différends portant sur la question de savoir si certains dispositifs et structures relèvent du champ d'application du Montant B ne sont pas résolus.
- **Économies en développement avec pas ou peu de cas soumis à la procédure amiable.** L'examen par les pairs au titre de l'Action 14 a révélé que plus d'une cinquantaine d'économies en développement avaient peu ou pas de cas soumis à la procédure amiable en attente de règlement. Au vu du manque d'expérience de ces juridictions en matière de procédure amiable, des capacités limitées de leurs autorités compétentes et faute d'identification, par les autres juridictions, des aspects de leurs régimes de procédure amiable nécessitant des améliorations, il a été décidé de différer l'examen par les pairs de ces juridictions. Pour ces économies en développement, l'absence ou le faible nombre de cas soumis à la procédure amiable ne justifierait pas la création d'une d'un dispositif obligatoire et contraignant de règlement des différends portant sur des questions non liées au Montant A. Demander à ces juridictions de s'engager à respecter et mettre en œuvre un mécanisme potentiellement complexe de règlement des différends face à une situation qui ne semble pas présenter actuellement de risques significatifs pourrait en effet être considéré disproportionné.
    - Ces juridictions pourraient néanmoins recourir à titre volontaire à un mécanisme contraignant de règlement des différends qui serait déclenché lorsque leurs autorités compétentes n'ont pas réussi à régler un différend soumis à la procédure amiable dans des délais fixés d'un commun accord. Ce dispositif refléterait les caractéristiques du mécanisme obligatoire et contraignant

de règlement des différends élaboré pour les différends non liés au Montant A, mais serait déclenché uniquement lorsque les deux autorités compétentes concernées conviennent de l'utiliser afin de régler des questions non résolus dans un cas spécifique. Il permettrait aux juridictions de se familiariser davantage avec les mécanismes en jeu.

- Pour déterminer le nombre de cas soumis à la procédure amiable à partir duquel une juridiction relèverait de cette catégorie, il serait fait référence aux principes du processus d'examen par les pairs de l'Action 14 (en particulier les critères de report de l'examen par les pairs d'une juridiction) qui prend en compte le nombre de cas soumis à la procédure amiable ainsi que les restrictions d'accès susceptibles d'avoir empêché des cas d'être soumis à ce mécanisme de règlement, et donc d'être comptabilisés comme tels.

- Les mécanismes décrits plus haut pourraient être associés à un cadre d'examen par les pairs et de déclaration afin de vérifier l'efficacité de tous les éléments des nouveaux dispositifs de prévention et de règlement des différends.

Le mécanisme obligatoire et contraignant de règlement des différends au-delà du Montant A

802. Le nouveau mécanisme innovant de règlement des différends s'appliquerait aux cas soumis à la procédure amiable non résolus après un délai convenu et dans le contexte précisé plus haut. Il est clair que l'idée de mettre en place un mécanisme contraignant de règlement des différends représente une étape importante pour un certain nombre de juridictions membres du Cadre inclusif, qui ont toujours refusé d'y avoir recours pour régler les questions de fiscalité. Certainnes juridictions membres du Cadre inclusif estiment que ce nouveau mécanisme innovant de règlement des différends devrait être dissocié et distinct du mécanisme et du cadre prévus pour fournir une sécurité juridique en matière fiscale au titre du Montant A et, en particulier, refléter le caractère essentiellement bilatéral de la plupart des cas de procédure amiable.

803. Le mécanisme applicable aux différends non liés au Montant A devrait, pour sa part, fonctionner de façon globalement similaire qu'il soit obligatoire et contraignant, obligatoire et non contraignant ou optionnel et contraignant[6]. Il s'intégrerait dans le cadre de l'infrastructure existante de la procédure amiable et, de manière générale, présenterait les caractéristiques suivantes :

- Comme à présent, les contribuables, pour déclencher la procédure amiable suite à des différends en matière de prix de transfert et d'attribution de bénéfices, déposeraient une demande d'assistance à l'autorité compétente dans les délais prévus par l'article relatif à la procédure amiable de la convention fiscale applicable. L'examen par les pairs actuellement en cours du standard minimum établi par l'Action 14 permettra de garantir que les contribuables ont accès à la procédure amiable dans tous les cas appropriés.
- Le mécanisme de règlement des différends serait ensuite déclenché dès lors que les autorités compétentes ne parviennent pas, après un délai donné, à trouver un accord permettant de résoudre un cas soumis à la procédure amiable. Les membres du Cadre inclusif se mettraient d'accord sur les délais au-delà desquels le mécanisme de règlement des différends pourrait être déclenché. Dans ce cas, seules les questions que les autorités compétentes n'ont pas réussi à régler par accord amiable seraient soumises à un panel d'experts (comité de décision) pour être tranchées.
- Il est admis que les mécanismes existants de règlement des différends (comme les dispositions relatives à l'arbitrage contenues dans les conventions bilatérales ou dans la Directive de l'UE concernant les mécanismes de règlement des différends fiscaux) devraient s'appliquer par défaut et qu'un nouveau mécanisme de résolution des différends ne serait applicable qu'en l'absence d'un tel mécanisme, ou lorsque les partenaires de convention sont expressément convenus que le nouveau mécanisme devait prévaloir sur tout mécanisme

existant. Les travaux techniques en cours portent sur la relation entre le processus de comité de décision et les mécanismes existants de règlement des différends, y compris sur les questions connexes de mise en œuvre (qui peuvent varier selon que le mécanisme est prévu par une convention fiscale ou par tout autre instrument juridique tel qu'un texte de loi de l'UE).

- Les discussions se poursuivent concernant la constitution du comité de décision. Différents facteurs seront pris en compte pour la sélection des membres d'un comité chargé essentiellement de résoudre des différends bilatéraux portant sur les prix de transfert, par comparaison avec le comité de décision, décrit plus haut, ayant compétence pour les différends relatifs au Montant A dont les répercussions peuvent s'étendre à des dizaines de juridictions du marché et/ou accordant l'allégement. Les parties à un différend bilatéral (ou à un différend multilatéral impliquant un petit nombre de juridictions) peuvent ne pas accepter un processus dans lequel il ne leur est pas permis de désigner au moins un membre du comité de décision. En conséquence, il convient, aux fins du développement et de la conception du comité de décision, de déterminer les modalités de représentation des juridictions concernées par un cas soumis à la procédure amiable. Les travaux relatifs à la conception d'un cadre pour la constitution du comité de décision portent notamment sur les questions suivantes :
  - Le comité doit-il être entièrement ou partiellement composé d'agents de l'administration fiscale en activité, au vu de l'importance de l'impartialité et de l'indépendance pour garantir la solidité des décisions du comité ?
  - Les membres du comité de décision pourraient-ils être issus d'un vivier permanent de candidats potentiels choisis d'un commun accord par les juridictions concernées par le cas soumis à la procédure amiable ? Et quelles seraient les modalités de sélection des membres du comité de décision dans cette liste (soit aléatoirement, soit en fonction de critères objectifs, soit par désignation par les juridictions) ?
  - Combien de membres doivent siéger au comité de décision, sachant que ce nombre doit refléter le processus de décision appliqué par le comité (à savoir, par exemple, que si les décisions sont prises à la majorité, il doit y avoir un nombre impair de membres) ? La taille du comité de décision doit également permettre de trouver un juste équilibre entre les impératifs de représentation et d'efficacité et les contraintes de ressources et administratives associées au comité.
  - Il convient également de définir clairement les délais applicables pour la désignation, par l'autorité compétente, des membres du comité de décision, ainsi que de solides règles par défaut pour garantir ce processus de désignation en l'absence de toute intervention de l'autorité compétente dans les délais convenus.
- Le comité de décision serait chargé de régler la ou les questions spécifiques qui ont empêché les autorités compétentes de parvenir à un accord pour résoudre le cas soumis à la procédure amiable. Deux grandes questions sont abordées dans le cadre des travaux techniques en cours sur le processus décisionnel retenu par le comité de décision.
  - Premièrement, quelles doivent être les modalités de prise de décision du comité ? Si la plupart des membres du Cadre inclusif préfèrent opter pour un processus de décision à la majorité, d'autres modèles possibles de prise de décision sont envisagés dans le cadre des travaux (par consensus ou par consensus moins un par exemple). Des règles par défaut seront élaborées dans le cadre de ces travaux pour aboutir à un résultat dans le cas où aucune majorité ne se dégage au sein du comité de décision ou si, pour une raison ou pour une autre, il est incapable de trancher les questions non résolues. Les travaux auront également pour objet d'envisager les modèles qui, le cas échéant, pourraient être adaptés aux différends concernant plusieurs juridictions et ayant plusieurs issues possibles (comme un différend sur des prix de transfert impliquant une série de transactions entre entreprises associées dans trois

juridictions différentes) ; de tels modèles pourraient être assortis d'un système de vote permettant aux membres du comité de décision de classer les résultats possibles.

   - Deuxièmement, de quelle autorité dispose le comité de décision pour prendre ses décisions ? Une grande majorité des membres du Cadre inclusif privilégient, comme règle par défaut, l'approche dite de la dernière meilleure offre, selon laquelle le comité de décision effectue un choix entre les différentes solutions proposées par les juridictions concernées par le cas soumis à la procédure amiable, à moins que les autorités compétentes ne conviennent qu'une autre approche doit être adoptée. Des travaux sont en cours afin de passer en revue un certain nombre de questions subsidiaires, comme le fait de tenir compte de la préférence de certaines juridictions pour un processus indépendant de décision et de savoir si le comité de décision doit fournir une explication motivée pour justifier ses décisions.

- Les travaux relatifs au fonctionnement du comité de décision viseront également à définir les délais précis de prise de décision par le comité, ainsi que les règles par défaut applicables pour aboutir à un résultat dans le cas où le comité serait incapable de trancher dans les délais impartis.
- La décision du comité s'imposera généralement aux autorités compétentes (y compris dans les cas où le mécanisme optionnel de règlement des différends proposé applicable dans les pays en développement a été déclenché). Dès lors que le recours au comité est contraignant, ses conclusions seront mises en œuvre par l'intermédiaire d'un accord amiable entre autorités compétentes de la même manière que toute autre règlement de différend par la procédure amiable. Comme indiqué plus haut, les travaux viseront également à explorer les avantages d'un mécanisme obligatoire mais non contraignant de règlement des différends entre contribuables en dehors du champ d'application du Montant A.
- Un mécanisme obligatoire mais non contraignant s'accompagnerait de rapports statistiques sur les résultats de la procédure afin de déterminer si l'opinion du comité a été suivie et/ou si la question de la double imposition a été autrement traitée. L'efficacité de ce mécanisme pourrait également faire l'objet d'un examen par les pairs.
- Il est envisagé que l'articulation entre le fonctionnement du comité de décision et les recours de droit interne internes relève des mêmes principes généraux que ceux régissant tout autre cas soumis à la procédure amiable et réglé par accord amiable, en vertu de quoi :
   - dans de nombreuses juridictions, un contribuable ne peut pas avoir simultanément recours à la procédure amiable et aux voies de recours interne. Lorsqu'un recours devant les tribunaux nationaux est encore possible, les autorités compétentes des juridictions concernées peuvent généralement exiger que le contribuable accepte de suspendre cet autre recours ou, s'il s'y refuse, peuvent suspendre la procédure amiable dans l'attente que le recours en question soit épuisé. Toutefois, pour les juridictions ayant opté pour l'instauration d'un arbitrage dans le cadre d'une procédure amiable, ce type de mécanisme de règlement obligatoire et contraignant des différends n'est pas possible dès lors qu'une décision sur les questions litigieuses a été rendue par un tribunal judiciaire ou administratif de l'une ou l'autre des juridictions.
   - Lorsque la procédure amiable est poursuivie en premier et aboutit à un accord, le contribuable et toutes les autres personnes directement concernées par le cas ont la possibilité de rejeter cet accord et de reprendre le recours devant les tribunaux qui avait été suspendu. Réciproquement, si ces personnes préfèrent voir l'accord amiable s'appliquer, il leur faut alors renoncer à toute procédure de recours devant les tribunaux quant aux questions résolues par l'accord
   - Lorsque les recours devant les tribunaux nationaux ont été poursuivis en premier et sont épuisés dans une juridiction, un certain nombre de membres du Cadre inclusif

n'autoriseront les contribuables à poursuivre la procédure amiable que pour demander l'élimination de la double imposition dans la seconde juridiction. Une fois rendue une décision de justice dans un cas particulier, la plupart des membres n'iraient pas à l'encontre de cette décision dans le cadre de la procédure amiable et limiteraient donc l'application de la procédure amiable à la demande d'un allègement dans l'autre juridiction. Il ne serait donc pas possible, dans certaines circonstances, de recourir à la procédure de règlement obligatoire et contraignant des différends dans le cadre de la procédure amiable.

- Les travaux en cours cherchent à déterminer comment une décision pourrait être rendue contraignante, certains membres du Cadre inclusif privilégiant l'idée de soumettre les autorités compétentes à une obligation d'appliquer ses décisions en vertu d'un accord amiable (dans le cadre de l'instrument juridique international utilisé pour mettre en œuvre le nouveau mécanisme de prévention des différends).

9.3. Prochaines étapes

804. D'autres travaux seront ultérieurement entrepris afin de mettre au point les différentes caractéristiques techniques du processus de sécurité juridique en matière fiscale au titre du Montant A, notamment les modalités de mise en œuvre des décisions contraignantes dans les juridictions, et afin d'examiner toute autre question nécessitant que des orientations pratiques supplémentaires soient formulées au sujet du processus de sécurité juridique relative au Montant A.

805. Une décision sur le champ d'application d'un nouveau mécanisme obligatoire et contraignant de règlement des différends non liés au Montant A sera nécessaire pour faire avancer les études techniques sur ce mécanisme et sa mise en œuvre.

Notes

[1] Voir le communiqué final de la réunion des ministres des Finances et des gouverneurs des banques centrales du G20 qui s'est tenue les 22 et 23 février 2020 à Riyad, en Arabie saoudite (consultable en ligne à l'adresse suivante : https://g20.org/en/g20/Documents/Communique%CC%81%20Final%2022-23%20February%202020.pdf).

[2] Tout au long de ce chapitre, des durées estimatives sont précisées pour les différentes étapes du processus. Elles sont cependant indiquées entre parenthèses et seront révisées à mesure de l'avancée des travaux. En tout état de cause, il convient de noter que toute approche est susceptible de prendre plus de temps au cours des premières années d'application, le temps de gagner en expérience et de dégager des gains d'efficacité, mais il est utile de disposer de certaines indications sur la durée prévue du processus, et de se fixer des objectifs de délais relativement ambitieux, tout en admettant qu'il faille parfois plus de temps. En se fondant sur l'approche retenue dans le présent Rapport sur le *Blueprint* du Pilier Un, un différend ne présentant aucune difficulté particulière, et ne nécessitant pas le recours à un comité d'examen pourrait être réglé en seulement [6 à 9 mois] à compter du dépôt de l'auto-évaluation du Montant A par un groupe d'EMN, cependant que dans le cas d'un différend plus complexe, le délai pourrait être de [deux ans] entre la date de constitution d'un comité d'examen, et la décision finale rendue par un comité de décision. Il est probable que le nombre d'affaires complexes nécessitant des délais de règlement plus longs diminuera au fil du temps, à mesure que les processus deviendront plus efficients, et que les groupes d'EMN comme les administrations fiscales apprendront à appliquer les règles de façon cohérente.

[3] Les membres du Cadre inclusif examineront le point de savoir si ces mécanismes d'échange de renseignements doivent aussi englober les renseignements nécessaires aux juridictions infranationales qui prélèvent des impôts sur les bénéfices des sociétés.

[4] Dans tous les cas, un secrétariat n'entreprendra des travaux à l'appui d'un processus de sécurité juridique en matière fiscale au titre du Montant A que si cela se justifie, et dans le strict respect de la confidentialité des contribuables.

[5] Ces travaux portent notamment sur la mise en place éventuelle d'un équivalent des APP pour les questions ne relevant pas des prix de transfert.

[6] Voir le paragraphe 801 pour une description des modalités d'application de ce mécanisme aux différentes catégories de différends et de juridictions.

10 Mise en œuvre et administration

10.1. Présentation générale

805. L'élaboration du cadre de mise en œuvre du Pilier 1 est moins avancée que d'autres axes de travail. En effet, le Cadre inclusif a mis l'accent sur la conception et l'élaboration des principales composantes opérationnelles du Pilier 1, et notamment : le champ d'application, les règles de source du chiffre d'affaires, le lien, la base d'imposition, l'élimination de la double imposition et la sécurité juridique en matière fiscale. Les modalités de mise en œuvre dépendront des décisions prises dans ces domaines ; compte tenu des progrès désormais accomplis, la priorité du projet au cours des mois à venir sera de faire en sorte que le Pilier 1 puisse être mis en œuvre de façon rapide, efficace, cohérente et coordonnée.

806. La mise en œuvre du Pilier 1 exigera d'agir à trois niveaux différents : (1) le droit interne ; (ii) le droit public international ; et (iii) des orientations permettant de compléter (i), (ii) ou les deux.

807. Il est entendu que tout accord faisant l'objet d'un consensus sur le Pilier 1 doit comporter un engagement de la part des membres du Cadre inclusif à le mettre en œuvre et à supprimer les mesures actions unilatérales concernées.

808. La mise en œuvre du Montant B est abordée au chapitre 8.

10.2. Mise en œuvre

10.2.1. *Transposition dans le droit interne*

809. Les composantes opérationnelles du Pilier 1 devront être transposées dans le droit interne des juridictions. Bien que les modalités spécifiques de transposition dans le droit interne requises dépendent du cadre juridique et des circonstances propres à chaque juridiction, le droit interne devra répondre aux quatre critères suivants :

- Créer un droit d'imposition national compatible avec la conception du Montant A. Cela suppose d'établir des règles qui appliquent les éléments essentiels suivants de tout droit d'imposition : identification du contribuable, détermination de l'objet, de la base, de la période et des taux d'imposition (voir (i) ci-dessous) ;
- Prévoir l'allégement de la double imposition lorsqu'une entité résidente est identifiée en tant que contribuable à la section précédente. La disposition correspondante autorisera l'élimination de la double imposition et précisera la méthode à employer (voir (ii) ci-dessous) ;
- Intégrer des procédures de gestion du nouveau droit d'imposition et d'allégement de la double imposition pour les entités résidentes identifiées en tant que contribuables soumis au nouveau droit d'imposition, y compris des mesures qui facilitent l'administration centralisée et simplifiée et le processus de sécurité juridique en matière fiscale concernant le Montant A (voir (iii) ci-dessous) ; et

- Comporter des processus qui améliorent la sécurité juridique en matière fiscale au-delà du Montant A, notamment en prévoyant des mécanismes efficaces de prévention et de règlement des différends (voir (iv) ci-dessous).

(i) Détermination des éléments essentiels d'un nouvel impôt au titre du Montant A

810. Une juridiction devra d'abord transposer dans son droit interne les règles adoptées par le Cadre inclusif afin de déterminer dans quelles circonstances un groupe d'EMN est imposable dans cette juridiction sur la base du Montant A. La création d'un droit d'imposition national pour le Montant A est essentielle.

811. Les éléments essentiels d'un nouveau droit d'imposition sont les suivants :

- *L'identification du contribuable et l'objet de l'imposition :* le nouveau droit d'imposition grèvera les « entités payeuses » qui sont membres d'un groupe d'EMN qui dépasse le seuil de déclenchement, réalise un chiffre d'affaires couvert à partir de sources nationales et satisfait aux critères du lien (voir les chapitres 2, 3 et 4. Pour l'identification de l'entité payeuse, voir la section 7.2).
- *La base d'imposition, la période d'imposition et les taux d'imposition :* une juridiction devra également intégrer dans son droit interne les règles relatives au calcul et à la répartition du Montant A (voir le chapitre 4.5 portant sur le calcul de la base d'imposition, et le chapitre 6 consacré à la répartition des bénéfices). Les règles internes applicables détermineront le choix de la période et des taux d'imposition.

(ii) Élimination de la double imposition

812. Les juridictions devront également inclure dans leur droit interne les règles adoptées en matière d'élimination de la double imposition. L'objectif est que les entités soumises au nouveau droit d'imposition puissent bénéficier des mécanismes d'élimination de la double imposition résultant du Montant A.

813. Il faudra pour cela appliquer les règles ou principes concernant les approches à suivre pour identifier les entités redevables de l'impôt au titre du Montant A (les entités payeuses), ainsi que les méthodes d'élimination de la double imposition résultant du paiement du Montant A pour ces entités (voir le chapitre 7).

(iii) Procédure, administration et processus de sécurité juridique concernant le Montant A

Procédure et administration :

814. Il est essentiel de transposer des procédures permettant d'administrer, de lever et de collecter le nouvel impôt au titre du Montant A dans les règles administratives de droit interne.

815. Le processus d'administration simplifié actuellement à l'étude pourrait être basé sur le processus simplifié et centralisé de sécurité juridique en matière fiscale qui est examiné au chapitre 9 et développé en parallèle. Il aurait pour but de centraliser le calcul du Montant A et les activités de conformité afférentes au sein d'une entité unique, éventuellement l'EMU prévue pour la déclaration pays par pays en vertu de l'Action 13 du BEPS. Centraliser le processus d'application du Montant A au sein d'une entité unique devrait entraîner une réduction significative des coûts de conformité. Cela devrait également alléger la charge que ce processus représente pour les administrations fiscales, qui bénéficieraient ainsi d'un seul formulaire de déclaration cohérent relatif au Montant A, d'une documentation normalisée et éventuellement d'un paiement unique du Montant A de chaque groupe d'EMN. Il sera peut-être nécessaire d'ajouter des dispositions à l'instrument multilatéral prévu et/ou au droit interne pour autoriser ce processus plus

centralisé (par exemple, pour faire en sorte qu'un paiement d'impôt unique effectué par une entité non résidente située dans une autre juridiction vienne éteindre une dette fiscale nationale).

816. Différents éléments pourraient être envisagés dans le cadre d'un processus d'administration simplifié, en autorisant une entité unique à :

- Calculer le Montant A pour le compte du groupe et déposer une déclaration fiscale pour le compte des entités payeuses (y compris pour la déclaration de pertes) ;
- Gérer le processus de sécurité juridique en matière fiscale pour le Montant A pour le compte du groupe, y compris en acceptant tout ajustement proposé ;
- Payer l'impôt dû au titre du Montant A dans les juridictions du marché pour le compte des entités payeuses (faire office d'agent) ; et
- Assumer la responsabilité principale pour le respect de tous les aspects du Montant A dans les juridictions de marché, y compris en étant l'entité envers laquelle ces juridictions pourraient former un recours en justice.

Processus de sécurité juridique en matière fiscale pour le Montant A :

817. En matière de prévention et de règlement des différends portant sur le Montant A, le mécanisme administrable et contraignant de prévention des différends sera le gage d'une sécurité juridique à un stade précoce, avant d'opérer les ajustements fiscaux, de manière à prévenir les différends portant sur tous les aspects du Montant A. Le chapitre 9 contient des informations complémentaires sur le processus connexe de sécurité juridique en matière fiscale.

818. Bien que l'approche novatrice soit élaborée dans un cadre multilatéral, les juridictions devront intégrer dans leur droit interne toutes les références nécessaires au nouveau processus de sécurité juridique pour le Montant A, y compris la mise en œuvre de la décision du comité et d'autres aspects procéduraux.

(iv) Autres processus de sécurité juridique au-delà du Montant A

819. L'approche de la sécurité juridique en matière fiscale au-delà du Montant A englobe une série d'étapes, depuis la prévention des différends et la procédure amiable existante jusqu'à un mécanisme obligatoire et contraignant de règlement des différends.

820. Pour bénéficier des améliorations apportées aux outils existants de prévention des différends, qui recouvrent des projets entrepris dans le cadre de l'agenda sur la sécurité juridique du Forum sur l'administration de l'impôt, les juridictions devront s'assurer que leur droit interne autorise leur utilisation.

821. De même, les caractéristiques de la procédure amiable et du nouveau mécanisme de prévention des différends devront peut-être être transposées dans le droit interne. S'agissant du nouveau mécanisme de règlement des différends, le droit interne devrait prévoir la possibilité de soumettre les affaires à un comité d'experts qui rendrait des décisions contraignantes.

10.2.2. *Transposition dans le droit international public*

822. Les conventions fiscales existantes contiennent des dispositions ayant généralement pour effet d'empêcher l'application du Montant A, même une fois celui-ci transposé dans le droit interne. En outre, il est peu probable qu'elles prévoient des règles relatives à l'allègement de la double imposition qui soient valables pour le Montant A, pas plus qu'elles n'incluent de dispositions régissant l'administration du Montant A, y compris les nouvelles règles de prévention et de règlement des différends.

823. La meilleure façon de supprimer les obstacles conventionnels à la mise en œuvre du Pilier 1 et de le faire en garantissant la cohérence et la certitude dans l'application et le fonctionnement du Montant A

est d'élaborer une nouvelle convention multilatérale. Cette convention multilatérale supprimerait les obstacles existants dans les conventions fiscales à l'application du Montant A et contiendrait également les quatre éléments évoqués dans la section précédente.

A. La suppression des obstacles conventionnels à la détermination d'un nouvel impôt au titre du Montant A

824. Même si une juridiction transpose dans son droit interne les règles qui régiront le Montant A - p. ex. la règle qui accorde à une juridiction du marché le droit d'imposer une fraction des bénéfices d'une EMN en l'absence du critère traditionnel de présence physique - les conventions bilatérales existantes empêcheront probablement l'application de ces règles. En effet, par exemple, la plupart des conventions existantes autorisent une juridiction du marché à imposer les bénéfices d'une entité non résidente uniquement si elle a un établissement stable dans cette juridiction. Il faudra donc modifier les conventions bilatérales pour permettre aux règles relatives au Montant A de s'appliquer sans obstacles conventionnels.

825. La mise en œuvre des règles de calcul du Montant A dans un instrument international de droit public de nature fiscale serait strictement nécessaire uniquement pour les juridictions qui ont de telles conventions fiscales bilatérales restrictives en vigueur ; en l'absence de convention, les règles pourraient, du moins en théorie, être appliquées exclusivement en vertu du droit interne. Toutefois, pour assurer une mise en œuvre cohérente du Montant A entre juridictions, il est recommandé d'inclure dans une convention multilatérale des règles de mise en œuvre régissant tous les aspects du Montant A pour l'ensemble des juridictions, indépendamment des conventions fiscales. En d'autres termes, une convention multilatérale devrait s'appliquer pour limiter le droit d'imposition aux paramètres convenus en matière de champ d'application, de lien, de seuils, etc., y compris les règles de prévention et de règlement des différends portant sur le Montant A, et devrait incarner l'engagement d'alléger la double imposition conformément au cadre convenu.

826. Cependant, la partie de la convention multilatérale qui contiendra les règles de calcul de l'impôt au titre du Montant A resterait pertinente pour ces juridictions, parce qu'elle servirait de référence pour l'application de la partie de la convention concernant la prévention et le règlement des différends portant sur le Montant A.

827. Aussi, il sera nécessaire de mettre en œuvre, via une convention multilatérale, tous les éléments essentiels d'un nouveau droit d'imposition (les règles d'identification du contribuable et de l'objet de l'impôt, et celles relatives à la base d'imposition, à la période d'imposition, aux taux d'imposition, etc.) conformément à la conception du Montant A et au droit interne.

828. Sachant que les conventions bilatérales resteraient en vigueur et continueraient de régir la fiscalité internationale pour les questions non liées au Montant A, la convention multilatérale coexisterait avec le réseau existant de conventions fiscales. Néanmoins, en cas de conflit, ses dispositions remplaceraient généralement les dispositions contenues dans les conventions fiscales bilatérales existantes.

829. À la différence de la *Convention multilatérale pour la mise en œuvre des mesures relatives aux conventions fiscales pour prévenir l'érosion de la base d'imposition et le transfert de bénéfices* (l'Instrument multilatéral BEPS), cette convention multilatérale ne chercherait pas à modifier la formulation des dispositions des conventions existantes (p. ex. la nouvelle règle de lien ne modifierait pas la définition existante de l'établissement stable contenue dans une convention en particulier). De nouvelles dispositions conventionnelles autonomes seraient élaborées pour régir les nouveaux droits d'imposition, et elles prévaudraient pour la taxation des EMN couvertes.

B. Élimination de la double imposition

830. Il faudra modifier les règles actuelles en matière d'élimination de la double imposition qui s'appliqueront au Montant A. Les nouvelles règles prévoiront l'allégement de la double imposition lorsqu'une entité résidente est identifiée en tant qu'entité payeuse aux fins du Montant A. Les règles

pourraient également préciser la méthode à employer - méthode de l'exemption ou de l'imputation, par exemple.

831. Contrairement aux règles de calcul du Montant A proprement dit, l'intégration de règles d'élimination de la double imposition dans un instrument international de droit public pourrait ne pas être nécessaire car la plupart des juridictions pourraient, en principe, s'appuyer sur leur droit interne (amendé le cas échéant) pour éliminer la double imposition[1]. Toutefois, les régimes nationaux relatifs aux crédits d'impôts étrangers comportent souvent des limites qui peuvent entraîner une double imposition (par exemple, si le revenu taxé dans la juridiction du marché est considéré comme un revenu d'origine nationale par la juridiction qui accorde l'allégement). Il ne devrait pas exister de divergences entre les règles nationales de source susceptibles d'entraîner une double imposition du Montant A. Il serait donc préférable d'inclure dans une convention multilatérale des règles valables pour toutes les juridictions, indépendamment de l'existence de conventions fiscales bilatérales. De cette manière, l'allégement de la double imposition serait effectif et coordonné entre juridictions. Par ailleurs, la présence d'une telle section dans la convention bilatérale garantirait le bon fonctionnement des processus de prévention et de règlement des différends portant sur le Montant A.

C. Procédure, administration et processus de sécurité juridique concernant le Montant A

832. Il sera essentiel de mettre en œuvre le nouveau processus administratif simplifié ainsi que les procédures de prévention et de règlement des différends pour le Montant A dans une convention multilatérale afin de garantir cohérence et certitude dans l'application du Montant A.

833. À la différence des sections de la convention multilatérale consacrées au calcul du Montant A et à l'élimination de la double imposition, la section relative aux procédures, à l'administration et au processus de sécurité juridique serait pertinente pour l'ensemble des parties à la convention, qu'elles soient ou non liées entre elles par une convention existante. Les conventions fiscales bilatérales en vigueur n'empêcheraient pas l'application de ces dispositions sur les procédures, l'administration et la sécurité juridique, de sorte que la convention multilatérale ne les remplacerait pas. S'agissant des dispositions afférentes au nouveau mécanisme de règlement des différends non liés au Montant A, il est envisagé de les appliquer uniquement en l'absence de mécanisme obligatoire et contraignant de règlement des différends, ou lorsque les partenaires de convention sont expressément convenus que le nouveau mécanisme doit prévaloir sur tout mécanisme existant.

D. Autres processus de sécurité juridique au-delà du Montant A

834. L'application de nouvelles règles de sécurité juridique en matière fiscale au-delà du Montant A au moyen de la convention multilatérale peut contribuer à faire en sorte que les processus mis en place soient cohérents avec ceux qui s'appliquent au Montant A. Une partie dédiée de la convention pourrait y être consacrée, et décrirait en détail les différentes étapes des processus de sécurité juridique au-delà du Montant A, notamment les mécanismes de prévention des différends, la procédure amiable et le mécanisme obligatoire et contraignant de règlement des différends.

835. Il faudra éventuellement se demander comment cette partie de la convention devrait s'appliquer entre les juridictions selon qu'elles sont liées ou non par une convention fiscale bilatérale, ou en l'absence de convention fiscale bilatérale.

E. Élaboration d'une nouvelle convention multilatérale

836. Pour lever les obstacles conventionnels et mettre en œuvre les quatre éléments évoqués dans la section précédente, la méthode employée doit garantir la coordination, la cohérence et la certitude, et pouvoir être rapidement appliquée. La meilleure façon d'y parvenir serait d'élaborer une nouvelle convention multilatérale.

837. Dans un premier temps, le Cadre inclusif a envisagé d'utiliser 'l'Instrument multilatéral BEPS[2] (ou de créer un autre instrument au fonctionnement similaire pour modifier les conventions fiscales existantes) afin de mettre en œuvre le Pilier 1, mais a décidé en définitive que ce ne serait pas un instrument approprié : il ne serait pas toujours possible d'appliquer des mesures devant faire partie d'un cadre multilatéral (p. ex. des mécanismes multilatéraux de règlement des différends), ou d'introduire des modifications ou des mesures entre des juridictions qui ne sont pas liées par une convention fiscale bilatérale (p. ex. les processus de prévention et de règlement des différends portant sur le Montant A).

838. Étant donné que les conventions bilatérales resteraient en vigueur et continueraient de régir les questions de fiscalité internationale non liées au Montant A, une nouvelle convention multilatérale devrait coexister avec le réseau existant de conventions fiscales et, s'agissant des sections consacrées au calcul du Montant A et à l'élimination de la double imposition, remplacerait et prévaudrait sur ces conventions bilatérales pour l'imposition des EMN couvertes. Par ailleurs, des travaux complémentaires devront porter sur la relation entre la convention multilatérale et les conventions fiscales bilatérales conclues après son entrée en vigueur (voir le paragraphe 852).

839. Aussi, le fonctionnement de la nouvelle convention multilatérale serait différent de celui de l'Instrument multilatéral BEPS , qui a été utilisé pour modifier directement les dispositions existantes dans les conventions fiscales. La nouvelle convention multilatérale offrirait un cadre multilatéral facilitant la mise en œuvre coordonnée et efficace que présuppose l'existence de multiples juridictions et, s'agissant des sections consacrées au calcul du Montant A et à l'élimination de la double imposition, se substituerait à toutes les conventions fiscales bilatérales en vigueur.

840. Comme mentionné précédemment, en ce qui concerne ces sections, il n'y aurait pas d'obstacle conventionnel à supprimer entre les juridictions qui ne sont pas actuellement liées par une convention, lesquelles pourraient s'appuyer sur leur droit interne pour appliquer et administrer le Montant A. La section de la convention multilatérale qui mettrait en œuvre les caractéristiques du nouveau processus administratif simplifié et les processus relatifs à la sécurité juridique en matière fiscale s'appliquerait à toutes les Parties et comblerait les lacunes en matière de couverture. Cette section renverrait tous les Signataires aux règles qui régissent l'application et le fonctionnement du Montant A.

841. L'élaboration d'une convention multilatérale constitue la solution idéale pour établir une obligation juridique d'appliquer et d'administrer le Montant A de la même manière, et mieux coordonner et accélérer l'application du droit public international. Toutefois, certaines juridictions pourraient devoir examiner l'opportunité, à titre exceptionnel, de procéder à toutes les modifications conventionnelles nécessaires en amendant leurs conventions bilatérales existantes et leur droit interne dans un délai raisonnable. Avec cette approche, une juridiction pourrait s'entendre avec ses partenaires conventionnels en vue d'amender ses conventions existantes au niveau bilatéral afin de supprimer les obstacles au calcul du Montant A et à l'élimination de la double imposition, puis recourir à son droit interne pour appliquer et administrer le Montant A. Toutefois, autoriser une juridiction à se prévaloir d'une approche bilatérale imposerait une charge supplémentaire aux juridictions partenaires qui seraient tenues de mettre en œuvre les nouvelles règles sur une base à la fois bilatérale et multilatérale. Par ailleurs, la possibilité de mettre en œuvre le processus multilatéral de prévention des différends portant sur le Montant A autrement que par une convention multilatérale n'est pas avérée, compte tenu de la nécessité de coordonner les résultats entre de multiples juridictions.

842. Dans le cadre de ces travaux sur les modifications bilatérales possibles des conventions, il serait également possible de considérer l'élaboration d'un instrument distinct qui définirait les caractéristiques du nouveau processus d'administration simplifié et des processus connexes de sécurité juridique en matière fiscale.

10.2.3. *Orientations et instruments connexes*

843. Il faudra également mettre au point des orientations sur de nombreux aspects du Pilier 1 afin d'appuyer et de compléter le droit interne et les dispositions contenues dans les instruments de droit international public (par exemple, accords multilatéraux entre autorités compétentes, commentaires sur la convention multilatérale, instructions sur le calcul et l'application du Montant A, etc.).

844. Ces orientations, utiles à la fois aux administrations fiscales et aux contribuables, contiendront par exemple des règles détaillées pour le calcul de la base d'imposition au titre du Montant A, en matière de comptabilité financière, de segmentation et de traitement des pertes.

845. Elles pourraient être périodiquement révisées ou mises à jour. Certaines révisions ou mises à jour pourraient intervenir sans modifier le droit interne ou les conventions, alors que d'autres pourraient nécessiter de telles modifications. Ces révisions seraient basées sur les commentaires reçus et sur l'expérience acquise à la faveur de l'application pratique du Montant A.

846. Des travaux supplémentaires devront être menés pour déterminer les aspects qui pourraient être couverts par des instructions, par opposition à la convention multilatérale ou au droit interne.

10.3. Suppression des mesures unilatérales

847. Ainsi que les Contours de l'architecture l'indiquent, il est entendu que les membres du Cadre inclusif devront, aux termes de tout accord reposant sur un consensus, s'engager à mettre en œuvre cet accord et dans le même temps à retirer les mesures unilatérales correspondantes, et à ne pas en adopter de nouvelles à l'avenir[3].

10.4. Prochaines étapes

848. Les prochaines étapes de la mise en œuvre supposeront de travailler sur la convention multilatérale. Il s'agira de réfléchir à l'architecture de la convention et à son fonctionnement juridique. Il faudra également s'attacher à déterminer les éléments fondamentaux des règles de calcul du Montant A et d'élimination de la double imposition qui devront être intégrées dans la convention multilatérale afin d'assurer que tous les obstacles conventionnels seront supprimés.

849. Une fois les éléments fondamentaux des règles identifiés, le Cadre inclusif commencera à travailler sur la conception des dispositions qui seront incorporées dans la convention multilatérale.

850. En outre, une réflexion plus poussée devra être menée sur les différentes difficultés que pourrait poser l'élaboration de la convention multilatérale. Il s'agira notamment de concevoir les dispositions relatives à l'entrée en vigueur et à la prise d'effet pour éviter d'instaurer des règles parallèles et contradictoires sur la taxation des groupes d'EMN couverts et faire en sorte que la convention multilatérale ne commence à prendre effet qu'à partir du moment où une masse critique de juridictions l'aura pleinement mise en œuvre. Il faudra pour cela établir un calendrier de mise en œuvre et préciser la signification d'une « masse critique » de juridictions.

851. Pour garantir la cohérence avec le régime juridique établi par une convention multilatérale et éviter que les conventions fiscales bilatérales qui seront conclues après son entrée en vigueur n'érigent de nouveaux obstacles à l'exercice du nouveau droit d'imposition, il faudra également définir la relation entre la convention multilatérale et ces conventions bilatérales, en tenant compte des cadres juridiques qui pourraient interdire les clauses contraignantes pour les Parlements à l'avenir.

852. Les prochaines étapes qui se rattachent à la suppression des mesures unilatérales consisteront à définir ce qu'est une mesure unilatérale « correspondante » à supprimer, et à établir un cadre transitoire à cette fin. Comme mentionné précédemment, les membres du Cadre inclusif conviennent qu'un accord

sur le Pilier 1 devrait comporter l'engagement à supprimer les mesures unilatérales correspondantes et à ne pas en adopter de nouvelles à l'avenir.

853. Enfin, la mise en œuvre du Pilier 1 sur la base d'un régime de protection est une question qui mérite d'être examinée et traitée plus avant par le Cadre inclusif.

Notes

[1] Les dispositions conventionnelles relatives à l'élimination de la double imposition imposent à l'État de résidence l'obligation d'alléger l'impôt étranger. En général, ces dispositions n'empêcheraient pas une juridiction d'assumer des obligations supplémentaires en matière d'allégement de la double imposition, comme celles qui seraient requises au titre du Montant A.

[2] Si l'on décide de recourir à l'Instrument multilatéral BEPS , celui-ci devrait être modifié (conformément à son article 33) ou complété par un protocole (conformément à son article 38). Une Partie à l'Instrument multilatéral BEPS ne serait pas automatiquement tenue par un amendement ou par un protocole portant modification de ses conventions fiscales tant qu'elle n'a pas ratifié cet amendement ou ce protocole. Pour mettre en œuvre le Pilier 1 au moyen de l'Instrument multilatéral BEPS , une juridiction qui n'est pas Signataire ou Partie à l'Instrument multilatéral BEPS devrait au préalable le devenir. Le recours à l'Instrument multilatéral BEPS , qui pour l'heure couvre uniquement les conventions qui ont été spécifiquement notifiées (les Conventions fiscales couvertes) par leurs Parties, pourrait également nécessiter de demander aux Parties d'étendre leur liste de conventions couvertes. Amender l'Instrument multilatéral BEPS ou élaborer un protocole générerait un niveau de complexité supplémentaire et supposerait une procédure de mise en correspondance, car les modifications apportées aux conventions fiscales bilatérales n'auraient d'effet que si les juridictions étaient Parties à la fois à l'Instrument multilatéral BEPS et à l'amendement ou au protocole.

[3] Voir les paragraphes 9 et 89 des Contours de l'architecture. Comme l'explique le paragraphe 90 des Contours de l'architecture, on tiendra également compte des répercussions de la proposition d'établir un régime de protection sur les mesures unilatérales.

Annexe A. Catrographie du Processus du montant A

Application du Montant A
Étapes 1-2 : critères de délimitation du champ d'application (chiffre d'affaires et seuil minimum)

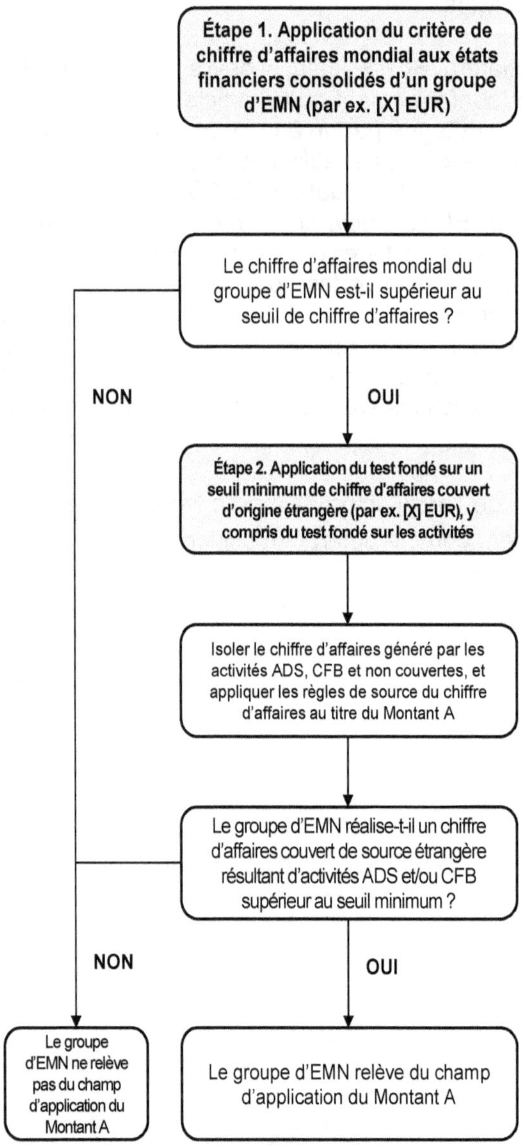

Étape 1. Critère de chiffre d'affaires mondial

- Application du critère de chiffre d'affaires mondial au chiffre d'affaires total d'un groupe d'EMN.
- *Approche par étapes possible* : un seuil de [X EUR] pourrait être fixé la première année, puis abaissé à [X EUR] au fil des ans, ou être appliqué sur une période plus longue puis diminué à l'issue d'un examen postérieur à la mise en œuvre.
- Le montant du chiffre d'affaires servant à déterminer si le seuil est atteint sera celui qui figure dans les états financiers consolidés du groupe d'EMN.

Étape 2. Application du test fondé sur un seuil minimum de chiffre d'affaires couvert d'origine étrangère

- Le seuil minimum de chiffre d'affaires serait appliqué à la totalité du chiffre d'affaires couvert d'origine étrangère, et les groupes d'EMN qui n'atteignent pas ce seuil seraient exclus.
- *Approche par étapes possible* : un seuil de [X EUR] pourrait être fixé la première année, puis abaissé à [X EUR] au fil des ans, ou être appliqué sur une période plus longue puis diminué à l'issue d'un examen postérieur à la mise en œuvre.
- Les règles de source du chiffre d'affaires applicables au Montant A seraient utilisées pour déterminer la source du chiffre d'affaires couvert. Voir Étape 6(a).
- Cette procédure simplifie l'application du Montant A, puisque la majeure partie des bénéfices sera attribuée à ou proviendra de la même juridiction, et exclut également les groupes d'EMN dont le chiffre d'affaires couvert d'origine étrangère est inférieur au seuil minimum convenu.

Application du Montant A
Étape 3 : procéder aux ajustements des états financiers consolidés

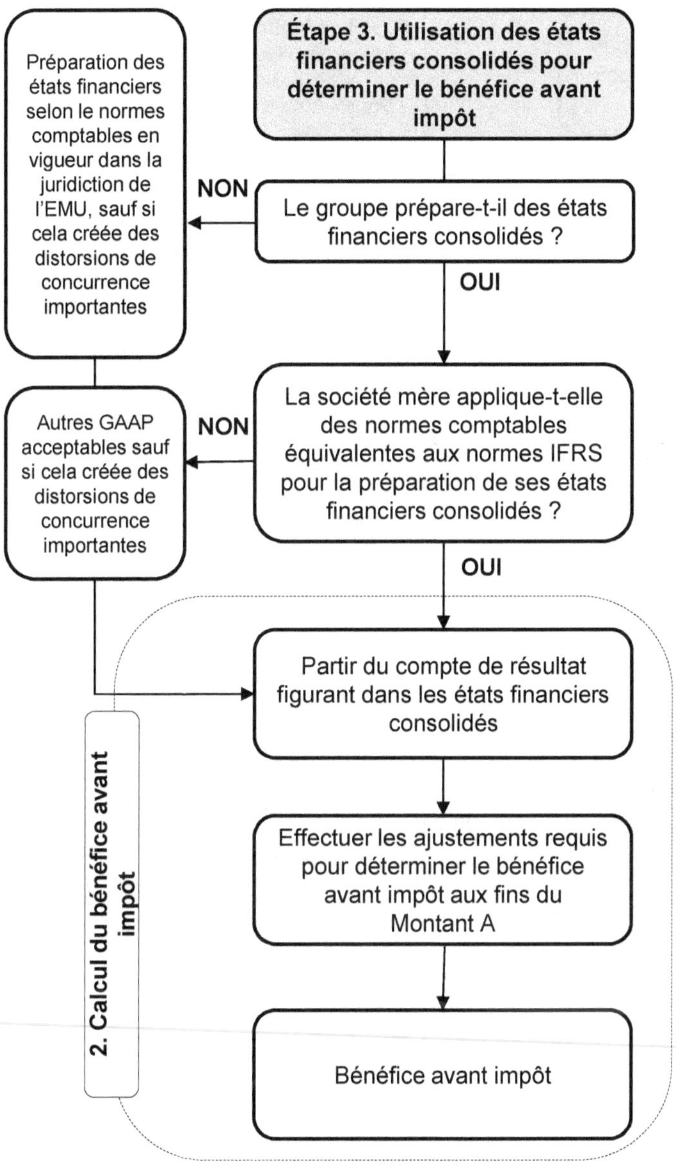

Étape 3. Déterminer le bénéfice avant impôt d'un groupe d'EMN

1. Identification et test des états financiers consolidés

- Les groupes d'EMN dont les états financiers consolidés sont établis selon des GAAP qui produisent des résultats équivalents ou comparables aux états financiers consolidés établis selon les normes IFRS, y compris les GAAP en vigueur en Australie, au Canada, en Chine, en Corée, aux États-Unis, à Hong Kong (Chine), en Inde, au Japon, en Nouvelle-Zélande, et à Singapour utiliseraient leurs états financiers comme base de départ. On estime que les autres groupes d'EMN représentent moins de 10 % des groupes couverts.
- Les groupes d'EMN à capitaux privés qui n'établissent pas d'états financiers consolidés seraient tenus d'en établir conformément aux normes comptables autorisées par la juridiction de leur EMU, à condition que ces normes soient éligibles ou qu'elles n'entraînent pas autrement de distorsions de concurrence importantes.
- Les groupes d'EMN qui utilisent des GAAP non équivalents aux normes IFRS seront autorisés à calculer le Montant A en vertu de ces normes comptables, sauf si cela créée des distorsions de concurrence significatives.

2. Calcul du bénéfice avant impôt

- Ajustements possibles entre les données fiscales et comptables : (1) charge d'impôt sur les bénéfices, (2) dividendes et plus-values ou pertes liées aux actions, et (3) charges qui sont généralement non déductibles ou limitées pour des raisons de politique publique (ex. : amendes).

Application du montant A
Étapes 4-5 : Segmentation et pertes

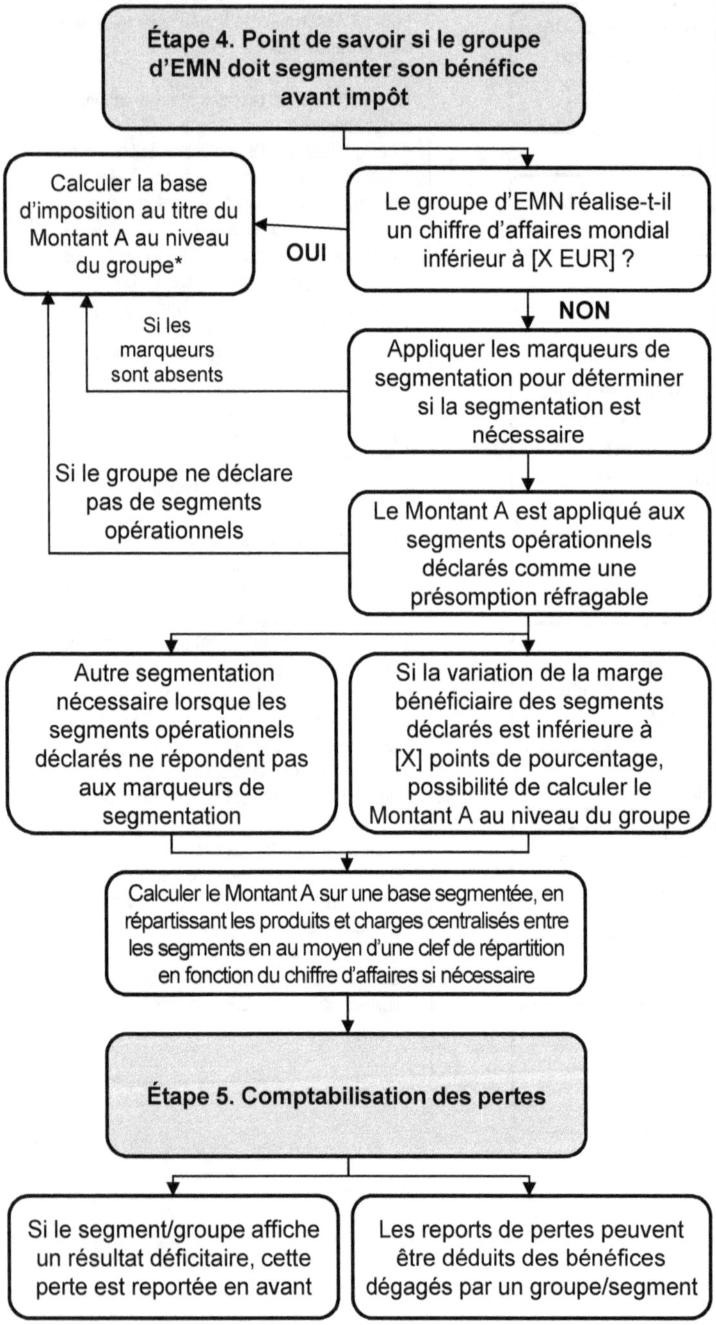

Étape 4. Périmètre de la segmentation

- Règles simplifiées visant à limiter le nombre de groupes d'EMN qui calculent la base d'imposition du Montant A sur une base segmentée. Cette approche devrait limiter les coûts de mise en conformité engendrés par le Montant A et rendre le processus de certitude fiscale plus simple à utiliser.
- Régime de protection ou exemption à l'obligation de segmentation sur la base du chiffre d'affaires mondial : les groupes d'EMN qui réalisent un chiffre d'affaires mondial inférieur à [X EUR] appliqueraient le Montant A à l'échelle du groupe. Ce seuil serait porté à [X EUR] sur une période de transition de cinq ans.
- Les groupes d'EMN qui n'ont pas droit à l'exemption ou au régime de protection utiliseront les marqueurs de segmentation pour déterminer s'ils sont tenus ou non de segmenter leur base d'imposition au titre du Montant A et sur quelle base.
- À titre de présomption réfragable, les groupes d'EMN seraient tenus d'appliquer le Montant A sur la base des segments opérationnels déclarés, sauf dans les cas suivants :
  - Les groupes d'EMN qui ne déclarent pas de segments opérationnels devraient appliquer le Montant A à l'échelle du groupe ; et
  - Les groupes d'EMN peuvent appliquer le Montant A à l'échelle du groupe si la variation de la marge bénéficiaire de leurs segments opérationnels déclarés est inférieure à [X] points de pourcentage.
- Lorsque le Montant A est calculé sur une base segmentée, un groupe d'EMN serait tenu de répartir les coûts centraux ou non affectés au moyen d'une clef de répartition en fonction du chiffre d'affaires si nécessaire.

Étape 5. Comptabilisation des pertes

- Si un groupe/segment affiche une perte durant la période en cours, celle-ci est calculée et reportée en avant de manière à être imputée sur les bénéfices futurs.
- Si un segment/groupe affiche un bénéfice durant la période en cours, les reports de pertes disponibles sont automatiquement imputés sur ce bénéfice pour le calcul du Montant A.
- Les reports de pertes pourraient être étendus à certaines pertes subies avant l'instauration de ce régime (c'est-à-dire aux pertes encourues par ce segment/groupe avant l'introduction du nouveau droit d'imposition).

Application du Montant A
Étape 6 : Lien et source du chiffre d'affaires

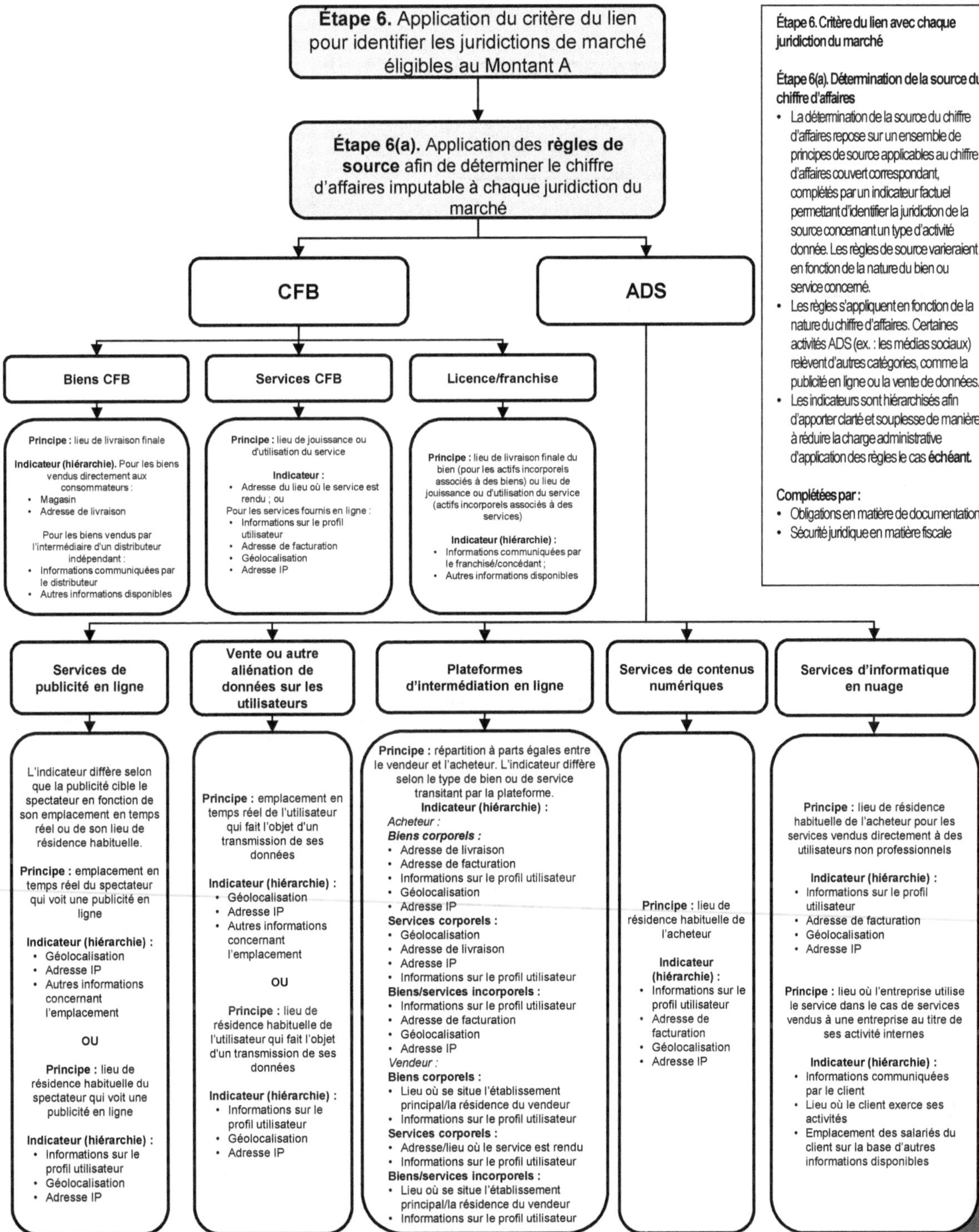

Étape 6. Critère du lien avec chaque juridiction du marché

Étape 6(a). Détermination de la source du chiffre d'affaires

- La détermination de la source du chiffre d'affaires repose sur un ensemble de principes de source applicables au chiffre d'affaires couvert correspondant, complétés par un indicateur factuel permettant d'identifier la juridiction de la source concernant un type d'activité donnée. Les règles de source varieraient en fonction de la nature du bien ou service concerné.
- Les règles s'appliquent en fonction de la nature du chiffre d'affaires. Certaines activités ADS (ex. : les médias sociaux) relèvent d'autres catégories, comme la publicité en ligne ou la vente de données.
- Les indicateurs sont hiérarchisés afin d'apporter clarté et souplesse de manière à réduire la charge administrative d'application des règles le cas **échéant**.

Complétées par :

- Obligations en matière de documentation
- Sécurité juridique en matière fiscale

Application du Montant A
Étape 6 : Lien et source du chiffre d'affaires (suite)

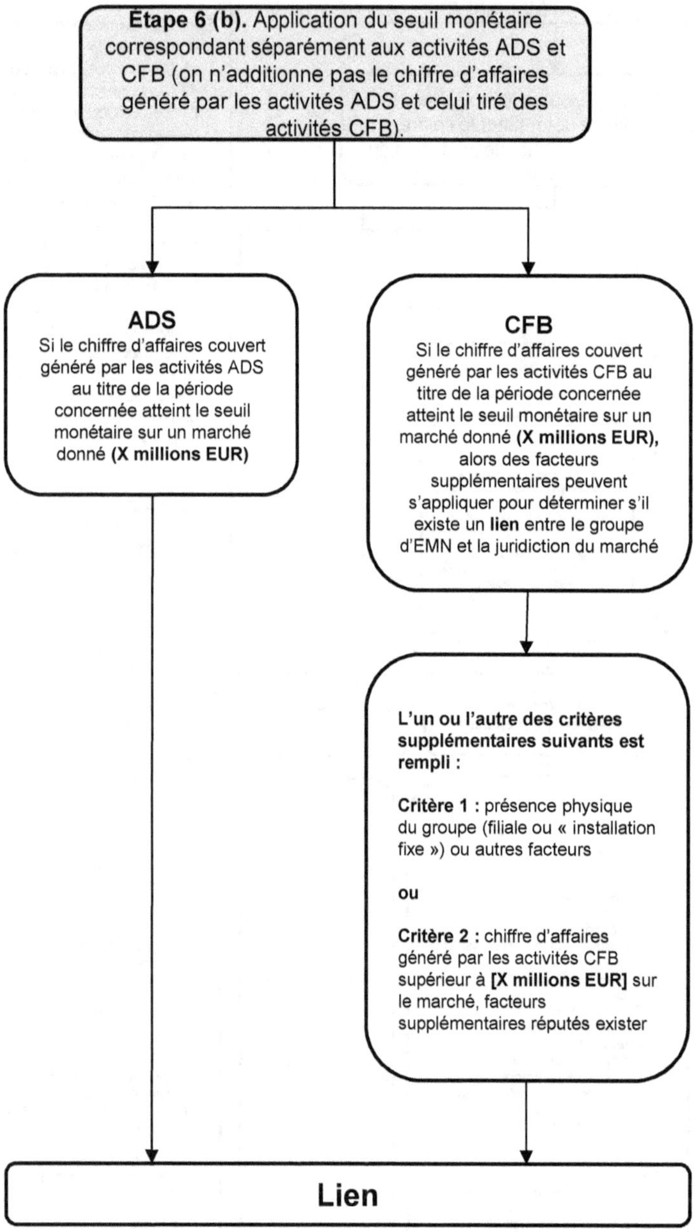

Étape 6(b). Application du seuil monétaire correspondant

- Les règles du lien établiront si un groupe d'EMN a une participation significative/active et soutenue à l'économie de la juridiction d'un marché donné. Le principal critère du lien (et le seul pour les services numériques automatisés) sera un seuil de chiffre d'affaires
- Si le Montant A est **segmenté**, la règle du lien s'inspirerait de l'approche fondée sur la segmentation.
- L'application d'un critère de durée ne dépassant pas un an permettrait d'éviter les complexités liées à une période d'évaluation pluriannuelle.
- **S'agissant des activités CFB**, on considère que les « ventes » peuvent ne pas constituer un facteur suffisant pour établir un lien dans une juridiction du marché, et donc que les seuils de chiffre d'affaires définis pour les différentes juridictions doivent être complétés par des « facteurs supplémentaires », qui pourraient être les suivants :
  - Présence physique du groupe d'EMN sous la forme d'une filiale ou d'une installation fixe d'affaires ; ou
  - Autre forme de présence du groupe d'EMN dans la juridiction du marché.
  - Simplification : une manière possible de simplifier l'administration des « facteurs supplémentaires » serait de considérer que ces facteurs existent à partir du moment où le chiffre d'affaires d'un groupe d'EMN dépasse un certain montant dans la juridiction du marché.

Application du montant A
Étapes 7-8 : calcul et répartition du Montant A

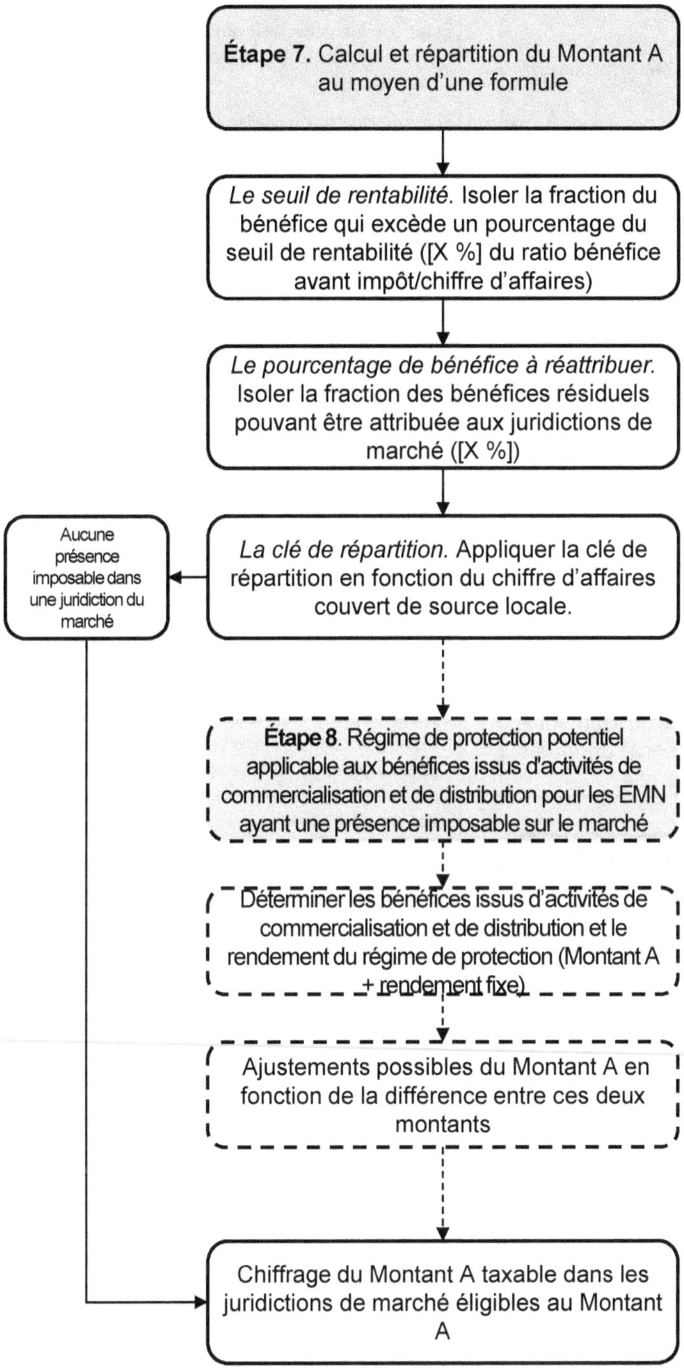

Étape 7. Répartition du Montant A selon une formule

- Le chiffrage du Montant A sera calculé au moyen d'une formule comportant trois étapes, appliquée à la base d'imposition d'un groupe (ou d'un segment, le cas échéant) :
- *Un seuil de rentabilité* permettant d'isoler la fraction des bénéfices résiduels susceptible d'être réattribuée. Dans un souci de simplification, on utilisera un ratio bénéfice avant impôt/chiffre d'affaires.
- Un *pourcentage de réattribution* permettant de déterminer la fraction correcte du bénéfice résiduel devant être attribuée aux juridictions du marché au titre du Montant A. Ce pourcentage sera fixe.
- *Une clé de répartition* permettant de répartir la base d'imposition ainsi définie entre les juridictions du marché éligibles (autrement dit celles où le lien a été établi au titre du Montant A). Elle sera fonction du chiffre d'affaires couvert de source locale.
- Le chiffrage du Montant A pourrait être pondéré (au moyen de variations de la formule) afin de tenir compte soit de l'importance plus ou moins marquée de la composante numérique selon les différentes activités couvertes (« différenciation numérique »), soit des écarts de rentabilité entre les différentes juridictions du marché (« segmentation par juridiction »).

Étape 8. Régime de protection potentiel applicable aux bénéfices issus d'activités de commercialisation et de distribution

- Une des options examinées consisterait à proposer un régime de protection à une EMN disposant d'une présence imposable dans une juridiction du marché afin de remédier à certains problèmes de double comptabilisation qui pourraient apparaître.
- Déterminer les bénéfices existants provenant des activités de commercialisation et de distribution puis le rendement du régime de protection, égal à la somme des éléments suivants : (i) le Montant A, et (ii) un rendement fixe au titre des activités de commercialisation et de distribution de référence).
- Comparer le rendement du régime de protection avec les bénéfices générés par les activités de commercialisation et de distribution afin de déterminer un plafond potentiel pour la répartition du Montant A et donc la fraction du Montant A imposable dans les juridictions du marché éligibles.
- Lorsque les bénéfices générés par les activités de commercialisation et de distribution sont supérieurs au rendement du régime de protection, il n'y aura pas d'attribution du Montant A à cette juridiction du marché.
- NB : d'autres options sont envisagées pour remédier à d'éventuels problèmes de double comptabilisation.

Application du Montant A
Étape 9 : élimination de la double imposition

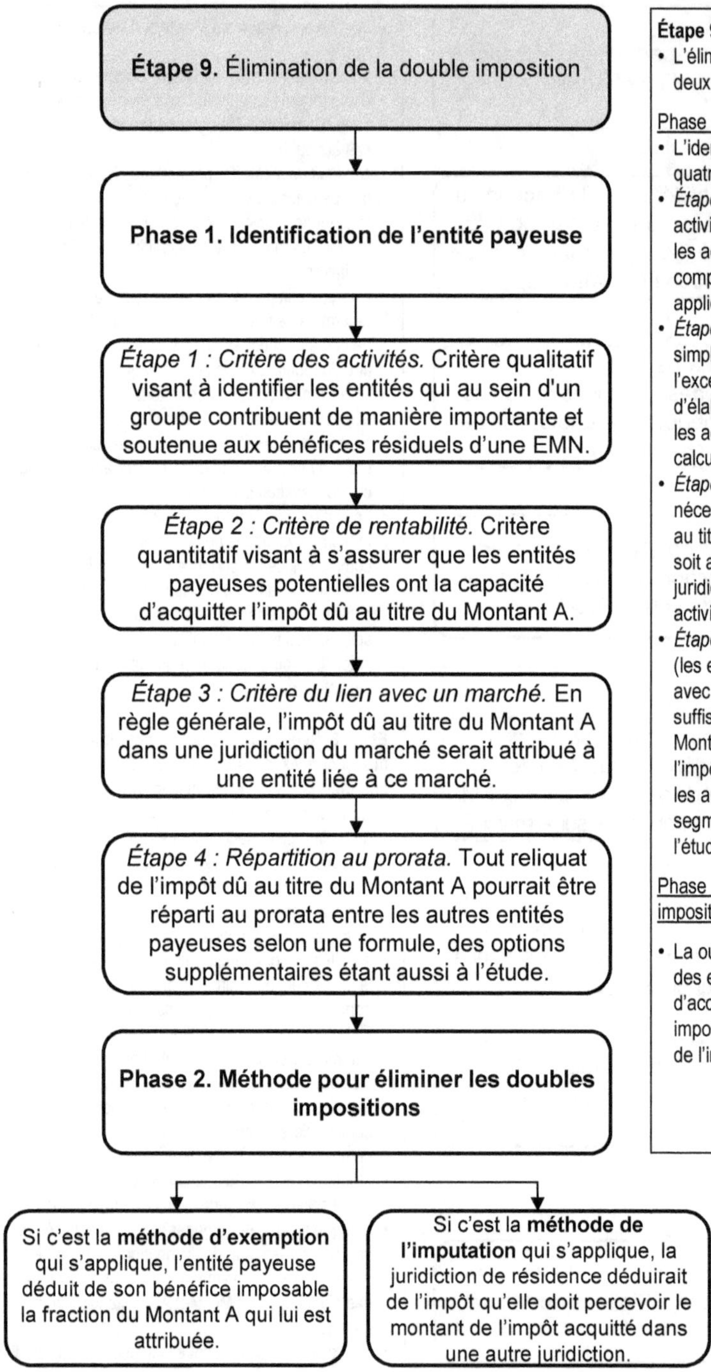

Étape 9. Élimination de la double imposition

- L'élimination de la double imposition se déroule en deux phases.

Phase 1 : identification de l'entité payeuse

- L'identification des entités payeuses se déroulera en quatre étapes au maximum :
- *Étape 1 : Critère des activités.* Le critère des activités reposera sur un principe général décrivant les activités exercées par une entité payeuse, complété par une liste d'indices permettant son application.
- *Étape 2 : Critère de rentabilité.* Par souci de simplicité, ce critère pourrait être aligné sur l'exception fondée sur la substance, en cours d'élaboration dans le cadre du Pilier 2, qui associe les actifs corporels et la masse salariale pour calculer la rentabilité.
- *Étape 3 : Critère du lien avec un marché.* Ce critère nécessiterait dans un premier temps que l'impôt dû au titre du Montant A dans une juridiction du marché soit attribué à une entité payeuse, qui est liée à une juridiction du marché parce qu'elle y exerce des activités identifiées grâce au critère des activités.
- *Étape 4 : Répartition au prorata.* Lorsque l'entité ou (les entités) identifiées à l'aide du critère du lien avec le marché ne disposent pas de bénéfices suffisants pour s'acquitter de l'impôt dû au titre du Montant A dans une juridiction du marché donnée, l'impôt à payer pourrait être réparti au prorata entre les autres entités payeuses au sein du groupe ou du segment, des options supplémentaires étant aussi à l'étude.

Phase 2 : Méthode pour éliminer les doubles impositions

- La ou les juridiction(s) de résidence de l'entité ou des entités payeuses seront alors en mesure d'accorder un allégement au titre de la double imposition en utilisant la méthode de l'exemption ou de l'imputation.

Application du Montant A
Étape 9 : élimination de la double imposition (suite)

Étape 9 (suite). Paiement du Montant A à la juridiction du marché

↓

Le groupe d'EMN désigne une **entité de coordination** qui calcule les bénéfices et l'impôt à payer au titre du Montant A et les répartit entre les entités payeuses dans les proportions déterminées à la Phase 1.

↓

Ce calcul est approuvé par toutes les juridictions concernées en vertu du processus de sécurité juridique à un stade précoce (voir Étape 10).

↓

Les entités payeuses s'acquittent du paiement de leur fraction de l'impôt dû au titre du Montant A par l'**entité de coordination**.

↓

L'**entité de coordination** paie le Montant A aux juridictions du marché (ou le verse à l'entité locale qui à son tour le paie à la juridiction du marché).

Étape 9 (suite). Paiement du Montant A à la juridiction du marché

- Le groupe d'EMN désigne une entité unique qui assumera entièrement la responsabilité administrative et juridique du paiement de tous impôts dus par l'EMN au titre du Montant A.
- Les juridictions appliqueraient la méthode de l'exemption ou de l'imputation pour s'assurer que la double imposition au titre du Montant A est intégralement compensée.
- L'obligation de paiement et la responsabilité liées au Montant A pourraient incomber à l'entité de coordination ou, si le groupe d'EMN préfère recourir à sa **filiale locale** dans la juridiction du marché, à cette filiale locale.

Application du Montant A

Étape 10. Dépôt d'une auto-évaluation sur une plateforme commune et enclenchement du processus de sécurité juridique précoce

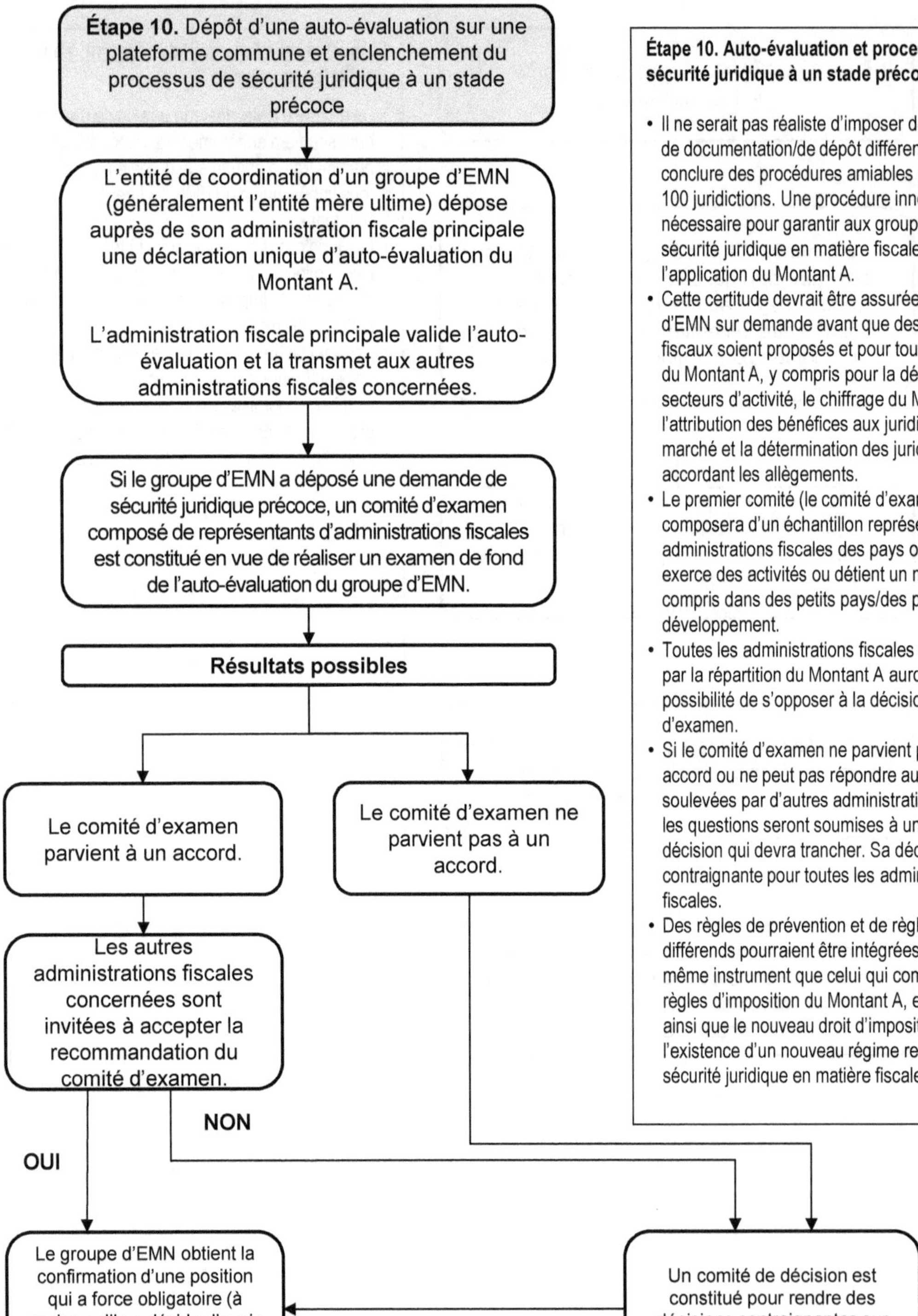

Étape 10. Auto-évaluation et processus de sécurité juridique à un stade précoce

- Il ne serait pas réaliste d'imposer des exigences de documentation/de dépôt différentes et/ou de conclure des procédures amiables pour plus de 100 juridictions. Une procédure innovante est nécessaire pour garantir aux groupes d'EMN la sécurité juridique en matière fiscale pour l'application du Montant A.
- Cette certitude devrait être assurée aux groupes d'EMN sur demande avant que des ajustements fiscaux soient proposés et pour tous les aspects du Montant A, y compris pour la délimitation des secteurs d'activité, le chiffrage du Montant A, l'attribution des bénéfices aux juridictions du marché et la détermination des juridictions accordant les allègements.
- Le premier comité (le comité d'examen) se composera d'un échantillon représentatif des administrations fiscales des pays où une EMN exerce des activités ou détient un marché, y compris dans des petits pays/des pays en développement.
- Toutes les administrations fiscales concernées par la répartition du Montant A auront la possibilité de s'opposer à la décision du comité d'examen.
- Si le comité d'examen ne parvient pas à un accord ou ne peut pas répondre aux objections soulevées par d'autres administrations fiscales, les questions seront soumises à un comité de décision qui devra trancher. Sa décision sera contraignante pour toutes les administrations fiscales.
- Des règles de prévention et de règlement des différends pourraient être intégrées dans le même instrument que celui qui comprend des règles d'imposition du Montant A, et garantir ainsi que le nouveau droit d'imposition soit lié à l'existence d'un nouveau régime renforcé de sécurité juridique en matière fiscale.

Annexe B. Approches de la mise en œuvre de la formule de calcul du Montant A

855. Une approche en trois étapes devra être appliquée pour calculer la fraction du Montant A imposable dans chacune des juridictions du marché éligibles. On pourrait à cette fin décider soit d'utiliser les montants de bénéfices exprimés en valeur absolue (approche fondée sur le bénéfice), soit d'appliquer des ratios de bénéfices (approche fondée sur la marge bénéficiaire). Les étapes décrites plus haut seraient appliquées sans changement ni variation dans ces deux approches, qui attribueraient par conséquent à chacune des juridictions du marché la même fraction du Montant A imposable. Cette identité de résultat est illustrée ci-dessous sous une forme algébrique, ainsi que dans les exemples des encadrés B.1. et B.2. Néanmoins certaines variations sont possibles dans l'administration concrète de ces deux approches, qui pourraient éclairer le choix de l'approche la plus pertinente aux fins du calcul et de la répartition du Montant A[1].

Approche fondée sur le bénéfice

856. Conformément aux trois étapes décrites plus haut, l'approche fondée sur le bénéfice peut être présentée sous une forme algébrique comme suit[2] :

- **Étape 1 :** Isoler le bénéfice résiduel (éventuel) en excluant le bénéfice du groupe ou du segment qui n'excède pas un niveau de rentabilité convenu, par exemple un pourcentage du ratio bénéfice avant impôt/chiffre d'affaires (« z »). Si l'on prend pour hypothèse que « P » correspond à la base d'imposition au titre du Montant A pour le groupe ou le segment, « R » au chiffre d'affaires du groupe ou du segment, et « P/R » à la marge bénéficiaire du groupe ou du segment, alors le Montant A ne s'applique que si « P/R » est supérieur à z %, et que l'on peut calculer comme suit un bénéfice résiduel positif « W »[3] :

$$W = P - (R \times z)$$

- **Étape 2 :** Distinguer la faction de bénéfice résiduel « W » pouvant être attribuée au titre du Montant A (la base d'imposition à répartir, « A »), et celle imputable à d'autres facteurs (« X »). Autrement dit W = A + X. Si la fraction de bénéfice résiduel pouvant être attribuée au titre du Montant A correspond, par exemple, à un certain pourcentage (« y »), alors « A » peut être calculé comme suit :

$$A = y \times W$$

- **Étape 3 :** Répartir la base d'imposition à attribuer « A » entre les juridictions du marché qui remplissent le nouveau critère du lien. On utiliserait à cette fin une clé de répartition basée sur le chiffre d'affaires (ratio rapportant le chiffre d'affaires de source locale au chiffre d'affaires total). Si l'on part du principe que le chiffre d'affaires de source locale du groupe ou du segment dans une juridiction du marché en particulier est « S », alors la clé de répartition correspond à « S/R ». Par conséquent, la fraction du Montant A pouvant être attribuée à ce marché en particulier, exprimée par « M », peut être calculée comme suit :

$$M = \frac{S}{R} \times A$$

857. Si l'on réunit les différents éléments de la formule, la formule de calcul du Montant A applicable en vertu de l'approche fondée sur le bénéfice est la suivante :

$$M = S/R \times y \times [P - (R \times z)]$$

Encadré B.1. Exemple - Approche fondée sur la marge bénéficiaire

Aux fins de cet exemple, on suppose que la formule de calcul du Montant A inclut un seuil de rentabilité de 10 % (étape 1) et un pourcentage de réattribution de 20 % (étape 2).

Faits

Le Groupe A est un grand groupe d'EMN dont l'activité exclusive est l'offre de services numériques automatisés (ADS) via une plateforme en ligne. On part du principe que le Groupe A est assimilé à un segment aux fins du calcul du Montant A et que son compte de résultat simplifié est le suivant :

	En millions EUR
Chiffre d'affaires (**R**)	25 000
Bénéfice avant impôt (**P**)	6 500
Marge bénéficiaire avant impôt (**P/R**)	26 %

On suppose également que le chiffre d'affaires provient exclusivement de trois juridictions du marché.

En millions EUR	Chiffre d'affaires local (**S**)	
Marché 1	2 000	Filiale locale
Marché 2	18 000	Activité exercée à distance
Marché 3	5 000	Activité exercée à distance
Total	**25 000**	

En raison de la situation stratégique et de l'attractivité du Marché 1, le Groupe A a implanté une filiale locale sur le territoire de cette juridiction, qui exerce des activités de commercialisation et de distribution de référence pour le monde entier. À l'inverse, le Groupe A n'a pas de présence physique / imposable ni sur le Marché 2 ni sur le Marché 3, où les services sont fournis à distance par la filiale située sur le Marché 1. On suppose néanmoins aux fins du calcul du Montant A que le nouveau critère du lien sera rempli sur le Marché 2 et sur le Marché 3 (autrement dit que le seuil de chiffre d'affaires déclenchant le lien est dépassé).

Application de la formule de calcul du Montant A

Étape 1 - Seuil de rentabilité

On détermine le bénéfice résiduel du Groupe A (W) en retranchant 10 % de la marge sur le bénéfice avant impôt (P/R).

W = P – (R*10 %)

W = 6 500 – (25 000 * 10 %)

W = 4 000

Étape 2 - Pourcentage de bénéfice à réattribuer

On détermine la base d'imposition à répartir (A) du Groupe A en multipliant le bénéfice résiduel (W) par 20 %.

A=20 %×W

A = 20 % * 4 000

A = 800

Étape 3 - Clé de répartition

La clé de répartition est fondée sur le ratio du chiffre d'affaires de source locale (S) rapporté au chiffre d'affaires total (R). Cette dernière étape détermine la fraction du Montant A imposable dans chacune des juridictions du marché éligibles (M), comme indiqué dans le tableau ci-après.

En millions EUR	Chiffre d'affaires de source locale **(S)**	Clé de répartition **(S/R)**	Montant A **(M)**
Marché 1	2 000	8 %	A * S/R = **64**
Marché 2	18 000	72 %	A * S/R = **576**
Marché 3	5 000	20 %	A * S/R = **160**
Total	**25 000**	**100 %**	**800**

Approche fondée sur la marge bénéficiaire

858. Conformément aux trois étapes décrites plus haut, l'approche fondée sur la marge bénéficiaire peut être présentée sous une forme algébrique comme suit[4] :

- **Étape 1** : Isoler le bénéfice résiduel (éventuel) du groupe ou du segment en retranchant du total de la marge bénéficiaire la marge sur les bénéfices standards présumés - par exemple un certain pourcentage du bénéfice avant impôt rapporté au chiffre d'affaires (« z »). Si l'on prend pour hypothèse que « P » correspond à la base d'imposition au titre du Montant A pour le groupe ou le segment, « R » au chiffre d'affaires du groupe ou du segment, et « P/R » à la marge bénéficiaire du groupe ou du segment, alors le Montant A ne s'applique que si « P/R » est supérieur à z %, et que l'on peut calculer comme suit un bénéfice résiduel positif « w » :

$$w = P/R - z$$

- **Étape 2 :** Distinguer la fraction de rentabilité résiduelle « w » pouvant être attribuée au titre du Montant A (la base d'imposition à répartir, « a »), et celle imputable à d'autres facteurs (« X »), comme les actifs incorporels de commercialisation, le capital et le risque. Si la fraction de rentabilité résiduelle pouvant être attribuée au titre du Montant A correspond, par exemple, à un certain pourcentage (« y »), alors « a » peut être calculé comme suit :

$$a = y \times w$$

- **Étape 3** : Répartir la fraction appropriée de rentabilité résiduelle désignée par le Montant A entre les juridictions du marché qui remplissent le nouveau critère du lien. On utiliserait à cette fin une clé de répartition basée sur le chiffre d'affaires de source locale. Si l'on part du principe que dans une juridiction du marché en particulier, le chiffre d'affaires de source locale du groupe ou du segment est « S », alors la fraction de bénéfice désignée par le Montant A attribuée à cette juridiction, exprimée par « M », peut être calculée comme suit :

$$M = S \times a$$

859. Si l'on réunit les différents éléments de la formule, la formule de calcul du Montant A applicable en vertu de l'approche fondée sur la marge bénéficiaire est la suivante :

$$M = S \times [y \times (P/R - z)]$$

Encadré B.2. Exemple - Approche fondée sur la marge bénéficiaire

Aux fins de cet exemple, on suppose que la formule de calcul du Montant A inclut un seuil de rentabilité de 10 % (étape 1) et un pourcentage de réattribution de 20 % (étape 2).

Faits

Cette approche suit les mêmes étapes que dans l'exemple précédent (voir Encadré 6.4).

Application de la formule de calcul du Montant A

Étape 1 - Seuil de rentabilité

On détermine la marge bénéficiaire résiduelle du Groupe A (w) en retranchant 10 % du total de la marge bénéficiaire avant impôt (P/R).

w = P/R – 10 %

w = 26 % – 10 %

w = 16 %

Étape 2 - Pourcentage de bénéfice à réattribuer

On détermine la fraction de la rentabilité résiduelle pouvant être attribuée au Montant A en multipliant la marge bénéficiaire résiduelle (W) par 20 %.

a = 20 % * W

a = 20 % * 16 %

a = 3.2 %

Étape 3 - Clé de répartition

La clé de répartition est fondée sur le chiffre d'affaires de source locale (S). Cette dernière étape détermine la fraction du Montant A imposable dans chacune des juridictions du marché éligibles (M), comme indiqué dans le tableau ci-après.

En millions EUR	Chiffre d'affaires de source locale **(S)**	Marge bénéficiaire résiduelle désignée par le Montant A **(a)**	Montant A **(M)**
Marché 1	2 000	3.2 %	S x a = **64**
Marché 2	18 000	3.2 %	S x a = **576**
Marché 3	5 000	3.2 %	S x a = **160**
Total	**25 000**	**nd.**	**800**

Annexe C. Exemples

Encadré C.1. Extension du régime de report en avant aux manques à gagner

Le Groupe X est un groupe d'EMN qui fournit des services de streaming en utilisant un modèle économique qui génère des bénéfices réguliers. Il n'exerce pas d'autre type d'activité. Les Années 1, 2 et 3, selon les règles de calcul du Montant A, le groupe (aucune segmentation n'est requise) a généré les résultats suivants.

En millions EUR	CA total	Bénéfice avant impôt	Rentabilité	Manques à gagner
Année 1	100	10	10 %	0
Année 2	100	10	10 %	0
Année 3	100	10	10 %	0
Total	300	30	10 %	0

En partant du principe que le seuil de rentabilité pour le Montant A correspond à un rendement de 10 % sur le chiffre d'affaires, le Groupe X ne dégage pas de bénéfice supérieur à ce seuil les trois années examinées, et aucune fraction du bénéfice aux fins du Montant A généré au cours de ces années ne serait réattribuée aux juridictions du marché.

Prenons maintenant le cas d'un concurrent, le Groupe Y, qui offre des services analogues mais dont le modèle économique génère des bénéfices irréguliers. Les Années 1, 2 et 3, selon les règles de calcul du Montant A, le groupe (considéré comme un segment) a généré les résultats suivants.

En millions EUR	CA total	Bénéfice avant impôt	Rentabilité	Manques à gagner
Année 1	100	5	5 %	5
Année 2	100	5	5 %	5
Année 3	100	20	20 %	0
Total	300	30	10 %	10

Nonobstant le fait que ce concurrent a généré le même niveau de bénéfices au cours de la période de trois ans examinée, sans régime de report en avant intégrant les manques à gagner, une fraction des bénéfices du Groupe Y supérieure au seuil de rentabilité l'Année 3 serait, aux fins du Montant A, réattribuée aux juridictions du marché, soit 10 millions EUR.

À l'inverse, avec un régime de report en avant intégrant les manques à gagner, les manques à gagner générés l'Année 1 (5 millions EUR) et l'Année 2 (5 millions EUR) seraient préservés et imputés au bénéfice supérieur au seuil de rentabilité l'Année 3 (10 millions EUR). Aussi, aux fins du Montant A, aucune fraction des bénéfices du Groupe Y ne serait réattribuée aux juridictions du marché l'Année 3.

Encadré C.2. Le régime de protection pour les bénéfices des fonctions de commercialisation et de distribution dans un modèle économique décentralisé

Le Groupe X est un groupe d'EMN entrant dans le périmètre du Montant A. Selon la proposition relative à un régime de protection pour les bénéfices des fonctions de commercialisation et de distribution, l'hypothèse est que le bénéfice au titre du Montant A attribué aux juridictions du marché où le groupe n'a pas de présence physique est une marge sur les ventes de 1.5 % (Montant A uniquement) et celui attribué aux juridictions du marché où le groupe a une présence physique est une marge sur les ventes de 3.5 % (Montant A plus rendement fixe de 2 % au titre des activités de commercialisation et de distribution de référence).

Propriétaire de la PI (juridiction 1)

Le Groupe X a un modèle économique décentralisé, dans lequel un propriétaire de PI (résident de la Juridiction A) développe et possède les actifs incorporels de commercialisation du groupe et les concède sous licence à des distributeurs de plein exercice dans les juridictions du marché, en contrepartie d'une redevance.

Distributeurs de plein exercice (Juridictions 2, 3, 4 et 5)

Les distributeurs de plein exercice (résidents respectivement des Juridictions 2, 3, 4 et 5) associent ces actifs incorporels sous licence à leurs propres actifs incorporels de commercialisation et autres, dans des produits qui sont ensuite vendus à des tierces parties. Les distributeurs réalisent les bénéfices résiduels (ou les pertes) sur leurs marchés respectifs. Les états financiers du groupe et des entités du Groupe X sont résumés ci-dessous.

En millions EUR	Propriétaire de la PI	Distributeur 2	Distributeur 3	Distributeur 4	Distributeur 5	Total
	Juridiction 1	Juridiction 2	Juridiction 3	Juridiction 4	Juridiction 5	Chiffre d'affaires
C.A. consolidé	1 500	1 000	800	1 200	4 000	
Chiffre d'affaires réalisé avec des tierces parties	0	1 000	800	1 200	4 000	7 000
Chiffre d'affaires intragroupe	1 500	0	0	0	0	
Bénéfice avant impôt	450	46	256	-12	712	1 222
Marge bénéficiaire (%)	30.0 %	4.6 %	3.2 %	-1.0 %	17.8 %	17.5 %

Application du régime de protection

Le Groupe X calculerait le rendement du régime de protection dû à chacune de ces juridictions du marché au titre du Montant A et les bénéfices attribués aux juridictions du marché en vertu des règles existantes de répartition des bénéfices (voir le tableau ci-dessous). Étant donné que le Groupe X a une présence physique dans chacune des juridictions du marché où il opère, le rendement du régime de protection serait de 3.5 %.

Enfin, le Groupe déterminerait dans quels marchés il est éligible au régime de protection et dans quel marché il serait tenu d'attribuer le Montant A :

- Dans les juridictions 2 et 5, le Groupe X attribue déjà un rendement supérieur à 3.5 %. Aussi, il serait éligible au régime de protection et ne paierait pas le Montant A dans ces juridictions.
- Dans la juridiction 4, le Groupe X subit une perte. Aussi, il n'atteindrait pas le rendement fixé du régime de protection et serait donc inéligible au régime de protection.

- Dans la juridiction 3, le Groupe X atteindrait le rendement fixé du régime de protection mais pas le plafond. Aussi, il devrait uniquement attribuer un bénéfice équivalent à un rendement supplémentaire de 0.3 % (différence entre les bénéfices déjà attribués à la juridiction en application des règles existantes de répartition des bénéfices et le plafond du rendement du régime de protection) à la juridiction 3 en vertu du Montant A.

Selon le mécanisme proposé d'élimination de la double imposition, le propriétaire de la PI serait probablement l'entité payeuse, et donc la juridiction 1 serait tenue d'alléger la double imposition (par la méthode d'exemption ou d'imputation) sur le bénéfice désigné par le Montant A attribué aux juridictions 4 et 3.

Encadré C.3. L'effet de compensation dans un modèle économique centralisé

Le Groupe A est un groupe d'EMN entrant dans le périmètre du Montant A. Le groupe génère 20 750 millions EUR de chiffre d'affaires avec des parties liées et a dégagé un bénéfice avant impôt de 5 323 millions EUR, soit une marge bénéficiaire de 26 %. Les états financiers du groupe et de ses entités sont résumés dans le tableau ci-dessous.

Entité principale (Juridiction 1)

Le Groupe A a un modèle économique centralisé dans lequel une Entité principale (résidente de la Juridiction A) possède les actifs incorporels de commercialisation et manufacturiers et réalise l'intégralité du bénéfice résiduel du groupe. La Juridiction 1 représente un grand marché pour le Groupe A, qui génère 10 000 millions EUR de chiffre d'affaires avec des tierces parties qui comptabilisés par l'Entité principale.

Autres juridictions du marché (Juridictions 2, 3, 4 et 5)

Les autres entités du groupe (résidentes respectivement des Juridictions 2, 3, 4 et 5) exercent des fonctions de commercialisation et de distribution de référence. Selon les règles de répartition des bénéfices fondés sur le principe de pleine concurrence, ces distributeurs sont rémunérés à hauteur d'une marge sur les ventes de 3 %.

En millions EUR	Entité principale	Distributeur 2	Distributeur 3	Distributeur 4	Distributeur 5	Total
	Juridiction 1	Juridiction 2	Juridiction 3	Juridiction 4	Juridiction 5	Chiffre d'affaires
C.A. consolidé	15 000	2 000	4 000	3 500	1 250	20 750
Chiffre d'affaires réalisé avec des tierces parties	10 000	2 000	4 000	3 500	1 250	
Chiffre d'affaires intragroupe	5 000	0	0	0	0	
Bénéfice avant impôt	5 000	60	120	105	38	5 323
Marge bénéficiaire (%)	33 %	3 %	3 %	3 %	3 %	26 %

Selon la solution prévue par le Pilier 1, les Juridictions 1, 2, 3, 4 et 5 se verraient toutes attribuer (en qualité de juridictions de marché éligibles pour lesquelles un lien est établi) le Montant A. Les Juridictions 2, 3, 4 et 5 continueraient également de recevoir une fraction du bénéfice en vertu des règles existantes de répartition des bénéfices fondées sur le principe de pleine concurrence. Le tableau ci-dessous illustre les résultats de ces répartitions.

Avant d'éliminer la double imposition, on pourrait considérer que la totalité du bénéfice au titre du Montant A attribué à la Juridiction 1 donne lieu à un double comptage parce que cette juridiction du marché a déjà exercé ses droits d'imposition sur un montant résiduel important en vertu des règles existantes de répartition des bénéfices fondées sur le principe de pleine concurrence, soit un bénéfice de 5 000 millions EUR, représentant une marge bénéficiaire sur le chiffre d'affaires total de 33 %, supérieure au rendement moyen sur les ventes du groupe d'EMN (26 %).

En millions EUR	Juridiction 1	Juridiction 2	Juridiction 3	Juridiction 4	Juridiction 5	Total
Montant A	313	63	125	110	39	650
Répartition fondée sur le principe de pleine concurrence	5 000	60	120	105	38	5 323
Total du bénéfice imposable*	5 313	123	245	215	77	5 972
Double comptage potentiel	313	0	0	0	0	313

* Le total du bénéfice imposable excède les bénéfices imposables du Groupe A, car la double imposition générée par le Montant A n'a pas encore été éliminée.

Selon le mécanisme proposé d'élimination de la double imposition, l'Entité principale serait l'entité payeuse[5], et donc la Juridiction 1 serait tenue d'alléger la double imposition (par la méthode d'exemption ou d'imputation) sur les 650 millions EUR de bénéfices réattribués en vertu du Montant A.

Dans cet exemple, le mécanisme d'élimination de la double imposition compensera intégralement le potentiel de double comptage dans la Juridiction 1 (313 millions EUR), en réduisant le montant des bénéfices soumis au paiement d'un impôt dans la Juridiction 1.

En millions EUR	Juridiction 1	Juridiction 2	Juridiction 3	Juridiction 4	Juridiction 5
Montant A	313	63	125	110	39
Répartition fondée sur le principe de pleine concurrence	5 000	60	120	105	38
Total du bénéfice imposable*	5 313	123	245	215	77
Double comptage potentiel	313	0	0	0	0
Compensation des bénéfices en vertu du mécanisme d'élimination de la double imposition	(650)	0	0	0	0
Total des bénéfices imposables (après élimination de la double imposition)	4 664	123	245	215	77

* Le total du bénéfice imposable excède les bénéfices imposables du Groupe A, car la double imposition générée par le Montant A n'a pas encore été éliminée.

Encadré C.4. L'effet de compensation dans un modèle économique décentralisé

Le Groupe B est un groupe d'EMN entrant dans le périmètre du Montant A. Le groupe génère 12 000 millions EUR de chiffre d'affaires avec des parties liées et a dégagé un bénéfice avant impôt de

2 450 millions EUR, soit une marge bénéficiaire de 20 %. Les états financiers du groupe et de ses entités sont résumés dans le tableau ci-dessous.

Propriétaire de la PI (juridiction 1)

Le Groupe B a un modèle économique décentralisé, dans lequel un Propriétaire de la PI (résident de la Juridiction 1) possède une fraction importante des actifs incorporels du groupe. Selon les politiques du groupe en matière de prix de transfert, le Propriétaire de la PI perçoit une redevance basée sur le chiffre d'affaires versée par les entités de distribution en contrepartie du droit d'utiliser ses actifs incorporels. Les produits du Groupe B ne sont pas vendus dans la Juridiction 1.

Distributeurs (Juridictions 2, 3, 4 et 5)

Chaque entité de distribution (résidente des Juridictions 2, 3, 4 et 5) possède les actifs incorporels de commercialisation pertinents pour sa juridiction. Selon les politiques du groupe en matière de prix de transfert, ces entités de distribution réalisent un bénéfice résiduel ou une perte après avoir versé au Propriétaire de la PI une redevance en contrepartie du droit d'utiliser ses actifs incorporels.

Au cours de l'année analysée, une récession dans la Juridiction 2 a pour effet que le Distributeur 2 réalise un bénéfice avant impôt de seulement 200 millions EUR et une marge bénéficiaire de 5 %. Les Distributeurs 3, 4 et 5 dégagent des bénéfices et des marges bénéficiaires plus élevés, comme l'indique le tableau ci-dessous. Les marges réalisées par le Distributeur 3 dépassent celles réalisées par les Distributeurs 4 et 5. Plusieurs raisons peuvent l'expliquer, comme l'efficacité de ses activités locales ou la situation économique sous-jacente des différents marchés.

	Propriétaire de la PI	Distributeur 2	Distributeur 3	Distributeur 4	Distributeur 5	Total
	Juridiction 1	Juridiction 2	Juridiction 3	Juridiction 4	Juridiction 5	Chiffre d'affaires
C.A. consolidé	2 000	4 000	2 000	3 000	3 000	12 000
Chiffre d'affaires réalisé avec des tierces parties	0	4 000	2 000	3 000	3 000	
Chiffre d'affaires intragroupe	2 000	0	0	0	0	
Bénéfice avant impôt	750	200	650	400	450	2 450
Marge bénéficiaire (%)	38 %	5 %	33 %	13 %	15 %	20 %

Selon le nouveau droit d'imposition résultant du Pilier 1, les Juridictions 2, 3, 4 et 5 recevraient toutes (en qualité de juridictions de marché éligibles pour lesquelles un lien est établi) le Montant A, ainsi qu'une fraction du bénéfice attribué en vertu des règles existantes de répartition des bénéfices fondées sur le principe de pleine concurrence, en raison de l'exercice d'activités de commercialisation et de distribution. La Juridiction 1 recevrait des bénéfices en vertu des règles existantes du fait des activités exercées par le Propriétaire de la PI. L'effet de ces attributions est illustré dans le tableau ci-dessous.

Avant l'élimination de la double imposition, on pourrait considérer que les bénéfices au titre du Montant A attribués à la Juridiction 3 donnent lieu à un double comptage. Il est plus difficile de déterminer si et dans quelle mesure l'attribution du Montant A aux Juridictions 2, 3, 4 ou 5 entraîne un double comptage. Il se peut que ces juridictions aient des droits d'imposition sur une fraction du bénéfice résiduel généré par les actifs incorporels de commercialisation du Groupe B en vertu des règles existantes de répartition des bénéfices, mais mesurer le double comptage qui pourrait en résulter est plus difficile en raison de la rentabilité plus faible des entités situées dans ces juridictions.

En millions EUR	Juridiction 1	Juridiction 2	Juridiction 3	Juridiction 4	Juridiction 5	Total

Montant A	0	83	42	63	63	250
Répartitions fondées sur le principe de pleine concurrence	750	200	650	400	450	2 450
Total du bénéfice imposable*	750	283	692	463	513	2 700
Double comptage potentiel	0	?	42	?	?	n.d.

* Le total du bénéfice imposable excède les bénéfices imposables du Groupe B, car la double imposition générée par le Montant A n'a pas encore été éliminée.

Supposons qu'en vertu du mécanisme actuel d'élimination de la double imposition, seuls le Propriétaire de la PI et le Distributeur 3 soient les entités payeuses potentielles au titre du critère d'activité (étape 1) et du critère de rentabilité (étape 2)[6]. Supposons également que sous l'effet du test du lien avec un marché (étape 3), le Propriétaire de la PI soit l'entité payeuse pour les Juridictions 2, 4 et 5, et que le Distributeur 3 soit l'entité payeuse principale pour la Juridiction 3, du fait qu'il entretient le lien le plus étroit avec ce marché.

Dans cet exemple, le mécanisme d'élimination de la double imposition ne compenserait pas entièrement le potentiel de double comptage dans les différentes juridictions où le Groupe a une entité de distribution. En effet, le mécanisme d'élimination de la double imposition n'imposerait pas aux Juridictions 2, 4 et 5 d'accorder un allègement pour tout ou partie des bénéfices réattribués au titre du Montant A. Cependant, les bénéfices supplémentaires attribués à la Juridiction 3 au titre du Montant A (qui pourraient entraîner un double comptage) seraient entièrement éliminés du fait que le Distributeur 3 est identifié en tant qu'entité payeuse principale pour cette juridiction. Il convient d'observer que ce résultat se produirait uniquement si le test du lien avec le marché (étape 3) aboutit à ce que le Distributeur 3 supporte l'intégralité de la charge fiscale résultant du Montant A dans la Juridiction 3.

En millions EUR	Juridiction 1	Juridiction 2	Juridiction 3	Juridiction 4	Juridiction 5
Montant A	0	83	42	63	63
Répartitions fondées sur le principe de pleine concurrence	750	200	650	400	450
Total du bénéfice imposable	750	283	692	463	513
Double comptage potentiel	0	?	42	?	?
Compensation des bénéfices en vertu du mécanisme d'élimination de la double imposition	(209)	n.d.	(42)	n.d.	n.d.
Total des bénéfices imposables (après élimination de la double imposition)	541	283	650	463	513

Notes

[1] Dans la pratique, certaines variations pourraient se produire dans la mise en œuvre et l'administration de chaque approche. À titre d'exemple, l'utilisation de marges bénéficiaires plutôt que de montants de bénéfices pourrait limiter l'ampleur et l'importance de certaines problématiques de change (détermination de la date et du taux de change appropriés), dans la mesure où le chiffre d'affaires de source locale est comptabilisé dans la devise de la juridiction du marché (autrement dit, la multiplication du chiffre d'affaires de source locale par une marge bénéficiaire n'impliquerait aucune opération de change). Ces différences pratiques seront prises en considération dans le cadre des travaux relatifs à la mise en œuvre et à l'administration du Montant A, surtout aux fins de concevoir un système d'administration simplifié pour centraliser le calcul et l'application du Montant A (voir le chapitre 10 ci-dessous).

[2] Pour faciliter l'illustration, le calcul suppose que l'intégralité du chiffre d'affaires du groupe d'EMN (ou du segment le cas échéant) entre dans le champ du Montant A (voir la section 2.2).

[3] Dès l'instant où le bénéfice résiduel (W) ne peut pas être négatif, ce calcul peut également être exprimé comme suit : W=Max(P-R*z, 0).

[4] Pour faciliter l'illustration, le calcul suppose que l'intégralité du chiffre d'affaires du groupe d'EMN (ou du segment le cas échéant) entre dans le champ du Montant A (voir la section 2.2).

[5] En pratique, l'identification de l'entité (ou des entités) payeuse(s) doit suivre les règles établies à la section 7.2.

[6] L'identification de l'entité (ou des entités) payeuse(s) suivrait les règles établies à la section 7.2.

www.ingramcontent.com/pod-product-compliance
Lightning Source LLC
LaVergne TN
LVHW080650011026
849160LV00014B/1377